河南师范大学马克思主义"牧野论丛"

近代以来藏书文化与社会

王安功◎著

SHUGUIHECHU

JINDAIYILAI CANGSHUWENHUA YU SHEHUI

新华出版社

图书在版编目（CIP）数据

书归何处 : 近代以来藏书文化与社会 / 王安功著

北京：新华出版社，2020.7

ISBN 978-7-5166-5972-4

Ⅰ. ①书…　Ⅱ. ①王…　Ⅲ. ①藏书－文化研究－中国　Ⅳ. ① G259.29

中国版本图书馆 CIP 数据核字（2021）第 146607 号

书归何处：近代以来藏书文化与社会

著　者：王安功

责任编辑：赵怀志　李　宇　　　　　　**封面设计：**刘宝龙

出版发行：新华出版社

地　址：北京石景山区京原路 8 号　　　**邮　编：**100040

网　址：http://www.xinhuanet.com/publish

经　销：新华书店、新华出版社天猫旗舰店、京东旗舰店及各大网店

购书热线：010-63077122　　　　**中国新闻书店购书热线：**010-63072012

照　排：六合方圆

印　刷：北京明恒达印务有限公司

成品尺寸：170mm×240mm　　　　**字　数：**330 千字

印　张：26.75　　　　　　　　　　**彩　插：**8 页

版　次：2022 年 1 月第一版　　　　**印　次：**2022 年 1 月第一次印刷

书　号：ISBN 978-7-5166-5972-4

定　价：66.00 元

河南师范大学出版基金资助成果

河南师范大学优势特色学科资助成果

国家社科基金项目《民国时期新知识群体图书馆学术思想史研究》

（编号：15BTQ004）阶段性成果

教育部2017年度高校示范马克思主义学院和优秀教学科研团队建设重点项目《增强大学生对思想政治理论课的获得感研究》（编号：17JDSZK021）资助成果

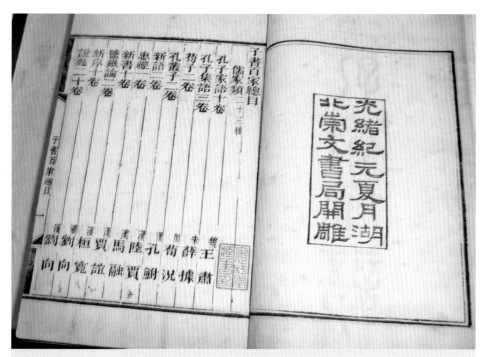

晚清官书局刻书（河南师范大学图书馆收藏）

2018年5月，河南新乡，河南师范大学图书馆承办召开第三界图书馆史学术研讨会

天一阁博物馆大门，2019 年 1 月 22 日拍摄

天一阁博物馆内密封的书库

天一阁柜中典籍

北京潘家园古旧书博览会，2019 年 10 月 16 日拍摄

潘家园古旧书交易专场

潘家园古旧书交易区的古籍善本

时至今日，去潘家园看古旧书的人仍然很多

笃志经学深刻影响着古人的藏书偏好，这是著名藏书家族潘世恩故居正堂，
2019 年 10 月 18 日拍摄于苏州状元文化博物馆

潘世恩故居书房，"麟阁芸香"构成了古人对书籍的美好记忆与想象

著名文献学家谢灼华先生（左三）夫妇与中国图书馆学会阅读推广委员会副
主任、图书馆史研究专业委员会副主任、南京大学信息管理学院教授徐雁先生
（左四）在"纪念毛晋诞辰 420 周年暨 2019 年图书馆史志编纂学术研讨会"合影

"纪念毛晋诞辰 420 周年暨 2019 年图书馆史志编纂学术研讨会"分会场上，藏书史家顾志兴、吴格在大会主席台上

"纪念毛晋诞辰 420 周年暨 2019 年图书馆史志编纂学术研讨会"合影，这是中国藏书文化研究的再出发

河南师范大学马克思主义学院
"牧野论丛"总序

  马克思主义理论学科的建设和发展对于繁荣中国哲学社会科学、做好意识形态工作、发展 21 世纪中国的马克思主义、落实党和国家的教育方针，具有重要理论价值和现实意义。自 2005 年马克思主义理论一级学科建立以来，在全国众多专家学者的努力下，马克思主义理论学科的发展呈现一片繁荣景象：学术交流争鸣更加频繁，学术研究范围更加广泛，学术成果迅猛增长。在此大背景下，河南师范大学马克思主义学院决定推出马克思主义"牧野论丛"，以期为马克思主义理论学科发展作出自己的贡献。

  河南师范大学坐落于广袤的牧野大地，马克思主义学院为河南省重点马克思主义学院，其前身是成立于 1951 年的平原师范学院马列主义教研室，1986 年改设政治理论教学研究部，2001 年与学校德育教研室合并，更名为社会科学教学部，2011 年正式成立马克思主义学院。学院主要承担马克思主义理论学科建设和全校本科生、研究生及独立学院、继续教育学院学生的思想政治理论课教学任务。学院专任教师中教授 20 人、副教授 36 人、博导 11 人，博士 48 人，拥有教育部"新世纪优秀人才"1 人、河南省优秀专家 2 人、河南省学术技术带头人 2 人、河南省高校哲学社会科学优秀学者2人、河南省百名优秀青年社会理论人才4人，1人入选教育部"思想政治教育杰出青年人才"培育计划，1人被评为"高校思想政治理论课教师2017年度影响力标兵人物"，1人入选2015年全国思想政治理论课优秀中青年教师择优资助计划，1人获得"全国高校思想政治理论课教学能手"称号，多位教师先后获得"河南省教学标兵""河南省思想政治理论课优秀教师""河南省教学能手"等荣誉称号。

学院现有马克思主义理论博士后科研流动站，马克思主义理论一级学科博士点，马克思主义理论一级学科硕士点，少年儿童组织与思想意识教育、课程与教学论（思政）、学科教学（思政）3个二级硕士点以及中国共产党历史、马克思主义理论、思想政治教育3个本科专业，形成了马克思主义理论本硕博一体化人才培养体系。学院拥有"全国高校思想政治理论课教师研修基地""全国高校思想政治工作队伍培训研修中心""共青团中央中国特色社会主义理论体系研究中心研究基地""中国共产党革命精神与中原红色文化资源研究中心""青少年问题研究中心""少年儿童组织与思想意识教育研究中心""中原红色文化研究中心""河南省中共党史协同研究基地"等多个国家级、省部级学科平台。

2011年建院以来，马克思主义理论学科快速发展，取得了较为丰硕的科研成果。先后获批国家社科基金重点项目3项，一般项目17项，国家自然科学基金项目1项，省部级项目49项，横向课题28项，各项科研经费累计近800万元。获得河南省社会科学优秀成果奖、河南省政府发展研究奖等省部级以上科研奖励20项。

出版学术著作 30 余部，在《马克思主义研究》《人民日报》理论版、《光明日报》理论版等权威期刊发表高层次学术论文 30 余篇，在 CSSCI 源期刊、中文核心期刊发表学术论文 230 多篇，一批学术论文被《新华文摘》《中国社会科学文摘》《中国人民大学复印报刊资料》转载或摘编，在学界产生了较大影响。学院还积极致力于社会服务，在政府决策咨询、理论政策宣讲、红色文化资源开发、教师研修培训、横向项目协作等方面，发挥了积极的作用，服务社会的功能有效彰显。

为支持和鼓励学院教师开展马克思主义理论相关研究，我院从 2017 年开始组织出版马克思主义"牧野论丛"，本次出版的专著是第三批。该丛书的作者均为我院中青年教师，他们潜心马克思主义理论教学科研工作，本批专著是他们近年来学术研究的结晶。我们相信本丛书的出版一定会激励学院教师更加努力地开展马克思主义理论及相关学科的学术研究，撰写高质量的学术成果，更多专著将陆续与读者见面。当然，他们的专著还有许多不足之处，还敬请各位专家同行批评指正。

河南师范大学马克思主义学院

目　录

引言
援古及近书写藏书文化史

自古以来，收藏之事，斗转星移在乾坤，聚散无常有书香。正如何兆武所讲，以往历史研究着眼于历史事实，而现代化的历史研究，则是事实之外的一切可能性[①]。长期以来，藏书史研究汲汲于藏书家个人经历、藏书掌故变迁等历史事实，而对这些历史事实本身的社会文化可能性缺乏深入的分析，导致其研究方法无法预流史学主脉，也更缺乏有影响力的学术成果。因此，笔者视野就不再局限于藏书家、藏书事实本身，而通过物理形态的书籍来沟通其与社会、文化、思想的联系，兼及书籍史研究的现实性与可能性，也即本课题所采用的三个理论视角：价值观、文化转型、社会史。

一、古典时代藏书文化的近代性因素

1. 古典时代孕育的现代性因素

经过《四库全书》修撰的洗礼，删书、改书、毁书的历史恐惧症给清代中期以后的藏书界产生了重大影响。传统观点认为，天一阁在《四库全书》修撰后被确立为公私藏书楼的样板和典型，其藏书理念被广泛推广和运用，对清代及其以后藏书楼和图书事业的发展具有不可估量的作用，对现代图书馆的建设也有积极的借鉴意义。私家藏书如涓涓细流汇入公藏，许多珍贵的

[①] 何兆武：《可能与现实：对历史学的若干反思》，北京：北京大学出版社 2017 年版，第 4 页。

典籍正是通过私家藏书的递藏链条得以保存和流传。由于私家藏书聚而复散的循环，不少的藏书家也由此被称为历史罪人。到了近代，西方公共图书馆理念的输入，加之明清以来图书贵流通思想的积淀和影响，私家藏书捐公现象由少数著名藏书家的星星之火，蔚然而成燎原之势。彭斐章特撰文对徐行可典籍捐公个案研究，肖东发在《中国古代私家藏书的历史贡献及其人文精神》文中论述的"典籍的捐公"等等，都从不同层面触及了图书捐赠这一藏书史研究的新领域。

其实，古代藏书亦有化私为公之事，如历代王朝的悬赏征召图书，还有无偿捐赠，所以典籍图书归公并不是什么新鲜事儿，近代以来的"典籍捐公"之所以看起来新鲜，就在于古代图书捐助并没有导致图书典藏、流通形式的变化，只是在一定范围内的流转，与近代以来藏书归公以致公开借阅、流通的情形迥乎不同。古今两种归公的比较后，可以看到古代文化与现代文化的区别有社会体制上的根本差异，亦可看到从古至今的文化流变之中有渐进的方式，也有突然变故造成的改换，故个中原由、情形可以帮助我们认识文化变迁、社会中的思想流动。

2. 近代藏书史书写的问题意识

搜访，保存，递藏，散佚，这个周而复始的藏书演进链条之下是书籍持续受到高度重视，"不仅是因为它们所承载的信息，还是由于其本身是商品以及文化的物质象征。藏书不仅是文人学士的普遍爱好，也是渴望获得更高社会地位的富商和地主们的爱好：所谓的'书香'能给一个家族带来一定的体面"[①]。周而复始的藏书演进链条带来的是书香氤氲与沐浴的社会氛围，因此我们今天"研究书籍在中国社会和知识生活中所扮演的角色"，"研究中国书籍和阅读的社会文化史"，需要注意几个问题：

[①] 包筠雅撰，叶蕾蕾等译：《中国书籍社会史：四堡书业与清代书籍文化》，《古典文献研究》（第十五辑），南京：凤凰出版社 2012 年版，第 85 页。

一是史料问题。包筠雅女士强调要加强对书目、书话、读书法以及笔记，以及记载出版活动的方志、藏书出版家族的家谱、商业性的图书目录、书商的账簿、图书的物质形式或版式的研究，尤其是中文出版物的"副文本"，即围绕、支持基本文本的其他部分，如题辞、序言、后记、目次、评注、释文、插图的研究。基于史料选取的不同特色，传统藏书史书写的表现形态有掌故体、题跋体、目录体、藏书纪事诗体等。

二是需要扩展书籍研究的社会视野。长期以来，中国藏书史的研究者一般都着眼于代表出版巅峰时代的书籍，如宋、元、明时代的善本或稀见本，于是有了"佰宋千元""千元十驾"等说法。历代学者们关注价格昂贵、印制精美的典籍，其视野仅限于社会中士大夫"精英集团"，很少考虑文献的刻印、传播和消费对其他社会阶层，包括对非一流文人或精英之辈、对有志向的文士和商贾、对可算半识字的店主和蒙学生徒，以及对受过一些基础识字训练的乡村家农夫有什么样的影响。① 包筠雅的书籍史研究深受西方的书籍史模式影响，成为将书史纳入主流学术的重要尝试，也打开了书史写作与研究的新境界。藏书家研究由简单的政治评价向学术本身的理性分析，而且西方书籍史的理论方法引入到藏书史研究，产生了经济史、文化史、文本社会学的书籍史研究视域，尤其是对专科的图书阅读方面，张仲民、潘光哲、熊月之等学者卅展的医学、西学的阅读史研究，拓宽了传统藏书史的研究视野，丰富深化了藏书史研究的学术成果。

三是近代藏书文化书写与研究的方法问题。近代藏书史的书写方法，如采取"以年系事"的编年史体例，平均用力铺陈，找不到"环节性年份"就抓不住藏书文化变化发展的规律。陈旭麓先生提出"不分阶段是历史编纂学

---

① 包筠雅撰，叶蕾蕾等译：《中国书籍社会史：四堡书业与清代书籍文化》，南京：凤凰出版社 2012 年版，第 85 页。

的倒退"①，近代藏书文化史的构建要抓住这一点，打破单纯的年代叙事，用新的线索、问题来统驭。近代藏书文化书写要与传统的版本学、校雠学、目录学有紧密的联系，但又截然不同，"版本学家主要着眼于书籍的制作工艺和版本历史，校雠学家的兴趣基本集中在文本的校对与编校上，而目录学家则注重于书籍分类与文本结构。相比之下，书籍史学家更关注书籍的社会、文化影响，以及书籍在社官各阶层中的功能作用"②。正如包筠雅所提出来的："书籍的存在，不管是抄本还是刻本，给社会带来了什么影响？书册导向的社会如何区别于书籍匮乏的社会，如何区别于知识、信息只靠口耳相传的社会？在书面文化与口语文化混合的社会里（我认为大多数社会都是混合型的），文本的生产和传播对划分社会阶层、知识传播、文化融合的程度以及民族认同又有怎样的影响？"③尤其是在近代社会大变化、大转型的时代，我们如何就典籍在文化、社会和学术生活中所扮演的历史角色进行大的历史提问，这是我们必须要正视的历史现实和可能性问题。

二、近代藏书文化书写的视角创新

对近代藏书文化进行多维分析，我们看到了多样化的藏书史撰述方式。从体例上讲，有通论章节体、断代章节体之别；从题材上看，有题跋、目录、书话、访书记、纪事诗之分；从方法上来说，有传统的藏书史论述，还有西方式的书籍史叙述；从视野上分析，有全国的宏观藏书史，有地方的区域藏书史。近代藏书史研究是区域性、断代式探析与宏观式通论性撰述并行发展，由区域性断代式向综合型通论式逐步深入。前者的代表人物主要有吴

---

① 陈旭麓：《关于中国近代史线索的思考》，载《中国近代史十五讲》，北京：中华书局2008年版，第7页。
② 包筠雅撰，叶蕾蕾等译：《中国书籍社会史：四堡书业与清代书籍文化》，第83、84页。
③ 包筠雅撰，叶蕾蕾等译：《中国书籍社会史：四堡书业与清代书籍文化》，第84页。

晗、袁同礼、潘美月、李雪梅、顾志兴，后者代表性人物主要有谢灼华、程千帆、徐有富、傅璇琮、郑伟章等。近代藏书文化作为一种文化具象，书话、书跋、书目、书楼、书传、书印、书厂、书厄、书业等灵动多样的文化展开也是进一步丰益了藏书文化体系的构建。如徐雁、赵长海对书业的研究，郑振铎等的书话写作，叶景葵、缪荃孙、傅增湘等的书目题跋撰作，林中清、吴芹芳等的藏书印搜集与研究，谭卓垣、黄跃国、吴晞、韦力等的藏书楼或图书馆研究亦别开生面。图书馆作为藏书楼的现代化产物也被纳入藏书史研究，为之呈现出更为广阔的社会文化视野，李雪梅、吴晞等学者着力甚深。前人研究为我们今天的书写提供了源源不断的思想与方法支持，于近代藏书文化书写而言，几乎不可能有一部面面俱到、无所遗漏的著述，只是视角、史料、方法的差异而有所侧重。

1. 书香文化价值观视角

从书香文化价值观的形成来说，书香原本是一种杀虫的香料，明代周嘉胄《香乘》卷四"都梁香"条就专门记载："汉诸池馆及许昌宫中皆种之，可着粉藏衣书中辟蠹鱼。"[①]在"宫殿植芸香"条又云："汉种之兰台、石室藏书之府。""芸草死可复生，采之著于衣书可辟蠹。"[②]古人将香草和樟木片置于书箱，翻阅书籍时，香气氤氲。至少在宋代文献就已经大量出现褒扬式记载，把书香"想像为一种纯粹象征化的符号"[③]，展现出一种瑰丽的文化图景。对这种文化精神的描述表现为一系列隐喻式标识语言，如宋代刘克庄在一篇悼文中言及："祖母宜人宋氏有言有德，能顺能柔，濡染书香清矣。"[④]

---

① （美）海登·怀特著，陈新译：《元史学：十九世纪欧洲的历史想象》，南京：译林出版社2004年版，第385页。

② （明）周嘉胄：《香乘》，载影印文渊阁《四库全书》，台北：商务印书馆1983年版，第385页。

③ （美）海登·怀特著，陈新译：《元史学：十九世纪欧洲的历史想象》，第205页。

④ （宋）刘克庄：《后村先生大全集》，四部丛刊景旧钞本，上海：上海书店1989年版，卷74。

卫宗武在《赓沈赞府题二陆草堂》（"赞府"为唐人对"县丞"之尊称）中也有："落木萧萧古寺秋，翠屏如画雨实收。堂基千载书香在，谁为机云记旧游。"① 常见于文献记载的书香反映了书籍所受到的高度重视，不仅是因为它们所承载的信息，还是由于其本身成为文化的物质象征。明清时期的各种作品中，书香文化业已蔚为大观。在明末刊行的《今古奇观》中就有："闻氏所生之子少年登科，与叔父沈裘同年进士，子孙世世书香不绝。"② 清代史籍中，书香文化更为频繁地成为一种美好想象的喻体，乾隆间《江南通志·人物志》就载："徐行妻唐氏，宿松人，流寇执之，詈曰：'我家世书香，肯受贼辱乎？'贼杀之。"③ 如上诸端，不仅彰显了文献编撰者自身关于书香价值观的文化立场和审美趣味，而且反映出古代社会中藏书不仅是士人们普遍爱好，也是向往获得更高社会地位的其他社会阶层的行为方式，因为"书香"能给一个家族带来一定的体面。④ 可见，伴随着大量的藏书、阅读行为，书香文化已经是"在情感上或认知上"成为"普遍认同的文化现象、活动和传统习俗，表达或象征一种共享的、潜在的价值观"，隐喻着良好的社会想象和人文追求⑤。由于文化隐喻是书香的重要品格，想象与隐喻的内在关联就无法避免。书香文化由器物形态上升到意识形态，成为一个具有价值评判倾向的文化体系，经由文人描绘、文献记载而广为传播，建构出一套复杂的隐喻系统，凸显了象征的历史维度。

---

① （宋）卫宗武：《秋声集》，影印文渊阁《四库全书》本，台北：商务印书馆1983年版，第691页。

② （明）抱瓮老人辑，林梓宗校点：《今古奇观》，广州：广东人民出版社1981年版，第223页。

③ （清）赵宏恩等：《江南通志》，影印文渊阁《四库全书》本，台北：商务印书馆1983年版，第80页。

④ 包筠雅撰，叶蕾蕾等译：《中国书籍社会史：四堡书业与清代书籍文化》，南京：凤凰出版社2012年版，第85页。

⑤ 李天紫：《文化隐喻——隐喻研究的新发展》，《宁夏师范学院学报（社会科学版）》，2008年第5期，第109—111页。

2. 文化转型视角

从文化转型视角来看，近代藏书文化的转型背后是前近代传统文化学术思想开始出现总结性思潮，加上近代以来西学东渐思潮的冲击，西方公共图书馆理念的输入，公共图书馆文化体制由思想到实践、由局部到全域开始影响中国文化的发展与转型，图书馆文化成为藏书文化的替代者，具有中国特色的藏书史逐渐汇入西方图书馆学术思想史。首先，晚清以来，越来越多读书人接受近代西学，新式学堂学生接受新知，从而转化为知识人。尤其是1890年代以后，在城市社会之中，渐渐出现了使现代知识分子得以形成的制度性媒介：学校、传媒和社团，组成了"知识人社会"的三个基础性的公共网络。① 这三个基础建构成为读书人社会向知识人社会转型的保障，随着旧学术体制解体瓦解和新学术体制创建，近代西学的引入、移植都加快了发展速度，知识人的学术研究日益纳入到这种新学术体制之中，学术研究日益体制化、职业化成为近代中国学术的显著特征。读书治学成为知识人重要的人生价值取向。

其次，伴随着近代西学移植和近代学术教育体制、知识群体、科研机构的形成，学术研究逐渐职业化，近代学术共同体逐渐形成。而知识人的为学之所，除了近代大学及独立的专业研究院所外，还包括新式学会、近代图书馆、现代出版机构、学术杂志社等直接或间接为学术研究服务的学术辅助机构。② 与传统读书人的"官学一体化"不同，近代大多知识人远离政治，放弃"学而优则仕"观念。加上以西方近代学术作为参照，出现了仿效西方创建近代意义的、独立于政治之外的"学界"。那么知识人的价值取向、学术立场，转向纯粹的知识生产，逐渐划清了政、学之间的界限，并力谋学术界的独立。近代学术求真的取向与传统读书人求道是不同的，近代学术研究

---

① 左玉河：《中国近代学术体制之创建》，成都：四川人民出版社2008年版，第15页。
② 左玉河：《移植与转化：中国现代学术机构的建立》，郑州：大象出版社2008年版，第2、3页。

"为知识而知识"，以"求知"为目的，强调尊重和维护学术的独立品格，所以晚清以来经世学风的致用倾向渐为人所忽。

再次，由于社会形势的不同而导致治学取向的变化。传统读书人除了作教师外，多数人走着科举—做官的道路，学问与禄利紧密关联。晚清西学的输入，社会激变，学术命运系乎国运，而国运攸关时势，导致了读书人知识结构的变化和职业选择之变动。梁启超曾说："盖古之学者，为学而学，自广厉学官之制兴，于是学者始为官而学，为官而学，学自此湮矣。"①梁启超进而批评学界："我国数千年来不悦学之风，殆未有甚于今日者。六经束阁，《论语》当薪，循此更阅十年，则千圣百王之学，精华糟粕，举扫地以尽矣。"即便新学方兴，旧学销沉，但并非如日本"骛新学，则真能悦之而以所学名其家与传其人者辈出焉。日本之有今日，盖学者之功最高，我则何有？"中国学界治新学仅以之为应举之敲门砖，"门辟而砖旋弃，其用恰与前此之帖括无以异"，把学术当作致用之工具而困于帖括之学，只有除帖括以外必尚其所学，所学之致用与否不论，才能"精神上之愉快，于以维系士夫之人格，毋使堕落太甚，而国家元气，无形中往往受其赐"②。那么视旧学无用而唾弃，所谓有用之新学，其价值仅得比于帖括，但是中国并不需要变形之帖括，帖括之学已经没有意义了。知识人社会中知识的多样性造成了职业和身份的多元化，出现了教师、编辑、记者、出版人等不同的职业群体。知识人的职业化，意味着价值观念的多样化，知识人将大学教授、专家及编辑等作为"稻粱谋"之职业，以存身养道。

在趋新的文化制度下，新派知识人、老派读书人对书籍的认识都发生着变化，藏书史研究随之发生变化，新的藏书史写作范式纪事诗体、书话体、章节体层出不穷，如叶昌炽的《藏书纪事诗》、叶德辉的《书林清话》、陈登

---

① 梁启超：《梁启超全集》第 1 册，北京：北京出版社 1999 年版，第 400 页。
② 梁启超：《梁启超全集》第 1 册，第 400、401 页。

原的《古今典籍聚散考》等；通史、断代亦各有所擅，如杨立诚、金步瀛的《中国藏书家考略》，谭卓垣的《清代图书馆发展史》，分别是通史、断代之代表。

近代以来藏书文化的嬗变，其核心是什么？与古代藏书文化有什么区别？从藏书目的来看可有数端：私家士人爱好藏书，有为藏而藏，有射利以存，有标高自许，抬升品位身价，彰显家族底蕴之不同、有别、迥异者。在近代这都不是藏书文化的主流，那些"苟利国家生死以"、护存文脉、方便学术利用，才是大端，力图化身千百、造福后世才是近代藏书文化区别于古代藏书文化的重要标志。

藏书一事与社会文化关联甚多。细细考论，宏旨现矣。社会文化之转型，具体表现为学术体制之变化，具体的方式、手段亦复不同，原为私公并大，近代以来则私相递藏，终归图书馆公共空间，于国于家皆有大利，此之谓现代社会之重要特点。

3. 社会史视角

从社会史视角分析，受史学界视野下沉之影响，笔者认为传统藏书家所代表的书香门第在区域社会的影响随着社会转型而与近代文化教育体制合流，传统私家藏书的没落、转移，终于在近代社会画上一个句号。从这个角度出发，藏书史研究与图书馆史研究之间产生了深刻的契合。在众多研究范式中，藏书与社会文化互动模式，尤其是整体史、地域性、断代藏书文化研究与通史、通论模式相互补充，呈现出藏书史研究的多样化特点，叶昌炽、叶德辉、陈登原的研究即是整体藏书史。施蛰存在宋路霞著《百年收藏》序中说了社会史中的近代收藏。

> 收藏作为一种雅好，一种学问，一种行当，拟或一种投资手段，随着时代的变迁，千百年来大俗大雅，大起大落。

中国的官私收趁，从"郁郁乎文哉"的北宋起，历代封疆大吏玩青铜、玩碑帖几成传统。至清末，官场上往来若不懂点文物，便有被人讥笑之虞。于是不少人从附庸风雅做起，进而深得其味，最终玩出了心得，能够用小价钱将真品以赝品的价格收进，成了鉴赏家和收藏家，如清末的端方、王懿荣、刘鹗、吴大澂、刘廷探、溥儒、李盛铎、周馥、周缉之、朱启钤、叶恭绰、袁寒云、李经方、刘承幹、刘晦之、刘世珩、罗振玉、庞莱臣等。他们中的大多数人，继承了乾嘉以来朴学大师重实物、重考据的流风余绪，为了收藏曾南北舟车，上下求索，力求用藏品去印证、诠释一段历史、一个方国、一桩疑案，或是一代风俗，出版了一批经过认真考订的藏品目录和考证著作。①

可以说藏书文化作为近代社会变迁的重要载体，见证了一段段典籍的聚散悲欢。有许多藏书家或总结自身家族之经验，一些研究者也针对所处区域藏书文化之盛况进行梳理，从清末到民初未有中断。20世纪30年代前后，江南藏书文化再度引起学者关注，如蒋吟秋《吴中藏书家考略》、蒋镜寰《吴中先哲藏书考略》、瞿冕良《常熟先哲藏书考略》、吴晗《两浙藏书家史略》《江苏藏书家史略》、项士元《浙江藏书家考略》、陈乃乾《上海书林梦忆录》等。其他地域性藏书文化研究如聂光甫的《山西藏书家考》、徐信符《广东藏书纪事诗》，80年代开始发表的周退密、宋路霞正式出版于1991年的《上海近代藏书纪事诗》，著名藏书家郑逸梅、胡道静、潘景郑作序推荐，90年代还有顾志兴《浙江藏书家藏书楼》、江庆柏《近代江苏藏书研究》等，以上多层次的区域研究视角极大丰富了学术生命力，其后越发呈现出鲜明的特点。

---

① 施蛰存：序，载宋路霞《百年收藏——20世纪中国民间收藏风云录》，上海：复旦大学出版社1999年版，第1页。

先就藏书文化众多的研究对象来说，藏书家及藏书活动、藏书楼、藏书与学术研究的关系较为常见。如吴晞著《从藏书楼到图书馆》（书目文献出版社 1996 年版），论述了中国近代图书馆的产生和发展，主要着眼于中国图书馆从无到有、从萌芽到成熟的过程，以及在这个过程中起关键作用的人和事。徐雁、谭华军著《南京的书香》（1996 年 12 月南京出版社出版）对近代藏书家邓邦述、卢前、王瀣、汪辟疆等设有专篇叙述，还涉及刻书、访书、读书方面的史实。徐凌志主编《中国历代藏书史》（江西人民出版社 2004 年版）亦间及近现代藏书史事。

在当代藏书史研究中，有两位老人值得书写一下，一位是河南焦作人范凤书，一位是浙江人顾志兴。范凤书先后出版《中国私家藏书史》（大象出版社 2001 年版）、《中国著名藏书家与藏书楼》（大象出版社 2013 年版）、《私家藏书风景》（河北教育出版社 2006 年版）等专著。《中国私家藏书史》荦荦大端近 60 万言，近半篇幅涉及近代藏书史，资料之丰富，考证之详明，立论之严谨，实藏书史研究不刊之作[①]。《私家藏书风景》中专门撰写了反映近代藏书文化研究情况的 73 篇著作提要，简构百年藏书史脉络。又集 3 篇藏书楼实地考察日记，可谓详稽史海文献，略读无字之书。已故著名文献学家来新夏先生对其评价很高："深感范君归隐林下，犹孜孜于学术，汲汲于著述，期与同道相切磋，求为后学树楷模。"[②]顾志兴从事藏书史研究凡四十年，先后出版《浙江藏书家藏书楼》（浙江人民出版社 1987 年版）、《杭州藏书史》（中国社会科学出版社 2011 年版）、《浙江藏书史》（杭州出版社 2006 年版）等著作。《浙江藏书家藏书楼》备载宋朝以来浙江藏书家和藏书楼的历史沿革，《杭州藏书史》从分析清代杭州藏书事业鼎盛的原因入手：一是清政府

---

① 焦静宜、来新夏：《藏书文化交谈录》，载徐良雄主编《天一阁文丛》第 1 辑，宁波：宁波出版社 2004 版，第 4 页。

② 来新夏：序，见范凤书《私家藏书风景》，石家庄：河北教育出版社 2006 年版，第 2 页。

调整了文教政策；二是清代学风的改变；三是藏书传统的影响；四是乾隆皇帝编纂《四库全书》，杭州作出了特殊的贡献，刺激了杭州藏书家的藏书热情。介绍了一批著名藏书楼如居清末四大藏书楼之列的丁申、丁丙的八千卷楼、龚自珍父子的宝燕阁、罗以智的吉祥室、吴煦的清来堂、劳权劳格的丹铅精舍、胡珽的琳琅秘室、朱学勤父子的结一庐、许增的榆园、王文韶的退圃、应宝时的射雕馆、王存善的知悔斋、吴骞的拜经楼、陈鳣的向山阁、许楗的古韵阁、管庭芬的花近楼、蒋光煦的别下斋、蒋光焴的衍芬草堂、西涧草堂等著名藏书家的藏书楼。顾先生还重点介绍了民国时期私人藏书家王同与其子王绮、汤寿潜捐舍金建浙江图书馆、临平姚瀛藏书、杨复丰华堂、徐则恂东海楼、吴昌绶双照楼、吴士鉴九钟精舍、孙峻寿松堂、章太炎藏书、徐珂小自斋、裘吉生读有用书楼、王体仁九峰旧庐、叶景葵卷盦、邵章石灯庵、金述璋豸华堂、蒋抑厄凡将草堂、崔鼎秋水楼、高时显梅王阁、张宗祥铁如意馆、马浮蠲戏斋、余绍宋寒柯堂、邵裴子韬庵、马叙伦天马山房、李理山丹井书屋、郁达夫风雨茅庐、王修温匀夫妇诒庄楼等的藏书活动。[1] 该书还对近代丁申、丁丙补抄、抢救、保护文澜阁《四库全书》这一文化事件进行研究，揭示了社会文化发展重要问题。《浙江藏书史》是顾先生在前两部著述基础上的深入总结，对近代民国时期的浙江藏书情况介绍甚详，如对张寿镛约园、孙家涟蜗庐、冯贞群伏跗室、朱鼎煦别宥斋、马廉平妖堂以及女藏书家方矩萱荫楼，这些藏书家藏书楼都是浙江以至全国排得上号的大藏书家、大藏书楼。[2] 尤其是对日本侵华期间浙江的公私藏书事业的发展史实，顾先生搜集了丰富的材料，如实加以记载，作为一部藏书史这是不能或缺的。如冯贞群抗战时誓欲以身殉书，张寿镛、孙家淮、朱鼎煦、方矩等"千

---

① 顾志兴：《〈杭州藏书史〉内容提要》，见杭州国际城市学研究中心等编《文化遗产保护和利用研究：第四届"钱学森城市学金奖"征集评选活动获奖作品汇编》，杭州：浙江人民出版社 2014 年版，第 682、683 页。

② 傅璇琮：《学林清话》，郑州：大象出版社 2008 年版，第 275 页。

方百计保护祖国文献，但一旦国家承平，中华人民共和国成立以后，他们几乎毫无例外地将所藏珍籍，或亲手，或遗命家属，将所藏献给国家，献给人民，这种精神使人崇敬之情油然而生"①。浙江藏书史所体现的地域文化的特点，必将有助于中国文化的整体研究。

从个人研究著述分析，周少川《藏书与文化——古代私家藏书文化研究》(1999 年 4 月北京师范大学出版社出版)、李雪梅《中国近代藏书文化》(1999 年 1 月现代出版社出版)则从社会文化风气的变迁、现代图书馆学产生与发展等方面，将藏书文化研究推到了崭新的高度。周少川先生的著作虽名为古代藏书史，但涉及清代后期的私家藏书，从文化的视角来研究近代私家藏书，确有新意。周著通过道光年的郁松年、丁日昌及晚清"杨、瞿、丁、陆"四大藏书家的个案介绍，提出近代私家藏书虽然"遭遇鸦片战争外国侵略者的侵扰破坏，遭遇清军与太平军、捻军、义和团作战的兵火损失"，但众多藏书仍"以其蓬勃的生命力，散而复聚，屈而复伸，前仆后继地推动着私家藏书事业的进步，直至其向着近代图书馆事业的转化"②。近代藏书家的的积书活动，突出表现了"私家藏书坚韧不拔、稽古右文的优良传统"③。正是通过这些"具有代表性的传播个体，可以较为清楚地认知藏书文化与社会环境的关系，并展现在私家藏书文化现象中个人的能动作用与创造性，从而更深刻地把握文化现象的本质和意义"④。周著指出，欲认清私家藏书聚而又散、散而又聚动态的发展过程，必须了解其中的传承关系，即藏书文化研究中的"授受源流"问题，"藏书家讲求授受源流，一是为了分辨奇书异本的真伪，二是可以根据古代藏书家的水平和校书程序，评定书籍价值的高

---

① 傅璇琮：《学林清话》，郑州：大象出版社 2008 年版，第 276 页。
② 周少川：《藏书与文化：古代私家藏书研究》，北京：北京师范大学出版社 1999 年版，第 107 页。
③ 周少川：《藏书与文化：古代私家藏书研究》，第 114 页。
④ 周少川：《藏书与文化：古代私家藏书研究》，第 114、115 页。

低"①。从藏书文化研究角度，把握藏书家收藏的授受源流、递藏关系，有助于对私家藏书的历史进程做一线性的说明。周先生对私家藏书的文化心态也首先进行了系统研究，这不论古今藏书史恐怕都是适用的精当之论。文化认同的心理、以读书为乐的意识、读书做官的心态、"遗金满籯，不如一经"的心态、藏书私秘、祈求永保的心态、藏书公开的心态以及附庸风雅、藏书消闲、藏书养老、为封建文化"卫道"等观点，从不同层次透视出藏书文化现象背后的蕴藏的多种价值惯习，他虽自谦说，只是择要而言，既不全面也不深刻。但其重要意义在于"试图通过对藏书家多种心态的分析，从文化心理的深层把握私家藏书这种文化现象的兴衰起伏，解释藏书活动的行为表象，进而得到某些规律性的认识"②。周先生还从精英文化和大众文化的文化分层观认为私人藏书群体是游离于"精英文化"和"大众文化"两大文化层的中介，在社会文化的传播发展中有几个功能：一是私家藏书是孕育精英文化的摇篮。二是当国家对精英文化进行整理、规范发展时，私家藏书可以为此提供充足的图书来源，因而私家藏书是精英文化散布于民间的储存库或图书馆。三是私家藏书通过对藏书的校订、刊刻，推广了精英文化对大众文化的传播，加强了两大文化层的交流。第四个方面，藏书家们还对诸多科学、文化的资料，进行整理研究。除这些方面的功能外，周先生进一步认为"私家藏书作为分散的'知识库'，既有静态的收藏和贮存功能，而且还有动态的提取、交流、传播功能"，私家藏书通过对各个层次文化信息的储存和提取、传布，促进了朝野间不同文化层的双向交流和渗透，在文化的生成发展机制中，发挥了特殊的作用。③从更为广阔的社会史视野，周先生还论述了私家藏书与佣书业的兴起、刻印行业的兴盛、书肆书坊的兴衰、书坊书价、

---

① 周少川：《藏书与文化：古代私家藏书研究》，第115页。

② 周少川：《藏书与文化：古代私家藏书研究》，北京：北京师范大学出版社1999年版，第289页。

③ 周少川：《藏书与文化：古代私家藏书研究》，第293页。

藏书破损修补技术、社会交往中的馈赠等学术论题的关系。周先生从这些论题出发还提出用法国年鉴学派书籍史研究"打破间隔"综合使用文化史和社会史研究的方法，揭示文化源流、思潮变迁，研究"读书行为"和"读书共同体"，进而可以尝试说明在晚清西学东渐的具体过程中藏书文化的流变。①

　　李雪梅的《中国近代藏书文化》作为学界较早研究近代藏书史的专著，龚书铎先生在其序言中说："藏书事业作为一种社会现象，它不可能孤立于社会之外，其盛衰变化必然要受经济、政治、文化等诸多方面的制约和影响。因此，对藏书文化的研究，既要在藏书事业本身下功夫，又要与社会经济、政治、文化联系起来考察，才能更好地阐明近代藏书文化的变化。"② 李雪梅将近代藏书文化与近代社会的变迁密切联系起来考察，揭示社会变迁对藏书文化的影响。并着重以从传统藏书的私密性转变为近代藏书的公开、公用性为主线，在西学东渐的思想背景、文化观念和学术风气多维空间中，探讨近代藏书文化的形成、发展、擅变，对公共藏书意识、图书馆运动以及公藏与私藏的并存等问题进行深入分析。虽然该书并不以叙述近代藏书事业的整体面貌和全面贡献为指归，但是仍大致反映了近代藏书的面貌。诚如作者所说：

　　　　在近代中国，随着近代藏书文化的形成和发展，传统的私藏、秘藏观渐为藏书家所唾弃，尤其在公共藏书成为近代藏书文化发展的主流时，化私秘为公开已为不少藏书家和学者所认同。近代中国社会的动荡变迁，使私家藏书难以继守，也加速了私藏、秘藏转为公藏的进程。近代公共藏书在广收博采皇家、书院及私家藏书的基础上蓬勃发展这一事

---

① 周少川：《藏书与文化——中国古代私家藏书文化研究刍议》，《安徽大学学报》（哲学社会科学版），2003 年第 2 期，第 98 页。

② 龚书铎：序，见李雪梅《中国近代藏书文化》，北京：现代出版社 1998 年版，第 1 页。

实，也说明了中国近代藏书从私秘到公开的发展特征。①

著名藏书史研究专家徐雁在评价李雪梅《中国近代藏书文化》后延续其论时说：

> 建国前夕及建国初期，近代私家藏书之大部分及著名藏书家之遗藏以不同方式汇入公藏，近代藏书文化所具有的由古代私秘藏书到现代开放藏书的过渡性阶段任务也宣告完成，而化私秘为公开的中国近代藏书发展特征，却永久流传。②

时间已经过去了近二十年，世纪之交的这两部著作以史料的娴熟运用、史学叙述的严谨，仍不失为研究近代藏书史的代表之作。无独有偶，任继愈主编《中国藏书楼》（辽宁人民出版社 2001 年版）专以中国藏书楼为论说对象，采用史、论、表等体例形式，全景式地展现历代藏书楼面貌，其中就包括近现代藏书楼向图书馆的嬗变过程。傅璇琮、谢灼华主编的《中国藏书通史》（宁波出版社 2001 年版）也在同年出版，考虑到徐雁、李雪梅也主撰《中国藏书通史》第八编"二十世纪藏书"，所以能够代表近代藏书史研究最高水平的《中国藏书通史》其实亦无法居参与者此前各自著述之上。

近年来，又出版了程焕文《晚清图书馆学术思想史》（北京图书馆出版社 2004 年版）、王蕾《清代藏书思想研究》（广西师范大学出版社 2013 年版）、陈力《中国古代藏书史：以图书为中心的中国古代文化史》（社科文献出版社 2017 年版）和韩永进《中国图书馆史：全四册》（国家图书馆出版社

---

① 李雪梅：《中国近代藏书文化》，第 364 页。
② 徐雁：《"化私秘为公开"——李雪梅〈中国近代藏书文化〉评介》，《图书馆》2000 年第5 期，第 68 页。

2017 年版），下面就逐一分析这些著作的异同。

彭斐章先生在《晚清图书馆学术思想史》序言中指出，古代藏书楼的衰落和近代图书馆的兴起催生了晚清图书馆学术思想①。中国近代图书馆、图书馆事业的发展是处在新与旧的交替时期，伴随着西学传入和中西文化冲突与融合，中国传统的藏书文化体制逐渐为西方式的图书馆文化体制代替。程焕文观察传统藏书文化的变迁就是基于"藏书楼"这个近代概念的认定而开始的，正如谢灼华先生所指出的，引导研究者从本质上分析问题，从而注意图书馆作为一种文化现象的社会关系②。在晚清复杂的社会文化环境中，各种藏书楼的创办不仅是为了藏书，同时还是开启民智的举动。程著重视个案研究，力图从个体的变迁找到共性的走向，如对皖绅办藏书楼、浙绅办藏书楼、粤绅藏书楼思想、江南藏书楼与端方兴办公共图书馆的研究，他从不同社会阶层对藏书事业的主张、实践中看到了中国藏书文化面临的转型发展历程，可以说该书是一部融合文化史、社会史、学术史立体呈现传统藏书文化变革、新式图书馆文化形成特征的开创性论著。

相较之下，在他指导下王蕾的博士论文《清代藏书思想研究》，不无系统地阐发了清代藏书思想的发展脉络，一如程先生所期望的"共同构建了清代藏书思想与图书馆学术思想的完整的图谱"③，似成从藏书史到图书馆史研究中之双璧。现仅就《清代藏书思想研究》的近代藏书文化书写谈一下粗浅之论。首先是对晚清公私藏书事业衰落的叙述。作者从晚清政局颓丧论及四库七阁图书之厄，从江南藏书家之应对说到藏书文化之精神，从"皕宋楼"之祸又及书院藏书之变革，史事清晰，当属无遗之论。作者对书院藏书从内容、制

①彭斐章：序，见程焕文《晚清图书馆学术思想史》，北京：北京图书馆出版社 2004 年版，第 1 页。

②谢灼华：序，见程焕文《晚清图书馆学术思想史》，北京：北京图书馆出版社 2004 年版，第 8 页。

③程焕文：序，见王蕾《清代藏书思想研究》，桂林：广西师范大学出版社 2013 年版，第 15 页。

度、开放性等方面强调了其公共性，认为晚清书院藏书的发展和转变"在藏书公共开放性实践和藏书制度的发展中，推动了近代藏书公共化发展和公共图书馆的产生"[①]。其次是对晚清藏书学术思想的研究。晚清近代学者叶德辉、叶昌炽、丁申的著述自然能够代表藏书史研究的最高水平，作者对之亦有所发明。在对清代藏书史总体特征进行申述时，作者提出"系统特征"。据笔者理解，系统特征应该是对清代从开始到结束藏书文化发展的系统性总结，而非对某个藏书家思想中有关清代藏书学术全面论述的简单呈现。所以说，清代藏书学术的系统性特征既要包括清初藏书、藏书家与经世学术之关系，又要涵括清中期藏书、藏书家与乾嘉学术之关联，也要对清末中西新旧之间的藏书学术特征进行稽要钩玄，唯其如此，方可为系统。再者，藏书学术中几乎所有藏书家都有书目、题跋、读书志等之撰作，如耿文光的《万卷精华楼藏书记》、杨绍和《楹书隅录》等，这些书目题跋的图书分类思想也是晚清近代藏书学术研究的重要表征，亦应给予重视。傅荣贤《中国古代图书馆学术思想史》则对晚清书目问题投入了较多关注。关于书院藏书目录的编制原因，傅先生认为："目录既是藏书整理的重要环节，也是藏书管理的必然要求。"[②]他还分析了书院书目的特点：一是簿录清册，示其甲乙而提要、序言阙如；二是多记载捐资或献书之人姓名仕履，以对捐资献书之人的表彰，也希望读书人由书思人，培养爱书向道之风，同时指出这种方式显然与书院藏书的来源之一即为私人捐助有关；三是书院目录基本服务于士子生徒疏淡于从"知人论世"角度揭示作者信息，往往，示人次第；四是受重视推荐导读的传统影响，晚清书院对书目的编制尤为努力。特别是在戊戌变法前后，配合不同政治派别的变法宣传面形成推荐目录更是蔚然成风。[③]如张之洞《书目答

---

① 王蕾：《清代藏书思想研究》，桂林：广西师范大学出版社 2013 年版，第 81 页。
② 傅荣贤：《中国古代图书馆学术思想史》，合肥：黄山书社 2016 年版，第 364 页。
③ 傅荣贤：《中国古代图书馆学术思想史》，第 365 页。

问》既有经世致用之典，又有西学之书，而梁启超《西学书目表》与康有为《日本书目志》则几乎以西学为根底，反映出书院成为新旧之争的焦点。与王蕾著作类似，傅氏著作同样也对叶昌炽、叶德辉的藏书思想进行了简要介绍。再次，对清代藏书学术特征的整体性特征进行研究。晚清藏书学术思想的阶段性特征大约体现在受西学影响下的开放归公，实则为文化近代转型的时代特征。所谓地域特征，通观其论，无非对苏州、无锡、宁波、湖州等地为代表的江南藏书家群体进行学术探寻，江南文化自宋代以后成为区域文化影响中华文化进程至深之符号，仅就藏书文化而言，实有更可挖掘者。作者提出的藏书学术开放性特征，一方面是中国传统藏书学术中本已经孕育贵流通等开放性思想，另一方面则为西学东渐之影响，西方公共图书馆思想成为主导藏书事业发展的核心价值，正如程先生所讲的，近代藏书学术先出现了具有近代色彩的思想，然后才与西学形成互应之势，故其论始有还原藏书历史真实面貌、正本清源的学术意义。[①]至其所论清代藏书学术思想的"开放特征"则是一个很好的提法，中国传统学术本为开放兼容之文化体系，清代藏书家的思想特征亦概莫能外，只是到了晚清在具体论题上有保守、开放之区别，有旧式、新派之分野。最后，关于近代藏书学术的历史成就。作者就晚清私人藏书思想的开放性发展进行简略评价，其核心仍在于强调古代藏书思想的开放性之本源，似乎清代藏书学术思想地位之奠定也从古代的开放性而来。尽管作者也看到了新学的冲击，还是以清代藏书之旧学为根底展开言说，毕竟已有李雪梅的《中国近代藏书文化》和程焕文的《晚清图书馆学术思想史》在先，似有再重复论说亦无法超越前人的晚清之藏书学术思想研究之嫌。其实，清代藏书学术成就应该以其前段旧学的充分展示为基础，再以晚清藏书新学术变革的内涵之书写显示其厚实的底色，这样的全面书写藏书学术思

---

① 程焕文：序，见王蕾《清代藏书思想研究》，桂林：广西师范大学出版社 2013 年版，第 18 页。

想才是完整的而且没有短板的，在前后比较之下，才显得旧愈远，新愈厚。

与傅荣贤、王蕾等的著作论近代藏书文化篇幅较少有所不同，陈力的《中国古代藏书史：以图书为中心的中国古代文化史》则用专章论述了近代藏书文化发展历程。陈力显然意识到了近代思想文化背景的重要作用，因此从洋务运动与西学书籍的翻译入手，直接从近代图书馆文献资源的重要源头论述西学、书院、书局之间关系网络，西学是近代图书馆之根，书院陪养人才，书局则生产书籍，加上学制改革，共同构成近代图书馆发展的社会基础网络。作者还非常重视清季民初出版业对图书馆事业的推动作用，用一节专门讨论新式书籍出版业的发展概况，对现代印刷技术、出版机构、出版企业、报刊等传播媒介的社会功能专题进行论述。有了以上基础的铺垫，作者才对从藏书楼到图书馆的过渡历程进行叙述。作者列举了一些清末民初著名藏书家的掌故，认为伴随着时代发展，私人藏书讲求善本渐渐边缘化为一种雅好，更多学者收藏转向实用，个人藏书社会功能逐渐为图书馆代替①。关于公共图书馆，作者从上海徐家汇教会藏书楼谈及近代兴办图书馆潮流，以及由地方延伸到中央政府的办图书馆思潮和近代史上第一次公共图书馆运动，京师和各省图书馆的纷纷兴办成功对民间私立图书馆的建设也是一种推动和鼓励，从张謇到荣德生，再到民初的"新图书馆运动"，作者用这样的思路结束了近代图书史的叙述。②从重视特质基础、社会思潮、文化氛围这一点来讲，作者的分析是完整的，也符合古代史框架下的近代史叙述要求。

韩永进《中国图书馆史：全四册》的近代图书馆卷是由程焕文先生主持的，由王蕾、李彭元、周旖、张琦等参撰。总的思想高度和撰写框架应该说并未超过程著《晚清图书馆学术思想史》，与此前出版的范并思先生《20世

---

① 陈力：《中国古代藏书史：以图书为中心的中国古代文化史》，北京：社科文献出版社2017年版，第531页。

② 详情参见陈力《中国古代藏书史：以图书为中心的中国古代文化史》第八章，第495—548页。

纪西方与中国图书馆学——基于德尔斐法测评的理论史纲》①、王西梅《中国图书馆发展史》②、吴仲强《中国图书馆学史》③、中国科学技术协会主编的《中国图书馆学学科史》④等各有所长。王著采用的是史学界惯常出现的政治史视角。吴著则使用的是史学界也常用的各种专题并列的撰写体例，虽全面但有面面俱到而不太深入之嫌。《中国图书馆学学科史》采用编目体，重视各个专题陈述以及学术思潮的影响，虽也拉起几条线，但缺乏系统性。因此学界媒体评论说，韩永进《中国图书馆史》是将藏书史纳入图书馆史的首次全面记录⑤。笔者认为，该部图书馆通史的近代藏书史叙述长在对近代以来图书馆史料的充分运用，具有较强的问题意识，阶段划分清晰，但体例编排没有解决好公共藏书楼与私家藏书的关系，把私家藏书缀于最后，明显有种时空错置之感。考察历来专题通史之撰，似无处理同类主题之例。既然前已说明将藏书史纳入图书馆史，就不如采用史学界专门史之法，恰当处理藏书史与图书馆史的关系，就如榫之合，在藏书史与图书馆史两个构件上如何采用凹凸部位相结合的方式实现无疑连接，避免前后悬隔之遗憾。就藏书史而言它的存在时间很长应该算凸的榫，我们要在图书馆体系中找到它凹的卯即榫眼，给藏书史以图书馆中妥当的安排。从目前的近代藏书史著述来看，傅璇琮、谢灼华主编的《中国藏书通史》以藏书史来容纳图书馆史的体例是比较成功的，如何做到相反方式的著述体例，以笔者之意，首先要有编撰理论的契合，中国史学编撰的历史经验能够给我们太多的启迪。其次要在具体的写作方法上把中西不同学术理念和编撰经验实践出来，这里要提到范并思先生的《20世纪西方与中国图书馆学——基于德尔斐法测评的理论史纲》，该著作通

---

①　范并思：《20世纪西方与中国图书馆学——基于德尔斐法测评的理论史纲》，北京：北京图书馆出版社2004年版。

②　王西梅：《中国图书馆发展史》，长春：吉林教育出版社1991年版。

③　吴仲强：《中国图书馆学史》，长沙：湖南出版社，1991年版。

④　中国科学技术协会：《中国图书馆学学科史》，北京：中国科学技术出版社2014年版。

⑤　杜羽：《将藏书史纳入图书馆史》，《光明日报》2017-10-13（11版）。

过中外图书馆史的比较，将中国藏书史、图书馆史合成一体，从藏书机构到关键人物，从分化阶段到关键节点，篇幅虽不长但显得有理论底蕴和写作功力。这部著作的重要意义恐怕就是从藏书史到图书馆史的演进中首先开始一种伟大的创新尝试。

再拿谭卓垣先生《清代图书馆发展史》与之比较一下也能说明同类著作不同选题角度的书写价值与意义。谭卓垣《清代图书馆发展史》也是一篇博士论文，写于 1933 年，为芝加哥大学毕业时撰写，原名为 *The Development of Chinese Libraries under the Ch'ing Dynasty*（1644–1911），商务印书馆于 1935 年 5 月引入其英文版。谭著对晚清近代的藏书史书写有几个特点：一是略述藏书家的不同类型、共同特征和一般实践，还深入地探索了太平天国以后清季四大藏书楼的发展史[1]。二是有鲜明的历史意识和问题意识。他对近代图书馆发展有重大影响的敦煌文献、杨守敬赴日访书和罗振玉抢救内阁大库档案进行关注。敦煌在清末能够成为国际汉学界关注的重点缘于王圆箓发现敦煌莫高窟第 16 窟存在大量文物和写本，大多数后为英国人斯坦因、法国人伯希和等大肆盗买，斯坦因的《西域考古记》实际上是其文化掠夺的证明。杨守敬赴日访书实际上构成了学界另一大遗恨——皕宋楼事件的前因，著名藏书史学者徐雁为之提出的解释就是"杨惺吾情结"与"岛田翰情结"。中国学人尤其是杨守敬的日本访书经历导致日本汉学典籍供给紧张，而对日本志在研究中国的宏大计划而言，显然是一种触动，故而日本学者纷至踏来，访中国书而补充日本学界、政界之中国情报需求[2]。岛田翰就是杨守敬日本访书二十年后来中国访求古籍的一个代表性人物，于是就出现了 1907 年皕宋楼藏书流入日本静嘉堂文库事件，于是在是年 6 月北京知识界也出版了

---

① 徐秋禾：《谭卓垣先生及其〈清代图书馆发展史〉》，《广东图书馆学刊》1985 年第 3 期，第 3 页。

② 详情参见徐雁《不可重做的一份中日汉籍交流史作业——兼探"杨惺吾情结"与"岛田翰情结"》，载徐雁《江淮雁斋读书志》，长沙：岳麓书社 2009 年版，第 92—106 页。

一部由岛田翰撰写的《皕宋楼藏书源考》，此书的刊印者董康为之跋文。关于中国学者西方国家的访书情况，在后文还要详尽介绍，在此从略。总之，皕宋楼事件成为时论热点，是近代藏书文化史上的重要问题。一方面是文化遗产的流失，中国固有的文化遗产转化为一种文化伤痛、文化伤痕、文化情结；一方面是民族主义情绪的涌起、扩大，与当时政治热点问题形成紧密互动的态势，为反思中日关系提供了一个端口。对努力争取陆氏善本的张元济等文化界名流来说，这种中华国粹的流失更是一种无法言喻的苦痛、伤心。这也许是他致力国粹流布出版事业的另一种动力，也是图书馆公藏扩展的重要因素，化私为公也许不能尽为民所用，但创造出有益民智开启的条件总是一个实现可能性极大的理想。为了理想而前驱是历代文人的风骨所在，符合敢为天下先的士人担当情怀。在民族意识化和泛政治化主导之下，汉籍的东去还是西还，是中日关系史上的一个重大的敏感点，东去更是构成"中国文化界人士长久的有郁愤"。[1] 所以如日本文人如岛田翰写作《皕宋楼藏书源流考》所表现于世的自得情绪，早已伤害了中国文化界人士的感情。罗振玉抢救内阁大库明清档案更是震惊了当时学界，这件事历史上还有一个名称为"八千麻袋事件"[2]。谭卓垣能够记载此事是由于看到"这些浩如烟海的文献无疑会给史学家提供研治清史的第一手资料。由于罗振玉为之作出了巨大的努力，所以直到现在我们还非常感谢他"[3]。谭先生以敏锐的历史意识看到这些

---

[1] 徐雁：《江淮雁斋读书志》，长沙：岳麓书社 2009 年版，第 95 页。

[2] 内阁大库的档案主要是诏令、奏章、朱谕、外国表章、历科殿试卷子以及其他文件，还有从盛京移来的旧档、部分明末档案，是研究明清历史的珍贵资料。1909 年（宣统元年），为整修内阁大库，清廷决定将所存大批档案移出库外等待焚毁。时任学部尚书的张之洞受命筹建京师图书馆，受张之委派，学部参事罗振玉赴大库检取有关书籍。他认为档案历史价值很大，于是呈请张之洞上奏朝廷罢焚，并建议改由学部代为保管。到了 1921 年春，北洋政府将大部分档案分装八千麻袋，计 15 万斤，以 4000 银元卖给北京同懋增纸店造纸。罗振玉得知以高价购得部分，1924 年，罗氏因财力不支，将档案以 16000 银元转卖给前清驻日公使李盛铎，1929 年李盛铎又将这部分档案以 18000 银元转卖给中央研究院历史语言研究所，始得归公。

[3] 谭卓垣撰，徐雁、谭华军译补：《清代藏书楼发展史》，沈阳：辽宁人民出版社 1988 年版，第 77 页。

事件于文化学术发展的重要价值，是非常难能可贵的。三是从藏书家之间不断的递藏关系中，谭卓垣发现了其中的文化精神链条，认为彼时彼地的藏书之散，而到此时此地又被聚集起来，都是"犹如火炬一样地被递传着"的文化精神①。藏书的延续成为推动学术发展的重要力量，这是发前人所未发的认识。谭卓垣能够摆脱藏书家传记的研究模式，把藏书活动置于大的文化学术史背景下，从研究和藏书交互作用视角铺面考察图书馆与学术思潮的联系，这种方法在今天来说也是非常值得学习的。以上这三个方面都是近代藏书史研究者应该注意的问题和应具备的视野。

当代藏书史研究中还有一个人当属别具一格，他就是韦力及其《古书收藏》《批注本》《书楼寻踪》《芷兰斋书跋初集》《芷兰斋书跋续集》《中国古籍拍卖评述》等著述。韦力从事的藏书史写作是文化式的，堪为"书海苦旅"。与传统藏书史线路相似的是他用的方法是掌故式列举，如《古书收藏》《批注本》《书楼寻踪》。由外在的变迁而内在的题跋，如《芷兰斋书跋初集》《芷兰斋书跋续集》。他还通过古旧书业的市场变迁展现了藏书文化魅力，如《中国古籍拍卖评述》。另外，其"传统文化遗迹寻踪系列"如《觅宗记》《觅诗记》《觅理记》等，由书籍而论及图书、藏书家的学术内涵，显示出藏书文化巨大思想张力和价值。

在藏书文化研究中离不开各种史料的编纂，最著名的是李希泌和张椒华编的《中国古代藏书与近代图书馆史料：春秋至五四前后》，其学术价值就不多说了。还有如仲伟行、吴雍安、曾康合编的《铁琴铜剑楼研究文献集》②，1997年7月上海古籍出版社出版。作为研究铁琴铜剑楼的综合性著作，

①谭卓垣撰，徐雁、谭华军译补：《清代藏书楼发展史》，沈阳：辽宁人民出版社1988年版，第49页。

②铁琴铜剑楼是清末著名四大藏书楼中唯一至今还保存完好的私家藏书楼，楼始建于1796年，因收藏有铁琴一张、铜剑一柄而得名。所藏书籍十多万册，多为宋元善本，在近代藏书史上，享有极高的地位，饮誉海内外。新中国成立后，楼主后人将所藏书籍全部捐献给国家。

实为国内首次编撰之有关铁琴铜剑楼文献专集。

百年来的藏书文化研究固然出现了一批有影响的论著，也形成了较为成熟的研究套路，出现了一批高水平的研究群体，研究视野也日趋宏富。但是梳理学术史，我们当可发现，传统藏书史及藏书文化研究尚存诸多问题。自从晚晴民初藏书史研究范式基本确定以后，后代的藏书史研究鲜有更新，尤其是对第一手研究资料的梳理尚存在以讹传讹、引用不实等缺憾，因此需要从考据基础入手，认真清理乡邦文献、文人文集中的私人藏书故实，对藏书流转散佚、藏书读书、书籍校勘刻印、书目校订、学术研究以及本课题所关注的典籍捐公进行系统研究。

三、近代藏书文化研究的线索与展望

1. 近代藏书文化嬗变的线索

在杨国强教授《衰世与西法：晚清中国的旧邦新命和社会脱榫》书中提到的"衰世"是指历史留给 19 世纪中国人的问题，"西法"则指外力引入 19 世纪的问题。在晚清中国的同一时空里，衰世与西法共存，后者冲击前者，前者回应后者，这一回应"过程以一种直观可见的方式显示了古今中西之变，以及古今中西之变带来的深度离析"①。19 世纪中叶西方用暴力打碎了中国人的固有秩序世界，而后"中国人因中西之争而知古今之争，并在时势的推挽之下沿此一路深掘，由古今之争而入新旧之争"。就其间的因果始末而论，"中西之争起于外来冲击，但由中西之争而古今之争和新旧之争，则是在回应冲击的跌扑起伏里，越来越自觉和越来越执着于移西法重造旧邦，以

---

① 杨国强：《衰世与西法：晚清中国的旧邦新命和社会脱榫》，北京：中华书局 2014 年版，自序第 10 页。

期用西方人的办法来对付西方人"①。这种情况造成的思想理路和取向锋芒发生了从朝外转为向内的变化，中国社会因之而脱榫：东南与西北脱节，沿海与内地脱节，上层与底层脱节，思想、政治与经济脱节，知识分子与大众脱节，城市与乡村脱节，导致"旧的整体性已经破裂，而新的整体性却始终立不起来"②。所以，与这衰世入乱世相伴随的历史任务，便是中国社会的"旧邦新命"，这与陈旭麓先生的"新陈代谢"观点异曲同工。古今中西问题也被甘阳先生表述为现代性问题，即中国与西洋的不同不在于地域文化的不同，而是古代与现代的不同。③

中国走向世界或曰现代有一个如何对待古代和传统的问题，即习惯上所讲的传统的现代化。鸦片战争之后的八十年间甚至直到今天，社会各个阶层都自觉不自觉地要处理古今中西问题。中国走向世界和逐步崛起的过程实质上是科学处理古今中西关系的过程，古今中西之争既抽象又具体可谓牵一发而动全身，事实上已经构成了中国近代史的基本线索。④

首先，西方公藏理念的传播与中国古典藏书文化固有革新基因的相遇。用"典籍捐公"这一个涉及书籍与社会复杂关系的行为、事件来连缀思路，虽然只是叙述方式的引领，缺乏哲学上的统御能力，用"典籍捐公"来证明西方公藏理念和中国传统藏书思想的开放性的融合和不断传播也足以构成一

---

① 杨国强：《衰世与西法：晚清中国的旧邦新命和社会脱榫》，自序第10页。

② 杨国强：《衰世与西法：晚清中国的旧邦新命和社会脱榫》，北京：中华书局2014年版，自序第11页。

③ 杨国强书中有《历史中的儒学》和《科举制度的历史思考》两篇文章勾连的是作者晚清考察的重要落脚点：士人群体。杨著虽然有费正清"冲击—回应"的理论预设，但不尽相同，他没有简单以现代化为标杆，而是通过描述、解释、追问晚清的中西问题如何一步步转化为古今问题，来打断"冲击—回应"和"传统—现代"的同一性，以呈现第一期古今中西之辩复杂的历史因果和其中的误认与无奈。这就与丁耘的"中西问题为的，以古今问题为矢"进而使古今问题回到中西问题有明显联系。杨、丁两种工作方式一为历史，一为哲学，前者重解释中西如何变古今、现代如何被迫成归宿，后者意把古今改造为中西，以其他轴心文明的"大现代性"克制西方的"小现代性"。见丁雄飞《从中西到古今，从古今到中西》，《东方早报》2015-03-29。

④ 李喜所等：《中国近代史》，北京：中信出版社2017年版，自序第Ⅵ页。

个新的写作切入点，能够形成一个线索性质的叙述方式。近世以来藏书文化就已出现总结性研究，稽古以开新的指向昭然若揭。本课题基于典籍捐公的社会背景，对典籍捐公与传统藏书文化进程、典籍捐公的发展过程、中国近现代公共图书馆思想的传播、中国图书馆学的产生与发展之间的关系进行分析，依据中国近代以来宏大的文化发展背景，对社会与文化的近代化进程作一侧面的查证。

其次，近代中国频繁发生的书厄。这里有两部著作是必须要再说一下的。一是陈登原的《古今典籍聚散考》，二是宋路霞的《百年收藏——20世纪中国民间收藏风云录》。陈登原把历代书厄从事实、数据的罗列升华到体系化理论总结，从此书厄也成为藏书史无法回避的重要领域，甚至可以说书厄针对的是藏书文化所无法规避的问题，因此能够促进藏书文化在聚而复散的链条中不断发展。宋路霞的著作实际就是近代藏书的厄难史，除了书法绘画等文艺作品外，甲骨、青铜器、碑刻等都具有重要的文献价值，都可以纳入到藏书史的研究和书写范围。宋先生的书写不是全部的，但却是有代表性的。每每在研究者进行藏书文化书写时，常以聚散之论或启其端绪交待缘由，或结其末语大发感触，书厄以其问题意识足以充当本课题的支撑点。

2. 近代藏书文化研究展望

在史学界专门史领域有种批判的观点：传统文化史研究偏重于宏观的整体考察，轻忽了微观细节的叙述与研究。就藏书文化研究而言，既缺乏代表性的整体研究成果，又在微观细节的叙述与写作上做的还非常不够。就研究对像而言，"动态的变迁与静态的承继同样是历史的重要内容"①。钱穆《史学精神与史学方法》中说："凡属历史生命与文化生命，必然有它两种特征：一是变化，一是持续。""所以讲历史应该注意此两点：一在求其变，一在求其久。""史学是一种生命之学。研究文化生命，历史生命，该注意其长时间持续中之不断的

---

① 徐茂明：《江南士绅与江南社会（1368—1911 年）》，北京：商务印书馆 2004 年版，第 57 页。

变化，与不断的翻新。要在永恒中，有日新万变；又要在日新万变中认识其永恒持续的精神。这即是人生文化最高意义和最高价值之所在。"①文化之有意义与价值，因为文化是有生命的，是有精神的，在研究与写作中只有同时把握两种精神，即变中之新和永恒精神，才能了解历史的真境界。

如上所述，变、久之分与布罗代尔的历史时段理论颇有契合之处。长时段是各种结构和结构群的稳定和很少变动的历史，是时间概念。"结构"在长时段中居于首要地位，结构是现实社会和社会整体之间相当稳定的关系，起着干扰时间并改变时间的范围和速度的作用。"结构是指社会上现实和群众之间形成的一种有机的、严密的和相当固定的关系。对我们历史学家来说，结构无疑是建筑构件，但更是十分耐久的实在。"②布罗代尔《地中海》一书中提出了地理、社会、个体三个时间概念，与"长时段""中时段"和"短时段"相对应，与之对应的历史分别称为"结构""局势"和"事件"，共同构成了"总体史"的研究体系。三种不同的时间概念和快慢不同的变化节奏，产生了对历史进程的不同影响。我们一直想"寻找一种历史语言，以叙述某些不变或变动极为缓慢的历史状况"③。于是"周期"概念就进入了藏书史撰述的范围。在这样的藏书史中，我们看到的不但有一天或一年的事情，更有10年、50年甚至上百年的漫长历史画卷，长时段理论指导下对藏书文化总体形象的粗线条勾勒，能展示社会发展的某种趋向。布罗代尔不仅阐述了总体史体系下不同层次历史时间的意义、节奏和多元性，进而对人类社会发展起长期的决定性作用的长时段历史即结构进行分析。他认为地理、社会、经济和思想文化结构中的历史现象，只有在长时段中才能把握和解释清楚。因此对藏书史撰述不仅要注重单个掌故、每个藏书家的记叙情节，还要注重对

① 钱穆：《中国历史精神》，见《钱宾四先生全集》29，台北：联经出版社1998年版，第13页。
② 布罗代尔：《历史和社会科学：长时段》，载《史学理论》1987年第3期，第107页。
③ 转引自张广智、张广勇《现代西方史学》，上海：复旦大学出版社1996年版，第92页。

文化结构、社会局势、历史周期等的记述。传统藏书史中对短时段历史的积累很厚，近百年来的藏书学术研究基本上以重大政治事件为中心的政治史框架，当代藏书史学家必须转移研究方向，改变研究方法，走进历史的深层和微观。短时段的区域、个人藏书史只有在长时段、中时段的整体藏书文化史基础上才有意义。单纯套用长时段理论很容易排除人在历史中的能动作用，丢掉了总体史观，产生历史研究的碎片化。

从以往藏书史研究特点来看，偏重于文化学术内涵研究，而轻忽社会内涵的探讨。在传统社会的伦理型文化秩序下，藏书家的收藏行为过多为某种道德精神所牵累，保守为其主流，开放为其缺失。藏书家的职业特点是其在晚清新政后最先转化为新式知识分子的重要原因，因为他们最先接触西学而获得知识更新。从知识群体的角度，对藏书家的社会角色进行研究，可以开阔视野。而且偏重于笼统的研究，轻忽于细致的比较。藏书家群体内部、群体之间、区域之间、时段之间宜作纵横多方面的深入比较，因而这种类型的研究任重道远。

还有偏重于西方理论的引入，轻忽本土化理论的建设。西方是西方，中国是中国，不同的学术体系没有融合，形成极其难看的两张皮现象。刘滋恒等从传统图书馆学与西方图书馆的比较中，发现并提出了"本土化"命题，其出发点在于西学的中国化，让中国传统学术与西方图书馆学术体系实现对接。傅荣贤等也着意挖掘本土藏书史资源，融入图书馆学术体系。在近代文化转型过程中，具有中国本土特色的藏书文化体系面临着重大挑战，陈登原的书厄开山研究即为其证，杨守敬的访书之举亦为其一例，即便如此，也无法避免甲骨东渡、敦煌西流。自从晚清新政以来的公共图书馆运动，传统藏书学与西式图书馆学就开始了有交集的时段。前些年，《北京大学学报》组织了一场"中国思想与文化范式的讨论"，就是研究如何处理与西方学术潮流之间的关系。就图书馆学的研究而言，国内学者之间能否形成一个学术共同体，形成一种研究范式，而不是"永远都跟着国外的思潮亦步亦趋，形不成自己的问题意识和讨论风格"[1]。图书馆学如果没有自己的研究范式，就产生不了内在的活力，无法使学术讨论健康发展，臻于成熟。加之将传统的中国藏书史融入图书馆史，是削足适履还是恰当安置姑且不论，从藏书史到图书馆史是不是一种学术范式的转变，如果是，"不仅意味着学术研究方式的变化，而且与更全面的社会、文化、思想的变迁紧密相连"[2]。这就是前面提到年鉴学派"总体史"的又一个考虑。藏书史尤其是近代藏书史，不可能也不会消失在学术研究大融合的潮流中去，难点在于形成"成熟的学术范式"，"有相当强大的生命力和解释力、经得住长时期的检验，而且对社会文化有总体影响的范式"[3]。图书馆史研究要形成成熟的学术范式还需要对中西两种学术理论、学术资源的全面清理，以前的成果也算是一系列有益探索。我们今天关注近代藏书文化，就必须关注藏书文化近代以来所发生的种种变化以及这些变化背后的社会、文化与思想。近代藏书文化以多种形式的文化形象展现传统文化记忆、体现书香文化价值诉求，各种题跋、书目、读书记、书话等形式的藏书史写作都是历史记忆的文化载体，近代以来多种形式的出版技术（媒介）更加深刻地影响了藏书史的文化书写，而图书馆的广泛创办也在文化体制机制上不断拓展着藏书文化历史书写的界限，这是近代藏书文化嬗变的重要标杆，也正是本课题所孜孜以求的研究初衷。

典籍是一个固定而久远的时间概念，那是一种经岁月侵蚀后带有烙印的苍凉，是一种埋在时光尘土里的永久性的定格。这是河南作家李佩甫一部小说中的话，我想借用这句充满文学气质的话语作为引言的结束，也正式开启本课题的写作历程。

---

① 吴飞：《寻求现代中国学术的成熟范式》，《北京大学学报》（哲学社会科学版），2015年第1期，第25页。

② 吴飞：《寻求现代中国学术的成熟范式》，第25页。

③ 吴飞：《寻求现代中国学术的成熟范式》，第26页。

第一章

多维透视：中国藏书文化的伟大传统与晚清社会

参天之木，必有其根；环山之水，必有其源。晚清藏书文化的发展非待各种因素一一弄清楚而不可知其全貌。

从在中国发现历史的角度出发，很多学者都认同早在清嘉庆（1796—1820 年在位）、道光（1820—1850 年在位）之际的 19 世纪初中期，传统社会的内在动力已经把中国文化推进到了近代社会的大门口，其重要表现就是作为经世核心的儒学内部正在发生着裂变，那些对现实社会危机焦虑不安的士大夫开始探寻学术致用之路，由此"经世思潮"使中国文化步步向近代逼近。① 传统的学术论点主张历史研究的求真，就是回到历史现场。的确，一切学术上的分析都无法替代对历史事实的陈述，如果说我们对已经成为近代藏书史事的确定性已经有所了解，那么它们就能代表过去藏书文化的全貌吗？恐怕还必须加上一切可能成为事实的叙述才是近代藏书史的全貌，用何兆武先生的分析，真正的历史著作乃是一部探讨了一切可能性的历史②。那么，除了历史现实中的事实之外，我们还能发现什么可能性呢？探讨可能性要把历史可能性提高到观察历史的整体，已经发生的与可能发生的历史之间价值孰胜一筹？实际上，学术研究往往通过不可能的研究而实现价值定位。

---

① 汪林茂：《晚清文化史》（修订本），合肥：安徽文艺出版社 2016 年版，第 2 页。

② 何兆武：《可能与现实：对历史学的若干反思》，北京：北京大学出版社 2017 年版，第 5 页。

对历史可能世界的探讨，甚至远远丰富于对我们所熟知的历史现实的解读。历史的现实是可以通过历史史实准确性而加以理解的，也是可以通过历史可能性加以深化理解的。就近代藏书史而言，一切已经发生的史实固然需要我们弄清，但弄清之后进行理论的、文化的、哲学的思考也需要重视起来。如皕宋楼事件，作为朴素的历史事实，弄清原委是比较容易的，但往往有皕宋楼事件不会发生的假设和感慨。皕宋楼事件毕竟成为历史现实，成为历史的必然，而文人保全之心愿终不可能实现，这两种情况之间的张力就是我们所要探讨的"可能性的必然"以及历史世界中的场域，即"一切事实上的和可能的联系或网络"①。近代藏书史就是这样，是由发生过的事件和诸种可能性、史家思想、价值观及感情好恶构成的，本课题的研究重心之一就是对这些似乎已经定论的历史事件进行反思，即前文所提到的"价值观视角"。

本章拟从中西学术交流、图书馆公藏理念的传播、近代书厄的发生、近代旧书业发展、中外学者访书互动等方面，透视近代藏书文化与社会的关系，言说其中的悲欢离合，诸多进步，又颇多无奈。

一、中学西学之融汇

我们首先要解决的是作为中学的藏书文化在西学来临之前呈现出什么样的发展状态。有一点是肯定的，温养近代藏书文化的土壤离不开中国自身伟大的学术传统，近代张尔田有"斯文留竹帛，大典在烝尝""诗书秦劫火，礼乐汉文章。石室心传迹，兰台口说详。至今过孔壁，丝竹有辉光"之语就

---

①何兆武：《可能与现实：对历史学的若干反思》，北京：北京大学出版社2017年版，第6、7页。

是基于此而言的①。我们说金石竹帛在，斯文不可丧，中国的人文传统、文化理念尽书于坟籍，社会文化的变迁自然与藏书学术的发展密不可分。

1. 古代藏书文化的流略传统

传统学术讲究的辨章学术、考镜源流、类分古书、部次目录、提要钩玄，都是以藏书为根基的。自从刘向、刘歆父子综贯百家者流而成《别录》《七略》，作为藏书学术实践性、理论性的总结，目录版本之学历代不绝，程千帆先生在《校雠广义叙录》中说："治书之学，旧号校雠。比及今世，多称目录。核其名实，歧义滋多。"②或曰目录，或曰流略，或曰校雠，或曰校勘，或曰文献，其实都是藏书文化不同时代、不同语境的不同表达方式。

"流略"之学虽由阮孝绪首倡，其实源于《七略》，而《汉书·艺文志》所指"条其篇目"与"撮其指意"又承之《七略》。班固《汉书叙传》述其志艺文，有"刘向司籍，九流以别，爰著目录，略序洪烈"之语。《汉志》体例，则班氏之所谓目录，已引申条一书篇目之义为定群书部类，撮一书指意之义为别学术源流。后来学者，既有如《七录序》所说："孝绪少爱坟籍，长而弗倦，卧病闲居，傍无尘杂。晨光才启，缃囊已散，宵漏既分，绿裹方掩。犹不能穷究流略，探尽秘奥。"③后人之称传统目录学为"流略"之学，即源于此。阮孝绪不仅在观念上，同时也在实践上努力践行"通记天下有无图书"，

---

① 张尔田《史微题辞》有"日月麒麟斗，乾坤凤鸟翔。斯文留竹帛，大典在烝尝。冠带朝群后，蛮夷走八荒。凭谁遵正朔，翼翼我文王。万古苞符史，风雷柱下开。人骑青犊去，帝杀黑龙来。抱器周官缺，求书禹穴哀。茫茫瞻六合，谁是素王才。一脉传千古，微言莫九流。文章推祭酒，仁义动诸侯。河洛钩沈史，春秋考异邮。八儒分派别，齐待汉皇求。手定经纶业，艰难付后王。诗书秦劫火，礼乐汉文章。石室心传迹，兰台口说详。至今过孔壁，丝竹有辉光。洪范陈韬意，端门受命心。世家尊太史，师统定刘歆。五德传终始，群经列古今。沾袍无限泪，感动一沉吟"。见《史微》，上海：上海书店出版社 2010 年版，第 1 页。

② 程千帆：《闲堂文薮》，载《程千帆全集》（第七卷），石家庄：河北教育出版社 2000 年版，第 158 页。

③（清）严可均辑：《全上古三代秦汉三国六朝文》（9），北京：中华书局 1999 年版，第 735 页。

无疑是郑樵"通记"思想之承响。① 后来学者，亦有以《汉志》体例为治学涉径之学者，如王鸣盛《十七史商榷》云："目录之学，学中第一紧要事，必从此问途，方能得其门而入。然此事非苦学精究，质之良师，未易明也。"② 从指导读书的思想出发，张之洞《书目答问略例》说："读书不知要领，劳而无功。"③ 又《輶轩语·语学第二》"读书宜有门径"条云："泛滥无归，终身无得；得门而入，事半功倍。或经，或史，或词章，或经济，或天算地舆，经治何经？史治何史？经济是何条？因类以求，各有专注。至于经注，孰为师授之古学？孰为无本之俗学？史传，孰为有法？孰为失体？孰为详密？孰为疏舛？词章，孰为正宗？孰为旁门？尤宜决择分析，方不致误用聪明。此事宜有师承，然师岂易得？书即师也。今为诸生指一良师，将《四库全书总目提要》读一过，即略知学问门径矣。析而言之，《四库提要》为读群书之门径。"④

校雠本义，在是正文字，次第篇章，亦称校。宋代郑樵在《通志》总序中说："册府之藏，不患无书，校雠之司，未闻其法。欲三馆无素餐之人，四库无囊鱼之简，千章万卷，日见流通，故作《校雠略》。"⑤ 在郑樵看来，求书、校书之外，兼及类书、藏书诸业，皆归校雠。从南宋郑樵的《校雠略》校雠学开始其历史，成为研究校雠各方面问题的学问。清代章学诚在《校雠通义·叙》中说："校雠之义，盖自刘向父子部次条别，将以辩章学术，考镜源流；非深明于道术精微、群言得失之故者，不足与此。后世部次甲乙、纪录经史者，代有其人；而求能推阐大义，条别学术异同，使人由委溯源，以想见于坟籍之初者，千百之中，不一十焉。"⑥ 近人张尔田在孙德谦《〈刘向校雠学纂

① 傅荣贤：《中国古代图书馆学思想史》，石家庄：黄山书社 2016 年版，第 199 页。

② （清）王鸣盛：《十七史商榷》，上海：上海书店出版社 2005 年版，第 1 页。

③ （清）张之洞著，陈居渊编，朱维铮校：《书目答问二种》，上海：中西书局 2012 年版，第 3 页。

④ （清）张之洞著，陈居渊编，朱维铮校：《书目答问二种》，第 258、259 页。

⑤ （宋）郑樵撰，王树民点校：《通志二十略》，北京：中华书局 1995 年版，第 8、9 页。

⑥ （清）章学诚撰，叶瑛校注：《文史通义校注》，北京：中华书局 2014 年版，第 1101 页。

微〉序》中云："目录之学，其重在周知一代学术，及一家一书之宗趣，事乃与史相纬。而为此学也，亦非殚见洽闻，疏通知远之儒不为功。乃世之号目录家者，一再传后，浸失其方，百宋千元，标新炫异。其善者为之，亦不过如吾所谓鳃鳃于写官之异同，官私著录之考订而止；剖析条流，以为纲纪，固未之有闻。"①张尔田关于目录的观点据引章学诚校雠说，认为目录就是笼括一切治藏书之学，且以辨章学术、考镜源流者为核心。清季民初，尊考据而卑义理，明鉴赏而昧流别，孙得谦绍述前贤标举校雠，与近代目录学家刘咸炘有相类之处。当代学者张舜徽先生提出"雠校文字，首必广储副本，以勘异同，次则据宋、元旧本以订讹误"。②1945 年，张舜徽《广校雠略》刊行长沙排印本。《广校雠略》是"推广发扬宋代郑樵的《通志·校雠略》"③，亦先生所叙"乃效郑氏《通志》《校雠略》之体，稍加铨次，都为百篇，命曰《广校雠略》"④。

校与勘意近，皆指复核审定图书文本。校勘之说始于齐梁，《全梁文》卷二七沈约《上言宜校勘谱藉》云："宜选史传学士谙究流品者为左民郎、左民尚书，专供校勘。"此时的校勘与"校雠"的广义同义。其后"校勘"一词的使用越来越多，大约在唐宋时期就有用为狭义"校雠"的同义词的了。⑤如唐白居易《策林二·大官乏人》："秘著之官，不独以校勘之用取之。"宋王溥《五代会要》也记载，世宗显德二年（955）二月，中书门下奏云："国子监祭酒尹拙状称：准敕校勘《经典释文》三十卷，雕造印板；欲请兵部尚书张昭、太常卿田敏同校。敕，其《经典释文》、已经本监官员校勘外，宜差张昭、田敏详校。"⑥这些地方的"校勘"就是专指校正文字了。张舜徽先生认为近代著

---

① 孙德谦：《刘向校雠学纂微》，癸亥（1923 年）四益宦本。

② 张舜徽：《广校雠略》，北京：中华书局 1963 年版，第 92 页。

③ 周国林：《张舜徽先生学术成就述略》，参见周国林主编《历史文献研究》（总第 19 辑），武汉：华中师范大学出版社 2000 年版，第 52 页。

④ 张舜徽：《广校雠略》，第 2 页。

⑤ 管锡华：《汉语古籍校勘学》，成都：巴蜀书社 2003 年版，第 6 页。

⑥ （宋）王溥撰：《五代会要》，上海：中华书局 1985 年版，第 96、97 页。

名学者陈垣先生总结的校勘四法即对校法、本校法、他校法、理校法："实为校订一切书籍的基本方法，并且是比较接近于科学的方法，足供我们参考和采用。"① 他主张校书不可妄逞臆见，轻于改字，以慎重为第一义。他强调"龟甲、金石刻辞、汉初竹简帛书和六朝隋唐写卷，都足以作为校勘古书的依据，它们较任何刻本的时代都要早得多，可靠性就更大了"。② 他还认为："一般校勘古书，都只注意在字句一统以及讹变衍脱之迹，这只能说是校书的起码工作。更重要的，在能将文献资料的源流、真伪和写作时代，都能通过校勘弄清楚，再从而进行重新写定工作。"③ 有学者指出，校勘与校雠都有广狭二义，广义包括目录、版本等内容，狭义只指校正文字。但这一对同义词到了清代，使用即趋于分化了。"校雠"基本保留了广义的用法，而"校勘"基本保留了狭义的用法。如章学诚所撰《校雠通义》、阮元主编的《十三经校勘记》，对于两个术语的使用就有明显的分别。今天学界使用就更加明确了，除少数学者偶用"校雠"以外，都用"校勘"指校正文字。④ 所以说，校勘学和校雠学是两门不同的科学。校雠学是古已有之的。它以目录、版本等为自己的研究对象，其目的和任务是通论目录、版本、校勘等的一般的法则，以指导校雠实践。而校勘学则是一个现代概念，是在历代校勘实践以及对这种实践的理论总结的基础上产生出来的一门科学，它是以古籍的校勘为研究对象，总结历代学者校勘古籍的经验和教训，发现校勘古籍规律，指导具体的校勘工作。

到了近代，目录、版本等学问被更有时代色彩的"文献学"所容纳，而郑伟章《文献家通考》用"文献家"概指藏书家是对古今文献学说的综合反映。张舜徽先生在《中国文献学》一书中对古代文献含义的发展过程做了详细的考证："用'文献'二字自名其著述，起于宋末元初的马端临。"马端

① 张舜徽：《中国古代史籍校读法》，上海：上海古籍出版社 1980 年版，第 182 页。
② 张舜徽：《中国文献学》，郑州：中州书画社 1982 年版，第 110 页。
③ 张舜徽：《訒庵学术讲论集》，长沙：岳麓书社 1992 年版，第 459 页。
④ 管锡华：《汉语古籍校勘学》，成都：巴蜀书社 2003 年版，第 7 页。

临《文献通考》云："凡叙事则本之经史，而参之以历代会要，以及百家传记之书，信而有征者从之，乖异传疑者不录，所谓'文'也。凡论事则先取当时臣僚之奏疏，次及近代诸儒之评论，以至名流之燕谈，稗官之记录，凡一话一言，可以订典故之得失，证史传之是非者，则采而录之，所谓'献'也。"① 按马氏所说，"文"泛指一切书本上的记载，而"献"则指诸贤士名流的议论以及稗官之记录。而明清以来，人们所说的文献，通常就是指有参考价值的图书资料。② 到元代末年，杨维桢《送僧归日本》诗云："我欲东夷访文献，归来中土校全经。"③ 他所说的"文献"，已专指图书典籍了。明初编纂《永乐大典》初名《文献大成》，而后程敏政的《新安文献志》，清代钱林的《文献征存录》，都已明确地把"文献"作为典籍之名。

梁启超在《清代学术概论》中说："清代史学极盛于浙，鄞县万斯同最称首出。……其后斯同同县有全祖望，亦私淑宗羲，言'文献学'者宗焉。会稽有章学诚，著《文史通义》，学识在刘知几、郑樵上。"④ 梁启超的《中国近三百年学术史》又进一步提出："明、清之交各大师，大率都重视史学，或广义的史学，即文献学。"⑤ 有学者分析，"广义的史学"并不是说文献学即史学，而是从文献学的资料性、工具性出发，历史学离开文献就无法着手，"不比哲学侧重思维逻辑，不比文学侧重才力想象，不比语言学侧重口舌锻炼，不比教育学侧重心理实验，不比美术学侧重造型意境，各各能在少甚至无材料的条件下，仍可有所成就。"⑥ 这种说法是相对而言，任何学问有文献根基总是显得扎实，对史学而言文献更不可或缺。梁启超虽提出文献学概念较早，但

---

①（宋）马端临：《文献通考》，北京：中华书局 2011 年版，自序第 3 页。

② 潘树广、黄镇伟、涂小马：《文献学纲要》，桂林：广西师范大学出版社 2000 年版，第 1—4 页。

③（清）顾嗣立：《元诗选》初集卷五十六，文渊阁《四库全书》本。

④ 梁启超：《清代学术概论》，《梁启超全集》，北京：北京出版社 1999 年版，第 3075 页。

⑤ 梁启超：《中国近三百年学术史》，《梁启超全集》，第 4472 页。

⑥ 王燕玉：《中国文献学综说》，贵阳：贵州人民出版社 1997 年版，第 3 页

文献学真正形成一门学科体系，却是比较晚的事情。从郑鹤声兄弟 1930 年的《中国文献学概要》出版，到 20 世纪五六十年代著名文献家王欣夫在复旦大学开设文献学课程，讲稿后结集为《文献学讲义》，最终张舜徽先生 1980 年代撰著《中国文献学》正式提出："我国古代，无所谓文献学，而有从事于研究、整理历史文献的学者，在过去称之为校雠学家，所以校雠学无异成了文献学的别名。"[1] 传统的文献学正是在综合校雠、版本、目录诸家的基础上发展起来的，故狭义的文献学就是目录、版本、校雠（校勘）三位一体，又有古典文献学或者历史文献学之名。张舜徽《中国文献学》"不仅仅是文献学史的叙述，也不仅仅是文献基本知识的介绍，而重在论证文献学的范围和任务，总结前人整理文献的具体工作和丰硕成果，阐述历代校雠学家和清代考证家整理文献的业绩，提出今后整理文献的重要工作以及整理文献的主要目的和重大任务"[2]，实际上就是广义之文献学。谢灼华则认为梁启超的文献学观点一是广义的史学，一是国学，可理解为史料学或古典文献学，梁启超对文献学虽然没有特别的新贡献，但总结了乾嘉考证学的方法，注意从学术系统、科学方法上肯定其意义和重要性，对于 20 世纪初的学术界是有启示的。[3]

以上所论列的流略、版本、校雠、校勘、文献等都是以书为根底的，对藏书家们来讲，目录版本的熟悉程度直接相关的就是藏书的校雠校勘水平、文献资料的学术水平，所以藏书家的书目、题跋、读书记、书话等有关书籍的考证与叙述都是与今所言的文献学水平息息相关的，事实上也构成了传统学术的根基。于是，研究藏书文化不能不对以上所列论题有所认知和了解。正如张舜徽先生所言："继承过去校雠家们的方法和经验，对那些保存下来

---

[1] 张舜徽：《中国文献学》，郑州：中州书画社 1982 年版，第 4 页。

[2] 周国林：《张舜徽先生学术成就述略》，参见周国林主编《历史文献研究》（总第 19 辑），武汉：华中师范大学出版社 2000 年版，第 55 页。

[3] 谢灼华：《中国近现代学者文献观之发展》，参见《谢灼华文集》，广州：中山大学出版社 2014 年版，第 316—319 页。

了的和已经发展了的图书、资料（包括甲骨、金石、竹简、帛书）进行整理、编纂、注释工作，使杂乱的资料条理化、系统化，古奥的文字通俗化、明朗化。并且进一步地去粗取精，去伪存真，条别源流，甄论得失，替研究工作者们提供方便，节省时间，在研究、整理历史文献方面，作出有益的贡献，这是文献学的基本要求和任务。"① 整理书籍、编次文献不仅是文献学科的基本要求和任务，同时也是文献家、藏书家们的基本使命。

2. 晚清社会变局与文化危机

近代的西学东渐为人们提供了一种共时态文化比较的方式来观察东西方价值观的异同，传统文化价值观生命力反思与近代文化价值观的启蒙反复纠结遂成为常态，留给世人以历史鉴存者甚多。正是近代社会呈现出中国与西方、新知与旧识、传统与现代交织的特点，一方面儒家文化价值独尊地位的维护在与异质文化相碰撞时，显得新旧知识群体的反映皆激烈，一方面异质文化的冲撞与融合考验了民族文化生命力。作为当时官方哲学、主流意识形态和民众文化信仰核心的程朱理学为代表的传统文化价值观，官员、名儒、民间士人的"迎拒回应某种程度上具有文化象征意义"②。因此，近代中国的社会危机其实也是内生的阶级矛盾和外来的民族矛盾共同造成的文化危机，为了解决这些新问题，在接纳西方科技、文化学术、社会制度的同时，读书人对自身文化危机进行了省思，朝野官员也开始努力改变，以图从社会内在机理进行文化危机干预。

伴随清道光、咸丰时期一系列战争失败的，不仅是朝野上下面对天朝旧梦破碎而"不知所以为计"的茫然失措，更有在"被迫与西方人周旋交际过程中渐渐从对手身上感触到另一个世界的一部分；获得了中国传统历史中所

---

① 张舜徽：《中国文献学》，郑州：中州书画社 1982 年版，第 89 页。

② 张昭军：《西学东渐与理学名儒的回应——以清顺治、康熙、雍正三朝为考察中心》，载王俊义主编《炎黄文化研究》（第 9 辑），郑州：大象出版社 2009 年版，第 95 页。

没有的新知识，思想因之而发生变化"①。经世思潮、洋务运动、戊戌变法、清末新政等具有革新色彩的历史事变就是这种变化的表现。

发端于明末清初的经世思潮，师法阳明学，从"道德主体的觉醒"与"经世致用"两个方面，开启了中国传统价值向现代转化的枢机②。经世思潮在嘉道之际复兴而起以应对时艰，本来就具备了这种转化的可能，而鸦片战争又给经世思潮"注入了新的内容，从而使这种可能性成为现实性"③，因而成为中国传统思想近代转型的第一站，也是以后"洋务、维新、革命诸思潮的启蒙性的序曲"④。经世思潮无论是从内涵还是从影响来说都出现了新社会价值的导向，至少在两个方面起到了价值更移作用。首先是更法传统、批判现实。经世思想家魏源、龚自珍、包世臣、林则徐、黄爵滋批判现实运用的理论基础仍然是儒家思想，企图从中国思想内部发掘有用的经世资源，其积极性在于"万马齐喑究可哀"的时代要求改革而具有解放思想效用，对梁启超等维新派有启蒙意义："晚清思想之解放，自珍确与有功焉。"⑤"语近世思想自由之向导，必数定庵，吾见并世诸贤，其能为现今思想界放光明者，彼最初率崇拜定庵。当其始读定庵集，其脑识未有不受其激刺者也。"⑥由此可见龚自珍对维新派思想家的影响。其次是师法西方、改换夷俗。经世思想家的目光也集中到西方的"有用之学"上，主张采西学，"师夷长技以制夷"，以借法济变，达到"驭外夷""平人心之积患""去伪、去饰、去畏难、去养

---

① 陈旭麓：《近代社会的新陈代谢》（插图本），北京：中国人民大学出版社 2015 年版，第 96 页。

② 吴根友：《中国现代价值观的初生历程：从李贽到戴震》，武汉：武汉大学出版社 2004 年版，第 60 页。

③ 郑大华、彭平一：《社会结构变迁与近代文化转型》，成都：四川人民出版社 2008 年版，第 96、97 页。

④ 丁贤勇：《中国近代历史事变与社会思潮的兴替》，《江汉论坛》1991 年第 9 期，第 51 页。

⑤ 梁启超：《饮冰室合集》第 8 册，北京：中华书局 1989 年版，第 54 页。

⑥ 梁启超：《饮冰室合集》第 1 册，第 96、97 页。

痈、去营窟，则人心之寐患祛"等变换夷俗之效①。经世思潮的发展呈现出前驱者呼吁、继起者落实的时代特征，最终在社会上掀起一股改良变法的新风尚。而且，经世思潮把关注的重点从国内问题扩展到国际关系问题，这种进步推动着对西学的接引、移植和转化，体现出价值视野不再狭隘不再故步自封。因此经世思潮往往伴随西学东渐，即便是限于少数通商口岸、主体是西方传教士、传播渠道未畅等因素②，对西学的反应在社会上的影响难收其功，但通过西学西译中述，首先接触西学的那些人就成为科学的前驱，如李善兰、王韬，使中国读书人闻所未闻、于古无征的西学得到一定程度的传播。正是先有西方科学的输入，才会出现如王国维所言"道咸以降之学新"的学术转型，开启了"面向现实，讲求功利，研究和解决当下一些重大的社会问题的新学风"③，可见，经世致用思潮一方面是知识精英层面对现实文化失范时的反思或批判，一方面也在沟通西方知识时起到桥梁作用，中国近代文化转型就是两种因素的综合作用下开启的。

伴随经世思潮的深入发展，晚清中国的社会危机也日甚一日。太平天国起义、英法联军入京对当时朝野产生强烈刺激，穷则思变，直接导出长达三十多年的洋务运动，力谋以进一步"采西学""制洋器"而达自强、求富。由此晚清士人对西学的认知达到对西方器物层面的欣赏，从而军事工业、民用工业先后创办，以及文化教育方面的新设施如"同文馆""广方言馆"之属亦在封建文教体制边缘长出，虽然传统的官场习气、虚骄自大充斥其中，也算是"一种拖着根深蒂固传统观念蹒跚而行的进步"④。但即使像冯桂芬、

---

① 魏源：《海国图志》，长沙：岳麓书社 1998 年版，第 1 页。

② 熊月之：《西学东渐与晚清社会》，北京：中国人民大学出版社 2010 年版，第 217、218 页。

③ 郑大华、彭平一：《社会结构变迁与近代文化转型》，成都：四川人民出版社 2008 年版，第 101 页。

④ 陈旭麓：《近代社会的新陈代谢》（插图本），北京：中国人民大学出版社 2015 年版，第 110 页。

王韬这些主张采西学的前趋者，对于西方的社会价值观还是小心翼翼乃至拒斥。1861 年，冯桂芬即在《校邠庐抗议》中明确主张："间有私议，不能无参以杂家，佐以私臆，甚且羼以夷说，而要以不畔于三代圣人之法为宗旨。"[①]进而提出"以中国之伦常名教为原本，辅以诸国富强之术"，成为"中体西用"思想的先导。面对紧随科学技术之后传入中国的西方文化价值的冲击，文化精英阶层的回应是补救性的，因此就有了张之洞 1898 年刊行《劝学篇》提出"中学为体，西学为用"的文化主张。在晚清中国这样一个泥古充斥全局的时代，要冲破重重锢闭，除了"中体西用"还没有一个更好的理论表述既让中国人看到外部世界又能移花接木引进西学。作为重大社会理论，重要时代命题，"中体西用"成为中西文化交冲汇融的特定形式，既表述了中西学术的结合，又规定了中学和西学的区分[②]。既考虑了"从文化上感觉不足"的缺憾，又避免了"从制度上感觉不足"的难堪，具有极大的政治智慧、学术影响和价值生命力。"中体西用"理论是中国人理解新世界的敲门砖，也在接受先进理论这一宏大时代课题的思想进路中给我们以启示——没有一步到位的改革理论，也没有一蹴而就的建设方案。

洋务运动除了引进西技的创举，还派遣留学生出国学习西学，此举无疑是近代中国人主动走向西方深入了解世界的尝试，其意义是深远的。容闳在其个人自传《西学东渐记》中曾说："予意以为，予之一身，既受此文明之教育，则当使后予之人，亦享此同等之利益，以西方之学术，灌输于中国，使中国日趋于文明富强之境。"[③]这项由容闳向洋务派官僚倡议的向美国派遣留学生，为曾国藩、李鸿章所接受，并于 1871 年向朝廷建议："拟选聪颖幼童，送赴泰西各国书院学习军政、船政、步算、制造诸学，约计十余年业成

① （清）冯桂芬：《校邠庐抗议》，郑州：中州古籍出版社 1998 年版，第 68 页。
② 陈旭麓：《近代社会的新陈代谢》（插图本），第 115 页。
③ 容闳著，沈潜、杨增麒评注：《西学东渐记》，郑州：中州古籍出版社 1998 年版，第 89 页。

而归，使西人擅长之技中国皆能谙悉，然后可以渐图自强。"①由此拉开近代留学潮。从近代化的长时段角度观察，留学生群体对中国近代政治、经济、文化诸方面产生了深刻影响。中国近代第一部研究留学问题的舒新城在1928年出版的《近代中国留学史》中说："现在的中国，留学问题几乎为一切教育问题或政治问题的根本：从近来言论发表的意见，固然足以表示此问题之重要，从国内政治教育实业诸事业无不直接间接为留学生所主持、所影响的事实看来，更足见留学问题关系之重大。"②不唯如此，桑兵通过对留日学生群体的观察也阐述了20世纪初中国留学生的革命化问题，留学生从反对民族歧视，维护争取民族权利起步，由爱国走向革命。③对留学生而言，除了语言难关外，"对他们更富震憾者厥为留学国之价值系统不同的文化，及社会背景。价值标准与价值取向往往困扰着他们，生活于其中饱受煎熬"④。留学生吸收西洋文化发展的经验难免西化，在国内却是以传统儒学与社会习尚为主，西方价值观对中国人缺乏吸引力，无法汇入中国人文体系，于是产生了思想与行为的冲突。这就可以解释五四运动前后的中西文化论争、国粹派、全盘西化派等历史现象了。也有学者从国家制度现代性构建方面分析"中国留学运动之失败"，主要原因在于"被误解而又无法达成的留学目标，不啻想在最短期内，国家恢复实力，并跻身列强地位"。由于想效法英美的经验增进国力、培养民主制度而缺乏长期的演进之功，所以在外来紧迫的压力之下，种种失败教训证明了"英美模型"并不适用于中国。⑤随着留学生

① 陈学恂、田正平：《中国近代教育史资料汇编·留学教育》，上海：上海教育出版社1991年版，第91页。

② 舒新城：《近代中国留学史》，上海：中华书局1928年版，第1页。

③ 桑兵：《清末新知识界的社团与活动》，北京：北京师范大学出版社2014年版，第307页。

④ 汪一驹著，梅寅生译：《中国知识分子与西方：留学生与近代中国（1872—1949）》，新竹：枫城出版社1978年版，第19页。

⑤ 汪一驹著，梅寅生译：《中国知识分子与西方：留学生与近代中国（1872—1949）》，新竹：枫城出版社1978年版，第13、14页。

学成归国，改革与革命思潮不可避免地进入中国，成为旧社会、旧制度、旧价值观的掘墓人，正所谓言之不虞，始料未及。道、咸时期，官、绅、学诸阶层的努力还是应当注意的，他们意欲通过央地政府，在政治疏导、社会治理、思想呼号、道德批判等方面恢复重建先前的社会秩序努力固然取得一定效果，出现"同光中兴"式的欣欣向荣。但在社会近代化进程中，完全以复古为旨趣的秩序重建显然不能与历史节奏合拍，光绪时期的维新流血、中日甲午战争的失败与被迫"新政"就已证明新旧秩序的更迭已经无法阻挡了。①如果说洋务派当初派遣留学生是切近事功，旨在培养科技人才、引进西方技术，是一种不平等的文化嫁接，但由于有了一定的新的社会经济制度为依托，出现了新的近代意义，最终却是促进了中国社会普遍价值和文化抽象的近代化。以引进西方新物质文化、先进的生产要素为目的的洋务运动带动了一系列社会文化变动，但坚持东西文化混同共存的"中体西用"思想的洋务派们在强调学习西方时的表现出的操切激进，而在强调民族传统延续时的保守姿态，企图将生产力和文化割裂，不能不对中西文化的真正对接和传统文化价值观的革新产生迟滞的阻力。

二、公藏理念的传播

1. 传统社会价值观的危机与近代化变革

在晚清社会文化危机之下，藏书家的读书人身份及其价值观念不能不发生改变。

晚清时期军事、外交的失败使朝廷和官员们的反应首先是认为技术最重要，因此便致力于移植技术，看到于事无补，又着手改革政治。这就是"维

---

① 徐茂明：《江南士绅与江南社会：1368—1911 年》，北京：商务印书馆 2004 年版，第 248、249 页。

新"和"新政"的改革认识论基础。"百日维新"的先导是"公车上书"，"公车上书"的诱发因素是中日甲午战争的失败，这是在"民族危机刺激下的集群，他们的共识更多的来自于对民族前途的思考，并且把抵御外侮与改革内政合为一体"①。举子士人"公车上书"的行动标志着世风和士风的变化，这是在国际秩序和形势刺激下知识分子文化危机意识的反映，尤其是日本通过明治维新的西化在甲午之战中打败了中国，进一步刺激了中国民族意识的觉醒，改良维新成为时代的需求。从甲午一战到百日维新短短几年间，关于变与不变的讨论已经形成一场社会运动，其特点有以下方面：一是关于传统文化价值资源的维护和改变。鸦片战争以来，虽然有部分知识分子开始接受西学，近代价值观念也开始产生，但总体上对封建思想的维护占据主导地位。直到1893年，山西乡绅刘大鹏在日记中还说："近来吾乡风气大坏，视读书甚轻，视经商甚重，才华秀美之子弟，率皆出门为商，而读书者寥寥无几，甚且有既游庠序，竟弃儒而就商者。亦谓读书之士，多受饥寒，曷若为商之多得银钱，俾家道之丰裕也。当此之时，为商者十八九，读书者十一二。"②可见，传统的重学轻商思想还在束缚着士人。甲午战败之后，作为挽救民族危机的重要途径，讲求商务，敦兴实业成为士人崇尚的一种时尚。政府层面也认识到："通商为致富之原""筹饷练兵之本源，尤在敦劝工商，广兴学校"。③在这种情况下，海内士人奋然而起，研求时务以图自强，从事洋务西学者日见增多，洋务西学之书日新月异，层见叠出，社会风气为之一变。二是封建纲常名教与进化、平等、自由等西方价值观的争论。康有为、梁启超、谭嗣同都有论著批判纲常名教，梁启超在1897年《经世文新编》序言中大呼开新变法："求新之国，其君明以仁，其臣忠以毅，其民智以雄；其政通，其事精，其器莹；

---

① 陈旭麓：《近代社会的新陈代谢》（插图本），北京：中国人民大学出版社2015年版，第156页。

② 刘大鹏：《退想斋日记》，太原：山西人民出版社1990年版，第17页。

③ 沈桐生辑：《光绪政要》卷21，台北：文海出版社1969年版，第1105页。

其气则华郁缤纷；其屋室城池郭邑宫府委巷街衢园囿台沼橡采，皆瑰玮丽飞，朱华高骧，平夷洞达，光焰焰烂；裴褱其乡，则心旷神怡，乐以忘返矣，遑问其国之治否之何若矣。夫能新则如此，不能新则如彼，太古之国，今无有存焉，存者亦不可以为国，开新者兴，守旧者灭，开新者强，守旧者弱，天道然也，人道然也。……二十一门中，多通达时务之言，其于化陋邦而为新国，有旨哉。"[1] 谭嗣同提出的"冲决网罗"，更"有出乎改良入乎革命的趋势"[2]，严复的《天演论》则将西方进化论介绍进中国，并在1895年据洋务派"中体西用"价值模式提出"自由为体，民主为用"命题，这是对近代自由观的深刻表述，也是对西方价值观认识的历史性进步。[3] 作为传播西学的代表人物，严复于1902年进一步分析了西方政治价值与科学价值的不同效用："今世学者，为西人之政论易，为西人之科学难。政论有骄嚣之风（如自由、平等、民权、压力、革命皆是），科学多朴茂之意。且其人既不通科学，则其政论必多不根，而于天演消息之微不能喻也。此未必不为吾国前途之害。故中国此后教育，在在宜著意科学，使学者之心虑沈潜浸渍于因果实证之间，庶他日学成，有疗病起弱之实力，能破旧学之拘挛，而其于图新也审，则真中国之幸福矣。"[4] 三是从臣民思想与新民思想的价值转变。中国近代社会文化转型中的价值观变革关键在于"人"的发现和个人的解放。康有为、梁启超、谭嗣同等维新派思想家一开始就注意"对人的本质的认识，对人的素质的改造，以形成新人"[5]。这与传统的臣民思想是迥然不同的。1899年，在《论支

---

① 梁启超：《梁启超全集》第1册，北京：北京出版社1999年版，第122、123页。
② 陈旭麓：《近代社会的新陈代谢》（插图本），第171页。
③ 宋惠昌：《人的发现与人的解放——中国近代价值观的嬗变》，成都：四川人民出版社2008年版，第132、133页。
④ 严复：《与〈外交报〉主人书》，王栻主编《严复集》（第3册），北京：中华书局1986年版，第564、565页。
⑤ 宋惠昌：《人的发现与人的解放——中国近代价值观的嬗变》，成都：四川人民出版社2008年版，第186页。

那宗教改革》一文中梁启超分析了国民与国家的关系："凡一国强弱兴废，全系国民之智识与能力，而智识、能力之进退增减，全系于国民之思想，思想之高下通塞，全系国民之习惯与所信仰。然则国家之独立，不可不谋增进国民之思想，不可不于其习惯、所信仰者，为之除其旧而布其新。"①1902 年，梁启超在《新民说》提出"新民"命题，意在要求在近代中国社会历史背景下对国民心性作深刻反省，重构民族文化心理，培育民族国家意识，确立国民新型价值观和行为方式，在中国近代社会结构中组织新的国民群体②。同年，梁氏还阐明其新民与新国的观点："欲新吾国，当先维新吾民"。③ 在他看来，民族意识乃国族构建之本，而新民精神却是民族、国族实现的先决条件。通过对近代社会思潮的简单梳理，可以发现近代读书人对西方的认知过程经历了不断深化的过程，即从"夷务""洋务"到"时务"，由天朝上国姿态下的"夷"到平等而视的"西"再到尊崇心态的"泰西"。在此期间读书人变革和调适了与社会秩序变更相对应的价值观念，以纾解与西方全面竞争环境中兵战、商战、学战激化带来的文化认同危机。

2. 传统藏书理念的双重性与图书馆思潮

中国图书馆史发展历程是不是应该按照史学的历史分期一直以来都存在着诸多争议，如果从图书事业内部入手寻找其近代化理路，把清代中期以后的藏书文化的变迁归为近代性的渊薮，那么构建藏书与图书馆事业的思想谱系也就离不开这种前近代抑或近世思想的追溯。我们知道，藏书楼作为一种藏书实体是古已有之的，但藏书楼这一特定名称是唐宋之际才见于记载，并于明清之际开始普遍在社会上盛行的④。古代藏书楼，作为一种社会存在，与

---

① 梁启超：《梁启超全集》，北京：北京出版社 1999 年版，第 263 页。

② 暨爱民：《民族国家的建构：20 世纪上半期中国民族主义思潮研究》，北京：社会科学文献出版社 2013 年版，第 70 页。

③《本报告白》，《新民丛报》1902 年 2 月 8 日（1 版）。

④ 吴晞：《从藏书楼到图书馆》，北京：书目文献出版社 1996 年版，第 7、8 页。

"耕读传家"的社会传统有密切联系。但私家藏书推崇个人私藏和藏家世守的资源保有模式，世世代代莫不如此。所以，封闭性是旧式藏书楼的重要特征。在清代，中国传统学术出现了总结汇集的特质，就藏书学而言，"藏书学术的总结与研究逐渐活跃，学术大家辈出，学术成果斐然"①。如钱曾、洪亮吉等学术大师，就对历代藏书家进行梳理。孙从添的上善堂《藏书纪要》以实用为要旨，对历代藏书技术作了归纳与集成。中国私家藏书文化的藏书价值观由藏书为私人所用，也一定程度上为民众所用，逐渐孕育并助长了私藏公用思想，私藏公用的价值观越来越顺应历史潮流，越来越多地影响和侵蚀其他价值观②。在很多藏书家中，具有开放思想者日渐增多，藏书就是要流通，从而嘉惠士林的意识氛围变得自觉、浓厚，且有见诸行动之苗头。周永年的《儒藏说》、徐树兰的古越藏书楼就是清代中晚期藏书公益性理论与实践的两个典范。但旧式藏书楼是小生产文化方式的产物，不可能形成面向整个社会的文献信息体制，也不可能承担起社会化的图书供应任务③。中国传统藏书理念本身所具有的封闭性以及后来产生的私藏公用思想构成了藏书文化理念的双重性特质，这也是晚清民初传统藏书文化与西方图书馆思想相遇时，到底是哪种思想更为根本的影响图书事业的发展而争论不已的根源所在。毕竟，西学东渐促成了中国近代公共知识分子群体的形成，维新派、改良派与革命派的知识分子在中西古今的思潮互动中发现了图书馆的公共性质与社会变革观念的关联，于是开始接受和介绍西方图书馆，体现出中国文化先行者走出去与新文化理念闯进来之间的中西古今关系的复杂性。

从藏书史研究角度来说，"私家藏书楼的发展并未随封建王朝的终结而戛然而止，巨大的历史惯性使私家藏书楼在进入民国时期后又滑行了一段路

---

① 袁逸：《中国古代私家藏书的特征及社会贡献》，《浙江学刊》2000年第2期，第143页。
② 孟世恩、焦运立：《试论中国古代藏书价值观对藏书特色的影响——以官府藏书和私家藏书为例》，《图书馆工作与研究》2008年第1期，第4页。
③ 吴晞：《从藏书楼到图书馆》，北京：书目文献出版社1996年版，第12页。

程，并出现回光返照式的短期繁荣"①。傅增湘的"藏园"、刘承幹的"嘉业堂"、李盛铎的"木犀轩"等藏书楼典籍，由于社会氛围的变化，他们见识日趋开明，其藏书则具有更大的开放性和公益色彩，都成为典籍捐公的重要来源。徐行可也和传统藏书家"子孙保之"迥然不同，他以"不为一家之蓄，俟诸三代之英"为藏书印，秉持"不以货财遗子孙，古人之修德，书非货财，自当化私为公，归之国家"的理念②，这是传统藏书思想的顺势发展。

从图书馆史的角度来看，林则徐《四洲志》、魏源的《海国图志》借助外国文献转述西方图书馆情况。1839 年林则徐编译《四洲志》，开始介绍西方图书馆。当时作为钦差大臣的林则徐在广州雇佣一批翻译人员，翻译西书和报章上有关洋人的言论。澳门马礼逊教育社布朗牧师将 1836 年伦敦出版的英国人慕瑞撰写的《世界地理大全》赠予林则徐。林则徐命梁进德翻译，并亲自润色，编成《四洲志》。《四洲志》介绍了西班牙、美国、英国、德国、俄罗斯等国图书馆情况，在闭塞已久的社会中打开了了解世界大势的窗户，对长期闭关锁国、对外部世界颟顸无知的中国封建社会起了重要的启蒙作用。1844 年，《海国图志》出版。魏源在《四洲志》的基础上，增入一些其他资料，编成《海国图志》，也介绍了西方国家图书馆的情况。他对欧洲图书馆总体情况、图书馆的书籍来源和刊行标准、官设图书馆管理情况进行了详细描述。

王韬、郑观应、郭嵩焘、薛福成等人对图书馆的描述是经过欧洲游历后的直接观感，详致而具体。1867 年，王韬开始游历欧洲，对各国图书馆有了切身体验。《漫游随录》指出："法国最重读书，收藏之富前所未有。计凡藏书大库三十五所，名恢奇编不可胜数。""大英博物院建于 1753 年，其地裹广数百甲，构屋陶瓦，砖石为壁，皆以防火患也。院中藏书最富，所有五大

---

① 袁逸：《中国古代私家藏书的特征及社会贡献》，《浙江学刊》2000 年第 2 期，第 143 页。

② 彭斐章：《不为一家之蓄，俟诸三代之英——书于徐行可先生捐赠藏书五十周年之际》，《图书情报论坛》2010 年第 2 期，第 3 页。

洲舆图、古今历代书籍，不下五十二万部……男女观书者，日有百数十人，晨入暮归，书任检读，惟不令携去"，"都中藏书之库林立，咸许入而览观"①。1883 年，王韬首次对古代藏书楼和公共藏书楼进行分析对比。他说，"夫藏书于私家，固不如藏书于公所。私家之书积自一人，公所之书积众人，私家之书辛苦于一人，而或子孙不能守，每叹聚之难而散之易。惟能萃于公所则日见多，无虑其散矣"。②1876 年，郭嵩焘出使英国，后兼使法国。至 1878 年，已写成出使日记 60 万言。记载了大量考察图书馆活动，介绍了图书馆具体布局、藏书情况、目录和图书管理、呈缴本制度、经费等情况。1890 年，薛福成被清廷委任为出使英、法、意、比四国钦差大臣。在出使四国的 4 年中，薛福成极为重视对西方教育的考察，图书馆文明的规模和作用也是他关注的视点之一。通过对这些国家图书馆的参观和记述，生动地说明了欧洲各国近代图书馆文明的迅速蓬勃发展，同时也向国内证明，没有近代图书馆文明就谈不上社会教育的完善。

甲午战争之后，以康、梁为首的维新改良派，力倡维新，兴建图书馆就是其社会改革体系中的重要组成部分。同时，维新改革家们也积极宣传西方图书馆思想，译介文献纷纷发表，对当时思想界产生很大震动。1893 年康有为的万木草堂设立图书阅览室、1894 年康有为的强学会主张兴办"大书藏"都是勇开风气之举。1891 年，康有为在广州讲学。1893 年创办万木草堂，设立图书阅览室，把自家的几百箱书搬入其中，并鼓励学生把书捐献出来，在学生中选择管理人员，允许学生自由阅读，深受欢迎。宋启勋在《万木草堂回忆》中写道："图书阅览室叫书藏，是以康先生所藏书为基础，同学们家藏的书，则自由捐献，捐入书藏是当日草堂同学的一句口头语。"康有为建设"大书藏"的观念，在给皇帝上书中、强学会活动中得到贯彻。在

---

① 王韬：《韬园文录外编》，北京：中华书局 1959 年版，第 219、220 页。
② 王韬：《韬园文录外编》，第 221 页。

给皇帝的上书中写道："开馆顾问请皇上大开便殿，广陈图书，每日办事之暇，以一时新临燕坐，顾问之员，轮二十员分班侍值，皇上翻阅图书，随宜语问。""书藏遍设，报馆遍开，游学多归，新制纷出，诸学明备，人才并起，道路大辟，知识渐开。"[①]1892年郑观应写成《盛世危言·藏书》。郑观应对欧洲各国图书馆管理制度、藏书情况、图书馆的索书号情况进行了分析介绍，并且对中国的藏书楼进行批判，提出了自己建立公共藏书楼的理想。他以西方现代图书馆为蓝本，提出了建立新式公共图书馆的具体做法，即"宜饬各直省督，抚于各厅、州、县分设书院，购中外有用之书，藏贮其中，派员专管。无论寒儒博士，领凭入院，即可遍读群书"[②]。郑观应的思想已经不再是单纯地介绍西方图书馆，而是开始介绍西方的图书馆制度，并且倡导在中国也兴办这样的图书馆。1894年公车上书后，康有为的强学会主张大兴书藏。有识之士纷纷捐款，购置大量图书，他们将所有的书籍分门别类地陈列出来，供众阅览，这是一个勇开风气的盛举，在当时产生了很大的影响。大书藏的主要任务是启迪民智，所以它开放的对象为一般民众。因此，康有为所办的强学会的大书藏，在性质上已不同于我国古代封建式的藏书楼，而是一种新式开放性的藏书楼，已具有近代图书馆的雏形。

西方先进的公共藏书制度和思想深深地吸引了国人的注意力，西方公共藏书观念也愈来愈深入人心。可以说，近式藏书楼一经问世，便向几千年的藏书楼传统提出了挑战，也正式开启了"从藏书楼到图书馆、从封闭到开放的转变，也是旧式藏书楼灭亡并逐步退出历史舞台、新型图书馆产生并逐渐占据社会主导地位的历史过程"[③]。随着西方事物进入中国程度和国人认识的变化，中国开始了一波又一波的变化。从龚自珍、魏源等人开始，面对着

---

① 梁启超：《戊戌政变记》，桂林：广西师范大学出版社2010年版，第197页。
② 郑观应：《郑观应集》（上册），上海：上海人民出版社1988年版，第306页。
③ 吴晞：《从藏书楼到图书馆》，北京：书目文献出版社1996年版，第12页。

"三千余年一大变局"，中国学术已开始在发生变化，所谓"道咸以降之学新"是也。对传统藏书学造成冲击的不仅是西方图书馆，而是包括西方的一切学问。"百日维新"前后的中国社会发生了较为深刻的变化，这种变化是从鸦片战争以来不断加重的民族危机开始的，尤其是甲午战争以来朝野上下对日本战胜及明治维新的思考和审视，构成了晚清新政的思想基础。学校与图书馆是晚清新政较见实绩的作品，伴随着西方图书馆学进来的便是西方藏以致用等思想，带给传统藏书学以莫大的冲击。

在西学中，图书馆之学应该属于"用"的范畴，它与其他西方科学技术一样一经引入便产生了非常明显的文化改良作用。相对于科学技术需要大量资金、人才，而图书馆的创办只要朝野意见统一，选好地点，很快就能取得显眼的实绩。而且图书馆中的图书不仅有中国文化所承载的典籍，而且西方的翻译图书亦充斥其间，足以代表图书馆由中西而古今的文化典范作用。京师大学堂藏书楼就是这样一个文化样板。《同文馆题名录》第四次光绪十三年（1887）刊中有《同文馆书阁藏书》："同文馆书阁存储汉洋书籍，用资查考，并有学生应用各种功课之书，以备随时分给各馆用资查考之书。汉文经籍等书三百本，洋文一千七百本，各种功课之书、汉文算学等书一千本。除课读之书随时分给各馆外，其余任听教习、学生等借阅，注册存记，以免遗失。"[1] 可见，"同文馆书阁"已经是现代意义上的图书馆了，同文馆1902年并入京师大学堂，这批藏书自然也就进入了大学堂藏书楼，即日后的北京大学图书馆。[2] 京师大学堂藏书楼初建时图书中西学之书竟然比中文书要多，这也符合当时改革趋新的要求。也许与匆匆草创有关，来不及广收公私之藏。

---

[1] 李希泌、张椒华：《中国古代藏书与近代图书馆史料：春秋至五四前后》，北京：中华书局1982年版，第85页。

[2] 陈平原：《图书馆的学术使命》，《中华读书报》2012-11-23。

到了宣统二年（1910），《学部奏拟定京师及各省图书馆通行章程折》虽也对图书馆的馆藏发展规定得更为仔细了，不仅有保存和观览之别，还对中西图书详加归类，但毕竟无法实现挽救清政府于既倒的宏愿。这个奏折中说："内府秘发、海内孤本、宋元旧聚、精抄之本、皆在应保存之类。保存图书，别藏一室。由馆每月择定时期、另备券据、以便学人展视。如有发明学术塔资考订者，由图书馆影写、列印、抄录，编入观览之类，供人随意浏览。"而且"中国图书，凡四库已经著录及四库未经采入者，及乾隆以后所有官私图籍，均应随时采集收藏。其有私家收藏旧梁精抄，亦应随时假抄，以期完备。惟近时私家著述有奉旨禁行及宗旨悖谬音，一概不得采入"。并对西学之书有关意识形态者严加控制："海外各国图书，凡关系政治学艺者，均应随时控采，渐期完备。惟宗旨学说偏驳不纯者，不得采入。"① 为了扩充馆藏，学部还注意到数量庞大的私家藏书，一是访求遗书及版本，对私家世守不愿出售者应妥为借出，分别刷印、影抄、过录，以广流传，而原书完璧发还，不得损污勒索。二是海内藏书之家，如愿将所藏善本秘笈暂附馆中以扩人闻见或图书馆借私家刻书版片，可由承办图书馆发给印照，将卷册数目、钞刻款式、收藏印记一一备载，并凭照领回，管理员应加意保护，以免损失；三是鼓励私藏丰富的藏书家设立图书馆以嘉惠士林，善本较多者政府应予表彰。对私家藏书的各种建设性的政策，从社会保障层面避免了私家藏书的意外损失，促进了典籍捐赠的产生。

由此可知，在日新月异的近代中国，传统读书人一方面从中国固有的历史和思想资源中不断吸取诸如"变则通，通则久"的变革理论，以此来积极应对变化、稽古出新，如古越藏书楼的办馆宗旨；另一面，出国考察、留学的新式读书人则通过嫁接的办法学习西方知识文化，传统学术因而发生变

---

① 李希泌、张椒华：《中国古代藏书与近代图书馆史料：春秋至五四前后》，北京：中华书局1982年版，第129、130页。

化，一如京师大学堂图书馆的兴起。还有西方传教士建立的图书馆值得我们注意，尤其是在上海、武汉等较早开放的大都市，西方传教士在科学文化传播上取得了远远大于宗教传播的成就。"这也许并不是传教士们的初衷，但却得到了'无心插柳柳成荫'的结果。中国近代基督教图书馆的出现及其产生的社会影响，便是这种结果之一。"[①]上海的徐家汇天主堂藏书楼建于1847年，是鸦片战争后最早建立而且规模较大的一所先进的新式图书馆。胡道静先生在《上海图书谊史》中追述：藏书楼是一所广敞的二层屋子，下藏中文书，上藏西文书。中文书库列架一百余，每架十二格，分列经、史、子、集、丛书、圣教书，共约120,000册。另有书柜置各省有名碑帖，又藏中西古钱很多。中籍中以地方志搜集得最多，居公藏方志第五位。东方图书馆毁后进第四位。共1615部、19489册。方志以外，收藏著名报纸，杂志亦很完备。《申报》《新闻报》《时报》《东方杂志》、耶缉会所出各种期刊以及关于教育方面的多种杂志，自创刊日起都保存着。西文书库书架亦一百余只，每只十二格。有希腊、拉丁、法、英、德各国文字写的书，古本甚多，各国所出的著名百科辞典及重要杂志均备，共约80,000册。"中国学"架中庋藏《十三经》及《三民主义》等书的拉丁、英、法三冲文字译本。[②]本来专供耶稣会会士研究参考之用，后来有所发展，凡教会中人，或由会中人介绍，经藏书楼主管司铎同意后，亦可入内阅览，但为数极少。上海其他宗教图书馆还有工部局公众图书馆、圣约翰大学图书馆、格致书院藏书楼，由于是在繁华的大都市、租界，对周边省市的辐射很广，影响非常大。设立于武汉市的文华公书林其影响不在当时，而是在对日后中国图书馆学教育的重大促进。文华公书林的创建者是有"中国图书馆学皇后"之称的韦棣华（Mary

---

① 吴晞：《从藏书楼到图书馆》，北京：书目文献出版社1996年版，第27页。
② 胡道静：《上海图书馆史》，上海市通志馆1935年版，收入《胡道静文集·上海历史研究》，上海：上海人民出版社2011年版，第42—44页。

Elizabeth Wood）女士，文华公书林是武昌文华大学的图书馆，却对武汉三镇的公众开放，因此兼有大学图书馆和公共图书馆的双重性质，这所由美国圣公会创办的教会图书馆成为中国近代图书馆学教育的工作母机，是当代中国图书馆学重镇——武汉大学信息管理学院的前身，其影响直至今天犹在！

第二章

文化创伤：书厄频发的社会殷鉴

美国社会文化学家杰弗里·亚历山大提出创伤理论，强调文化创伤建构的社会属性，认为创伤研究具有一定社会思想文化的记忆特征。陶东风则以具体的学术现象对文化记忆理论进行了阐释，认为"文化创伤具有社会文化参与、建构的属性，不是作为一个自在事实存在"，某些具体的文化现象"在记录历史的过程中把创伤记忆进一步转化为客观化的文化记忆"。① 鸦片战争之前中国的藏书文化一直是以稳定性和自足性为主流，但经历了西方外力的强迫，伤害并改变了其固有的轨道，而且殖民主义的掠夺本质加上国内农民战争的蒙昧特质，导致包括藏书设施的大量破坏，古籍藏书的大量损失，形成了近代的文化创伤。

一、近代藏书文化的新进展及其顿挫

1. 甲骨东渡的遗恨

近代学术史上王国维是一个重要的开拓者，他曾说，自古以来新学问离不开史料的新发现，尤其是在近代："光宣之间我中国新出之史料凡四：一曰殷墟甲骨，二曰汉晋之简牍，三曰六朝及有唐之卷轴，而内阁大库之元明及国朝文书实居其四。"② 正是有了史料的大发现，才会有学术之大创新。甲

① 陶东风：《文化创伤与见证文学》，《当代文坛》2011年第5期，第10—15页。
② 王国维：《库书楼记》，收入《王国维手定观堂集林》，杭州：浙江教育出版社2014年版，第510页。

骨的考古发现以及后来的甲骨学"四堂"，即罗雪堂（振玉）、王观堂（国维）、郭鼎堂（沫若）、董彦堂（作宾），近代著名文学史家陈子展在评价早期的甲骨学家的时候写下"甲骨四堂，郭董罗王"的名句为学界所传扬。唐兰在评价他们的甲骨学研究特点时就指出："自雪堂导夫先路，观堂继以考史，彦堂区其时代，鼎堂发其辞例，固已极盛一时。"①王国维1925年在清华国学院讲授《古史新证》，针对当时学界信古之甚和顾颉刚为代表的古史辩派疑古之过，从古史考证的研究理路中创造性提出"二重证据法"："至于近世乃知孔安国本《尚书》之伪，纪年之不可信，而疑古之过，乃并尧、舜、禹之人物亦疑之。其于怀疑之态度及批评之精神，不无可取，然惜于古史材料未尝为充分之处理也。吾辈生于今日，幸与纸上之材料外更得地下之新材料，由此种材料，我辈因得据以补正纸上材料，亦得证明古书之鞭部分全为实录；即百家不雅训之言，亦不无表示一面之事实。此二重证据法，惟在今日始得为之。虽古书之未得证明者，不能加以否定；而其已得证明者，不能不加以肯定，可断言也。"②这是对学术界一大贡献，影响深远。陈寅恪对此颇为推崇，把王国维的学术内容及治学方法概括为三层意思："一曰取地下之实物与纸上之遗文互相释证。凡属于考古学及上古史之作，如《殷卜辞中所见先公先王考》及《鬼方昆夷猃狁考》等是也。二曰取异族之故书与吾国之旧籍互相补正。凡属于辽金元史及边疆之作，如《萌古考》及《元朝秘史之主因亦儿坚考》等是也。三曰取外来之观念，与固有之材料互相参证。凡属文艺批评及小说戏曲之作，如《红楼梦评论》及《宋元戏曲考》《唐宋大曲考》等是也。"并指出这三类著作学术性质固有异同，所用方法亦不尽一致，但"皆足以转移一时风气，而示来者以轨则"，构成了近代学术研究界

---

① 唐兰：《天壤阁甲骨文存并考释》，上海：上海古籍出版社2016年版，序第4页。
② 王国维：《古史新证》，收入《王国维全集》第11卷，第241、242页。

最重要的思想工具。① 可以说，相较于乾嘉考据学单纯的以经证史，或以史证经，即以纸上的东西证明纸上的东西，二重证据法是纠正了乾嘉流弊的科学方法。

以上诸家所说的殷墟甲骨，从其开始发现就伴随着迷信、流转、散佚，所幸者甲骨学术价值的发现者王懿荣从中药龙骨配方中将国宝解救出来并进而引发了收藏界、学界、考古界的重视，安阳小屯村成为学界关注的焦点，促成了对安阳殷墟的发掘，取得中国考古学震惊中外的成就，把中国信史提早了一千多年。关于王懿荣的行述故事学界已经所论者甚多，在此就不赘述了。我仅就甲骨发现、发掘以后的事情作一论述和解说。

到光绪二十六年（1900）为止，王懿荣已经收集甲骨 1500 多片，经过研究，他发现了甲骨上面神秘符号的文字学价值。王懿荣死后，留下的甲骨大部由其儿子卖给了生前好友刘鹗，计 1000 余片；赠送天津新学书院 25 片，由美国人方法敛编入《甲骨卜辞七集》；另一小部分 103 片，1939 年由唐兰编为《天壤阁甲骨文存并考释》一书。②

与王懿荣类似，刘鹗也是出身旧学营垒且有开明意识的官员学者。经过刘氏精心收集，到了 1903 年，他已经拥有 5000 片，精选之后，以 1088 片墨拓而成《铁云藏龟》，这是我国学术界第一部著录甲骨文的著作。而罗振玉的序、刘鹗的自序也成为甲骨文研究之开山。1909 年刘鹗客死新疆后，其收藏的甲骨和研究手稿开始了散佚历程。个人接受收藏者有罗振玉、哈同夫人罗迦陵、叶玉森等。其中，约有 1000 片先归其表兄弟卜子休，后由卜转卖给上海英籍犹太人哈同，解放后又归上海市文物管理委员会，现藏上海博物馆；另一部分约有 1300 片，先归同乡叶玉森收藏，后又转售给周连宽，

① 陈寅恪：《王静安先生遗书序》，收入《陈寅恪集》，北京：生活·读书·新知三联书店 2015 年版，第 247、248 页。

② 宋路霞：《百年收藏：20 世纪中国民间收藏风云录》，上海：复旦大学出版社 1999 年版，第 42 页。

现也收藏在上海博物馆；另有一部分约几十片，由美国人福开森买去。商承祚、束世澄等学者，也都曾先后买到一些刘鹗原来收藏的甲骨。文化团体有诚明文学院、中央大学 277 片、厦门大学、中央研究院历史语言研究所 509 片、上海博物馆、浙江省文管会等。不少接受者均不没刘鹗首藏之功，他们著录这些甲骨时，仍以《铁云藏龟》为名。1915 年，罗振玉从刘氏赠送他的未曾著录过的甲骨中精选数十片，为之影印，定名为《铁云藏龟之余》出版。1925 年，刘鹗的同乡叶玉森，得其遗藏甲骨 1300 片，从中精选 240 片，为之墨拓石印，并附考释文字，出版《铁云藏龟拾遗》。1931 年蟫隐庐再版石印罗振玉《铁云藏龟之余》，更与刘鹗《铁云藏龟》合印。《铁云藏龟》在前，《铁云藏龟之余》在后，还附有古文字学者鲍鼎的释文。另外，还有许敬参的《铁云藏龟释文补正》，是对刘鄂著录的进一步扩充与研究。1939 年，上海的孔德图书馆获得会稽吴振平一批旧藏甲骨龟片，沈尹默、金祖同、李旦丘考证为刘鹗旧物，虽有一部分为《铁云藏龟》著录，但大多数未经著录，于是选其 93 板，略加按语，并附释文于后，遂成《铁云藏龟拾零》一书。从此可见刘鄂《铁云藏龟》在当时学术界的巨大影响。

　　相对于国内学界甲骨的流转是以片计算，那些打着传教、考古、抢救名义的传教士们则是以万为单位来显示其收藏甲骨的成绩，所谓"甲骨东渡"只是反映了甲骨流失到国外情况的一种文学写照。如果早期甲骨义研究属于"铁云藏龟"系列，那么甲骨学术价值发现后的 20 世纪初的头三十年是甲骨流失到世界各地并成为国际显学的"殷墟卜辞"系列。首开其例的是加拿大长老会牧师明义士（James Mellon Menzis）。宋路霞先生说，外国人研究中国甲骨文的毕竟少，最终流到海外的甲骨片只占出土总数的十分之一二，这十分之一二中，加拿大传教士明义士收藏的是一大宗。[1] 明义士 1910 年来中国

---

　　① 宋路霞：《百年收藏：20 世纪中国民间收藏风云录》，上海：复旦大学出版社 1999 年版，第 46 页。

传教期间，通过收购等手段，到 1917 年《殷墟卜辞》一书刊印时已经达 5 万片。有一点需要指出，《殷墟卜辞》精录甲骨 2396 片，全是由明义士异常认真、仔细地克服诸多不便与障碍，用钢笔摹录、书写的。1927 年前后拓成《殷墟卜辞后编》时，恐怕更多。1933 年，明义士还在齐鲁大学开授《甲骨研究》课程，对甲骨学的贡献还算不小。但他所收藏的甲骨大部还是留在了国内，现存加拿大皇家安大略博物馆的有 5100 多片①，为世界 12 个收藏国中之第二位，仅次于日本。这部分后由加籍华裔学者许进雄博士整理缀合 3176 片，编为《段墟卜辞续篇第一集》，1970 年在加拿大出版。除了流失的，明义士甲骨在国内的有几批。

一部分是抗战爆发前，明义士离开济南返回加拿大，装箱封存在齐鲁大学的 8080 片甲骨。1942 年，日军占领齐鲁大学之前，明义士的同事们将藏品分别存放，其中一箱甲骨藏在学校金库里，其他埋于校园五个地方，并绘制了方位图，正本转交明义士，副本交由传教士安德鲁保存。1952 年，"三反"运动时，原齐鲁大学英籍校长林仰山向学校交出了埋藏甲骨的方位图副本。这批甲骨大部分是小片、碎片和无字甲骨，有字甲骨为 3668 片。后归山东省博物馆收藏，曾经四次来到山东省博物馆查看、拓印甲骨的胡厚宣先生选拓的甲骨文字包括明义士在北京、南京和加拿大等地的精华部分，收入 13 巨册的《甲骨文合集》。

一部分原藏北京华北联合语言学校，解放后意外发现于故宫博物院，20364 片。据宋路霞先生所述，这部分又可分为前后两批次，前一批为 3 匣 17 屉，甲骨片共 870 片。1965 年，胡厚宣先生进故宫选拓甲骨，见到这批甲骨中夹着 1924 年 2 月 18 日从天津寄往北京明义士的一个信封，地址是北

---

① 关于明义士带走也多少甲骨众说纷纭。有说 8702 片，见王本兴编著《甲骨趣闻》，北京工艺美术出版社 2014 年版，第 103 页。有说 5170 片，原藏在天津加拿大长老会在华总部，被明义士的同事们违背明氏意愿寄回加拿大，流入安大略皇家博物馆。见魏敬群著《明义士甲骨收藏始末》，《春秋》2010 年第 2 期，第 32 页。

京华语学校。可知这批甲骨是由明义士收藏且与该校有着联系。后一批是直到 1974 年才从故宫的一个仓库里清理出来，共有 10 匣 25 屉又 167 包，共计甲骨 19494 片。

一部分阴差阳错流归南京博物院。1937 年，明义士回国休假，将其藏品存放在他的朋友罗维灵医生处。他把比较重要的殷墟出土的甲骨和青铜器等存放在房子的阁楼上。齐鲁大学除一部分人留守济南，主要的行政、教学人员迁至四川成都华西坝。1945 年 8 月，潍县乐道院集中营里的囚徒美军伞兵解救。明义士的齐鲁大学同事们回到校园后，将明氏的大部分藏品从地下挖出，转移到南新街 52 号的花园洋房内。还有一部分，仍埋在地下未动。1948 年 3 月，齐鲁大学因战事再次南迁杭州和福州。明义士得知消息后，委托同事将其藏品托运上海或南京以策安全。这批 110 箱又被重新装箱的文物中就有那箱重要的甲骨。甲骨最终被转运到南京加拿大驻华使馆，无人问津。1951 年初，使馆代办切斯特·朗宁奉命关闭使馆，在整理杂物时发现了那箱甲骨，便托友人杨宪益代为联系，移交给南京博物院。①

据中国社会科学院历史所孙亚冰统计，国内外现存甲骨藏品 13 万 3 千多片，尚有 2 万多片去向不明②。近代国内外甲骨收藏万片以上的大家共有三人，除了上面所述的明义士，国内的刘体智③和罗振玉④，各收得 2 万多片。刘体智收藏的甲骨有 28000 余片，1953 年捐入北京图书馆。罗振玉是甲骨学

---

① 参见济南市历下区政协编，魏敬群著《历下人文历下人风》，济南出版社 2014 年版，第 227 页；亦可参见王本兴著《甲骨趣闻》，北京：北京工艺美术出版社 2014 年版，第 104—106 页。

② 孙亚冰：《百年来甲骨文材料统计》，《故宫博物院院刊》2006 年第 1 期，第 24—47 页。

③ 刘体智，字晦之，著名收藏家，曾任大清银行安徽督办、中国实业银行董事兼上海分行总经理，解放后入上海市文史研究馆，著有《小校经阁金石拓本》等。

④ 罗振玉，字书蕴、书言，号雪堂，"甲骨四堂"之首，甲骨学的奠基人，1910 年"因遗山左及厂肆估人至中州，瘁力以购之。一岁所获，殆逾万"。1911 年，又让弟弟罗振常和内弟范兆昌"至洹阳发掘之，所得又再倍焉（实为 1 万 2 千 5 百余片）"。见罗振玉著，罗福颐类次《殷墟书契前编》，见《殷墟书契五种》，北京：中华书局 2015 年版，《殷墟书契前编》序第 5—9 页。

大家，所藏质量很高。罗振玉先在满洲国担任伪监察院院长，1940 年在旅顺病逝。他的甲骨旧藏便渐次流失，有些流到了日本。1945 年 9 月，抗战胜利后，中共胶东区委派干部到大连接收日人企业，在远东炼油厂发现一只盛装甲骨的大铁箱，估计是日本人原准备从厂区港口运回国内的。于是，这 1234 片（一说为 1219 片）劫后之余的罗氏甲骨精华便流入山东省博物馆。说起甲骨外流，著名甲骨学家胡厚宣先生有一个统计，国外收藏有 26700 片，分藏于 12 个国家，其中日本 12443 片、加拿大 7802 片、英国 3355 片、美国 1882 片、德国 715 片、前苏联 199 片、瑞典 100 片、瑞士 99 片、法国 64 片、新加坡 28 片、比利时 7 片、韩国 6 片 [①]。这些数字能够说明什么问题呢？宋路霞先生曾说，与弱国无外交一样，落后就要遭抢。甲骨的流失情形及缘由与下面所述的敦煌文献之厄有异曲同工之处。

2. 敦煌西流的国殇

前文提到王国维曾说近代史料的新发现除殷墟甲骨外还有"六朝及有唐之卷轴"，说的就是敦煌文献的发现。千佛洞僧人留下的晋至北宋初年大约有 5 万多卷，内容以宗教为主，次为中古历代官府文书与文物。直到光绪二十六年（1900 年 5 月 26 日），藏经洞才被道士王圆禄发现。余秋雨先生对这段历史曾有生动的叙述与想象：

> 这是一个巨大的民族悲剧。王道士只是这出悲剧中错步上前的小丑。一位年轻诗人写道，那天傍晚，当冒险家斯坦因装满箱子的一队牛车正要启程，他回头看了一眼西天凄艳的晚霞。那里，一个古老民族的伤口在滴血。
>
> ……
>
> 王道士完全不能明白，这天早晨，他打开了一扇轰动世界的门户。

---

① 胡厚宣：《八十五年来甲骨文材料之再统计》，《史学月刊》1984 年第 5 期，第 22 页。

一门永久性的学问，将靠着这个洞穴建立。无数才华横溢的学者，将为这个洞穴耗尽终生。中国的荣耀和耻辱，将由这个洞穴吞吐。

县长是个文官，稍稍掂出了事情的分量。不久甘肃学台叶炽昌也知道了，他是金石学家，懂得洞窟的价值，建议藩台把这些文物运到省城保管。但是东西很多，运费不低，官僚们又犹豫了。只有王道士一次次随手取一点出来的文物，在官场上送来送去。

......

就在这时，欧美的学者、汉学家、考古家、冒险家，却不远万里，风餐露宿，朝敦煌赶来。他们愿意变卖掉自己的全部财产，充作偷运一两件文物回去的路费。他们愿意吃苦，愿意冒着葬身沙漠的危险，甚至作好了被打、被杀的准备，朝这个刚刚打开的洞窟赶来。他们在沙漠里燃起了股股炊烟，而中国官员的客厅里，也正茶香缕缕。

......

外国人未免有点遗憾，他们万里冲刺的最后一站，没有遇到森严的文物保护官邸，没有碰见冷漠的博物馆馆长，甚至没有遇到看守和门卫，一切的一切，竟是这个肮脏的土道士。[1]

在这段文字里，我们看到了民族悲剧，看到了民族的脊梁，还看到了晚清政府的无奈，看到了相当多麻木迟钝的中国人。更看到了处于崛起状态的西方国家的探险家、学者们的进取精神。由此，拉开了中国藏书文化的悲壮历程。我们不需要一个个地罗列敦煌文献的损失历程，我们只要记住几个关键的人物和数据就行了。在敦煌文献遍布全球、敦煌学成为国际显学的过程

---

① 余秋雨：《文化苦旅》，上海：东方出版中心 2004 年版，第 4 页。

中有几个人值得铭记：英国人斯坦因①、法国人伯希和②、俄国人鄂登堡、美国人华尔纳。还有为之呼吁和奔走的罗振玉、缪荃孙、叶昌炽、叶恭绰、恽毓鼎、胡适、袁同礼等中国学人。

我们还是从叶昌炽说起吧。1902 年农历正月，叶昌炽为甘肃学政，一直到 1906 年废科举、停学政时为止。他在《缘督庐日记》中，为我们留下了有关藏经洞的最早记录③。为完善《语石》史料，他甫一到任，便四处访求河陇石刻，透过其他一些人，知道了敦煌藏经洞及其出土写经和画像的情况。《缘督庐日记》光绪二十九年十一月十二日（1903.12.30）云：

汪栗庵大令自敦煌拓寄《唐索公碑》，其阴《杨公碑》《李大宾造像》，其阴《乾宁再修功德记》，经洞《大中碑》，皆六分。元莫高窟造像四分，《皇庆寺碑》二分，皆前所已收。……又旧佛像一幅，所绘系水陆道场图。……又写经四卷，皆《大般涅盘经》。……敦煌僻在西荒，深山古刹，宜其尚有孑遗。闻此经出千佛洞石室中，石门熔铁灌之，终古不开。前数年始发键而入，中有石几石榻，榻上供藏经数百卷，即是物也。当时僧俗皆不知贵重，各人分取。恒介眉都统、张又履、张筱珊所得皆不少。《大中碑》亦自洞中开出。此经疑即为大中写本也……栗

① 斯坦因在 1900—1901 年、1906—1908 年、1913—1915 年、1930 年先后 4 次到中国新疆及河西地区进行探险，其中 1930 年第四次探险因中国学术界的抵制和反对而夭折。他在英控印度勘探局、大英博物馆和英国皇家地理学会等官方机构大力支持下，在新疆进行了 4 次探险活动，名为探险实则具有明确的政治目的。一是借考古偷绘中国地图，二是暗中盗窃古物转运英国，三是搜集各种情报为英国侵华服务，其《去东厥斯坦从事考古和地形考察的初步报告》和《沙埋和田废墟记》在欧洲掀起一股中国风，尚有《斯坦因中国探险手记》（共 4 卷）传世，巫新华、伏霄汉译，春风文艺出版社 2004 年版。
② 集历史学、考古学、语言学、艺术学、文献学、汉学、突厥学、蒙古学、藏学、伊朗学、南海学、佛教、道教、伊斯兰教、基督教、西域夷教（景教、祆教、摩尼教、萨满教）、民间宗教学专业背景于一身，精通多种语言的伯希和有《伯希和敦煌石窟笔记》传世，他把中古的珍贵文献带到了欧洲，是近代东方学、敦煌学的重要奠基人。
③ 荣新江：《郭煌学新论》，兰州：甘肃教育出版社 2002 年版，第 79 页。

庵信自述其所撰楹帖云："夏无酷暑冬不奇寒四季得中和景象，南倚雪山西连星海九州寻岳渎根源。"非俗吏之吐属也。[①]

叶昌炽《缘督庐日记》在中国学者中第一次记录和考订敦煌绢画与写经，虽然接触到敦煌藏经洞出土经卷绘画，但因为误信谣传，因而失之交臂，实属遗憾。

叶昌炽通过敦煌县长汪栗庵（宗翰），不仅获得敦煌莫高窟窟内窟外所存石碑的拓本，还收到了藏经洞出土的佛画、经卷和所藏石碑的拓本，并对藏经洞开启情形的有模糊的二手信息记载。《日记》光绪三十年八月二十日（1904.9.29）又记：

> 汪栗庵来函贻《敦煌县志》四册，朱拓一纸，称为《裴岑碑》，细视非汉刻，似姜行本碑。又宋画绢本《水月观音象》，下有绘观音菩萨；《功德记》，行书，右行后题："于时乾德六年岁次戊辰五月癸未朔十五日丁酉题纪。"……又写经三十一叶，密行小字，每半页八行，行三十三至三十五字不等。旁有紫色笔，如斜风细雨，字小于蝇，皆梵文。以上经像，栗庵皆得自千佛洞者也。[②]

叶昌炽作为学政大员自然有较多的信息和实物来源。《日记》光绪三十年九月初二记："得敦煌汪栗庵大令书，寄赠莫高窟碑十通，毡墨稍精，前得模糊之本，可以补释。《圣历李氏旧龛碑》两面据并拓，据云视徐星伯《西域水道记》所录缺字无几，可无遗憾矣。又新得两通，一为元碑，之阴皆蒙

---

① 叶昌炽著，王季烈编：《缘督庐日记钞》（第三册），北京：北京图书馆出版社 2007 年版，第 335、336 页。

② 叶昌炽著，王季烈编：《缘督庐日记钞》（第三册），第 378 页。

古色目名氏，其正面当有文字，而已涾。一残石仅存十一行，行多者不过十三四字，年月姓氏并佚，又无事实可考。"写至此，他不死感慨说："艺风不在无与赏析，微老夫无能知者矣。"① 艺风就是缪荃孙，与他亦师亦友，学术交往很多。

《日记》光绪三十年九月初五日（1904.10.13）又记："敦煌王广文宗海以同谱之谊馈唐写经两卷、画像一帧，皆莫高窟中物也。写经一为《大般若经》之第百一卷，一为《开益经》残帙。画像视栗庵所贻一帧笔法较古，佛像上有贝多罗树，其右上首一行题'南无地藏菩萨'，下侧书'忌日画施'四字，次一行题'五道将军'，有一人兜牟持兵而立者即其像。左一行题'道明和尚'，有僧像在下，其下方有妇人拈花像，旁题一行云：'故大朝于阗金玉国天公主李氏供养'。元初碑版多称'大朝'，然不当姓李氏。此仍为唐时物耳，公主当是宗室女，何朝厘降，考新旧《唐书》'外夷传'或可得。"② 王宗海也是最早的敦煌藏经洞出土文献的收藏者，品第与汪宗翰差不多，与叶昌炽也多有书信来往。

初七日（1904.10.15）又记："夜，敦煌王广文来，云莫高窟开于光绪二十六年（1900），仅一丸泥，恚然扃鐍自启，岂非显晦有时哉。"③ 这里留下了敦煌当地人所说藏经洞开启的确切年份，但颇多神秘色彩。在光绪三十一年、三十二年叶昌炽又六次提到汪宗翰，以后几年《日记》再未见敦煌文献的记载，直到宣统元年十月十六日（1909.12.28）他已回乡四年，才又有了记载："午后，张阆如来，言敦煌又新开一石室，唐宋写经画像甚多，为一法人以二百元捆载而去，可惜也。俗吏边氓安知爱古，令人思汪栗庵。"④ 叶

---

① 叶昌炽著，王季烈编：《缘督庐日记钞》（第三册），北京：北京图书馆出版社 2007 年版，第 379、380 页。
② 叶昌炽著，王季烈编：《缘督庐日记钞》（第三册），第 380、381 页。
③ 叶昌炽著，王季烈编：《缘督庐日记钞》（第三册），第 381 页。
④ 叶昌炽著，王季烈编：《缘督庐日记钞》（第四册），第 143 页。

昌炽关于藏经洞的知识，一直停留在与汪宗翰等地方官的来信交往的二手信息阶段，不知确切的情况，更不知伯希和斯坦因来敦煌的几次盗买行动。此时中国学者通过与伯希和斯坦因的接触，渐渐知晓了藏经洞的的重要性。如叶德辉、缪荃孙在日记或者著述中都有提及此事。1908 年 5 月，伯希和从敦煌出发，东行到西安，后经郑州，于八月把所获藏经洞的若干精品带到北京，罗振玉据之编成《鸣沙山石室秘录》，中国学界才得知敦煌宝藏的真面貌，只是并不知斯坦因所得更甚于伯希和。缪荃孙《艺风老人日记》戊申（1908）十月廿五日条记："伯希和到图书馆，言炖煌千佛洞藏有唐人写经七千馀卷，渠挑出乙千馀卷函，有唐人《沙州志》，又有西夏人书，回纥人书，宋及五代刊板，奇闻也。"[①] 缪荃孙还是仅仅把敦煌文献的发现当作奇闻，可见其不甚重视。1909 年中秋，由于伯希和在北京的六国饭店举行敦煌遗书精本展，罗振玉才知道了藏经洞的事。从八月十九日他给《时务报》主持人汪康年的信中可以看出其心境："兹有一极可喜、可恨、可悲之事告公，乃敦煌石室所藏唐及五代人写本刻本古书是也。此书为法人伯希和所得，已大半运回法国，此可恨也；其小半在都者（皆隋唐《艺文志》所未载），弟与同人醵赀影印八种，传钞一种，并拟与商，尽照其已携归巴黎者，此可喜也；闻石室所藏尚有存者，拟与当道言之，迅电毛实君，余存不知有否，但有，尽力耸动之，前车已失，后来不知戒，此可悲也。弟有《石室书录》数纸，随后印成寄奉，公闻之当亦且喜且悲也。"[②] 罗振玉听说藏经洞尚存古写本六千卷，便立即将此事报告清府学部，并竭力禀陈遗书之重要，终于说动了学部左丞乔树楠，由罗振玉代拟电文，命陕甘总督毛实秋立即查封敦煌石室，将所余遗书解送京师。但最早知道伯希和劫掠敦煌文献的并非罗振玉，而是时任直隶总督的端方，端方是第一个见到伯希和所劫遗书的中国官员。

---

① 缪荃孙：《艺风老人日记》第五册，北京：北京大学出版社 1986 年影印本，2118 页。
②《汪康年师友书札》（3），上海：上海古籍出版社 1988 年版，第 3169、3170 页。

1909 年 5 月，伯希和由河内再度来华，为巴黎国家图书馆购买汉籍。在南京他再次拜见了端方。端方因此获知藏经洞的发现，进而通过和颜悦色地礼貌地招待，竭力想从伯希和那里多得到一些有关中国文物的信息，并拍摄了《沙州志》残卷。随后将信息转告在京的罗振玉等人，嘱令设法以抄录、拍照或购买等手段予以截留。① 可以说，端方是中国敦煌学最早的开创者之一。

恽毓鼎在参加宴请伯希和的聚会后也在日记中说敦煌文献"辇归巴黎，岂非至可恨可伤之事"②。一年以后，敦煌石室遗书，几经周折，大部解送北京，抵达学部，后移交北京图书馆。这就使中国本土拥有了数千卷藏经洞写本实物，避免了国家研究有目无本的惨痛状况。③ 从 1909 年罗与伯希和相识，二人遂成为志友，所幸伯希和还算豁达，连续几年，从法国给罗振玉、王国维邮寄有关敦煌的学术资料，使罗、王二人的敦煌学研究成为有本之源。罗振玉的《敦煌石室书目及其发现之原始》，罗振玉、蒋斧、董康、王国维等人的《敦煌石室遗书》，罗振玉的《鸣沙石室佚书》，罗振玉、王国维的《流沙坠简》，等等，莫不是根据伯希和、沙畹提供的资料刊印发行的，而日本的"敦煌热"也是据此而起的。尤其是王国维研究敦煌文献的成就，推进了敦煌学的建设和学术水准的提高，可以列于世界敦煌学著作之林，如果说甲骨学影响我国上古史的研究，那么敦煌学极大地影响了我国中古史的研究。④

宣统元年十二月十三日（1910 年 1 月 23 日），叶昌炽又记："午后，张阆如来，携赠《鸣沙山石室秘录》一册，即敦煌之千佛山莫高窟也。唐末之间所藏经籍碑版、释典文字，无所不有。其精者大半为法人伯希和所得，置巴黎图书馆，英人亦得其畸零。中国守土之吏，熟视无睹。鄙人行部至酒

---

① 张海林：《端方与清末新政》，南京：南京大学出版社 2007 年版，第 562 页。
② 恽毓鼎著，史晓风整理：《恽毓鼎澄斋日记》，杭州：浙江古籍出版社 2004 年版，第 453、454 页。
③ 雒青之：《百年敦煌》，兰州：敦煌文艺出版社 2016 年版，第 114 页。
④ 刘烜：《王国维评传》，南昌：百花洲文艺出版社 2015 年版，第 245 页。

泉，未出嘉峪关，相距不过千里，已闻其室发现事，亦得画像两轴、写经五卷，而竟不能罄其室藏，蝤轩奉使之为何？愧疚不暇，而敢责人哉！"① 即便如此，这种情况还仅仅在中国学者心中留下深深自责，却仍无一人肯西行一步。荣新江教授指出，被清朝关在书斋中三百年的中国学者，与当时富有进取精神的西方考古学者和汉学家不可同日而语，他们完全没有斯坦因、伯希和那样的学术敏感，也没有任何专业考古学的训练，而清政府其时连皇家禁苑圆明园都不能保护，更何况敦煌小小的一个藏经洞了。从中国学术史的立场出发，每一位中国学者对敦煌宝藏的流失国外都会痛心，但这恐怕是历史的必然结果。而应当自愧受责的，何止叶昌炽一人！② 连陈寅恪在《陈垣敦煌劫余录序》中也大发感慨："敦煌者，吾国学术之伤心史也！其发见之佳品，不流入于异国，即秘藏于私家。兹国有之八千余轴，盖当时唾弃之剩余。精华已去，糟粕空存，则此残篇故纸，未必实有系于学术之轻重者在。今日之编斯录也，不过聊以寄其愤慨之思耳！"③

叶昌炽的《缘督庐日记》零星的敦煌记载，虽远不能与斯坦因《西域考古图记》《伯希和敦煌石窟笔记》相比，但从学术史上来讲，这些介绍、研究敦煌藏经洞写卷和画像的著作共同构成了敦煌学的开山骨架。近代著名学者陈寅恪最早提出"敦煌学"概念，1930 年 6 月，他在《陈垣敦煌劫余录序》中指出："敦煌学者，今日世界学术之新潮流也。自发见以来，二十余年间，东起日本，西迄法英，诸国学人，各就其治学范围，先后成有所贡献。"④

但由于西方国家的盗窃掠夺，致使敦煌文献分散在十几个国家、30 多个

---

① 叶昌炽著，王季烈编：《缘督庐日记钞》（第四册），北京：北京图书馆出版社 2007 年版，第 144 页。

② 荣新江：《郭煌学新论》，兰州：甘肃教育出版社 2002 年版，第 82 页。

③ 陈寅恪：《陈垣敦煌劫余录序》，收入《陈寅恪集·金明馆丛稿二编》，北京：生活·读书·新知三联书店 2015 年版，第 266 页。

④ 陈寅恪：《陈垣敦煌劫余录序》，收入《陈寅恪集·金明馆丛稿二编》，第 266 页。

博物馆。1931年，陈垣作《敦煌劫余录》，对京师图书馆所藏敦煌写本8679件文献，分类编排，仅从其书名就可以看出强烈的批评意识，伯希和就在他主编的《通报》上表示了不满。陈垣后来说："用'劫余'二字尚未足说明我们愤慨之思，怎能更改！"[①]正是英国国家图书馆、法国国家图书馆和集美亚洲艺术博物馆存有绝大多数敦煌藏经洞文献，所以就有了京师图书馆馆长袁同礼委派向达、王重民赴英法的访求敦煌文献的坎坷之行。这一点本章第五部分将专门论述。对我们今天的研究者来说，敦煌文献的胶卷可以从外国买来，越是钻研之深越是能够深感驾在近代中国之上的屈辱，也正如季羡林教授所说"敦煌在中国，敦煌学在世界"！

二、私藏之殇与皕宋楼阴影

1. 琴剑飘零皕宋空的年代

晚清以降，受政局衰变大气候的影响，公藏之厄如甲骨敦煌之属屡屡上演，而私家藏书楼存在的社会环境亦崩裂受损。诸多藏书家藏书楼就如大海波涛中脆弱的偏舟，濒濒船翻书没。东南各省的藏书经历宋元以来近千年的积累，可以说是书楼林立，但遭遇清末列强入侵、太平天国战乱，积累千年的珍贵典籍损失很大，确切的损失数目尚无学者统计，笔者谨通过一些典型案例结合陈登原《古今典籍聚散考》的书厄史研究来说明问题。

在20世纪的1932年，陈登原写作《古今典籍聚散考》时曾提出几条具体原则，即贵因、贵果、贵近、辩证[②]。举凡影响书籍聚散的原因、结果都收入其叙述体系中。鉴于古人撰写史书乐于道古而忽视他们的近代史，陈登

---

① 刘乃和：《书屋而今号励耘》，载白寿彝等著《励耘书屋问学记：史学家陈垣的治学》，北京：生活·读书·新知三联书店1982年版，第154页。
② 陈登原：《古今典籍聚散考》，凡例第1页。

原一反前例，非常重视近代书厄史书写，如对浙江文澜阁四库全书遭劫后的艰难修复、山东海源阁遭劫、上海东方图书馆遭毁等有影响的文化痛史。相较于叶昌炽《藏书纪事诗》重在人物掌故，陈登原《古今典籍聚散考》则重在事例陈述。私家藏书由聚书之癖经聚集之苦而成秘书之病，故难免人存书存、人亡书亡之弊，这固然是"人爱其私，人恋其藏"的本性所致，但从爱书以德的国家功令出发，若藏书家身故之后藏书尽归公家，私德之自觉亦为高风可仰①！

就晚清私家藏书而言，华东师范大学教授苏渊雷②先生1978年12月参观天一阁时留题了一首诗："琴剑飘零皕宋空，八千卷散海源同，峥嵘一阁留天壤，文献东南此大宗。百轴琳琅书画业，残碑断碣薜苔中。园林景物依稀在，一代风流属范公。"③诗中就提到了蜚声海内的清末几个藏书大家族，"琴剑飘零皕宋空"是指江苏常熟铁琴铜剑楼之瞿氏、浙江归安皕宋楼之陆氏，"八千卷散海源同"是说到了山东聊城海源阁之杨氏、浙江钱塘八千卷楼之丁氏，"峥嵘一阁留天壤，文献东南此大宗"就是指作者参观考察的浙江省波天一阁范氏了。相对历史上那些"缥缃万卷郁侯架，遗与儿孙饱蠹鱼"（陈孝徵诗）的藏书家来说，这些藏书家藏书楼显示出了"峥嵘一阁东南美，书卷长藏天地间"（苏渊雷对联）的强大文化使命感，留给世人以回想者甚多。

在"琴剑飘零皕宋空"的年代，读书人抑或知识人的心态到底是怎样的一种状况？这是今天的研究者需要关注的，2007年中国文史出版社将《日

---

① 陈登原：《古今典籍聚散考》，第21页。

② 苏渊雷（1908－1995），原名中常，字仲翔，晚署钵翁，又号遁圆。出生于浙江省平阳县玉龙口村。他是现代文史哲兼通，学艺皆善的大家，号称"文史哲兼擅，诗书画三绝"。与苏步青、苏昧朔一起被学界尊称为"平阳三苏"。主要著作有《名理新论》《玄奘》《佛教与中国传统文化》等。其信件、诗札、已刊未刊已完未完著作皆收入《苏渊雷全集》（五卷），上海：华东师范大学出版社2008年10月出版。

③ 骆兆平编纂：《天一阁藏书史志》，上海：上海古籍出版社2005年版，第312页。

记杂志》上王绍仁教授发表的《从皕宋楼到静嘉堂——访书日记》作为"日影丛书"之一单行出版，王绍仁教授《写在前面的话》中的一段话引起了我的注意："在日本，在静嘉堂，感受到中国传统文化的影响依然是随处可见，中日两国的文化交流是那么源远流长。泱泱中华何等辉煌！当然，近代的中国史充满了屈辱和愤恨，读起来太沉重，永远也不能忘怀。如今，我国综合国力大增，国际地位日显，我们完全有理由拂去历史的尘埃，打开时代的篇章，站在一个新的起点上，正视历史，展望未来。"① 王绍仁教授写作这篇文字的时候，离光绪三十三年（1907）皕宋楼所藏秘珍运往日本静嘉堂已经整整一百年了，同样在光绪三十三年，英国汉学家斯坦因来敦煌，首次带走570种精品。抛开民族情感先姑且不论，能够以一种平淡的研究心态来弥补前人的疏失，这也许是最应该去做的事情。

我们还是回到那个时代，所要思考的是皕宋楼事件到底是怎样发生的？给人带来的冲击有多大？我们能够从中获得什么经验和启发？

据当代学者钱婉约考证，1906年初夏至岁末，董康游日本，卜居东京小石川，与汉籍版本专家岛田翰结识，两人并于秋日同赴京都、奈良访书。在董康《刻皕宋楼藏书源流考题识》一文中有记载："丙午（1906）初夏，余游日本东京，获交岛田彦桢（翰）……时余卜居小石川，岛田频来寓所，析疑责难无虚日。秋日相与访书于西京奈良间。"② 1907年，因为静嘉堂购入陆氏"皕宋楼藏书"，岛田翰作《皕宋楼藏书源流考》，在中国印行时董康为之"题识"，他是最早知道国宝流失的中国学者。董康在跋文中言："今春，彦桢（岛田翰之字）驰书相告，岩崎文库以日金十一万八千圆购陆氏书，有成议。余初谓陆氏为吴兴望族，刚父观察逝世未久，何致贷及遗书。嗣彦桢寄

---

① 王绍仁：《从皕宋楼到静嘉堂——访书日记》，北京：中国文史出版社2007年版，第1页。

② ［日］岛田翰：《皕宋楼藏书源流考》，上海：古典文学出版社1957年版，第38页。

示《皕宋楼藏书源流考》，并嘱附梓《访镣录》内（彦桢游中国，观瞿、杨、丁、陆四藏书家所记），始信其事果实。"①董康在跋文中还表达了宁愿毁掉也不想失去的沉痛心情："陆氏《藏书志》所收，俱江浙诸名家旧本，古芬未坠，异域言归，反不如台城之炬，绛云之烬，魂魄犹长守故都也。为太息者累月。"②董康在文中还记下了当时学术界、藏书界对陆氏藏书"舶载以东"的强烈反映："闻皕宋楼书既归日本，全国学子动色相告，彼此相较同异，如斯世有贾生能无痛哭！"③并对余下的其他大藏书楼的命运表示担心："嗟乎！往事已矣。目见日本书估之辇重金来都下者，未有穷也。海内藏书家与皕宋楼埒者，如铁琴铜剑楼，如海源阁，如八千卷楼，如长白某氏氏等，安知不为皕宋楼之续？前车可鉴，思之能勿惧与！……用作纪念，保存国粹，匹夫有责，凡百君子，当有以教我也。"④王式通在《皕宋楼藏书源流考》题辞中也道："三岛于今有酉山，海涛东去待西还。愁闻白发谈天宝，望赎文姬返汉关。"⑤将皕宋楼易主东瀛，比拟为蔡文姬身陷匈奴，其痛心可想而知。一直积极资金准备收购皕宋楼藏书的张元济在1911年与缪荃荪通信忆及此事后仍悔之莫及："丙午（1906）春间皕宋楼书尚未售与日本，元济入都，力劝荣华卿相国拨款购之，以作京师图书馆之基础，乃言不见和，今且悔之无及。每一思之，为之心痛。"⑥

关于皕宋楼藏书流入日本的原因争议很大，最具代表性的是"不肖子孙""内乏书籍鉴别知识，外无固守家业之力""子孙无能、坐吃山空，耗竭家中财产"，这种分析以顾志兴先生1987年出版的《浙江藏书家藏书楼》

---

① ［日］岛田翰：《皕宋楼藏书源流考》，上海：古典文学出版社1957年版，第38页。
② ［日］岛田翰：《皕宋楼藏书源流考》，第38页。
③ ［日］岛田翰：《皕宋楼藏书源流考》，第39页。
④ ［日］岛田翰：《皕宋楼藏书源流考》，第39页。
⑤ ［日］岛田翰：《皕宋楼藏书源流考》，第25页。
⑥ 张元济：《致缪荃荪》5，收入《张元济全集》第3卷"书信"，北京：商务印书馆2007年版，第496页。

和严绍璗先生《日本汉籍珍本追踪纪实》①为代表，皕宋楼不仅是中国文献沦落异邦的标志，也成为国耻的象征符号②。但随着研究的日益深入，"脸谱化"逐渐淡化，陆树藩主持出售其父皕宋楼藏书的动机逐渐清晰。首先是日本买方涉及此事的资料的公布，如日本静嘉堂文库平成四年（1992）出版的《静嘉堂文库宋元图录——解题篇》③等。其次是皕宋楼后人徐桢基《潜园遗事——藏书家陆心源生平及其他》的出版，根据这些材料，顾志兴先生修正了以前的看法提出了"经商失败售书说"，皕宋楼藏书的出售是在中日"甲午战争"之后，而且中介人岛田翰确有利用陆树藩经营湖丝失败急需款项及对藏书价值不甚清楚等弱点而购置的。④

还有一种意见也非常有现实意义，静嘉堂收购陆心源藏书是对中国官员、学者赴日大量收书西归的回应，同时也是支持日本学界的学术研究⑤。日本明治维新之际，崇西学、废汉学，大量的汉籍被低价抛售，流入书肆。当时在日的何如璋、黄遵宪、杨守敬、李盛铎、缪荃孙等就收集了许多善本秘籍。杨守敬《日本访书志》即是他滞留日本四年在书肆颇得旧本的系统记录。日本汉学家神田喜一郎评论说："无论是就其藏书的册数，还是书籍的质量，都足以与陆心源的文库相匹敌，这一点是毋庸置疑的。杨守敬从日本带回大量汉籍一事，当时在日本也掀起了议论风潮，而陆心源文库被日本收购时，中国的众多学者、文化人实际上也是激愤不已、悲痛难当、

---

① 严先生指出："陆心源的不肖子孙陆树藩，不仅是他祖上的败家子，而且，也是中华民族文化的罪人。……此为20世纪中国文献典籍被外人劫掠之重大惨事。"见严绍璗《日本汉籍珍本追踪纪实》，上海：上海古籍出版社2005年版，第244页。

② 胡文辉：《关于近代中国文献之东流》，《中国文化》2008年第2期，第151页。

③ 徐桢基：《潜园遗事——藏书家陆心源生平及其他》，上海：三联书店1996年版，第109、110页。

④ 顾志兴：《湖州皕宋楼藏书流入日本静嘉堂文库之考索与建议》，《浙江学刊》1996年第3期，第107页。

⑤ 巴兆祥：《陆心源所藏方志流失日本考》，《安徽大学学报》（哲学社会科学版）2007年第6期，第128页。

捶胸顿足。……如若中日双方互换立场，想必我们也会发此感慨，这种心情不是不能体会的。……陆心源文库的丧失，对中国来说无疑是一次惨痛的经历，但如果立足于全局考虑，它对日本的影响绝对不少，使日本的有识之士能再度领略中国文化的深厚，我相信这足以弥补它所造成的损失。"①岩崎弥之助当然不愿意再看到大量日藏汉籍回流中国。当后来静嘉堂觅得机会，购得了享有盛誉的中国陆心源藏书，他认为"此举不独为我文库之重大事，也实是我邦文献史上应特笔的重大事"。②1907 年，董康刻《皕宋楼藏书源流考》后所作《题识》可证明学术研究之目的："近年日本学者研究历史，覃思冥索，进步可骇。兹复骤增秘籍，单词只义，孤证是求，温故知新，必为史学别生一途径。"③钱婉约进一步从中日文化学术交流角度分析了日人来华访书的时代政治背景和学术动力。甲午战争之后，出于对中国政治、经济、文化的情报兴趣，日本举国上下普遍加强了对中国的关注，一批学者、外交官开始进入中国访书。同时，西化较早的日本学者，通过修学旅行感受中国，派留学生到中国进行语言和专业的进修，以及专家的文献调查、地理及考古考察，系统性地建构了日本中国学体系，它既是日本关注中国、殖民中国的社会思潮在文化学术领域的折射，又构成近代日本中国学的一个有机组成部分。④

---

① ［日］神田喜一郎：《中国书籍记事》，收入钱婉约、宋炎辑译《日本学人中国访书记》，北京：中华书局 2006 年版，第 180—183 页。

② 静嘉堂文库：《静嘉堂文库汉籍分类目录·静嘉堂文库略史》，东京：1930，第 2、3 页。

③ 参见［日］岛田翰《皕宋楼藏书源流考》，第 38 页。另，岛田翰《皕宋楼藏书源流考》有王式通《题辞》中一首云："巴陵方与归安陆，一样书林厄运过，雁影斋空题跋在，流传精椠已无多。"注云："亦元遗著，有《雁影斋题跋》，所见多巴陵方氏藏书，庚子后，大半散失。"参见伦明等著《辛亥以来藏书纪事诗》（外二种），北京：燕山出版社，1999 年版，第 37 页。

④ ［日］内藤湖南等著，钱婉约、宋炎译：《日本学人中国访书记》，北京：中华书局 2006 年版，绪言第 2、3 页。亦参见钱婉约《从汉学到中国学——近代日本的中国研究》，北京：中华书局 2007 年版，第 105 页。

2. 考文献而爱旧邦的努力

从皕宋楼藏书舶载而东的悲剧，中国藏书界产生了深深的古籍流散危机感。如杭州丁氏八千卷楼深感日人收购之威胁，齐耀琳《江苏第一图书馆复校善本书目序》中提到日人转而又"复耽耽于丁氏八千卷楼藏书"，消息甫出，学界人士十分担忧。时任两江总督的端方恰巧听说八千卷楼藏书亦将散出，遂请著名藏书家缪荃孙到杭州与丁氏后人洽谈，最后以七万五千元的低价成交，全部藏书由端方所创议建立的江南图书馆收藏。而丁申之子、丁丙之侄修甫决定以低价将藏书售与南京之举为缪荃孙所赞："自遭家难，君摒挡所藏悉还公债，而不留丝毫以备一己之需，固杭人所共谅。至以书籍，全归江南图书馆，价虽稍贬，而书无所逸，易一地耳。书固可按目而稽。在江南，犹在丁氏也。君筹之熟，计之决，识者尤知其苦心矣。"[1]如今，皕宋楼书空楼残，劫余之物寥寥。不管怎样，作为历史的遗迹，它给后人留下了无尽的感叹和深刻的警示。同样作为晚清藏书四大家之一的海源阁，经历杨以增、杨绍和、杨保彝数代人努力也未能保全阁书不虞，经过1930年被盗后，军阀、土匪亦对之造成巨大损失，余经王献唐整理归入济南市图书馆。

我国历史上有闻名无名之藏书家，每每节衣缩食，倾力输财，使藏书蔚为大观。终不免于水火刀虫，子孙不肖，像浙江宁波范氏之天一阁、吴兴刘氏之嘉业堂两家能保持藏书楼所及今者委实不多。1919年春，上海商务印书馆印行《四部丛刊》，张元济撰缘起云："睹乔木而思故家，考文献而爱旧邦，知新温故，二者并重。自成同以来，神州几经多故，旧籍日就沦亡；盖求书之难，国学之微，未有甚于此时者也。"[2]在战火连绵的1938

---

[1] 缪荃孙：《艺风堂文漫存·丁修甫中书传》，收入《清代诗文集汇编七五六》，上海：上海古籍出版社2010年版，第736页。

[2] 张元济：《印行〈四部丛刊〉启》，收入《张元济全集》第9卷"古籍研究著作"，北京：商务印书馆2007年版，第3页。

年 6 月 12 日，著名文献家王献唐先生在携山东图书馆古籍转移入川途中为屈万里所著《载书漂流记》作题辞也用"故家乔木叹陵迟，文献千秋苦自支"以道护图书保存文脉的艰辛①。胡道静教授 1984 年夏尝撰文说："居尝为言，爱我中华祖邦，恒起故国乔木之思，为乔木徵者，文化发达，绵绵不绝，古籍宏富，甲于寰宇。是虽作者之众，亦赖藏家之多也。"②很好地阐释了古籍作为故国文化的象征意义，乔木之于旧家，文献之于故国，构成了相对应的指称和隐喻。

作为重要的文化话题，皕宋楼之祸、敦煌西流、甲骨东渡等书厄濒发带来的文化创伤与历代书厄一起给近代学者以重大的文化创伤，从反面警醒、激发了数代藏书家的民族情感和忧患意识，藏书理念的更新势在必行，"化私藏为公有，渐成部分藏书家处理个人收藏的方式"。③此后，私藏归于图书馆成为共识，典籍归公成为历史的大势。

---

① 该文写于 1938 年 9 月 27 日四川渝州，见屈万里著，屈焕新编注《载书漂流记》，上海：中西书局 2015 年版，第 3 页。

② 胡道静：《序跋题词四种·周子美撰集书目二种序》，《古籍整理与研究》第一期，上海：上海古籍出版社 1987 年版，第 68 页。

③ 彭斐章：《不为一家之蓄，俟诸三代之英——书于徐行可先生捐赠藏书五十周年之际》，《图书情报论坛》2010 年第 2 期，第 3 页。

第三章
中西并存：书业的壶里春秋

各代学者眼中、笔下的琉璃厂是不一样的，清中叶、晚清民初都有不一样的观感，其文化风气、气息皆有不同的特点。从繁盛到凋零，从古旧一统到新旧混合，几百年琉璃厂承载了文脉的兴衰与转型。

一、近代书肆与文人淘书之趣

1. 琉璃厂黄金时代来临

书业沿革每因时代而大变。在文人笔下，琉璃厂有厂甸、海王村等不同的称呼。从钱大昕《记琉璃厂李公墓志》中我们知道，琉璃厂一带在辽朝又称海王村。而海王村到了元代则有了"琉璃厂"这个名称。当时，为了兴建大都，烧制琉璃瓦的琉璃厂窑之一就在海王村。据清朝李慈铭《桃花圣解庵日记》载："盖自明嘉靖以前，外城未筑时，此地有水，西流为清厂潭，又西南为章家桥，又南为虎坊桥，又南为潘家河，而自厂桥南为梁家园，可引凉水河，处处径脉流通。"[1] 但明代书肆，多在大明门之右及礼部门之外，及拱宸门之西，即今天安门一带。清康熙时琉璃厂虽已有书肆，但还没有太大影响。乾隆三十六年，四库开馆编纂的那一年："文士云集，四方书籍，聚于辇下，为国朝极盛之时。"[2] 李文藻写《琉璃厂书肆记》也说明了这个情况：

---

① 转引叶祖孚：《北京琉璃厂》，北京燕山出版社 1997 年版，第 11 页。
② 缪荃孙：《琉璃厂书肆后记》，见孙殿起《琉璃厂小记》，上海：上海书店出版社 2011 年版，第 77 页。

"予以谒选至京师，寓百顺胡同。九月二十五日签选广东之恩平县，十月初三日引见，二十三日领凭，十一月初七日出京。此次居京师五月余，无甚应酬，又性不喜观剧，茶园酒馆，足迹未尝至，惟日借书钞之，暇则步入琉璃厂观书，虽所买不多，而书肆之不到者寡矣。出京后，逆旅长夜不能寐，乃追忆各肆之名号及所市书之大略记之。"① 从此时起，琉璃厂成为文人进京的重要去处。清代富察敦崇在《燕京岁时记》中说："厂甸在正阳门外二里许，古曰海王村，即今工部之琉璃厂也。街长二里许，廛肆林立，南北皆同。所售之物，以古玩、字画、纸张、书帖为正宗，乃文人鉴赏之所也。"② 琉璃厂自清末民初历年自阴历正月初一至十五，有半个月集市。琉璃厂东门内火神庙的庙市早在康熙年间就有，每年正月初六至十五为最盛时期，以书摊、古玩字画为多。1917 年，北洋政府修建海王村公园，自公园成立后，曾将土地祠拆让一半，北至西河沿，南通南新华街，使厂甸四通八达，变成为琉璃厂之中心点。五四运动后，书市上宝物已经不多，原因在于官商控制盘剥、外国人抢购流失，正如藏书家姚华所言"了无芸蕾旧时香"，古书已难求，鱼目混珠，泥沙俱下，厂甸逐渐变为珠宝玉器的庙市了，渐失其风雅。也正如有文人在 1943 年所写的："中华文化的宝贵泥土已慢慢流失近一个世纪，一个失去对自己昨天的记忆与认识的古老民族，往往只能以模仿西方文明来建立新文化的模式。"③

从琉璃厂的兴起到渐去其底蕴，从叶德辉笔下"都门书肆之今昔"的向往到韦力"昔日辉煌，云烟过眼"之记忆，我们看到读书人生活和余暇文化消费中深深的琉璃厂情结。从不同的记载中，我们发现晚清民初，在京的学者、官员经常到厂肆买书，因事旅京者亦抽暇光顾琉璃厂。商人对古书的兴

---

① 李文藻：《琉璃厂书肆记》，见孙殿起《琉璃厂小记》，第 75 页。

② （清）富察敦崇：《燕京岁时记》，北京：北京古籍出版社 1981 年版，第 52、53 页。

③ 转引自胡的清《北大遗事》，青岛：青岛出版社 2001 年版，第 14 页。

趣是为了利益，学者对古书的需求是因为研究，而有着藏书之癖的读书人则以一种文化保存的使命感，他们通过商业手段挽救大批典籍，聚集成帙，用之而传之，身后或散之或捐之。琉璃厂已经成为读书人文化想象的载体，由之而产生诸多关联。

晚清时期以厂甸为代表的旧书市是"京城政局、学界时尚和文坛风习的晴雨表，它的兴衰与我国清代中叶以来直至民国年间的私家藏书的命运息息相关"①，成为藏书家身后典籍的集散地，也成为学者们淘书自娱之所在。近代河北人恽毓鼎长期为官京城，其《澄斋日记》全面记载了晚清厂甸的风云变换。他尚未入籍之时就经常至琉璃厂购物，在参加科举考试即所谓"计偕"时期也没有放弃这一雅好。光绪十二年丙戌（1886）大年甫过就来到书肆："正月十一日，乙巳晴。帖肆以旧拓《虞恭公碑》求售，竟有二千馀字之存，较兰泉侍郎《金石萃编》所见多至一半。未敢决其必真，留两日还之。"②又过十天，在书肆买赵文敏《松雪斋诗文集》一部，又《渔洋诗话》两本，当夜阅毕。并摘录《叶氏经疑序》云："大凡读书不能无疑。读书而无所疑，是盖于心无所得故也。无所得则无所思。不思矣，何疑之有？此读书之大患也。……夫如是则思之深，思之深则必有疑。因其疑而极其心思，则其有得也。凡书皆然，经尤甚。"说赵氏之说为至理名言，皆可为法。又过四天，他提到其叔弟于书肆购李富孙《说文辨字正俗》两卷，认为剖析甚

---

① 徐雁：《京师旧书业札记：琉璃厂书肆街》，见 http://htzl.china.cn/txt/2002—12/31/content_5254934.htm，2018 年 6 月 6 日。

② 《金石萃编》为青浦王昶所撰。王昶（1725—1806），字德甫，一字琴德，号述庵，又号兰泉，精于金石考证、文学选编，富于藏书，家有藏书楼"熟南书库"，罗商周铜器及宋、辽、金石刻拓本 1500 余通。后将草堂（原经训堂）题名为"春融堂"。编印有《熟南书库目录》6 卷。藏书印有"经训堂王氏之印""一字述庵别号兰泉""述庵""大理寺卿""近文章砥砺廉隅"；有一长印曰："二万卷，书可贵。一千通，金石备，购且藏，剧劳勤。愿后人，勤讲肄。敷文章，明义理。习典故，兼游艺。时整齐，勿废坠。如不才，敢卖借。是非人，犬豕类，屏出族，加鞭箠。"参见李玉安、黄正雨《中国藏书家通典》，中国国际文化出版社 2005 年版。该日记参见恽毓鼎著，史晓风整理《恽毓鼎澄斋日记》，杭州：浙江古籍出版社 2004 年版，第 13 页。

精。以后两天均认真读《松雪斋诗文集》，并抄记《书今古文集注序》颇有感想："其论作文，谓一以经为法，一以理为本，必不可不作者勿使无，可不作者勿使剩。"①其旨趣还是非常符合当时经学末期发展的现实。进入二月，恽毓鼎除了日常俗务，十三日还"顺至扫叶山房，买《说文释例》、戴东原《方言疏证》、《尚书》（孙辑马、郑注）、《南北朝文钞》（彭兆荪选）、《曝书楼词》，共洋四元三角。"十四日，"午后至文玉山房买《郎潜纪闻初笔》，价洋五角。又往文瑞楼买旧板《全唐诗钞》，洋三元。"②三月初三日，三点钟赴琉璃厂买书而归。四月十四日，"顺至琉璃厂，为五弟购《小仓山房诗文集》一部，价四千五百，乘车而归"。③恽毓鼎这时期主要看经学兼及文学当然与要参加考试有关，但也买所谓杂书。光绪十三年丁亥（1887）六月二十二日与友聚会后，"至书肆一行，买《四六注海》（蒋评本）、《国朝画识》而归"④。光绪十五年（1889）考中进士，委任日讲起居注官，其生活更为稳定。光绪十六年（1890）闰二月二十九日，又"至琉璃厂一行，买《文献通考正续合编》（价三两）、叶注《近思录》（价四千）。《通考》系卢宣旬所纂，于马氏正书略有删减，而续以南宋至明，胜于常熟严氏详节本。叶书后附《续近思录》，系紫阳门人蔡模（九峰先生之子）集朱子语，仍依前录名类编次"⑤。三月十三日，过琉璃厂买《读书录居业录摘要》（郑绪章辑，薛、胡各两卷），价三千，《近科同馆赋》，价二千五百。并返寓读赋。直至二十六日都抽暇静看《读书》《居业》两录摘要，认为摘要"无一条不着实，无一条不深切，真可为千古严师。因置书于案，对之三叩首，自矢终身遵守不渝，庶几变化气质，庶几可期寡过"。并摘记《读书录》云："促迫褊窄，浅率浮躁，非有

---

① 恽毓鼎著，史晓风整理：《恽毓鼎澄斋日记》，上海：上海书店出版社2011年版，第14页。
② 恽毓鼎著，史晓风整理：《恽毓鼎澄斋日记》，第16页。
③ 恽毓鼎著，史晓风整理：《恽毓鼎澄斋日记》，第21页。
④ 恽毓鼎著，史晓风整理：《恽毓鼎澄斋日记》，第41页。
⑤ 恽毓鼎著，史晓风整理：《恽毓鼎澄斋日记》，第67页。

德之气象。"恽毓鼎买书读书时常用心自省，对照书中所云缺点"安望其进德"，这也是程朱理学用以修身的常法。到了光绪廿二年（1896），他还纂辑《汪双池先生传》[①]，为了进一步深入研治经学学术，决心暇当向书肆访求更多书籍。他作为史官是有着名臣情结的，八月廿五日，至琉璃厂一行，买《历代名臣言行录》一部，本朝朱语村先生（桓）所辑，因朱子《宋名臣言行录》而推广之，合数千年名臣大儒于一堂，书中所载皆有关学问经济，"如聆其言，如见其行，为立身治事准绳，岂非快事？"[②]沿着经学致用的思路，光绪廿三年（1897）正月十一日："至兴胜寺，随五伯往杨艺芳丈处午饭，同出游厂，在火神庙买得《杨龟山全集》四十二卷，《罗豫章全集》十卷，皆福建刻本。伊洛一脉，伊川传之龟山，龟山传之豫章，豫章传之延平，延平传之朱子，遂集道学之大成。"经学大家文集为其慕想已久，得之自然甚喜。第二天，与友约共游厂甸，流连各书摊，傍晚始归。买得明刻本《文献通考》十六函（一百二十八本），又明刻《史汉评林》八函（六十四本），价二十金。虽然火神庙中珠玉满前，五光十色，但对读书治学之人来说，没有什么比书更可宝也。可以说，作为一种文化消费行为，读书人流连消费场所的文化指向自然是第一位的，为学问而买书的文化消费心态"深层意义在于，它是文化消费主体在情感上、精神上的一种生存依托的历史表现"，在近代已经进入机声隆隆的工业化社会里，在北京这样五光十色的近代化城市中，读书人依然能够从繁杂的公共文化消费市场中找到自己熟悉的、喜欢的

---

① 汪绂（1692—1759），字灿人，安徽婺源人。其为学尊信朱子，博综儒经。穷深研机，著书穷理，博洽豁达，不求人知，为皖派朴学重要学者。"双池之学专守程、朱，语多心得，天文、地理、乐律、兵法无不究畅，洵一代通儒，而一生颠沛困厄，处文人之极穷。殁后书又不甚传，曾不得比于汉学者流偶说一经，即脍炙人口，则以提倡表章之无其人也。痛诋白沙、阳明，至斥为贼儒，未免过当。后附《汪星溪先生（佑）传》，亦暗修之儒也。星溪有《明儒通考》一书，高汇旃千里借抄，以为得见此书瞑目无憾，不禁心向往之。"恽毓鼎著，史晓风整理：《恽毓鼎澄斋日记》，第106页。

② 恽毓鼎著，史晓风整理：《恽毓鼎澄斋日记》，上海：上海书店出版社2011年版，第109页。

样式，在文化活动中，获得亲切、轻松、舒畅和愉快的感受，因而"他们获得了一种自我肯定的力量和自我存在的价值"。① 也正如他正月二十八日日记所载："至正文堂书店浏览书籍，见有元椠朱子《韩文辨正》颇精，索价过巨不能得。以一两二钱买明椠本《唐鉴》而归。……无事坐书肆中抽览各书，与书贾论板本目录，殊有益处，胜于与俗熟客谈名利，作无谓周旋。"② 读书以厚学养，与书贾论而益板本目录鉴别之道，体现出传统读书人藏书与学问的无缝对接。这个时候，康梁掀起的变法政潮已经风起云涌，除了"一路在书肆纸店流连，傍晚始散，买得《遵生八笺》一部"，翻阅养生之法，四月初二的燥热殊甚，仍不辍读书之习："灯下看《夏峰集》序跋书启类，平实亲切，果能体验力行，持躬涉世，可以寡过矣。先生身当易代之变，忧时伤乱，多激昂感慨之言，读之使人奋发。文友堂送来旧板《有正味斋诗集》，以银四钱留之。榖人先生诗大致近厉樊榭，而隽峭稍逊，然亦饶雅秀之致，可以洗涤俗烦。"③ 恽毓鼎是光绪帝的近臣和同情者，但对社会秩序的变化亦无可奈何。只能寄情经书，忧时伤乱，翻阅诗书，洗涤俗烦。他对现实变革的畏惧和无奈也表现在收拾住房，筑小屋一间，为静坐读书之计上："颜曰'陋室'，复系之以联：'收拾身心，眼前别无俗物；俯仰今古，壶中自有乾坤。'"④ 他过起了左图右史、怡然自乐的生活。但是事情往往是不以人的意志为转移，光绪廿四戊戌年（1898）还是来了，恽毓鼎在六月十四日虽慨叹："世变日亟，人心日非，天下事非区区措大所能挽救，日夕忧愤，亦复何益！此后当戢影一室，涵养天和，薄有所知，则专疏上陈，以尽臣职。徐日则我行我素，择家藏书籍之切实有益而又简约易守者，罗列案旁，晨夕玩

---

① 陈鸣：《近代上海城市的文化娱乐消费》，《上海大学学报》（社科版）1991年第4期，第59页。

② 恽毓鼎著，史晓风整理：《恽毓鼎澄斋日记》，上海：上海书店出版社2011年版，第118页。

③ 恽毓鼎著，史晓风整理：《恽毓鼎澄斋日记》，第124页。

④ 恽毓鼎著，史晓风整理：《恽毓鼎澄斋日记》，第125页。

味，既以自娱，兼以课子。稍倦则访二三知己，抵掌剧谈，宣导堙郁。死生得失，一听诸天，唯知守拙而已。"① 这种心态的改变也是历史的必然，体现出一个有深厚素养的官员学者的历史意识和社会意识。六月廿三日，他"接钱绍云同年信，论变法当从根本上着手。可谓要言不烦"②。支持变法是确定了，但在如何变上，恽毓鼎考虑更多的是根本而非仅仅制度。外界变法，而作为官学老师还是在不懈维护国家统治的根本意识形态即儒学："以性理精义授诸生，世衰道微，能将此道留得一分，即圣学有一分维系。守先待后，虽非其人，窃有其志也。"③ 同样在七月十六日他还给诸生写了一封公开信。

示诸生

今日世衰道微，邪说蜂起，圣学遂有凌夷之渐，可骇可叹！吾辈为学，原非专为利禄计。正学不讲久矣，正宜趁此师友相处，专一考求，使修齐平治之理，常存于一二人。晦盲否塞，安知无天清地宁之一日。倘能达而在上，自可出所学以匡济明时；即不幸穷而在下，亦可成己成人，培植来学。孟子所谓守先待后，吾侪亦与有责焉，正不必震为高远也。顷所陈应看各书，如《资治通鉴》，程、朱诸大儒之书，《日知录》，皆当视为毕生身心性命之学，而不可一日离者也。诸君从我游，颇思有所成就，以不负比年相从之雅，故特发数语为诸君劝。务望恢宏志气，相与有成，勿第囿于俗学，孤此启迪，仆实有厚望焉。④

虽然仍显迂阔，也彰显其老师本色。形势的发展使恽毓鼎更加关注新学，七月初八日："武子彝来，论中国茶业利弊甚悉。午刻子蔚过访，纵谈

---

① 恽毓鼎著，史晓风整理：《恽毓鼎澄斋日记》，上海：上海书店出版社2011年版，第162页。
② 恽毓鼎著，史晓风整理：《恽毓鼎澄斋日记》，第163页。
③ 恽毓鼎著，史晓风整理：《恽毓鼎澄斋日记》，第164页。
④ 恽毓鼎著，史晓风整理：《恽毓鼎澄斋日记》，第167页。

殊惬。偕至琉璃厂各书肆看时务书，余与蔚各买《海国大政纪》《英法俄德四国志略》一部而归。灯下略翻阅，笔墨均简要，胜《万国近政参略》远甚。"[1]可以说，新学的出现，把传统诗书人的"文化经验引向了一种全新的，关于'现代性'的体验"[2]。现实的发展决定了诗书人别无选择，只能根据新的社会分工融入近代市民社会，选择适合自己的精神生活方式。在日常文化选择上，买新书了解西学恐怕就是必须的了，这也是北京城市生活趋于近代转型的一个标志。在一定程度上，它们构成了这座城市的物质形貌和文化底色。原本琉璃厂更多是中上层读书人的文化活动场所，晚清西学东渐和社会的转型，使之展开了变化，从少数社会特权阶层的文化消费变为社会普遍的公共文化。[3]可见，作为文化场域的书肆，承载了近代社会的变迁。

戊戌变法以康梁逃亡，六君子人头落地而结束。变法虽然没有达到预期目的，其所谓失败也是"成功者"的失败，毕竟西学已经遍布华夏，包括琉璃厂的新学书籍早就书架满盈了，新时代新气象是不可避免地来到了。恽毓鼎亦开始从宏观上关注琉璃厂的变化。1899年三月初四日，他"闲步诣四哥小谈。共检李氏文藻《南涧杂记》，阅其《琉璃厂书肆记》一篇，系乾隆时情景，与今日大不同矣"[4]。那么戊戌变法之后的琉璃厂是什么样一种状态呢？四月初五日记云："未刻至会馆赴沈子钧手谈之局。入局片刻，即与四兄步至琉璃厂，在各书肆留连，闻书业堂有新到书，略取阅之，乃无甚精品，唯缪刻《太白集》颇精，然亦非难得之书也。"[5]我们可以再对照同时代学者的记载来看看此时旧书市的情况，成书于宣统辛亥（1911）的《书林清

---

①恽毓鼎著，史晓风整理：《恽毓鼎澄斋日记》，上海：上海书店出版社2011年版，第150页。

②叶中强：《近代上海市民文化消费空间的形成及其社会功能》，《上海财经大学学报》2006年第4期，第22页。

③陈鸣：《近代上海城市的文化娱乐消费》，《上海大学学报》（社科版）1991年第4期，第55页。

④恽毓鼎著，史晓风整理：《恽毓鼎澄斋日记》，第186页。

⑤恽毓鼎著，史晓风整理：《恽毓鼎澄斋日记》，第191页。

话》"都门书肆之今昔"条云："今则蓝皮之书，充牣肆市，西域之韵，篡夺风骚。宋椠贵至千金，插架等于古玩，廖板齿倚十客，牟利甚于榷场。以故鬻书者日见其多，读书者日见其少。士大夫假雕印而造交会，大都唐仲友之贪污，收藏家因字画而及古书，无非项子京之赏鉴。"①蓝皮、西域概指新式印刷书和西学书籍，当时已经非常普遍了。宋元善本则贵至千金且非常少而假货多，古玩充斥市场，书肆已非文化之地。一位佚名的学者记载也很清楚："光绪甲午以后，朝廷锐意变法，谭新学者，都喜浏览欧本译本；彼时新会梁启超氏有《西学书目表》之辑，学者咸按表以求。而京师书贾亦向沪渎捆载新籍以来；海王村各书肆，凡译本之书无不盈箱插架，思得善价而沽。其善本旧书，除一二朝士好古者稍稍购置外，余无人过问。"而到了民国时期，"诸事草创，殊无人注意于书籍，向售旧书各肆，叹息咨嗟，尤有不可终日之势。今正式政府早已成立，稳健派咸谓旧学不可尽废，国粹必须保存；因之旧时经史子集书，及诗文集，又有发动之机，业书者亦渐知宝贵旧籍。"②可见当时北京旧书业已经发生了翻天覆地的变化。

按说戊戌（1898年）前后，恽毓鼎才三十六七岁，但他的心态表现得却有如垂垂老矣那么沉静，仍是以游厂读书自娱。越是临近变法，他越是感觉"时势日迫，事权不属，徒切蹙忧，唯有随分读书，聊以遣日"，且自以"中年以后，精神、记性、目力无一可恃，雅不欲穷大失居"，认为"理学书，为政事身心根本，断不可一刻暂离。周、程、张、朱、杨、罗、李、薛、罗（念庵先生）、高、孙之书具在，皆当诵习体味，以求浃洽也。"③在朝局大变的农历八月，他看了《东廓语录》且"玩读再四，令人激昂奋发，坚自守

---

① 叶德辉著，紫石点校：《书林清话》（外二种），北京：燕山出版社1999版，第254页。
② 云间颠公：《懒窝笔记》"纪京城书肆之沿革"条，见孙殿起《琉璃厂小记》，第30页。
③ 恽毓鼎著，史晓风整理：《恽毓鼎澄斋日记》，上海：上海书店出版社2011年版，第166页。

之心。"① 八月初六日，慈禧皇太后开始训政并勤政殿受礼，他只是从忠臣的角度"自问坦然，此心不动，唯惊心时事，系恋圣躬忧危竟夕"，这种自保之术可谓集中国历来文臣保全之道之大成。尤其是十二日听闻杨、谭、杨、刘、林、康俱斩西市，"惊痛刺心，呕吐大作"，暗叹"祸福相伏其机，真可畏哉！"② 也表现出害怕、怜惜、痛苦、庆幸的复杂心情。

对恽毓鼎来说，史官还要继续做，书还要继续买。虽说还经常在各书肆流连，但闻书业堂有新到书，略取阅之，却无甚精品。光绪卅年（1904）是政府推行新政的那一年，光绪皇帝还在囚禁中。三月初一日："午后至史馆办公。归途在文友堂书肆小坐，见有明南监本不全正史，行宽字大，甚便观览。择其齐、梁、陈、魏、北齐、周、隋数史而归。南北朝诸史文笔雅赡，极于辞章有益，治之亦不甚费力。少年时有此精力暇日而苦无书，今则书易得而日力皆不给矣。儿辈真当自勉焉。"③ 既是给自己说，又是给别人看。到了光绪卅二年（1906），他的儿子宝惠买了南监本《晋书》，配板杂乱模糊，讹脱连篇，几不可读，字虽大而无用，因付还书肆。他说："所贵于旧本者校对精审，刻印整齐，足以豁心爽目也。若迷乱错杂，不复能读，虽宋本奚取焉？此不能与守残佞古者论也。"④ 他的藏书观念是非常现实的，只要校对精审，刻印整齐，就不必非要追求宋本，不可迷信宋本，更不能守残佞宋。恽毓鼎与当时的著名藏书家还多有往返交往，闰四月初五日记："午刻至皮库胡同赴周采臣之约，同座刘聚卿（世珩），贵池人，由道员调财政处当差，素讲板本之学，汇刻《贵池先哲遗书》，赠余四种，仿宋刻颇精，有吴次尾《南都见闻录》（按，当为《留都见闻录》——整理者注）、《两朝剥

---

① 恽毓鼎著，史晓风整理：《恽毓鼎澄斋日记》，第 169 页。
② 恽毓鼎著，史晓风整理：《恽毓鼎澄斋日记》，上海：上海书店出版社 2011 年版，第 170 页。
③ 恽毓鼎著，史晓风整理：《恽毓鼎澄斋日记》，第 239 页。
④ 恽毓鼎著，史晓风整理：《恽毓鼎澄斋日记》，第 296 页。

复录》,《东林点将录》。"①刘世珩的仿宋刻是非常精良的，这在藏书界众所周知。光绪卅三年（1907）正月恽毓鼎又去书肆，买邹代钧《五色舆图》一巨册（中外地图最精善之本），《财政学》两册，满州、蒙古地志各一本，这几种书"日本参谋本部所著，于东三省地势、政策考较详密，盖其注意甚深，故著书特详，确为得要领。中国人自著之志反而不如也。读之可借为筹边要典"②。而且从现实中国发展来说，这些书都"有实用，得之胜于搜求古籍。余近来学问宗旨，欲专从事于计学，为异日致用之具。旧书如《文献通考》、王圻《续通考》中财赋各门，《经世文编·户政》，新书如此种财政诸编，皆当悉心研究也"③。由此可知，其观念已经在发生变化，更多关注现实和新学。宣统二年（1910），正月二十一日在六国饭店吃饭，六国饭店正是当年他与罗振玉接待伯希和的地方，他成为吁请重视敦煌文书的第一批官员学者。饭后又去打磨厂书铺买塾中读本，如《纲鉴易知录》《古文观止》。以前他是看不上这些古籍通行本的，但与学堂所编课本相较，始知旧书之有条理。作为教育专家，恽毓鼎是有发言权的，新政的学制改革颠覆了传统的教育体系，教材建设仿西化严重，问题很多，但要回到过去恐怕是不可能的了。第二天，亲家携日本所绘《东三省地理秘图》见示，他敏锐意识到"敌国之觇吾国也若是，可不惧哉"。④宣统三年辛亥，也就是1911年，是清朝的最后一年，恽毓鼎身体也不好，除了修习中医外，买买书、看看诗文集，成为其生活的重要部分。五月初二日记云："董授经同年以六百金买《徐骑省集》，为南宋绍兴间镌，天下孤本也。此本旧与世彩堂韩文并传而更在前，洎书林之

① 恽毓鼎著，史晓风整理：《恽毓鼎澄斋日记》，第310页。
② 恽毓鼎著，史晓风整理：《恽毓鼎澄斋日记》，上海：上海书店出版社2011年版，第310页。
③ 恽毓鼎著，史晓风整理：《恽毓鼎澄斋日记》，第343、344页。
④ 恽毓鼎著，史晓风整理：《恽毓鼎澄斋日记》，第475页。

至宝。"①六月廿三日他提到从缪荃孙处以洋八元买得《续碑传集》，凡八十六卷，起嘉庆朝，迄光绪朝，体例本之正编，而稍有变通。书中督抚录记载了恽毓鼎的先大父、先高叔祖、先伯父，守令录五世族叔祖子宽公，科道录外王父蒋子良。六月二十七日，恽毓鼎督铭、骏等子整理藏书，欲择其精本移藏于书室玻璃橱中，因事暂辍。他的藏书宋椠元刊少，明及国朝精校精镌之本多而其可贵不亚宋、元，康熙朝殿本尤胜。他还愤愤提及医学堂甲班学生匿名写信，丑诋之辞鄙俚难看，他感叹写道："今世学生志趣之卑污，道德之堕落，可以想见。悲哉，悲哉！废科举，立学堂，不能不叹息痛恨于南皮、长沙二张矣。"②恽毓鼎把个别的学生行为归责到张之洞、张鹤龄等人发动教育改革身上，进而否定废科举、立学堂，体现出其晚年思想的转化。1914年十月二十六日记："张文襄《书目答问·正续宏简录》下注云，无力购宋辽金元四史者，可此代之。"③《宏简录》为邵经邦于明嘉靖间所著有关宋元史料汇编。1915年五月初九日记云："托大德通任亮侪在打磨厂旧书肆买《礼记旁训》二部，授汀、振两儿读之。（打磨厂书肆专卖旧日学塾所读书。）今日小学生读《礼记》者鲜矣。旁训最便幼学。知从前课蒙之本，胜于近人所编教科书。教育部偏弃彼而取此，不解其是何肺肠。"④民国初年的教育变革问题丛生，致其而发思古之意。到了1916年正月初八日，再与厂甸一游，所见拆改展拓，与从前迥不相同，几迷所向。

再以缪荃孙所记佐证当时书肆情况："再西宝森堂，主人李雨亭，与徐苍厓在厂肆为前辈，曾得姚文僖公、王文简公、韩小亭、李芝龄各家之书，所谓宋椠、元椠见而即识，蜀板、闽板到眼不欺，是陶五柳、钱听默一流。

---

① 董授经即董康，著名藏书家，与恽毓鼎是好友。见恽毓鼎著，史晓风整理：《恽毓鼎澄斋日记》，第535页。

② 恽毓鼎著，史晓风整理：《恽毓鼎澄斋日记》，上海：上海书店出版社2011年版，第541页。

③ 恽毓鼎著，史晓风整理：《恽毓鼎澄斋日记》，第711页。

④ 恽毓鼎著，史晓风整理：《恽毓鼎澄斋日记》，第731页。

尝一日手《国策》与予阅曰：此宋板否？余爱其古雅，而微嫌纸不旧。渠笑曰：以所谓捺印士礼居本也；黄刻每叶有镌工名字，捺去之未印入以惑人，通志堂《经典释文》《三礼书》亦有如此者，装潢索善价，以备配礼送大老，慎弗为所惑也。"① 这里提到了书肆从业人员的业务素质，即"宋椠、元椠见而即识，蜀板、闽板到眼不欺。"精装高价以备礼送大老也显示出作为商人的精明。缪荃孙宣统庚戌年（1910），应京师图书馆监督之征，留京一年。1911 年出都，遁迹上海。他"忆惜太平盛世，士大夫之乐趣有与世人异者"，而"重作京华之行，时时阅厂。旧肆存暂寥寥晨星，有没世者，有闭歇者，有易主者，而继起者亦甚众"。书肆中，"石印本、铅字本、天然墨触目皆是，世风之变，日趋日下，不知所止矣"②。此时的旧书市场已非昨日之盛，预示着一种社会的巨变。

北京厂甸书肆甚多，但变换亦快。李文藻写《琉璃厂书肆记》时记录了声遥堂、二酉堂等 30 余家书肆，1910 年缪荃孙游历琉璃厂后，写《琉璃厂书肆后记》时所见有 30 余家。到民国时期，琉璃厂书商孙殿起在《琉璃厂书肆三记》中所载的书肆达到 200 余家。近代以来，在琉璃厂众多的书店中，来薰阁的陈济川、通学斋的孙殿起、文禄堂王文进等名气最大，而且专业素养很高。

陈济川早年在隆福寺文奎堂从王云瑞学徒。文奎堂于光绪七年（1881）由河北束鹿人王云瑞开设，1927 年其子继其业。文奎堂与国内知名学者来往十分密切，日本、朝鲜的学者来华访书之学者亦多从文奎堂买书，陈济川因此见多识广且善于交际。日本学者吉川幸次朗在 1928 年到 1931 年留学中国，与陈济川相识于书肆，称其为琉璃厂首屈一指的新式人物，有创新意识。这一时期，陈济川应日本学者长泽规矩也等人邀请先生四次东渡日本，在东

---

① 缪荃孙：《琉璃厂书肆后记》，参见孙殿起《琉璃厂小记》，上海：上海书店出版社 2011 年版，第 78 页。

② 缪荃孙：《琉璃厂书肆后记》，参见孙殿起《琉璃厂小记》，上海：上海书店出版社 2011 年版，第 77—80 页。

京、京都、大阪、神户等地展销中国古籍，与日本古籍业界建立起较为固定的商业合作关系。陈济川的国际视野、创新精神是在文奎堂练就的，1925年，进入来薰阁后一改旧风，大量收进名书好书，收得宋椠元刻、明版清刊的大量善本珍籍，其中明万历刻本、清康熙五年重修李贽评点本《忠义水浒传》和明弘治年间刻本《西厢记》最为珍稀。前者1956年公私合营中捐给国家，现藏国家图书馆；后者现由北京大学图书馆珍藏。1940年，陈济川在上海设立来薰阁分店，此时著名学者、收藏大家郑振铎先生正蛰居海上，经常往返来薰阁。他们由此成为古书圈内的挚友。此时的陈济川已经不是初入侯门的萧郎，孙殿起的徒弟雷梦水在1964年记述了1940年代陈济川的情况："陈氏对板本学甚精，业务经验亦广，虽年过花甲，记忆犹强，凡稀见之书，某年归何处，随口说出，无稍差。"[1] 从抗战开始，陈济川就已经注意收罗古籍，他自己常往山东、山西、江浙一带收书。1938年曾购天津李善人家古书一批，其中宋元板数种；又得南宋刊本《欧阳行周集》二册，为唐晋江欧阳詹、行周撰，一名《欧阳文集》（此书系原翰文斋韩子元之徒李希明得自山东诸城）。又曾于日寇侵占北京时期购得上海孙毓修藏书一批。与隆福寺修梗堂等合购浙江嘉兴沈氏爱日庐藏书一批，其中多佳本。解放后，他委店员马健斋（马氏知目录学，兼工书法，仿钱玄同）亦常至江浙一带收书。曾与蜚英阁装了英伙购明弘治本《西厢记》两巨册。又曾收得上海吴眉孙家藏书数十箱，其中有《笠泽丛书》一部，有黄丕烈题跋数则，吴骞、陈澶等名人批校。又得《汝南圃史》十二卷，周文华撰，论园艺颇详尽；郑若曾著《江南经略》；明曹学全编《石仓历代文选》，崇祯间刻本；均为罕见之书。1957年孙景润由唐山得《防浦纪略》一部，计六卷，清梗阳周士拔、尤廷著，嘉庆二年刻本，一名《挹江轩防浦纪略》，后归民族学院图书馆。陈济川是一

---

[1] 雷梦水：《琉璃厂书肆四记》，参见孙殿起《琉璃厂小记》，上海：上海书店出版社2011年版，第110页。

个有着家国情怀的学者型书商，1950年被荐选为北京图书出版行业公会主任委员，积极参政议政、支持社会主义改造，并带动很多同行加入，他本身还是中国民主建国会会员，对古旧书业的社会主义转型贡献很大。1969年，他没能扛过批斗和侮辱，含冤而逝。

当代学者徐雁在评价陈济川时曾与孙殿起并谈："在北平旧书业界，历来有两派：一派是致力于业务经营，一心一意把古旧书生意做大做好做强，如来薰阁的陈济川；另一派是在把古旧书生意做好的同时，还把精力投注于编书撰，如通学斋的孙殿起。"[1]陈济川无疑是一个纯粹的书商，而孙殿起则是一个有着历史情结的儒商。

1934年，在孙殿起所录《丛书目录拾遗》由通学斋书店出版之际，著名藏书学术家伦明先生在序中对之有一番评价，颇值得我们阅读深味。关于孙殿起经历与为人为学做事特点，他说：

> 吾友孙君耀卿，商而士者也。京师号人海，国中士之秀者萃焉。或为官，或为师，无不从士起，则亦士也. 士必学，学必书，故国中之书亦萃于是焉。余来京师游海王村，遇肆中人，见其语言举止异乎他之商肆，且异乎他地之书肆，意颇讶之。尝遇之王公大人家，见其挟布包坐厅事，吸烟啜茶，口讲指画，客无躅态，主无倨色，意更讶之。渐与稔习，始悉彼中人日与书亲，多接名公通人，议论气度不饰而彬雅，闻见不学而赅洽，至其版本目录之精且博，又不待言也。且其为业也. 虽不亩利而不汲汲于利。夫以货易货，交易而退，市道之常也，此独不然。予取予求，不汝瑕疵，其迎商闾之也，一年中止三次，即春夏秋三节日是也。亦非如催租人之败诗兴，或少与之，或缓却之，又或举原物以还之，而读已毕矣，殆通例也。例之外别有情。一书之值，人十之，我八

---

[1] 徐雁：《江淮雁斋读书记》，长沙：岳麓书社2009年版，第78页。

之；力不能得者，又损焉；力尚不能得者，则不贾而假焉。此朋友慷慨
通有无之谊，不谓于市交中得之，谁谓商尽以利为事耶。①

由商而士，亦商亦士，业务谙熟，精博版本目录之学，重义甚于重利，
这是对孙殿起的高度评价。所以有学者就说："研究某一方面的专家搞的学
问是'竖通'，书店搞的学问是'横通'，是一项博而又专的学问，而这博与
专知识的修养、基本功的训练，要在二、三十岁时打好基础。孙耀卿先生从
学业开始就萌有撰述古籍之雄心，在营业中学到了很多知识。他不仅在目录
学、版本学等方面有所专长，对厂肆掌故、各省竹枝词以及茶、烟等资料，
均广泛涉猎。"②孙殿起就是这样一个业务精熟的贩书家，他往往能够做到触
类旁通。学徒——创业——学者，能立一家之言，达到这一境地，诚非易
事。这除了靠个人努力奋斗外，那就是拜求名师指教。孙殿起与中日学者都
建立起亦师亦友的良好关系，如伦明、吉川幸次郎等。

关于孙殿起职业操守和学习研究精神，伦明先生说："十馀年来，人心
随世变而降，肆中少年辄叛师而独立，学既未充而惟利是逐，挟冷摊之剩帙，
以投浅识者之所需，百欺一售，群起效尤，小册衬纸，顿成巨观；残编去目，
便作完简。凡此种种，皆开端于近时，旧风陵替尽矣。以余所识，守故步而
不移者，尚有三四人，孙君其一也。君博览而强记。其博览也，能详人所略，
他人所究者，宋元明版耳。君于版本外，尤留意近代汉宋学之渊源，诗古文
辞之流别，了晰于胸，随得一书，即能别其优劣。其强记也，姑举一事证之。
君尝窥我架上书，凡某类缺某种，某种缺某卷，某卷缺某页，默志之，久之
又久，一一为余觅补，按之无爽，即此可知矣。君最勤析疑辨异，恒至午夜，

①伦明：《〈丛书目录拾遗〉序》，参见东莞图书馆编，王余光、李东来主编《伦明全集》
第1卷，广州：广东人民出版社2012年版，第451页。
②佚名：《冀县的古旧书业》，参见中国人民政治协商会议河北省冀县委员会文史资料研究
委员会编《冀县文史》第1辑，1986年11月，第72页。

饿忘食，倦忘息，不知者疑以为肆务忙也。余尝戏谓：使君夙治学如我辈，不知造到若何境地矣。"①民初以降，社会剧变，人心随世而变，在经营古籍书店的人员中，叛师独立者有之，唯利是逐者有之，伪假欺售者有之，以次充好者有之，古籍书业备受冲击。而孙殿起则矢志不移，继续博览强记，详人所略，除了宋元明版知识，对近代经学中的汉宋之争，诗文之辞章流别，都了然于胸。而且通过为伦明买书，建立起深厚友谊，成为学术互通之同道。

关于孙殿起的学术根底与成就，伦明说："君心又最细，每校书，一点一画不肯忽。其与人交，诚实坦易不苟取，入肆问值不可少损益。鸿都之儒，鸡林之贾，交相推重。迩年遍游大江南北迄浙粤，所见益富。君平生所寓目，皆有记录，积稿厚逾尺。比者，整理删苑成《贩书偶记》若干卷，又以顾修以下举丛书目录者，无虑十数家，俱不免有所漏略，又成《丛书目录拾遗》若干卷，将次第刊布之。余阅其书，叹其包举巨细，依类排比之中自有月旦。今之言目录者，未有如君者也。往者丁钝、丁施砚北身涸市廛不废著作，此士而为商者也。君则商丽为士，盖与宋之陈起同流。是书出，而江湖群贤诸集不得擅美予前矣。"②处处留心皆学问，孙殿起在贩书生涯中，随时将寓目之书记之于箧简，1934年出版《丛书目录拾遗》。《丛书目录拾遗》十二卷专记官府本《四库全书》未收的有价值书目，相较《四库全书总目》乃由集全国学者之力而就，《丛书目录拾遗》则是经孙倾十年之力独自完成，与耿文光《万卷精华楼读书记》一起，成为后四库时代接续《四库全书总目》，有重要的学术价值，与伦明续修《四库全书》之议桴鼓相应。1936年，《贩书偶记》二十卷出版，这是一部清代中期以来的著述总目。《贩书偶记》

---

① 伦明：《〈丛书目录拾遗〉序》，参见东莞图书馆编，王余光、李东来主编《伦明全集》第1卷，广州：广东人民出版社2012年版，第451、452页。

② 伦明：《〈丛书目录拾遗〉序》，参见东莞图书馆编，王余光、李东来主编：《伦明全集》第1卷，广州：广东人民出版社2012年版，第452页。

"略例"规定，凡见于《四库全书总目》概不著录，非单刻本不录①。我们今天要了解中国古籍具体数量，这是一本主要的工具书。《贩书偶记》一经问世中日学界都很重视。日本帝国大学吉川幸次郎在看到孙殿起所赠之书后，认为是书"备见苦心，琳琅满目"。1948 年仲夏，北平国史馆馆长金毓黻赠诗孙殿起，对其精于古籍、勤恳治学的精神给予高度评价，其一道："辛苦何曾为贩书，梳篇理叶亦寒儒。似闻天禄添新帙，购到伦家一百橱。"1957 年1 月 22 日《光明日报》曾刊发该报记者所撰《访〈贩书偶记〉作者孙殿起》，在国内古书界引起较大反响。在该篇报道发出一年多之后，孙殿起就因病去世。解放之后的几年间，他还在其外甥雷梦水的帮助下完成《清代禁书知见录》，由上海商务印书馆印行出版。1956 年，公私合营时，通学斋书店并入由齐燕铭、郑振铎、吴晗等人倡议 1952 年创建的专门经营古旧书刊的专业书店——中国书店，孙殿起亦成为其员工，被特聘为编辑委员。他去世后，雷梦水将其《琉璃厂小志》《贩书偶记续编》《北京风俗杂咏》《台湾风土杂咏》《慈仁寺志》等著作分别整理出版，为书史留下一笔惊人财富。

王文进字晋卿，别字梦庄居士，河北省任邱县人。光绪三十二年（1906）九月，其长兄子和设德友堂书肆于北京文昌会馆，招其来学。他对版本和目录的学习是从学装订习修补开始的，渐为熟知。后于 1925 年创办文禄堂书店，与当时各藏书家交流颇多，与缪荃孙、陈清华、董康、李盛铎、姚华、邢之襄、曾刚父、陶湘、蒋毂孙、叶景葵、袁伯夔、徐森玉、周叔弢、秦更年、郑振铎、傅增湘、张珩、赵万里等近代宿儒、文化名流、藏书家往来频繁，遂开始收藏古籍，并刊行古籍和名人著述多种。他与当时通学斋主人孙殿起一起，蜚声版本目录学界。与孙殿起一样都是书商中的有心人，平时将自己贩书过程中经眼之书作了详细记录，《文禄堂访书记》《文禄堂书影》就是其工作之余的研究记录，成为版本鉴别者的重要参考书。《文禄堂访书记》1942

---

① 孙殿起：《贩书偶记·略例》，北京：中华书局 1959 年版。

年自印聚珍本行世，坊间刻书，向称草率，鲁鱼亥豕，终未能绝，此本亦是。此书就是顾廷龙、潘景郑二位先生在王氏"舛误触目、凌乱无序"的稿本上几经修订而成。著名藏书家徐乃昌、董康为之序，徐乃昌序云："（晋卿）首为缪艺风刊行《自订年谱》，次刊《南峰乐府》。甲戌影印宋本《周礼》、祝充《音注韩文公文集》。丁丑《书影》成册，士林嘉美，流传甚广。其代修版印行者，则有福山王氏《天壤阁丛书》，归安沈氏《枕碧楼丛书》《沈寄簃遗书》，海丰吴氏《金石汇目分编》等书。"① 可见其刊印之功。董康的序文则细述王文进经营文禄堂事迹云："任邱王晋卿，今之钱听默、陶五柳也，隐居阛阓，三十年不易肆。访求书籍，穷极区寓，履綦所逮，北至并，东至鲁豫，南至江淮。吴越故家世族，精椠秘笈，经其目睹而手购者，无虑数万种，蜚声当世。余识晋卿有年，恂恂尔雅，不类阛阓中人，进而欲其流略派别、板本得失，口讲指画，若烛照而龟卜，虽积学方闻之士，有所弗逮也。服习谦约，动中绳检，不以穷通易其度，数十年如一日，余以是益贤之。近撮录其平生经眼珍本，辑为《文禄堂访书记》，丐余弁言。综其所列四部书，都七百五十余种，去取精慎，考窍翔实，一书之官私刻本、雕造区域，及名人钞校，流传源委，皆记其跋语与收藏图记，细如行格字数刊工姓氏，靡弗备记，其用力可谓勤矣。晋卿此书，虽为贩鬻之偶得，而发潜阐幽，斠订同异，津逮学林，当与莫邵亭《邵亭知见传本书目》、邵位西《四库简明书目标注》同其功用。"② 沈津对《文禄堂访书记》的学术价值体认很清："所载各书均属罕见秘籍，且详细著录，搜讨宏博，考证精确。凡宋金元刻本，必详考别其出，系刻于官司，或出于书坊，及刻时刻地，其行格数目、刊工姓名附列备考。宋元明清钞本、名家手写手校本，皆记其行格室名，并录跋语。清代集部，以

---

① 徐乃昌：《文禄堂访书记序》，见王文进《文禄堂访书记》，北京琉璃厂二三九号文禄堂书籍铺印行，1942年。

② 董康：《文禄堂访书记序》，见王文进《文禄堂访书记》。

习见不录，记中所列清刻本，皆有收藏家跋语。"① 德化人李劭曛跋云："晋卿业于书，少称颖悟，博闻强记，恂恂然如学者士大夫皆乐与之游。癸西春，独营书肆于琉璃厂，先父和公索称之，曾赠以联额，深致期许。晋卿每得佳刻善本，辄奉而请益，公亦乐为讲述，谆谆无倦容。晋卿触类旁求，反复间难，必尽知其所不知者乃止。公尝谓厂肆中业书者固多，然诚考其源流别其真伪者，昔有正文斋谭笃生及勤有堂杨维周，今则晋卿一人而矣。其得公称许者如是，故其出入我家俨然立雪者二十余年。晋卿既博于闻见，有所得辄记之，三十年来未尝辍笔，积稿盈尺。今取其中之精确者若干种，勒为五卷，爰以聚珍印行，以代抄胥。"② 李劭曛对王文进"坐拥百城，寝馈典册，目不暇瞬，手不停披，口不绝谈"的好学之风甚为赞叹，认为他之所以学境造诣日进，也是继承了前贤"辅翼名教、津梁后学"的精神，故有传世益人之志，遂作此访书记。王文进"荏苒三十年，间关五千里，专心致力，凤夜于兹，蔽帚自珍，不贤识小，缅怀往迹，可略陈焉"，所寓目宋元明本及名家钞校本甚多，故他在此书自跋中说："所见四部凡北宋本一、南宋本二百五十八、金本十三、元本九十九、明本八十三、明铜活字本十六、校汲古阁本十五、清刻本十五、宋钞本二、元钞本二、明钞本六十九、毛钞本十三、明人手钞本二十八、清黄荛圃校本三十五、各家校钞本一百九，都七百五十馀种，附唐人写经三卷。"③ 而且，此书著录诸本，著者、版本、行款之外，多移录原书所存题识，或可补已刊行之某人题跋专集之遗漏；或虽已为现行题跋集收录，然可对其内容、字句有所补充；而又有若干题识，则对于某些问题之研究，别具价值。所以此书的版本价值是非常大的。著名藏书家伦明对孙殿起成就赋诗云："书目谁云出鄮亭，书坊老辈自编成，后来屈指胜蓝者，孙耀卿与王

---

① 沈津：《王文进与〈文禄堂访书记〉》，参见齐鲁书社编《藏书家》第十辑，济南：齐鲁书社 2005 版，第 36、37 页。

② 李劭曛：文禄堂访书记跋，见王文进《文禄堂访书记》。

③ 王文进：文禄堂访书记跋，见王文进《文禄堂访书记》。

晋卿。"① 对孙殿起和王文进评价很高。"故都书肆虽多，识版本者无几人，非博览强记，未足语此。余所识通学斋孙耀卿、文禄堂王晋卿二人，庶几近之。孙著有《贩书偶记》《丛书目录拾遗》，王著有《文禄堂访书记》，皆共具通人之识，又非谭笃生、何厚甫辈所能及矣。"②

以上提到的陈济川、孙殿起、雷梦水、王文进几人都是河北人，在北京从事古旧书业的多以江西、河北人居多，其中河北省以冀州人为多，其他还有王富晋、郭纪森等。但在北京书市，垄断琉璃厂书业的则是江西金溪人，他们修建会馆，排斥北人，控制着绝大部分的北京书肆，直到光绪中叶以后，北方人始在琉璃厂占据主导地位，而南方人则退居从属。琉璃厂的北方人主要来自河北冀州，如孙殿起、郭纪森、雷梦水、吴希贤等。民国以来，冀州人在北京贩买古书渐成气候，仅琉璃厂一带，由冀州人开的古旧书店铺就有八十多家，解放后公私合营时，这些书店大都合并于北京中国书店。随着孙殿起在 1958 年、王文进在 1960 年、陈济川在 1968 年的先后去世，如徐雁所云："一个传承千年的中国古旧书经营传统从此成为了绝响，更标志着一个曾以古旧书业称雄于华夏知识传播领域的旧文化时代的终结。"③

2. 南方新旧书业的兴起

古旧书业在不同的区域呈现交流互动的特点。早在乾隆时代，琉璃厂五柳居湖州陶氏，文粹堂主人苏州韦氏，为了广搜旧书，两家每年"购书于苏州，载船而来"④，拉开南籍北运之序幕。但是，到了光绪初期情况发生了变化，尤其是戊戌变法以后，大量西学新刊从上海贩运到北京，而且上海的各种新式书局也开始在北京开展新书业务，形成又一次南书北渐，前后两次南书北运无论

---

① 中华书局编辑部编：《学林漫录》五集，北京：中华书局 1982 年版，第 61 页。
② 伦明：《辛亥以来藏书纪事诗》，北京：燕山出版社 1990 年版，第 134 页。
③ 徐雁：《江淮雁斋读书记》，长沙：岳麓书社 2009 年版，第 88 页。
④ 李文藻：《琉璃厂书肆记》，载孙殿起《琉璃厂小志》，上海：上海书店出版社 2011 年版，第 76 页。

是从中心区域，还是从书的内涵，都不一样，前者是古代典籍，后者为西学新书①。现在我们就从南书北运说一说上海为代表的南方新旧书业。

晚清以来，由于外国租界的存在，上海成为各类知识分子的聚居地，遗老遗少、革命派、学者、作家、藏书故家、现代出版家等，名流云集，图书需求很大。加之，临近藏书楼荟萃的苏浙二省，到晚清民初诸多旧家的藏书散向上海，譬如扬州吴氏测海楼藏书、苏州刘氏玉海堂藏书、邓氏群璧楼藏书、常熟赵氏旧山楼藏书、杭州崔氏之遗书、南浔刘氏嘉业堂藏书、张氏适园藏书、宁波范氏天一阁藏书、卢氏抱经楼藏书、冯氏醉经阁藏书等。一时间，上海成为国内外所有藏书爱好者访书、买书的文化乐园。晚清上海的古旧书业，主要集中在福州路棋盘街和麦家圈、汉口路西段和广西路一带以及城隍庙三处。福州路上主要有徐绍樵的传薪书局、王昭美的文汇书店、林子厚的汉文渊书肆、翁培栽的受古书店以及龙虎书店、广益书局、博文书局、广艺书局、国粹书店等。汉口路西段和广西路一带有：杨寿祺的来青阁，黄廷斌的忠厚书庄，王富三的富晋书社，步恒猷文海书店，郭石祺、杨金华的汉学书店，孙助廉温知书店，孔里千的艺林书店，罗振常的蟫隐庐等。杭州朱遂翔的抱经堂书局于1938年分设，北京的陈济川来薰阁也是在此开设分店。城隍庙附近有饱墨斋、葆光、学海书店、粹宝斋、梦月斋、传经堂等。那时的书店以扫叶山房、尚古山房、千顷堂、会文堂、仓海山房、宝善书局等最为有名。

在上海的古旧书业中，"古书流通处"是不能不提到的一个集经营、出版于一体的重要机构。宣统三年（1911年），海盐人陈立炎与海宁人陈乃乾在上海福州路设立古书流通处，陈立炎原为六艺书局店主，对古书是有一定了解，且有胆识，成立古书流通处获得了业界名人沈知方、魏炳荣的支持。据陈乃乾之学生胡道静所说，此时江浙旧家藏书多散，为抢救这些典籍使之

---

① 参见李雪梅《中国近代藏书文化》，北京：现代出版社1998年版，第271、272页。

善有归宿，陈乃乾才答应与陈立炎的合作。1915 年，宁波卢氏抱经楼①藏书已经散出，抱经楼诸书，大半为曹溶（倦圃）"静惕堂"、汪文柏（季青）"拥书楼"旧物，陈立炎迫于偿债，匆遽散售。抱经楼藏书标售大部分归当时的北平图书馆和北平大学图书馆，此外还散售于江浙许多藏书家。之所以名为流通处，"志不仅在于购售之间，而欲使之兼具出版之职能。辄以古书一经售出，则如黄鹤飞去，不可复返。当以其在手之日，焉之影印，则以一化百，乃可普及"②。可见，在保护古籍方面，商人与学者亦可有志同道合之交。古书流通处不同于其他书店，编印有《古书流通处新旧书目》。"初出书目，但无定价，仍以讨价还价之方式行之；至第二期书目，各书始有定价，凡同行或熟人及图书馆向购可打九折，门市则无折扣。如是经营，营业大盛，购者亦称便利，外埠邮寄往来，殆无虚日，各省内地读者亦可购到喜爱之书。"③与古书流通处仅隔数武地，三马路惠福里弄口有博古斋书肆，获得莫友芝藏书。博古斋首开影印大部丛书之事，所印有士礼居、守山阁、墨海金壶、拜经楼、百川学海、津逮秘书、六十家词等多种，以一人之力而翻印旧书至数千册。古书流通处还大批网罗旧家藏书，如晚清学术大家、藏书家江阴缪荃孙艺风堂藏书，1919 年，缪荃孙逝世，其子僧保、禄保将遗书以二万六千元悉数售于古书流通处。另外，古书流通从刘承干嘉业堂亦购得大批古籍：

　　1916 年八月二十，购乾隆四年刊二十四史（缺五代史一种），又购旧抄

---

　　①抱经楼是清代浙东著名的藏书楼，藏书之富与范氏天一阁、郑氏二老阁相鼎足，又与浙西卢文弨的抱经堂有"东西抱经"之称。咸丰十一年（1861），太平天国军队进驻宁波前后，卢氏子孙避地鄞江桥，歹徒乘混乱之际进入抱经楼，连日窃走藏书，论斤出卖，当时牙厘局总办宋某搜集五万卷。次年四月，卢址后人回宁波，发现抱经楼书籍大半被盗。后来苏松道杨坊出资白银二千六百两买到十之六七。杨坊临终前嘱其子将全部书籍归还抱经楼。见黄建国、高跃新《中国古代藏书楼研究》，北京：中华书局 1999 年版，第 212 页。
　　②胡道静：《陈乃乾文集序》，见陈乃乾著，虞坤林整理《陈乃乾文集》上册，北京：国家图书馆出版社 2009 年版，序第 1 页。
　　③朱遂翔：《杭州旧书业回忆录》，载张静庐《中国现代出版史料》丁编下卷，北京：中华书局 1959 年版，第 656 页。

《五代史》一种；

1916 年十月初九，购书六十种，内旧抄三十种；

1916 年十月十日，购书六十二种。

在陈乃乾的努力下，古书流通处影印了《知不足斋丛书》、章太炎先生《章氏丛书》《古书丛刊》以及《百一庐金石丛书》等。1924 年冬，杭州人陈立炎的"古书流通处"经营发生困难，陈乃乾和浙江金诵清合资将古书流通处存书全部盘进，在西藏路大庆里口开设中国书店，陈乃乾担任书店经理。他对古旧书业经营进行改革，一改当时买卖古籍者崇尚旧刻旧抄、名家题跋而忽视清代精校精刻及有学术价值著作的弊端，还改变了当时旧书交易必须亲见其书，旧书买卖"仅能与本地人交易，而决无与外埠通信成交"的陋规陈习。陈乃乾为中国书店制定了外埠函购书籍章程，并不定期地编印发布《中国书店供应书目》。当时名流张元济、傅增湘、胡适等均有函之陈乃乾，委托其代为寻觅或订购。

1920 到 1930 年代，上海书业快速发展，北京书肆纷纷南下开设分店。据陈乃乾《上海书林梦忆录》载，北京富晋书社自从购下扬州吴氏测海楼藏书后，"即设分店于上海，为北方势力南渐之先声"。此后，琉璃厂的来薰阁、隆福寺的修文堂等书肆亦接踵而来，南北两派呈并峙之势。"北方人秉性勤俭，开支较省，每得一书，不急寸求售，既估定售价若干，虽累年不能销，亦不轻于减削；对待主顾，殷勤恭顺，奔走伺候，不以为劳。南方人则较为高傲，视主顾之去来，任其自然，不甘奔走伺候；购进之书，志在急售，不愿搁置。故北方之多年老店，常有善本书存储，南方则绝无仅有而已。"① 至20 世纪三四十年代，沪卜书业，北方书肆"浸浸日上"，凌驾南派之势早已形成，"来薰陈氏、富晋王氏、修绠孙氏，均长住沪店。以前南书北运多获

---

① 陈乃乾：《上海书林梦忆录》，见陈乃乾著，虞坤林整理《陈乃乾文集》上册，北京：国家图书馆出版社 2009 年版，第 15 页。

厚利，今则北书南运，有增无已，既极必反，理固然也"①。

古旧书业的存在非止北京、上海这些地方，应该说凡有读书人皆有贩书处。清末民初，金陵状元境的书肆亦非常有名，大约二十家，经营者多为江右人氏，所售虽多通行刊本，但琳琅满目，亦颇可观，较为著名者有天禄山房、聚文书店、保文、萃文、萃古山房等。后因浙人绸庄涌入，书坊悉变为市肆，幸存者不过十之一二②。苏州号称吴门，据叶德辉研究，乾嘉时期吴门书肆有名者达 24 家，到道光十七年（1837），江南按察使司发布颁令禁毁淫词小说，订立的《公禁淫书议单条约》中透露："书业堂、扫叶山房、酉山堂、兴贤堂、文渊堂、桐石山房、文林堂、三味堂、步月楼（书坊甚多，不及备载）。计共书坊六十五号，各当面齐集城隍庙拈香立誓，各书花押，一焚神前，一呈臬宪，各执一纸存照。"③苏州的书坊集中在城隍庙竟达65家之多，可见其文化风气之浓郁。道光二十五年（1845），苏州书业勒立《崇德公所印书行规碑》。同治十三年（1874），复立《吴县为重建书业公所兴工禁止地匪借端阻挠碑》。由此可知，苏州书业的繁荣与其外部管理有序分不开。到了民初，苏州的书肆主要集中在玄妙观及观前护龙街，著名藏书家陈乃乾在苏州东吴大学学习时，"假日则流连于玄妙观及大成坊巷诸书肆中（当时大成坊巷中有书肆三家，其一曰大成山房。近年书肆皆聚居于观前护龙街一带，而大成坊巷中诸店停歇久矣）"④。1938年，收藏家阿英发现："苏州书市有三中心。自察院场至饮马桥一段护龙街，为旧书肆集中地。自察院场至玄

---

① 苦竹斋主：《书林谈屑》，载张静庐主编《中国现代出版史料》丁编下卷，北京：中华书局 1959 年版，第 640 页。

② （清）甘熙撰：《白下琐言》，转引自纪果庵《白门买书记》，载周越然等著《蠹鱼篇》，沈阳：辽宁教育出版社 1998 年版，第 53 页。

③ 宋原放主编：《中国出版史料·近代部分》第三卷，武汉：湖北教育出版社 2004 年版，第 494 页。

④ 陈乃乾：《上海书林梦忆录》，见陈乃乾著，虞坤林整理《陈乃乾文集》上册，北京：国家图书馆出版社 2009 年版，第 1 页。

妙观，为新书市场。自玄妙观广场折入牛角浜，为小书摊。护龙街东段，东大街，大华路，间邱坊巷，亦各有一家。"[①] 著名者有文学山房、松石斋、存古斋、来青阁、适存庐、觉民书店、艺芸阁、宝古斋、灵芬阁、集成、勤益、琳琅阁、振古斋、欣赏斋、来晋阁、大华书店等 16 家。20 世纪 40 年代末期，苏州书肆开始衰落，有读书人不无伤感地记载："吴门书坊，盛于前清乾嘉间，黄荛翁、顾听玉辈之风流韵事，至今犹为人所乐道"，"吴门坊肆，十之八九集中于护龙街，除文学山房、来青阁及求智书店之外，尚有松石斋张氏、翰海书店王氏、觉民书社陈氏等数家，规模狭小，门庭冷落，奄奄一息，已在存没之间"[②]。

浙江作为著名的文献之邦，近代书肆的发展也跟其他地方一样由盛转衰。晚清的书肆主要集中在杭州，据朱遂翔《杭州旧书业回忆录》载，较为著名者有杨耀松文元堂书局（杭州清河坊）、朱成章经香楼（杭州梅花碑）、侯月樵汲古斋书店（杭州梅花碑）、郑长发古怀堂书局等数家，另有书贾杨炳生、杨见心、朱瑞、陈天翰、刘琨、费景韩等人，为上海、嘉定、南浔等地书肆及藏书家四处收购旧书。20 世纪二三十年代，随着私人藏书的大量散出，浙东书肆渐趋兴旺，并受到全国各地书贾及藏书家的特别关注。五十年代，在杭州的抱经堂、松泉阁、宝贻斋、大观楼等书肆中，虽然还可以寻觅到少量的珍本秘笈，但浙江的古旧书肆整体上已经开始转入萧条了。

江南藏书家众多，古旧书业在藏书家一代以后的星散时获得了可以买卖的图书资源。所以说，"业旧书之商人，与藏书之家，关系最密"[③]。因而藏书家常常与书贾为商量旧学风雅切磋之友。随着近代社会的发展，藏书家二代之后好

---

① 阿英：《苏州书市》，载《阿英全集》第五卷，合肥：安徽教育出版社 2003 年版，第 685 页。

② 苦竹斋主：《书林谈屑》，载张静庐主编《中国现代出版史料》丁编下卷，北京：中华书局 1959 年版，第 650、654 页。

③ 陈乃乾：《上海书林梦忆录》，见陈乃乾著，虞坤林整理《陈乃乾文集》上册，北京：国家图书馆出版社 2009 年版，第 1 页。

书读书之风衰减，而书市上也多了目不识丁的富商大贾，"藏书家既以书为奇货而贸利，则书贾亦非伺色要挟沾沾计利不可"①。在重商风气之下，藏书之旧家因中落或他故而售及藏书，但"旧家之气焰，依然仍在"，而"旧家不常有，非若工厂之日夜造货"的资源供给紧张状态则使无论"购进售出，皆须运用手腕""手腕者何？质言之：即贿赂旁人及奴颜婢膝说好话耳"②。可见，古旧书业的发展也是充满着诸多无奈和辛酸。更为重要者，旧书业并不象通常所认为的以贱值收进而高价售出，一转手间，获利十倍，远非他业所可企及。丽宋楼之流出中国，刚开始时就是旧家气焰高价索值而未成交易。陈乃乾先生的看法的确有过人之处，他不但看到了古旧书业的盈利性质，也发现了旧家藏书在流出时书贾所面临的竞争、拦阻、破坏等因素。并举三家藏书的不同命运进行了证明。

一是扬州吴氏测海楼藏书③。吴引孙（1848—1917）字福茨，先世系安徽歙县人，自高祖始迁扬州，居扬州而籍仪征。藏书楼取名"测海楼"，宣统三年（1910），吴引孙即编成《扬州吴氏测海楼藏书目录》十二卷，并付梓行世。内中《苏长公密语》及《大乐律吕元声》等书至今尚为美国国会图书馆珍藏。吴氏明弘治刊本《八闽通志》《延安府志》、明嘉靖刊本《广西通志》等系天一阁散出的地方志是海内孤本。测海楼的藏书均钤有"真州吴

---

① 陈乃乾：《上海书林梦忆录》，见陈乃乾著，虞坤林整理《陈乃乾文集》上册，北京：国家图书馆出版社 2009 年版，第 2 页。

② 陈乃乾：《上海书林梦忆录》，见陈乃乾著，虞坤林整理《陈乃乾文集》上册，北京：国家图书馆出版社 2009 年版，第 2、3 页。

③ 著名史学家、出版家王伯祥先生在其《庋榢偶识》"扬州吴氏测海楼藏书目录七卷"云："吴氏藏书为北平书贾王富晋所得，既择其旧本善帙，取高值，分授诸同好，乃以其馀存者羼入富晋书社之底货，刊为此目，仍揭测海楼之名，欲以眩世而射利，下列价目竟十倍于吴氏原标之格，甚有数十百倍者，贾人之心亦狡狠矣（黎丘之技，每下愈况，更下于朱甸清远甚）。其实吴氏原目，早为掩没，此仅富晋借尸还魂之计耳。吴、王授受之际，我友陈乃乾躬与其事，既别为《测海楼旧本书目》以贻予（亦二册），复将此目见赠，盖示富晋新得之货簿而已。予受而存之，特为揭露其隐如此。俾朱紫玉石，庶其有别，来者无惑，仍不失忠厚之旨云。"亦可见业古旧书者之牟暴利如此。见王伯祥《庋榢偶识》，北京：华艺出版社 2014 年版，第 142 页。

氏有福读书堂藏书"印记，"有福读书堂"是吴引孙的室名。吴氏兄弟除广收典籍外，光绪间还利用自己的藏书刊行《有福读书堂丛刻》，光绪二十一年（1895）还影抄明嘉靖本《嘉靖惟扬志》，此抄本亦为世所珍，今存台湾。①1930 年时，扬州的王某要出售测海楼的藏书，写信给北京直隶书局的宋魁文，并约定在上海见面。吴氏藏书要卖的消息传到了富晋书社②的王富晋耳中，他看到吴氏测海楼的藏书后，决定购下，但宋魁文的代理人彭某知道后坚不允，于是阻挠王富晋取书，一方面扬言愿以更高的价格收吴氏测海楼藏书；另一方面散布谣言说王富晋买书是为了出售给日本人．并联合当地乡绅官府等，给王富晋提书造成困难。王富晋无奈赴上海，找了教育部任职的蔡元培、司法部董康、江苏省民政厅长胡朴安等，并且委托陈乃乾从中调解。经江苏省法院受理和陈乃乾从中的调查，测海楼藏书归王富晋，吴氏测海楼的藏书不久后全部运抵上海。③测海楼藏书多寻常坊刊家刻以及各省书局通行本，而且有许多反映新思想、新观念或反映新科技成果的图书，也就是谓"新书"。吴引孙是在当时条件下，入藏"新书"最多的私人藏书家之一。"新书"的入藏不仅改变了传统的藏书结构，也更新了人们的藏书观念。④测海楼中重要善本，最后大半为北平图书馆购藏。

二为广东藏书家崔永安之遗书。崔永安（字盘石，生卒年不详）居浙江杭州之宝极观巷。雅好藏书，家有"秋水楼"，有五楼五底共十间房屋，藏书达 3 万余卷，藏书以集部为最多，金石拓本亦不下千余通，另有医学图书若干

---

① 政协扬州市广陵区委员会《广陵春秋》编辑委员会：《广陵文史资料·广陵春秋》第 3 辑，第 225 页。

② 富晋书社开设于 1930 年前后，其亦是一家北方人在沪开的古旧书店。富晋书社店主为王富山，河北省冀县人，原在北京琉璃厂东首开的富晋书社，店主为王富山的兄长王富晋。

③ 姚一鸣：《中国旧书局》，北京：金城出版社 2014 年版，第 69 页。

④ 江庆柏：《近代江苏藏书研究》，合肥：安徽文艺出版社 2000 年版，第 340 页。

种，旧抄及旧刻亦有数种。[①] 原本计划售于上海书贾李紫东，已谈妥付定洋。但杭州富商王某亦想收藏，遂托褚辅成转嘱省会警察局派警监视，不许书籍运出崔氏之门。又请人带话崔夫人，愿照李氏原价购其书。崔夫人很愤怒，既以定洋还李，并拒绝王氏之请，其书保存至 1938 年秋，终遭乱散失。非常可惜。

三是宁波藏书家冯氏醉经阁藏书。虽不如范氏天一阁、卢氏抱经楼，但亦多善本。1912 年以后，藏书由于保守不密，时有散出。1934、1935 年间，开始检点存书，得合族同意，整批售出。但为当地豪绅所阻，交涉历数月不决，最终由当地钱商某出赀承购。

以上三事也说明古旧书业并非一帆风顺的买卖行为，其间的曲折非经细考就不得而知。

二、近代书局与出版业的兴盛

19 世纪后期印刷品生产和流通的机制的变化在很大程度上改变了传统藏书文化的发展，由此古旧书业抑或书肆、书坊的经营方式和内容也受到冲击，在此基础上，加以科举制度的逐渐式微最终被废除、新式学堂的全面建立，读书人通过典籍来获取知识并以此谋职晋身的渠道也发生了变化。这种情况像在上海这样的开放口岸城市最为显著。特别是经历了维新派的大量宣传，维新运动后，上海书业呈现出更为革命性的变化，其具体表现在新学书籍的需求量大增，木刻业无法适应，铅石印迅速发展。"机械复制技术能够给传播带来革命性变化，有力地冲击以维护独特'灵光'为宗旨的传统传播方式，开创了以大量'复制'为标志的新的大众传播方式。机械复制技术使复制品以一种摹本的众多性取代了一个独一无二的存在。复制品能在读者和

---

① 李玉安、黄正雨编著：《中国藏书家通典》，北京：中国国际文化出版社 2005 年版，第752 页。

持有者的特殊环境中供人欣赏，它复活了被复制出来的对象。"①清光绪三十年上海书业公所和上海书业商会成立，是上海现代书业发展的里程碑事件。1904 年前后，各类书店迅速发展到 200 家，出版的图书品种和数量大大增加，书刊发行业日趋发达。河南中路的棋盘街和福州路一带书店林立，被誉为"文化街"。至 20 世纪二三十年代，上海书业进入繁盛时期。

自晚清到民国，上海逐渐成为全国的出版中心。从洋务运动开始，以翻译西书为宗旨的墨海书馆、江南制造局翻译馆、广学会、格致汇编社、益智书会、商务印书馆、译书公会等，出版和翻译了大量的西学书籍。这些西学的书籍出版"形式的变化带来了显见的文化吸引力，而这又成为大众文化启蒙的无意识的先声"②，也可以这样说，中国书业从那时起就进入了上海时代。因为汇聚在上海的不仅有由旧式向新式转型的知识分子，还有因家族失势而流散至此的大批典籍藏书，更有代表着未来的新式出版机构。新书是相对于传统的雕刻木版印刷线装的古旧书而言，他们的新在形式上是铅字排版、机器印刷、西法装订、精装烫金，但更为重要的是内容的新，新书传播的是西方民主、科学、文化知识与理念③。虽然晚清上海租界社会的书籍出版出现择取素材现象，"择取素材的根本原因是为了吸引读者，以达到盈利的目的，但无意中输入的新知，却开启了民智，实现了某种意义上的文化启蒙"④。新式出版业在迎合并诱导市民以尝试近代城市生活方式、突破传统尊卑等级束缚、接受近代文化消费观念的同时，还提供了中外市民在文化消费领域"彼此接触、了解、接纳对方，淡化隔阂的信息平台，也提供了中西文化共处对视的空间，并引发华人观念潜移默化的转变"⑤。正是在这个意义上，新书籍

---

① 李艳平：《晚清文化消费下的潜在启蒙》，《探索与争鸣》2014 年第 11 期，第 110 页。
② 李艳平：《晚清文化消费下的潜在启蒙》，第 111 页。
③ 参见胡金兆《百年琉璃厂》，北京：当代中国出版社 2006 年版，第 190 页。
④ 李艳平：《晚清文化消费下的潜在启蒙》，第 111 页。
⑤ 李艳平：《晚清文化消费下的潜在启蒙》，第 112 页。

在读书人群中起到了潜在的启蒙作用，无形中成为推动社会进步的催化剂。

近代上海能够成为西学书籍传播的前哨，首先得益于西方传教士的努力。经历了晚明西学东渐，晚清朝野的西学印象已经不甚了了，原本已经被部分士大夫吸纳、调和的西方学术融入了实学思潮。① 但是晚清的西学传播从根本上与晚明不是一个路数，晚清的西学传播最多是与基督教新教有一定联系，此时的西学传播最多是导源于马礼逊所开启的新一轮西学东渐序幕。从香港、广州的开放起到上海的开埠，西学传播伴随着传教士的步伐逐渐深入。1860 年以前，墨海书馆在西学书籍传播方面的贡献最为突出。1844 年墨海书馆开印西学书籍，到 1847 年新式滚筒印刷机的引进，最初半年印刷量便达 338 万页。印刷之利受到上海文人的称赞："车翻墨海转轮圆，百种奇编宇内传。忪煞老生浑未解，不耕禾陇种书田。"② 1865 年，墨海书馆在与美国长老会美华书馆竞争中失利，结束了印刷业务。在晚清上海的出版业中，美华书馆是继墨海书馆之后又一家影响很大的教会出版机构。与美华书馆同时兴起的教会书籍出版单位还有广学会、益智书会、土山湾印书馆等。

其次是受西方影响而被动开放的清政府的因势利导。1860 年代后，官办出版机构如上海江南制造局翻译馆、京师同文馆、京师大学堂编译局等在被动的氛围中开始其西学接受传播历程。在这些机构中，京师同文馆作为中央机构有早得政策之利。据熊月之先生研究，京师同文馆师生共译西书 25 种。所译西书可以分为三类，一是关于国际知识，如《万国公法》《各国史略》；

---

① 熊月之先生认为，晚明西学影响主要限于士大夫中间，大部分缺乏文化知识的天主教徒只是入教，并未受学。在一定程度上接受西学的是士大夫中具有一定专业知识基础的那部分人，如徐光启等人，大部人沉浸于八股是无暇研究科学的。西学发生影响的区域主要是传教士活动频繁的浙、苏、皖，徐光启、李之藻等人就是这三个区域的人，其次是赣、闽。还由于传播方式的限制，西学影响随着传教士被逐出中国而消退。西学影响最深的是历算与数学，清代《时宪历》的颁行就受西学影响很大，西方数学事实上成为清代数学家的必修课。所以，从以上所论可以说明清代实学思潮与西学传播之间有内在联系。参见熊氏著《西学东渐与晚清社会》，北京：中国人民大学出版社 2010 年版，第 64、65 页。

② 转引熊月之《西学东渐与晚清社会》，北京：中国人民大学出版社 2010 年版，第 146 页。

二是科学知识，如《格物入门》《化学阐原》；三是学习外文工具书，如《汉法字汇》《英文举隅》。这些书的翻译，多以西方教习为主，中国学生参与，这些译书出又多成为学馆教科书。[①] 而在政府创办的西式出版机构中论历时之久、出书之多与系统、影响之大的还是上海江南制造局翻译馆。设馆译书，是当时近代化运动必需之事，江南制造局翻泽馆正是适应这种需求而出现的。所以，江南制造局翻泽馆是近代西学图书东渐的一个划时代事件，不仅影响着上海，而且广被中国。翻译馆从 1871 年开始正式出书，到 1880 年共出书 98 种 235 册，译出未刊之书 45 种 124 册。据傅兰雅记载，到 1879 年底，翻译馆共售书 32111 部、83454 册，平均每种在 250 部左右。每册页数为 60 页到 100 页不等，每种售价为一百文到二千文不等，少量的不到一百文或超过二千文。[②] 可见当时西学图书之便宜，大大促进西学之传播。

第三，20 世纪以来的民间商办出版机构西书印刷业空前发展。早在光绪二十三年（1897），青浦夏瑞芳等创办商务印书馆，初以印刷商业簿册报表为主。到光绪三十二年（1906），上海主要出版机构已经有文明书局、开明书局、点石斋书局、商务印书馆、广智书局、昌明书局、同文书局和拜石山房等约 90 家。1912 年元旦，陆费逵、陈寅、戴克敦、沈颐创办中华书局，出版新版《中华教科书》等书籍，规模迅速扩大，几乎独占全国的教科书市场。此时，商务印书馆也积极引进新技术新设备，改革经营方式，出版大型丛书和新版教科书，成为全国最有影响的出版社。1916 年，吕子泉等创办大东书局，1917 年沈知方创立世界书局，和商务、中华并称 4 大书局。[③] 下面我们就以商务印书馆为例来说明现代出版业与近代藏书文化之关系。

---

① 熊月之：《西学东渐与晚清社会》，北京：中国人民大学出版社 2010 年版，第 248 页。

② 据徐维则《东西学书录》，到 1899 年，江南制造局翻译馆共出书 126 种。1909 年翻译馆译员陈洙编《江南制造局译书提要》，共收录 160 种。熊月之先生认为，除掉附刻之书，共出版西书 18 种。参见熊月之《西学东渐与晚清社会》，第 396 页。

③《上海通志》编纂委员会：《上海通志》第 9 册，上海：上海人民出版社 2005 年版，第 5903—5904 页。

1902 年商务印书馆创始人夏瑞芳力邀曾任清朝翰林院庶吉士、因参与维新变法被慈禧太后革职"永不叙用"的张元济先生加盟商务印书馆担任编辑所所长。张元济自 1904 年起就开始广泛搜购相关图书文献供内部人员使用。据张元济先生回忆："余既受商务印书馆编译之职，……每削稿，辄思有所检阅，苦无书，求诸市中，多坊肆所刊，未敢信，乃思访求善本暨收藏有自者。"① 张元济以挽救珍稀善本散逸厄运为急务，在给傅增湘信中说："吾辈生当斯世。他事无可为，惟保存吾国数千年之文明，不至因势而失坠。此为应尽之责。能使古书流传一部。即于保存上多一分效力。吾辈炳烛余光，能有几时，不能不努力为之也。"② 张元济搜购古籍"求之坊肆，丐之藏家，近走两京，远弛域外"，而且利用涵芬楼丰富的馆藏善本刊印了《涵芬楼秘笈》和《四部丛刊》，对此，孙毓修《涵芬楼秘笈序》曾有高度评价："涵芬楼以公司之力，……闵古本之日亡，旧学之将绝，出其宋元善本，次第摄印，汇入《四部举要》，成古今未有之丛书。复以旧抄旧刻、零星小种，世所绝无者，别为《秘笈》，仿鲍氏《知不足斋丛书》之例，以八册为一集，月有所布，岁有所传，其用心亦勤矣。"③《涵芬楼秘笈》影印工作是张元济全权交给孙毓修办理的。孙毓修在《涵芬楼秘笈》选目、抄辑逸书、配补缺卷、校勘文字和撰写解题等方面做了大量工作。《涵芬楼秘笈》共十辑，51种、142 卷。作为搜奇集异和影印存真为其宗旨的古籍丛书，各书之后附有编纂者的跋语，对各书的作者、版本优劣、流传情况、内容梗概等作了说明，并间有评论和考证，文献价值非常之大④。《四部丛刊》分为初编、续编、三编。初编始印于公元 1919 年，至 1922 年始成，收书 323 种、8548 卷。

① 张元济：《涵芬楼烬余书录序》，载《张元济全集（第 8 卷）》，北京：商务印书馆 2009 年版，第 145 页。

② 张元济：《致傅增湘》（十六年一月二十一日），载《张元济全集》（第 3 卷），第 337 页。

③ 孙毓修：《涵芬楼秘笈序》，《涵芬楼秘笈》第 1 集，北京：北京图书馆出版社 2000 年版，序第 1、2 页。

④ 李春光：《古籍丛书述论》，沈阳：辽沈书社 1991 年版，第 366—369 页。

1924 年重印初编，抽换 21 种版本，增为 8，573 卷，并新撰若干校勘记。续编于 1923 年印成，收书 81 种、1438 卷。1925 年续出三篇，73 种、1910 卷。《四部丛刊》采用先进的石印技术，印刷原本以涵芬楼藏书为主，也对江南图书馆、北京图书馆、瞿氏铁琴铜剑楼、傅氏双鉴楼、刘氏嘉业堂、缪氏艺风堂等名家秘籍采访备至。甚至日本静嘉堂文库、帝室图书寮、内阁文库、东洋文库、东福寺等藏书，凡宋元旧本，明清佳刻，具述其急要者而登之，罕见实用，兼收并蓄。"是编由张元济往来征询，改定书目，至商借版本，预约出书，皆居中协调。"① 因所见善本既多，撰录题跋约百二十余首，校勘记四十余篇，引据考证；以版式行款、刻工、避讳等鉴别版本；或阐述各集刻藏源流，往往尽发前人所未发，对典籍流传、学术研究帮助颇深。

　　除了影印古籍外，民营出版社还大量翻译与出版西学书籍、出版与推广新型教科书、出版反映平民文化的大众小说等通俗读物。对西方书籍的翻译经历了从直接翻译欧美书籍到翻译日本著作或由日文转译西方著作的转变，仅从 1900 年至 1911 年，国内就翻译西籍 1599 种②。商务印书馆也是晚清上海出版新式教科书、通俗读物最为著名的。教会主持、政府官办、民间商办等西书出版机构构成了晚近西籍出版三大系，共同促成中国乃至上海书业大发展大繁荣。按照按发展时间划分，1860 年代以前，教会出版机构独领风骚，那时既无官办也无民间商办西书出版机构。1860 年代至 19 世纪末，教会出版机构与官办出版机构各擅其长。20 世纪初期，民间商办出版机构在西书出版方面无论是出书数量和影响都远迈教会与官办机构。

　　有西学则有西学书目，一为方便读书，二为方便买书。傅兰雅《江南制造局翻译西书事略》（1880）、王韬《泰西著述考》（1890）在一定程度上解决了学无津梁、不得门径的问题。1896 年，梁启超"门人陈高第、梁作霖、

---

① 吴芹芳：《张元济图书事业研究》，华中师范大学学位论文 2004 年，第 7、8 页。
② 熊月之：《西学东渐与晚清社会》，北京：中国人民大学出版社 2010 年版，第 12 页。

家弟启勋，以书问应读之西书，及其读法先后之序"①，编写了《西学书目表》，由上海时务报馆出版。将 1860 年代以来翻译出版的西学书目三百多种，明末叶至鸦片战争前西人的译著及近代中国人的西学著作，分为学、政、教三大类。1897 年，康有为的《日本书目志》亦出版。从此，西学书籍在中国知识分子眼中从零散的存在逐步形成了与传统的经史子集对等的知识系统。各种西学书目的出现有利西学书籍之收藏可以想见，西学书籍的广泛传播，改变了中国近代书业，改变了近代知识分子的藏书结构。

---

① 梁启超：《〈西学书目表〉序例》，载《梁启超全集》，北京：北京出版社 1999 年版，第 82 页。

第四章
兴趣与责任：域外访书的因果

从清末至民初，杨守敬、傅云龙、罗振玉、王国维、缪荃孙、李盛铎、黄绍箕、盛宣怀、董康、张元济、孙楷弟、姜亮夫、刘复、胡适、向达、王重民、王古鲁等有识之士为寻找国内所缺失的文献典籍，足迹遍布日本及欧美，或购或抄录或拍摄，使得一些文献资料得以回归，让国内的学者同人能够见到在国内已经失传的前代文献，这仅仅是访书的一方面。另一方面就是外国学人来华访书，如斯坦因、伯希和、内藤湖南、长泽规矩也、岛田翰等，外人的访书造成了中国本土典籍的流失，所以说近代访书与书厄一起构成了藏书史的重要论题，而且访书与书厄本身就有互为因果、两位一体的特性，因此从访书的角度亦能展开近代藏书史的别样维度。

如果从横向来说，我们在叙述近代以来域外访书时可以将那些赴国外的官员、学者以访书的目的和效果进行分类，亦即运用在访书地的记载资料进行事实的指正。从纵向来看，利用在不同时期在国内出版的访书成果资料进行线性的历史勾勒。目前从国内外访书研究成果来看也不外乎这两种方法。前者可以是外国学者赴华进行访书的书目成果、历史记载，后者也有用访书之域的原始档案资料、归存国内的访获书籍实物。不管是什么方式，我们都有必要弄清每一个重大访书个案背后的历史真相，以留真事供后世之镜鉴。

一、杨守敬的日本访书路

杨守敬是湖北宜都人，六次会试而不中，光绪六年（1880）夏天应使日大臣何如璋之请，作为使馆随员出使日本。他原本在京时就经常出入厂肆，到了日本，"念欧阳公百篇尚存之语，颇有搜罗放佚之志"[①]。于是不管版本好坏皆购之，不一年遂有三万余卷。杨守敬到日本之后，在坊间买到日本学者森立之、涩江全善撰《经籍访古志》抄本，按照抄本上的线索搜集到大量的古籍，并参互考订，发现异同及罕见则加以甄录。当时的日本正值维新之际，颇欲废汉学，故家旧藏几于论斤估值。据杨守敬说，"尔时贩鬻于我土者，不下数千万卷。犹忆前数年有蔡姓者载书一船，道出宜昌。友人饶季音得南宋板《吕氏读诗记》一部，据云宋、元椠甚多"[②]。于是，杨守敬收拾于残剩之后，颇有晚来之恨。初时书肆于旧板尚不甚珍重，但经购求不已，旧本日稀，书估得一嘉靖本亦视为秘笈，所以杨氏就力有不逮了。但此时，驻日公使黎庶昌议刻《古逸丛书》，而委托他极力搜访旧本。杨守敬也认识到有钱不一定能够买到珍善之本，遂以所携日本未见之古金石文字，彼此交易。在日本，杨守敬与森立之、向山黄村、岛田重礼等藏书家互有来往，有惊人秘笈皆出以示之，杨守敬随时补录，1881年就写成了《日本访书记》。但回到国内后，任职黄冈教谕，初稿亦束之高阁。光绪丁酉（1897）邻苏园刻本。1911年在两湖书院时检讨旧稿，虽自云有见闻疏陋、体例舛错之病，也刊刻行世[③]。《日本访书记》前后有两次补修出版，一次是王重民依据1919年故宫图书馆购买的杨氏观海堂遗书，1926年到1927年，"阅杨氏遗书，即

---

① 谢承仁主编：《杨守敬集》第8册，武汉：湖北人民出版社1988版，第27页。
② 谢承仁主编：《杨守敬集》第8册，第28页。
③ 辛亥革命中，杨氏避居上海甘翰臣处，书留武昌，革命军妥加保护之。守敬有诗曰："七十老翁遭乱离，一家分散各东西。毕竟秦人多幸福，行行觅得武陵漠。奇书万卷冠群伦，爱情殷勤到外人。遥望烟雾迷津里，呵护犹当有鬼神。"

其批本移录序跋；复以数年之力，参之他书，辑为此编"①。1920年6月出版，正如孙楷第在补编序言中所言："杨氏访书遗稿，沈薶数十年，至是复得与世人相见，可谓学术界之一快事矣。……如有三兹编，正不以未睹全稿而稍减其价值也。"②一次是1991年刘昌润以重庆图书馆所藏《访书记》零稿为基础续补，内中手稿群9篇，清稿30篇，除重见2篇，实得42篇，其已经见刻者33篇。所逸9篇，《新罗古刀》非序跋，尚有3部非日本访得，亦不录。③

　　杨守敬来日本访书成绩相当突出，除了《日本访书记》外，还刊刻了《留真谱》，其序云："余于日本医士森立之处见其所摹古书数册（或摹其序、或摹其他，皆有关考验者），使见者如遘真本面目，颜之曰《留真谱》，本《河间献王传》语也。余爱不忍释手，立之以余好之笃也，举以为赠。顾其所摹多古抄本，于宋元刻本稍略，余仿其意，以宋元本补之。又交其国文部省书记官严谷修与博物馆局长町田久成，得见其枫山官库、浅草文库之藏，又时时于其收藏家传录秘本，遂得二十余册。即于其国鸠工刻之，以费重仅成三册而止，归后以续成之，而工人不习古刻格意，久之始稍有解，乃增入百余翻，友朋见之者多欢赏，嘱竟其功。至本年春，共得八册，略为分类印行，观者不以为嫌，当并所集之二十余册，赓续刻之。"④可知，他以森立之摹写古抄本书影之法，积书影达20多册，以《留真谱》名之，先在日本东京刊刻3册，因经费不足而中辍，归国后继续收集资料，至1901年续刻完成《留真谱初编》。对此梁启超在1918年读《杨星吾〈留真谱〉》后说："杨君游日本，获见其国秘府及故家所藏唐宋以来写椠古籍，依原书格式，景刊其首叶，残本则景其所残之叶，小本或全景之，如御注《孝经》其有序跋藏

---

① 谢承仁主编：《杨守敬集》第8册，武汉：湖北人民出版社1988版，第381页。
② 谢承仁主编：《杨守敬集》第8册，第381页。
③ 谢承仁主编：《杨守敬集》第8册，第421页。
④ 杨守敬：《留真谱》，北京：北京图书馆出版社2004年版，第1、2页。

记者并景之。"① 其中经部 2 册 92 种，小学 1 册 52 种，史部 1 册 47 种，子部 2 册 75 种，医部 2 册 68 种，集部 2 册 75 种，佛部 1 册 19 种，杂部 1 册 2 种，共 12 册 430 种。1881 年，杨守敬携所购书船载而归，在湖北黄州筑邻苏园以储，后又在武昌建观海楼储藏。这批藏书转运上海、北京，二十世纪二十年代归故宫博物院，现大部分在台湾。正是杨守敬启发了国内学者和藏书家如董康、张元济、傅增湘等，引发了清末民初近五十年东瀛访书活动②。

有杨守敬之来，就有日本国内官员、学者之往，来往之间打开了中日文化正常交流的通道。从书籍交流的时间序列上看，杨守敬访书的日本影响或有谓"杨惺吾情结"者，毕竟有杨守敬访书在前，而明治维新后日本政学商界或修学旅行，或留学中国，或文献调查，或历史考古，或商业驱动，反过来又对中国造成了所谓"岛田翰情结"。所以我们不能仅仅讨论中国书籍之东流西布，而忽视了书籍所承载的文化交流，就中日关系而言，"访书活动是中日文化交流中一个涵盖面宽泛的文化现象，它既是日本关注中国、渗透中国、殖民中国的社会思潮在文化学术领域的折射，又构成近代日本中国学的一个有机组成部分"③。在此背景下，所有日本学人的访书既有"淡泊名利、忘情书卷的书生情怀"，亦有坐拥百城、"堪抵南面君王的自得自负之情"。④

如果说"岛田翰情结"是一种偏向负面的评价，而从中日学术文化交流的路向上说，以岛田翰在日本学界的地位，尚难有如内藤湖南那样对中国学界的正面推动。当今日本汉学界，以"内藤假说"为名的唐宋变革论、宋代近世说就是 20 世纪初叶内藤湖南提出，其门生宫崎市定 1955 年进一步阐释

---

① 梁启超：《梁启超全集》，北京：北京出版社 1999 年版，第 5265 页。

② 宋庆森：《杨守敬等学者东瀛访书记事》，《新华每日电讯》2014 年 1 月 17 日。

③〔日〕内藤湖南等著，钱婉约、宋炎译：《日本学人中国访书记》，北京：中华书局 2006 年版，绪言第 3 页。

④〔日〕内藤湖南等著，钱婉约、宋炎译：《日本学人中国访书记》，绪言第 2 页。

和发挥，形成了极具生命力的内藤学说。^①内藤湖南学术观点的形成，笔者以为有几点值得注意：一是其早年经历了广泛的中国社会考察、学术访问，早在 1899 年 9 月至 11 月，他作为《万朝报》的记者，游历南北各地三个月，写成《燕山楚水》而名声鹊起。在华期间，他结交了严复、文廷式、沈曾植、罗振玉、柯绍忞、刘鹗、王国维、李盛铎、董康、张元济、曹廷杰等中国学者，互相之间有学术的交流。二是他在华访问也非常重视访求罕见图书写本。1910 年，他进行敦煌文献调查。1912 年，赴奉天故宫拍摄猎取满、蒙文大藏经，他还参观杭州文澜阁《四库全书》和丁氏八千卷楼藏书，抄录文溯阁《四库全书》珍本。因此，他能够有如此之深的中国学造诣是离不开精通汉满蒙语，熟知中国文献的。所以，当代学者钱婉约认为，以内藤为代表的日本学人关注中国典籍具有学术上的领先性，他们注重文献搜集和考辨的实证主义治学方法，从西方输入新学理和新方法，拥有领先于中国人意识的学术眼光。当然日本学者的访书所体现的学术关注是为近代日本"沿着亚细亚主义的思想路线，逐渐走上国权扩张的大陆政策"服务的，以 1907 年成立于大连的满铁调查部为例，他们"对中国东北的史地考察和资料收集甚至掠夺，则与其说是学术对政治的折射，不如说是侵略政治的直接辅助"。还有一个最现实的问题，他们没有杨守敬以个人名义进行访书所面临的财务压力，我们发现"无论是个人购书还是机构输入，实际执行者都勇于追踪珍贵的宋元秘籍善本乃至价值连城的古代名人字画。这一方面是相关人员精到的学识提供了准确的鉴赏力；更主要是以中日国力消长更替为前提、以强大

---

① 内藤湖南的中国学贡献，据内藤的长子内藤干吉的考证，内藤的唐宋变革和宋代近世说最早形诸文字是在 1909 年，见于内藤 1909 年讲授中国近世史的讲义的绪言："近世史应从什么时代开始，当说是宋代以后。"载《内藤湖南全集》第 10 卷，后记第 527 页。转引自张广达《内藤湖南的唐宋变革说及其影响》，《唐研究》第十一辑，北京：北京大学出版社 2005 年版，第 12 页。

起来的日本人的购买实力为后盾的"①。如"皕宋楼事件"所体现出来的中国学者张元济等的财力窘境而不敌，终为三菱财阀支持下的静嘉堂得手。相对于美国退还"庚款"资助中国教育与图书馆事业，日本则以之为专项从 1923 年起系统性购买汉籍，成为日本在华文化殖民的帮凶。总之，日本近代访书于中国给我们带来的是无尽的历史回味和启示。

二、清政府掀起的日游潮

相对于日本在中国访书的系统性先进性，中国开启的访书模式仅仅在学界引起追捧旧本之漫长热潮。杨守敬之后，光绪十三年（1887）傅云龙奉总理衙门之招从上海出发游历日本、美国、加拿大、古巴、秘鲁及巴西六国，作《游历日本图经》30 卷。傅云龙十月十一日到达横滨，十六日即访书肆，十八日考察东京帝国大学并参观图书馆，寓目元本《汉书》。②二十四日，"得宋袁枢《通鉴纪事本末》四十二卷，其版徐大臣得自海东淀藩知事稻叶正邦"。二十八日，访得《草木性谱》《草木备考》《瓶史》诸书。③十一月十二日，游新桥书肆，访图籍，"然地理类多杂伊吕波文，而直转昂"④。二十日又搜籍书肆。十二月十九日，游智恩院，其记云："七十余岁老僧彻定（姓养鸬氏），飞锡长崎，辄私携寺经与画。院僧皆门外汉，杂视所藏，据云《菩萨处胎经》为善。第一轴无书人名字，古而拙，相传唐时人写，然世、民皆不缺笔。"他又看到，"《海龙王龙》四轴，第四与和法隆寺所藏大周长寿三年李元德之《法华经》字体相同。又有《大意经》一轴，天平前书也，在唐

---

① ［日］内藤湖南等著，钱婉约、宋炎译：《日本学人中国访书记》，北京：中华书局 2006 年版，绪言第 27 页。

② （清）傅云龙著，傅训成整理：《傅云龙游历各国图经余记》，北京：商务印书馆 2016 年版，第 16 页。

③ （清）傅云龙著，傅训成整理：《傅云龙游历各国图经余记》，第 18、19 页。

④ （清）傅云龙著，傅训成整理：《傅云龙游历各国图经余记》，第 22 页。

开元前。《梵女首意经》一轴，西晋三藏法护译也。《优婆夷净行法门经》二轴，六百年前物"。还有《持珠较量功德经》一轴、《黄石公三略》等，都是中土难见之本。在东寺，他发现写经墨迹，如《空海请经目录表》为唐元和元年丙戌写本，《真言付法传》为唐长庆元年辛丑写本，又有《灌顶经》七卷为一轴，《郁迦经》一轴，《华严经》四卷为一轴。"又有天长四年即唐太和元年丁未《十喻诗跋》一轴，《华严经》一轴，《瑜祇经偈》一轴，皆空海书。又有小野篁书《般若心经》一轴。又元奘所译《显无边佛土功德经》一轴，无书人名。又有唐吏部尚书唐临撰《冥报记》三卷，卷各一轴，二行书，一楷书也。"① 又有《弥勒上生经》一轴，其附文曰：

> 维天平十年，岁次戊寅，六月戊戌朔廿九日丙寅，出云国寺从五位下、勋十二等石川愿臣年足，稽首和南十方诸佛：盖闻法门兴圣，表无量以凝尊；真相开灵，随缘几而应物。故得五根宣化，遥变响于和音；十念成功，远登神于补处。年足慈颜永隔，空怀内极之哀；讳日俄临，方积终身之感。庶凭功于妙力，希树果于良因。谨以兹展，敬造弥勒菩萨像一，铺写弥勒经十部．二莲台宝相，含璧月而被光；贝篆灵文，贯珠星而流影。伏愿契道能化，升游正觉。菩萨树下，闻妙法之圆音；兜率天中，得上真之胜业。通该有顷，普被尤边，并泛慈航，同离忧网。

傅云龙写道："是文虽曰俪体，可补《全唐文》之遗。天平十年，唐开元二十六年也。"② 又有《玉篇》残卷，已经刻于驻日公使黎庶昌《古佚丛书》。"有《篆隶万象名义》三十卷，空海撰。是本为永久二年抄自敦文于本益，在

---

① （清）傅云龙著，傅训成整理：《傅云龙游历各国图经余记》，北京：商务印书馆2016年版，第31—33页。

② （清）傅云龙著，傅训成整理：《傅云龙游历各国图经余记》，第33页。

宋政和四年。又有《论语》之《述而》《泰伯》《卫灵》《季氏》四卷，为六百年前写本；何晏《集解》原稿，涂改处亦依写之。又有《史记》二卷，起'也在扶风，号曰后稷'，亦六百年写本。又有《庄子》写本，逾千年矣。"① 在寺院中藏写经者以智恩院为最多，亦有藏书。光绪十四年正月十七日，"见传抄日本学校梁皇侃《论语义疏》，而有邢疏，惟叙注较鲍本多十五条（详《日本图经·中国逸艺文志》），每册前有'睦子'二字。此经理足利学校僧也。有'轰文库'三字印章，朱文。《义疏》与鲍本偶有异字"。二十日，雨后游书肆，"搜海图，得《寰瀛水路志》诸书。厥直昂甚，归证所闻，不觉夜半，眼脂四起"②。可见其辛苦如此。二十二日，与公使黎庶昌交流，得以视《须真经》其经似是上中下三轴，此卷中一轴也，曰《答法义品第二》《法纯叔品第三》《声闻品第四》《元畏品第五》），并详记后跋认为亦可补《全唐文》之失。跋曰：

> 维神护景云二年，岁在戊申，五月十三日景中，弟子谨奉为先圣敬写《一切经》一部。工夫之庄严毕矣，法师之转读尽焉。伏愿桥山之凤辂，向莲场而鸣銮；纷水之龙骖，泛香海而留影。遂披不测之了义，永证弥高之法身。远暨存亡，傍周动植；同兹景福，共沐禅流。或变桑田，敢作颂曰：非有能仁，谁明正法。惟朕仰止，给修慧业。权门利广兮拔苦，知力用妙兮登岸。敢对不居之岁月，式垂同极之颂翰。③

又见日本秘阁金泽文库古钞本《春秋经传集解》三十卷，每纸十六行，行十二字，字宽八分半，页高尺六寸有奇，注夹行，传、经字皆列线

---

① （清）傅云龙著，傅训成整理：《傅云龙游历各国图经余记》，北京：商务印书馆 2016 年版，第 34 页。

② （清）傅云龙著，傅训成整理：《傅云龙游历各国图经余记》，第 46 页。

③ 其年代在唐大历三年，参见（清）傅云龙著，傅训成整理《傅云龙游历各国图经余记》，第 47 页。

外。①傅云龙对此本进行详尽考证，虽自谦云"余非校勘，其名从略"。又提及黎庶昌有光绪九年校于杜注补辑本。傅云龙又看了黎庶昌新购《白氏文集》七十卷，亦日本活字本，与归滂喜斋一部同，《长庆集》五十卷，《后集》五十一至七十卷。②

经过多方求访，光绪十五年（1889）在返程途中，再次停留日本，与中国驻日使馆的同僚黎庶昌、陈榘常相往来，从 6 月开始随得随刻，计有《籑喜庐丛书》14 册，收有唐卷子本《论语》10 卷、《新修本草》10 卷、影日刊本《文选》残卷等珍贵本子，均为久已失传之本。其中《新修本草》10 卷，是他在东京所见小岛氏藏书的传写本 11 卷（其中卷三为小岛氏补辑），贵阳藏书家陈榘在日本又赠予卷四、卷五、卷十五共 3 卷，于是将所得影刻成《唐卷子本新修本草十卷补辑一卷》，收入《籑喜庐丛书》之二。③傅云龙访书所得如《冥报记》《玉篇》残卷，刊刻《新修本草》等都是国内罕见的秘籍。傅云龙的访书活动是中国近代学者海外访书的一个重要组成部分，在傅云龙的这些活动背后，尤其值得我们珍视的是他对中国传统文化的爱惜与保护，也正是这种对传统文化的热爱之情，激励着一代又一代的中国学者远渡重洋，去搜寻和发扬保存在异国他乡的民族文化精粹。④

之后，清政府为新政之开，多次委派臣属赴日考察教育，如光绪壬寅（1902）罗振玉《扶桑两月记》、癸卯（1903）缪荃孙《日本访书记》亦多有访书之举。罗振玉本是读书人，雅好收书。罗氏 1901 年 11 月到经长崎、马关、神户达东京，再至京都。1902 年春经奈良、大阪、神户、长崎，于正月十二日抵达上海，历时两月余。十一月初九日，在东京神田区购新书数种

---

① （清）傅云龙著，傅训成整理：《傅云龙游历各国图经余记》，第 47 页。
② （清）傅云龙著，傅训成整理：《傅云龙游历各国图经余记》，第 49 页。
③ 李玉安、黄正雨：《中国藏书家通典》，北京：中国国际文化出版社 2005 年版，第 675 页。
④ 王会豪：《傅云龙〈游历日本图经余记〉所见汉籍考》，《贵州文史丛刊》2014 年第 4 期，第 43 页。

归。初十日午前又至神田区购书，午后参观上野公园博物馆，"归途过文行堂书坊，得《续高僧传》写本残卷一轴，白麻纸两面书，宋以前物也。并购旧书十余种"。十一日购书过芝区。① 十三日，又至神田区购书；十五日购中小学教科书，并购日本古泉币数十枚；十六日，书林送各种教育书来，选留百余册。② 二十二日是阳历元旦，罗振玉只是在寓所整理所购教育书籍。考虑到此次赴日就是为了考察教育，采访些教育方面的书籍理所应当。二十三日，午后至神田区，购《青渊先生六十年史》③。二十六日，罗振玉到下谷区池之端仲町琳琅书肆看书。这个书店专售古籍，"中土古籍不甚多，非若昔者往往有秘籍矣！"④ 即便如此，他还是发现了一本伪书梁李逻注《千字文》，买了《史记·河渠书》卷子本半卷、《欧阳文忠集》一部三十六卷，《欧阳文忠集》前有苏文忠序，熙宁五年七月公子发所编定，系中土所无之珍本。十二月，因近来脚疾方愈，罗氏非常重视医学书籍，十七日至琳琅阁购得《梵唐千字文》、景宋本《三因方》《祖庭事院》《食医心境》，景元本《儒门事亲》，景宋本《本事方后集》《济生续方》《唐六典》数种，并为中国难得之书。⑤ 二十一日，回访日下部（东作），看到他所藏宋拓《书谱序》，刻本极精。又得看其唐人写经及各种古器、碑刻。日下部还劝罗往日本汉籍重镇足利文库参观，因为事务繁多，没有去成。二十三日，其云："于书肆中购得宋闻人耆年《备急灸法》，内载妇人难生，宜灸右脚小指尖三炷，如妇人扎脚，则先以盐汤洗脚令温，气脉通疏，然后灸之云云，据此则宋代妇人尚非人人缠足可知。"⑥ 二十六日又去书肆购书，得林希逸《列子鬳斋口义》等数种森立之的藏书，《列子鬳斋口义》在中土少见。1902 年初二，罗振玉参

---

① 罗振玉：《扶桑两月记》，长沙：岳麓书社 2016 年版，第 86、87 页。
② 罗振玉：《扶桑两月记》，第 88 页。
③ 青渊是日本著名实业家涩泽荣一的号。
④ 罗振玉：《扶桑两月记》，第 90 页。
⑤ 罗振玉：《扶桑两月记》，第 101 页。
⑥ 罗振玉：《扶桑两月记》，第 106 页。

观东京印刷厂，对比中国传统活字印刷术，他很有感慨："毛子晋刻《津逮秘书》，实是用活字。儿时读《毛诗陆疏广要》，见其中有横植之字，始悟毛氏刻字原是活板，特排印精工，与刻板骤不能别耳。"①

清宣统元年五月十六日，罗振玉由天津至神户，又一次来到日本。当晚至书肆看书。第二天，去冈崎町访问内藤湖南等日本学者，在内藤处见唐写本《左传集解》二卷，明末高丽质子在北京日记，本朝三朝实录，都是在中土希见之文献。在富冈谦藏处，他看到了唐写本《毛诗正义》残卷，《二李唱和集》，《周易单疏》古钞本及北宋本《史记》一册。十八日参观东京大学图书馆，得以寓目馆藏精本数十种，如卷子本《白氏文集》残本，宋本《春秋左氏传》等。②下午，他来到东京府立图书馆，认为其馆长汤浅吉郎曾至美国调查图书馆，因而建筑极合法，并看到其馆藏元本《韵府群玉》等书。③六月初二在上野接到国内报纸消息底其"嗜古多藏"，其云可发一笑。初三，他与朋友到琳琅阁购《杨升庵集》。初七与平子尚交流书籍学问，又提及西京智恩院的古写经。初八一早至浅仓书店购书。又去博物馆参观藏书部，见宋本《广韵》，即泽存堂据刻之原本。初十，与河井君同去村口书店，见到高丽本《东国通鉴》太贵没买。又去三井听泉家看《文馆词林》，观其藏古写经。④十七日，赴宫内省图书寮看书，看到古卷子四种，宋本十一种，宋拓碑三种。⑤傍晚，与岛田翰交谈，言及日本田中伯、山田永年等著名藏书家和岩崎文库、南葵文库、金泽文库、足利文库等著名藏书机构。廿一日，拜访汉学家、藏书家狩野直喜。相较于壬寅日游，宣统年间罗振玉的日本之行，更注重与日本学界的交流，并加强了与狩野直喜、内藤湖南的联系，这是中日

---

① 罗振玉：《扶桑两月记》，长沙：岳麓书社 2016 年版，第 113 页。
② 罗振玉：《扶桑再游记》，第 129 页。
③ 罗振玉：《扶桑再游记》，第 130 页。
④ 罗振玉：《扶桑再游记》，第 137、138 页。
⑤ 罗振玉：《扶桑再游记》，第 140 页。

之间文化正常状态下的平等交流，让我们看到了在民族情感之外的学术之真。

除了傅云龙、罗振玉较早的日本访书，癸卯（1903）间缪荃孙考察日本并访书也很有专业精神。缪荃孙本身就是国内有数的大学问家、藏书家，他出身翰林，对典籍收藏整理向有嗜好。从其毕生履历来看，一直投身于学务，对文献之事汲汲不息。作为从传统读书人向近代知识人转变的典范，他对晚清"地大则易生隔阂，人众则难于防范。积弊所丛，遂形贫弱"的局面自是深知于心，故其"补救之法，亦惟作人于学"。那么，他受命于张之洞，赴日考察学务，也是为了"考其规制之所存，尤当观其精神之所寄"。因为"精神有不贯，规制亦徒存耳"。[①] 虽则考察学务前已有罗振玉、李宗棠、陶森甲、吴汝纶等，此番再度前往就规制而言仍无异于他人，其亦博采众说，以期尽善。缪荃孙在听嘉纳关于高等师范的讲课时记录了一个重要论点："历史即富强之根也！"为什么这样说呢？因为中国"历千万祀而不易"，所以就为"将来涉世于民生国计，皆有准则"。这是日本人对中国历史文化深厚积淀的认识，可以预期的是中国虽暂时不振，终因此而复兴。那么如何理解这种历史的厚重性呢？教育固然能够运用这些资源，但如何运用就是一个难题了。不然何以理解缪荃孙等人在考察日本先进的学校制度时往往愿意首先强调实学而禁绝自由平权之邪说。读书习气做事，一百年难成，恐怕就是这么来的。缪荃孙在考察过程中注意到了做刻字的"剞劂铺"，也参观了帝国图书馆，看其藏书八万余，宋元本十余种，中国书百余种，余皆日、英、法、德文书籍。接着又入博物馆，内有宋本《玉篇》《广韵》《太平圣惠方》。[②] 这一参观的场景是多么熟悉，历来访书者也都看到了这些原本应存于中国的珍贵典籍，恐怕都已经麻木了吧。在早稻田大学参观后，日本学

---

① 缪荃孙：自序，载"走向世界丛书"《缪荃孙日游汇编》，长沙：岳麓书社2016年版，第5页。

② 缪荃孙：《日本考察学务记》，载"走向世界丛书"《缪荃孙日游汇编》，第26、27页。

者、教育家、藏书家如竹添君、嘉纳君、白河松江，宴请缪荃孙、陈乃乾等中国来访者，席间出示了宋元本数十种。在看到这些珍本而发"日本藏书家美富如此，想亦不多见"①的感慨时，是否想到日本方面在中国客人面前故作大度姿态而炫耀自得的那种心理呢？

缪荃孙在考察之余也不忘初心，与陈乃乾一起两次去东京专售旧书的书店下谷区仲之池町琳琅阁，得旧钞本《续资治通鉴》、明弘治本《黄山谷全集》、洪武本《理学类传》、活字本《五百家注昌黎集》。高丽本《草堂诗笺》字迹极雅，未买。陈乃乾得缺十卷的宋本后村《千家诗》。缪荃孙先后涉足东京浅仓文渊堂、本乡区文求堂，西京文求堂、竹包楼，所购之书如下表。

区域	书店	所购书籍	备注
东京浅草区	浅仓文渊堂	明万历本《翰墨大全》26 册、旧抄医书 10 余种	两次往返； 旧抄医书，抄校皆精
东京本乡区	文求堂	元至大本《中州集》①、旧抄本《杨诚斋集》130卷、活字本《左传杜注》、明刻本《古今游名山记》、梅鼎祚《乐苑》	三次访书 杨守敬《日本访书记》亦著录《中州集》：日本五山板，永正年间刊。首元好问自序，次张德辉序。目录题"乙卯新刊《中州集》总目"，卷首题"《中州甲集》第一"。每卷有总目，总目后低二字分目，有黑盖子。每半叶十五行，行二十八字。故缪氏云：合与杨惺吾同年访书记合诗文俱完，并非仅刻诗集也
西京寺町通		《日本古金石》5 册、《砖瓦拓本》1 册	两处文求堂为一家
西京	竹包楼	《尚书》宋刊本	首尾完善，装潢精致，古香扑人

---

① 缪荃孙：《日本考察学务记》，载"走向世界丛书"《缪荃孙日游汇编》，长沙：岳麓书社2016 年版，第 47 页。

著名藏书家竹添渐卿所藏古籍善本 21 种亦得以寓目，其中宋刻本《毛诗正义》和《草书礼部韵宝》两种为中国所无。虽然内藤湖南、古城贞吉等学者亦邀请其观书于家，惜因病未能去。①

缪荃孙还就此次访书之行进行也总结，透露了一些情况值得我们思考。一是追述从光绪辛巳年（1881）以来中国学者访书日本的成绩。驻日公使黎庶昌刻《古逸丛书》，徐承祖刊《经籍访古志》②，杨守敬访书最多刻有《日本访书志》《留真谱》，这些书籍让"海内惊传，望之为琅琊、宛委"。二是缪荃孙自陈日本访书虽不多但已有"中土所未见、惺吾所未见者"，虽然中国赴日的访书热潮导致日本书市善本渐稀如星风，但他还是主张趁着寰海相通，可以彼此补苴，既然过去有"连舻而东"，现在何不"捆载而西"。三是对访书进行珍善排序，古抄卷子为上，依次为宋元旧刻，翻刻本而未加日文者，活字本、影写本。③

晚清赴日访书者还有盛宣怀、李盛铎、黄绍箕等官员学者，这些学者的日本之行，我们把他们称之为中国学者访书的第一个时期，也是处于相对平和正常的时期，能够让我们看到更多超越国家、社会、民族、政治层面的学术精神、文化精神。这是因为两个国家及其先进知识分子为了自己国家的进步而不懈地从对方找到发展的思想文化资源。

---

① 缪荃孙：《日本访书记》，载"走向世界丛书"《缪荃孙日游汇编》，长沙：岳麓书社 2016年版，第 53—55 页。

② 《经籍访古志》乃是由江户时期日本著名学者森立之、涩江全善等共同撰写的一部关于汉籍善本的目录学著作，是研究日藏汉籍善本不可或缺的参考书目，为中日两国学者所青睐。全书共载日本藏汉籍 768 部，所涉版本上自李唐人抄本下至清代刊本，可见江户时期日本藏汉籍善本书之盛况。此书的撰写最先由狩谷掖斋发起，经过多纪元坚等人的努力，最后由森立之完成最终的整理工作。因森立之家贫，无法雕版刊刻。清驻日公使随员杨守敬闻知后提出要刊印此书，但不久杨守敬归国，徐承祖、梁文栋、徐承礼等代替杨守敬与森立之沟通付梓事宜，直到光绪十一年（1886）在徐承祖主持下姚文栋经办，中国驻日使馆署聚珍版排印刊行，徐承祖为之序。参见付中学、李俊德《〈经籍访古志〉初探》，《世界中西医结合杂志》2010 年第 7 期，第 556—560 页。亦见森立之、涩江全善：《经籍访古志》，上海：上海古籍出版社 2014 年版，杜泽逊等整理说明第 1—23 页。

③ 缪荃孙：《日本访书记》，载"走向世界丛书"《缪荃孙日游汇编》，第 56 页。

三、民国时期的域外访书

辛亥革命后，很多与皇室关系密切或观念保守的官员学者纷纷背井离乡，日本是首要之地，他们毕竟是读书人，与日本学者的交流和访书成为重要的日常工作，从历史进步的角度，访书进入第二个发展时期。

王国维 1911 年 11 月随罗振玉东渡，寄居京都。1912 年 2 月 11 日在与缪荃孙信中谈及在日本的访书：京都"书籍之价尚贱于当日之北京，顷见元本《广韵》二部（一元统本，一至正本），共索价五十元，宋末刻《诗人玉屑》（稍有缺页）索价百五十元，其价可以此类推"①。王国维避居京都，学术兴趣从文学转向经史考据，源于此时宁守故国的遗民心绪。在日本期间，他与岛田翰等学者来往频繁，岛田氏所购之宋元戏曲书籍得以寓目。由于王国维谋生拮据，常常处于撙节状态，不太可能大量购书，所为者读书治学而已。与他关系密切的狩野直喜、内藤湖南等日本学者在甲骨、敦煌等方面皆有先见之明，加之日本学者访书中国者收获甚大，故王国维研究向来不缺资料，这也是其学术成就高深的原因。从此可见近代中日访书与学术新变关系之深。直至 1916 年 2 月归国，狩野直喜到车站话别，王国维与日本学界的关系因书籍而愈深。

王国维在与国内学者缪荃孙通信时曾提到："授公未到，闻其书籍有售于岩崎之说，其迟迟不来，疑亦为此。"② 授公是王氏对董康（1867—1947）的尊称，董康字授经，号涌芬室主人，近代中国法律体系的重要参建者，是修律大臣沈家本的得力助手。董康是法律专家，也是藏书大行家。当代藏书

① 王国维：《王国维全集》第 15 卷 "书信日记"，杭州：浙江教育出版社 2009 年版，第 39 页。
② 王国维：《王国维全集》第 15 卷 "书信日记"，第 39 页。

史学者苏精先生说董康在政界、教育界以外的书堆生涯，可以分成清末光宣时期的收书藏书与民国以后的刻书印书[1]。在其收书藏书刻书印书活动中有两点值得我们注意，一是他生平八次赴日访书，二是他的诵芬室藏书一反当时藏书旧家重视经史的传统而对民间戏曲小说特别重视，与王国维等一起开收藏研究戏曲小说之先河。

现在我们就从董康赴日访书了解一下他的思想。董康第一次到日本是光绪二十八年（1902）赴日聘请修订法律顾问和法律学堂教习，考虑到董康自"弱冠通籍，观政云司，治牍余闲，流连厂肆阅二十年，未尝或间"的习惯[2]，这次在日本也是少不了逛古旧书店。第二次是1906年夏天董康以刑部候补员外郎的身份，赴日考察裁判监狱制度，住在东京小石川，与汉籍版本专家岛田翰结识，两人并于秋日同赴京都、奈良访书。就在第二年，他最先知道皕宋楼藏书流落日本静嘉堂，帮助岛田翰在北京出版了《皕宋楼藏书源流考》，并为之题识。这一点前文已经有所交待。第三次是1911年辛亥革命后，携藏书避居京都，同时进修外国法律，1913年回国，所谓"辛亥之役，避地东游""癸丑舶书归航"，说的就是此次访书[3]。至民国建立回国任职。在京都期间与罗振玉、王国维，与京都大学的中国通狩野直喜、内藤湖南、小川琢治等学者往来较多。迫于生计，他将部分藏书出售给日本收藏家大仓集古馆。同时也将访书所见刊刻谋生，内藤湖南在1913年为其影印日本所见宋版《刘梦得集》作序时说："清国董授经京卿雅善鉴藏，又喜刻书，倾避地东渡，侨居平安，既尽阅崇兰馆之藏，深爱此书，借览不足，竟谋影刻，乃用玻璃版法精印百部，以贻于世。虽纸幅稍蹙原本，而精采焕然，不爽毫发。自兹东瀛秘笈，复广流传；中山精华，顿还旧观。是则授经之有功

---

① 苏精：《近代藏书三十家》，北京：中华书局2009年版，第65、66页。
② 董康：《书舶庸谈》，沈阳：辽宁教育出版社1998年版，自序。
③ 董康：《新旧刑律比较概论》，载孙祖基编董康《中国法制史》第40页，转引自华友根《中国近代立法大家董康的法制活动与思想》，上海：上海书店出版社2011年版，第717页。

此集，不在次道下矣。"①再往后就是 1923 年董康赴欧美考察政务，1924 年 4
月归途经京都时，并待了半月。从 1926 年以后的十年间，董康又四次赴日。
这四次在日本的访书经历皆载于其所著《书舶庸谭》。在 1934 年 1 月 12 日
的日记中，董康写道："一时许，偕伯醇、鼎甫、小林雇自动车至瓶原村访
湖南。是处有木津河，可航小艇。四山环抱如瓮，亦称瓮原村。湖南于山半
小筑数椽，题为恭仁山庄，因属恭仁京之旧址也。湖南适卧病，延余等在榻
边清话，知余之来，预储古书以待。内藤原朝写本古文《孝经》《周易》单
疏，新以五百元得之田中者。并出莫子偲旧藏唐写本《说文》木部，俾余题
跋。余以不善书坚辞不获，勉题四行于后。湖南指余为文化侵略大将，余安
能具此资力？然自问不无宣传之功。"②据钱婉约考证，这是董康多次到京都
之行的首次到内藤湖南的私宅瓶原村恭仁山庄。对于"内藤湖南戏指董康历
年在日本寻访善本秘籍，将之取回中国，乃'文化侵略'，而内藤其实正是
大力帮助他日本访书的书友之一；而董康本人则认为自己'文化侵略'的资
力尚不足够，只是通过刊刻重印在日本觅得的善本秘籍，为遗落在日本的中
华遗珍尽了宣传之力"③。这天的日记最能说明他与内藤湖南的学术交往，也
显出其对中日文化交流的看法。

　　《书舶庸谭》是一部访书的日记，并不包括董康 1926 年以前的访书记录。
所以我们要理解董康整体的藏书访书的特点，就要结合民国前后历次访书成
绩。在杨守敬之后众多藏书家在日本访书的注意力主要集中在经史领域，注
意宋元旧刻，对通俗文学关注不够。董康对通俗文学给予了特别的重视，固
然契合了当时崇尚通俗文学的学术风尚，体现了学界研究重心下移的视角转
变。这一特点实为郑振铎等收藏研究通俗文学之先声。限于资料，晚清民初

---

①内藤湖南：《湖南文存》卷三，转引钱婉约《董康与内藤湖南的书缘情谊》，《中华读书
报》2012 年 4 月 18 日（19 版）。
　　②董康：《董康东游日记》，石家庄：河北教育出版社 2000 年版，第 269 页。
　　③钱婉约：《董康与内藤湖南的书缘情谊》，《中华读书报》2012 年 4 月 18 日（19 版）。

时期的两次访书实绩不太清楚，笔者谨就其访书取得成绩最大的后六次为主来说明其特点。

《书舶庸谭》版本很多，每次出版都会有同时代的名人为之序，四卷本有1928年自刻本，董康自序；1930年大东书局本，胡适和赵尊岳为序。九卷本有1939年诵芬楼重校订本，傅增湘为序，郭则云跋，董康自跋；1940年重印。这些学者从不同角度对董康的访书进行了评述。胡适在序言中说他在京都见的各位中国学家，人人都极口赞叹董康的功力之勤苦。阅读四卷日记后，再想象这位六十岁的学者伏案校书的神情，真使他这个少年人惭愧。胡适认为董康"是近几十年来搜罗民间文学最有功的人，他在这四卷书里记录了许多流传日本的旧本小说，使将来研究中国文学史的人因此知道史料的所在"①。胡适对董康注重日本藏书的历史非常赞赏，认为他记载了日本学者非常提倡文艺的历史与精神，如南葵、东洋、静嘉堂等藏书文库就是继承了爱好文艺的遗风。赵尊岳先后两次为之序，1930年的序对董康的访书精神有三点总结，一是"敦古之情、好雅之至足备传订者"，二是"耆好之专，甄校之细，足垂矩范者"，第三是"廉顽立懦之思，教忠尚贞之训，足资激发者"。②赵氏于董康"允谊镇库付诸写官，宁止藏山缄之宝枕"的刻书之志亦甚激赏。1939年，著名藏书家傅增湘在其九卷子本序言中说："日本藏书阄富，古刊秘录往往为中土所无。自杨邻苏访书以后，吾国人士引领东望，咸动失礼求野之思。顾近岁以来，持节之使、负笈之生涉而东者项领相属，不闻有留情典籍，综辑成编归饷国人者。"③这是交待中国近代访书的基本前导。受董康的影响，1931年傅增湘接连赴东西两京，"官库、私藏、国庠、佛宇探寻略徧。目涉所得，手志于编，偶附跋题，勒

---

① 胡适：《〈书舶庸谭〉序》，见董康《书舶庸谈》，沈阳：辽宁教育出版社1998年版。
② 赵尊岳：序，见董康《书舶庸谈》。
③ 傅增湘：序，见《董康东游日记》，石家庄：河北教育出版社1999年版，第402、403页。

成四卷。聊存私箧，只备参稽，何图传示友朋，误为刊播？"①因此，傅氏不但表彰了董康累年航行欧洲者万里，举凡"唐僧之古钞，石室之环宝，多人间所未见，吾国所佚亡，或影写而载归"以及"昔年之枕秘，良友之库藏，上自天禄之所遗，远至航头之所获，与夫馆库官本冢窟残文，坊肆通俗之短书，师儒晚出之遗著，统耳目之所及，综钜细以咸甄。万品千名各区分其义类，异书古录间附注以解题"的成就，还指出其"摹刊以贻艺苑"的典范效应。②傅增湘本身足称大家，借题发挥自是应有之意。俟以后章节专题探讨。

胡适提到了董康的重视通俗文学是一个重要的访书成就。董康的一个重要的收藏兴趣就是对戏曲古籍的收藏、研究和刻印出版。如1927年1月4日，他在日记中说："校《盛明杂剧二集·有情痴》二种毕……《盛明杂剧》为明沈林宗辑，曩曾假王静安藏本影刻于宣南，嗣在厂肆文友堂获此集廿余种，赓续付梓。……杂剧尚有三编，为明邹式金所选，凡卅四种。余尝以四十元获其首册，有灌隐人（吴梅村别号）序，及邹氏《自序》，撰人于日记录其序目，备有周郎癖者搜访也。"③1月7日记云："狩野博士送《传奇汇考》一函，与刊本《曲海提要》多廿一篇。……曩谓《乐府考略》本为一书，何以有此二名？今观《汇考》第一册之《四奇观》后，有道光时跋语。"④1月24日记云："明时小说家撰述最富者，无过李卓吾、冯梦龙二人，余素喜收购。今见《内阁书目》录二家之书颇备，姑志于后，亦徵存文献之别开生面。"⑤可见其对前代通俗文学之重视。第二天又云："狩野博士送《传奇汇考》第二函来，与《曲海》目互勘，多廿二则，拟是日起每日手录数叶，以期速

---

① 傅增湘：序，见《董康东游日记》，第403页。
② 傅增湘：序，见《董康东游日记》，第404、405页。
③ 董康：《书舶庸谈》，沈阳：辽宁教育出版社1998年版，第5页。
④ 董康：《书舶庸谈》，第9页。
⑤ 董康：《书舶庸谈》，第21页。

成。"①其集结性成果之一就是《曲海总目提要》46卷（上海大东书局1930年排印），吴梅在序中说："武进董廷尉（康）得《乐府考略》四函，又从盛氏愚斋假《考略》三十二册，为一书而失群者，互相比窍，得曲目都六百九十种。复取《扬州画舫录》所载黄文暘《曲海总目》互勘之，则《考略》之六百九十种，较《曲海目》之一千一十三种，所佚止三分之一。于是就《考略》所存者排比纂录，厘为四十六卷，锲印行世，较坊刻《传奇汇考》有条理矣。……仍名曰《曲海》者，盖不没文阳搜集之盛心也。"②董康在日本访求的古戏曲文献，大多在国内已佚，且不为学人所知，如《绿窗新语》《全相平话》《清平山堂》《鼓掌绝尘》等，他每见辄抄篇目录序跋，以期为国内学者所用。董康家学渊源雅尚词章，于是广搜词品而成《课花盦词》一卷、《广川词录》二十五卷，1940年由诵芬室刻印行世。当时著名词学史研究者赵尊岳为这两种辑录作序言。在《课花庵词序》中，赵尊岳言诵芬室主人董康课于京师宣武门外僧舍，因花木怡人，故名课花盦。他说，董康"以直鳗闻于海内外，而鼎鼐退食，娱情翰墨，仅以聚图籍、事铅椠为乐，初不知裘马营缮，如世俗之所好也。结习微尚，尤耽词事。刊布《盛明杂剧》《众香词》《瑶华集》凡百余卷，又汇辑先德词为家刻词总集，其所著《课花盦词》殿最同行焉"③。他还称许董康家乡常州词人的词风乾嘉以来"融众长于一冶，宜百世以为师"，而董康"饮香嚼蕊，家法具陈；因之而乡人后起，犹得沐温柔敦厚之教化，重复有所涵濡煦噢于其间，以继往为开来之途辙。是主人之工词，不徒为一身爱好之资，抑且有系于吾乡词学盛衰先后之责也"④。赵尊岳喜欢董康的工作，就称赞其作词水平，可谓爱乌及乌了。同样，在董康家刻的《广川词录》中赵尊岳也表达了类似的评价，他认为董康"退食之

---

① 董康：《书舶庸谈》，沈阳：辽宁教育出版社1998年版，第22页。
② 吴梅：序，《曲海总目提要》卷首，上海：大东书局1930年版，第3页。
③ 冯乾编校：《清词序跋汇编》（第四册），南京：凤凰出版社2013年版，第1732页。
④ 冯乾编校：《清词序跋汇编》（第四册），第1732页。

暇，雅好词翰，富藏书，官廊庙而一事儒素，平生微尚，多托于铅椠之间，更辄以承先启后为职志"，以"一家之言，合之缥帙"，有如"泗水之教，不废弦歌，流泽所被，逮于下里"①。由此，赵尊岳"受而读之，以佩以仰，乃尤窃愧于有宋以来吾宗以词传者无虑数百十，乃以世事牵率，独不及细为搜讨，萃兹古欢，函诸寸笈。蔑王孙于故国，负世守之青毡。是则兹刻之傅，庶足以起衰立懦，用为异日天水征词之嚆引，益以见董氏风声所树之为广且逮也"②。如此之高评既有虚张之嫌，也从另外角度突显了董康刊刻失传典籍的重大贡献。

可以说董康之后，更有来人。由于对戏曲小说的收藏开一时之风气，才有孙楷第、傅芸子再度前往东京寻访戏曲及通俗小说，《日本东京所见中国小说书目提要》（1932）、《东京观书记》（1943）等问世。而王古鲁、郑振铎等的继之以访书和研究，戏曲研究在20世纪二十到三十年代蔚为显学，详见后文专章。

前文已经提及敦煌文献的东流和西布，那是属于书厄史的范畴。到了20世纪以后，随着敦煌文献的遍布全球，敦煌学已经蔚为国际显学。前有损失，后边就会有追寻。相对于敦煌文献的"先知"者如伯希和、斯坦因们，国内学者一经发现敦煌文献的巨大学术价值就有了巨大的追寻热情。如1910年10月30日，张元济伦敦约谈了斯坦因，想参观大英博物馆所藏斯坦因所获敦煌秘籍，并影印其中的四部书，最终未能实现③。而1926年胡适到英国博物馆查阅敦煌禅宗文献时，却受到从1914年起就担任英国博物馆汉籍保管员翟林奈（Lionel Giles）的友好接待，只能说1914年胡适还是留学生时所批评的一篇敦煌学文章《〈敦煌录〉译注》得到了作者翟林奈的

---

① 冯乾编校：《清词序跋汇编》(第四册)，南京：凤凰出版社2013年版，第2154、2155页。
② 冯乾编校：《清词序跋汇编》（第四册），第2155页。
③ 张树年主编：《张元济年谱》，北京：商务印书馆1991年版，第90页。

理解和接受，也就是这样的学术因缘，翟氏特别关照胡适。但是大多访书的学者似乎没有这样顺利了，20 世纪 30 年代中国学者向达在访书英伦时就受到了翟氏为难。1936 年 2 月，向达在致友人舒新城、武佛航的信中，就细说了他的遭遇："弟来英目的在看 British Museum（大英博物馆）之敦煌卷子，管理人为 Dr.Lionel Giles，前后见到两次，俱甚冷淡，且对人表示拒绝。弟助其工作，有一次曾以可否允人对于敦煌卷子作一通盘研究相询，彼亦表示拒绝。此种情形大有陷弟于进退两难之势。然既已至此，不能不极力想法，庶不致如入宝山，空手而反。现在拟托其他英国人代为转圜，将来研究一层或可有万一之望也。"[1] 向达是受袁同礼委派，作为中国国家图书馆的交换馆员到英国访求敦煌卷子，最终只看了五百卷左右。依据这些资料，1937 年，他写成《记伦敦所藏的敦煌俗文学》发表于《新中华杂志》，1939 年写作《伦敦所藏敦煌卷子经眼目录》发表于《北平图书馆图书季刊》。原本作通盘研究的宏愿就此暂时作古。回国后，任教于北大，40 年代两次参加西北史地考察团，遂成敦煌学大家[2]。袁同礼、向达等欧美查访敦煌文献的无奈也足以说明了在当时的社会条件下，欲保珍贵古籍不再流失或可能为，但要想流失之宝回归中土非常艰难。

相较于向达，同时由北图派到巴黎的王重民工作却很顺利。1934—1939 年王重民访书巴黎期间，在伯希和等法国学者的帮助下，得以通览全部巴黎国立图书馆所藏敦煌文献，编纂了敦煌写本目录。更为重要的是，伯希和还将自己私藏的敦煌石窟笔记让王重民看，而且允许他全部拍

---

① 中华书局编：《中华书局收藏现代名人书信手迹》，北京：中华书局 1992 年版，第 109 页。

② 荣新江：《惊沙撼大漠——向达的敦煌考察及其学术意义》，季羡林、饶宗颐主编：《敦煌吐鲁番研究》第 7 卷，北京：中华书局 2004 年版，第 99—127 页。

摄，带回中国①。回国以后，先后出版了《巴黎敦煌残卷叙录》两卷（1936、1941 年）、《敦煌曲子词集》（1950）、《敦煌古籍叙录》（1958），并与向达等合编《敦煌变文集》（1957），与刘铭恕等合编《敦煌遗书总目索引》（1962），可谓成就卓著。

四、中外书籍互访的反思

写到这里我们有必要对百多年的近代访书历程进行一个简单的总结和反思。

就当代的访书和访书史研究而言，严绍璗《汉籍在日本流布的研究》（江苏古籍出版社 1992 年版）、《日本藏宋人文集善本钩沉》（杭州大学出版社 1996 年版）和《日藏汉籍善本书录》（中华书局 2007 年版），钱婉约等辑译的《日本学人中国访书记》（中华书局 2006 年版），黄仕忠、金文京、乔秀岩等编纂的《日本所藏稀见中国戏曲文献丛刊》（广西师范大学出版社 2006 年版），可以构成访书史第三期的主要代表性成果。王会豪博士的《近代中国学人日本访书研究》（华东师范大学博士论文 2016 年）也是近年来出现的标志性研究成果。

严绍璗先生长期以来致力构建"日本汉学"与"日本中国学"的学科，除了以《日本的中国学家》为代表的"基础性资料编纂"工作外，他对日本中国学者的大量的学术论著的翻译工作即"基本文本建设"和《日本中国学史》为代表的学术史研究在学界也产生了重大反响。尤其是其《日藏汉籍善

---

① 徐自强、王新：《北京图书馆藏伯希和敦煌石窟笔记照片整理记》，中国敦煌吐鲁番学会编：《敦煌吐鲁番学研究论文集》，上海：汉语大词典出版社 1990 年版，第 430—455 页。另，1957 年，在《敦煌古籍叙录》序言中也回忆起此事："我在巴黎和伦敦为北京图书馆选择并且摄制敦煌古籍影片的时候，曾顺手写过一些题记，略记卷轴的起讫和内容。"见王重民《敦煌古籍叙录》，北京：中华书局 2010 年版，第 4 页。

本书录》可以称得上是近代以来日本访书史的集大成性成果，任继愈、袁行霈、尾崎康、严绍璗分别作序，著名古籍文献学家崔文印作为责任编辑审核校订书稿。该书按照经史子集传统四部分类，有凡例一，书影图谱一，附录五，书名索引一，作者还作了后记。严著内容分为正题、按语、附录，主要著录了明代及以前的写本与刊本。书后有五个附录，分别记录日本汉籍主要收藏机构、汉籍东传轨迹和形式、日本在华掠夺的文化资料、编著参考书目以及作者采访随笔若干。这部书籍不仅反映了中西书籍交流史，更是"讲述了日本对汉籍的接受史"，堪称"对于日本与中国的文化史研究都具有基本价值的著作"①。严绍璗教授历二十年而成的三巨册，所收古籍约占日本藏汉籍善本总数的百分之八十以上②，已经是国内同类著作中收录最全的了。这部著作较为全面地反映了中国学者近代以来访书的成果，是一部综合性的藏书史大作。

前文已经提及董康喜藏书戏曲等通俗文学典籍，至董康以后王古鲁、孙楷第、傅芸子等藏书家继之以行，到了2006年，《日本所藏稀见中国戏曲文献丛刊》第一辑出版，这是一部中日学者合作的成果，中山大学的黄仕忠教授、日本学者京都大学教授金文京、原东京大学现任北京大学教授乔秀岩等玉成其事。据该集前言交待，二十世纪八十年代，庆应大学斯道文库的阿部隆一教授尝有编集日本所藏汉籍总目之动议，戏曲、小说两类总目之编纂，亦列入计划之中。后小说之部由大冢秀高氏完成，题《增补中国通俗小说书目》（东京汲古书院，1987），而戏曲之属则未及措手。③丛刊的出版不仅使日本收藏汉藉调查有了一个阶段性成果，而且能够让学界了解二十世纪前期

---

① [日]尾崎康：序，参见严绍璗《日藏汉籍善本书录》，北京：中华书局2007年版，第7页。

② 严绍璗：序，参见严绍璗《日藏汉籍善本书录》，第13页。

③ 黄仕忠：前言，见黄仕忠、金文京、乔秀岩编纂《日本所藏稀见中国戏曲文献丛刊》，桂林：广西师范大学出版社2006年版，第1页。

日本中国学界戏曲文献收集与研究概况，可谓善莫大焉。

钱婉约作为严绍璗教授的博士，其成果可以作为严绍璗教授的补充，是日本学者访书于中国研究的代表作。而王会豪博士的《近代中国学人日本访书研究》则从传统的访书史思路研究了日本汉籍的采访和回流，他认为，从近代早期大批量的实体书回流到以目录学著述的方式反映日藏汉籍状况，再到后来以拍摄的方式实现回流，约在60年的时间里，涉及并回流的汉籍文本总量达二十余万卷，扩充和丰富了中国本土传世文献数量和内容。王会豪重点对杨守敬、董康、孙楷第、王古鲁等藏书家事迹与成绩进行探讨，尤其孙楷第、王古鲁的研究有较大价值[①]。

中国近代藏书史上有许多外国人频频出现身影，如日本的学者岛田翰，欧洲的学者斯坦因、高罗佩等，他们的出现是近代藏书文化发生转变的重要推手。近代藏书文化之所以会发生与之前不同的变化，一则时异事移，二则有了这些造成、推动变化的变量，中外学者共同的参与，近代藏书文化才会呈现如此巨变之样貌。他们的收罗行为造成了国内藏书界的紧张感，他们的努力也造成了图书馆运动的风起云涌。没有他们的"因素"，中国的传统文化或许另有一番天地，或许不会如此之快地发生转型。他们在造成中国藏书损失的同时，却又有益于藏书文化的良性发展。没有他们，书可能还是保不住。他们的存在和行为是国内知识界反思、努力的动力，这也是加快藏书文化转变的有益方面。

以前都认为外来因素是一个重要话题，这也对应了费正清的"冲击—回应"历史观。我们应该实事求是地分析外来因素的损益特质，这一双重性未必就是民族的悲剧。或许，本来世界文化的发展就是在各种文化、势力的激荡之下艰难、复杂、曲折前行的，我们没有必要用一种"民粹式"的观点去

---

① 王会豪：摘要，参见《近代中国学人日本访书研究》，华东师范大学博士论文2016年。导师为邬国义教授，由于论文处于保密状态，未能看到全文，只能看到其摘要，特此说明。

审视它，也不用痛心疾首，要用一种痛定思痛的理性去看待。要用新的、开放式的视角去审视中国近代藏书文化的各种话题、因素，用一种合理的叙述框架描绘它，既要给人以知识，又要给人以冲击。

如果没有外来因素的冲击，我们的藏书文化是什么模样？其内在的发展理路已经预示了一种辉煌的可能。从曹溶的流通理论的正常发展来看，如果顺其自然地前行，我们的古典藏书文化未必没有未来！当然，历史不会出现假设的情况，但用假设来反思历史，更能突显一种必然性，即改变的必然性。

第五章

风气正浓：清末藏书家的捐书建馆与图书馆浪潮

藏书史的写作就是要走进历史的现场，通过复苏叙事场景，展现出藏书家、读书人的新旧心态之不同。古来藏书旧家多人失势而书星散，如何避免这种循环往复的恶性局面，很多藏书家在思考，更有许多藏书家在行动。近代的社会发展让藏书家们思想和行动都有了可以实现的环境。

一、古越藏书楼的开风气之先

有学者指出，"藏书楼不可以作为中国古代各种藏书处所的通称"，因为"藏书楼是一个完全近代化的名称"，"藏书楼和图书馆都是西学东渐的产物"。[①] 相对于国立或省立公共图书馆创建之初馆藏资源依靠调拨的单一性不同，在地方上私立藏书楼创办之时则显得从容得多。如 1904 年开办的古越藏书楼在其章程中就规定："本楼创设之宗旨有二：一曰存古，一曰开新。"并在释义中说："学问必求贯通，何以谓之贯通，博求之古今中外是也。往者士夫之弊，在详古略今；现在士夫之弊，渐趋于尚今蔑古。其实不谈古籍，无从考政治学术之沿革，不得今籍，无以启借鉴变通之途径。故本楼特阐明

---

① 程焕文：《晚清图书馆学术思想史》，北京：北京图书馆出版社 2004 年版，第 2—5 页。

此旨，务归平等，而杜偏驳之弊。"[1] 作为藏书楼的创办者，徐树兰对中外古今问题的处理就体现出了较高的平衡能力[2]。他规定书楼所藏书籍分学部、政部二大部四十八类，一改先时经、史、子、集、时务之五分，超出传统四部法之窠臼。具体而言：

> 学部二十四类：易学，书学，诗学，礼学，春秋，四书学，孝经，尔雅，群经总义，性理学，生理学，物理学，天文算学，黄老哲学，释迦哲学，墨翟哲学，中外各派哲学，名学，法学，纵横学，考证学，小学，文学（上下）；
>
> 政部二十四类：正史兼补表补志考证，编年史，纪事本末，古史，别史，杂史，载记，传记，诏令奏议，谱录，金石，掌故，典礼，乐律，舆地，外史，外交，教育，写政，法律，农业，工业，美术，稗史。

现代目录学家姚名达曾评论说："最早改革分类法以容纳新兴学科的，就是古越藏书楼的《书目》。"[3]《古越藏书楼书目》创新古法的同时，在吸收新书的时候虽难免有其武断性，但其尝试将中西书籍融为一体，已经是我国

---

[1] 李希泌、张椒华：《中国古代藏书与近代图书馆史料：春秋至五四前后》，北京：中华书局 1982 年版，第 113 页。

[2] 古越藏书楼的创建年代，学界有 1902 年与 1903 年说，吴晞认为，古越藏书楼"集议子庚子，告成于癸卯"，亦即创办于 1900 年，建成于 1903 年。以西方先进国家的图书馆为尺度，建立在对近代图书馆的正确认识和深刻理解之上的办馆思想，正是徐树兰之所以能超越周永年、国英等前辈和同辈而跻身于近代图书馆学家行列的过人之处。见吴晞《从藏书楼到图书馆》，北京：书目文献出版社 1996 年版，第 74 页。来新夏亦持此意见，认为当事人张謇在所撰《古越藏书楼记》中早有明确说法道"其事集议于庚子，告成于癸卯"，也就是说，古越藏书楼创始于光绪二十六年（1900），光绪二十八年（1902）四月，即徐树兰卒前一个月，建楼的一切章程规制及工程，已基本完成。光绪二十九年（1903），藏书楼全部告成。光绪三十年（1904）正式向全绍兴公众开放阅览光绪三十年（1904 年），徐树兰作《为捐建绍郡古樾藏书楼恳请奏咨立案文》。见来新夏《来新夏谈书》，天津：南开大学出版社 2010 年版，第 58 页。

[3] 姚名达：《目录学》，见王云五主编《万有文库》第一集一千种，上海：商务印书馆 1933 年版，第 138 页。

学术史、思想史和图书分类史上的一个突破。所以，"我们今天不必拘泥于这个分类体系是否科学，类目是否得当，而是要看到它基本反映了近代的科学体系和当时人们对近代科学文化的认识水平，开拓了分类法的新途径，在揭示最新内容文献的方法上做出了划时代的贡献"①。

他很重视古代图书问学传道之传统："明道之书，经为之首，凡伦理、政治、教育谐说悉该焉。包涵甚广，故不得已而括之曰学类。诸子，六经之支流，文章则所以载道，而骈文词曲亦关文明，现世运，故亦不得蔑弃。"②由于中国当时西学实业各书类著作甚少，他把这些书籍附入政类。而且将已译未译之西学书籍一律收藏，以供现在和将来研究之用。至于教科书、地图、实业图、各种学报、日报亦为兼收，以资考求。同时，西方科学器械样本、动植矿样本也予以购藏以为读书之用。晚清改良主义思潮和由此酿成的维新变法运动，也波及绍兴。作为退休的兵部郎中，徐树兰也拥护和支持改良派的改革主张，就是他们之中的一个代表人物。徐树兰字仲凡，号检盦，光绪二年中举，授兵部郎中和知府等官，因母病致仕还乡。他热心于地方公益事业，曾捐资修筑捍海塘，发起和组织"赈济""平粜"等抗灾救荒的慈善工作，称得上是一位开明士绅。徐树兰较早地接受了资产阶级改良派的变法主张，成为"绍兴头一个提倡维新的人"③。光绪二十五年（1899），担任绍兴府学堂总理兼总校的蔡元培，取意于清阮元《灵隐书藏记》和学堂已有的刻书之所"养新精舍"，与徐树兰创办养新书藏。养新书藏对管理人员和读者均有约法，称之为"略例"，由蔡元培亲手制定，共有 15 条。养新书藏的藏书，来源于府学堂教职员和社会人士的赠书，或由他们捐资购置。养新书

① 吴晞：《从藏书楼到图书馆》，北京：书目文献出版社 1996 年版，第 77 页。

② 李希泌、张椒华：《中国古代藏书与近代图书馆史料：春秋至五四前后》，北京：中华书局 1982 年版，第 114 页。

③《绍兴白话报》1907 年 5 月 15 日关于徐太夫人去世的报道，转引自龚天力主编《从古越藏书楼到绍兴图书馆》，杭州：浙江人民出版社 2002 年版，第 6 页。

藏作为近代学校图书馆，在国内具有开创性。它的创建过程及"略例"的制定，为徐树兰于1900年在绍兴首创公共图书馆——古越藏书楼，提供了可资借鉴的经验。[①] 徐树兰在藏书楼"粗具规模"的1902年就匆匆去世，1903年"告成"，1904年向公众开放。张謇《古越藏书楼记》有云："楼成，其乡之人大欢，其有司亦为请褒旨于朝。"[②]

徐树兰在《为捐建绍郡古越藏书楼恳请奏咨立案事》的呈文从几个方面交待了创办古越藏书楼的缘由：一是维国势之强弱在于人才之盛衰，人才之盛衰尽在学识之博陋。学子们"涉猎多则见理明，器识闳则处事审"，世界各国国势盛衰之故就是由识字人数多寡决定的。当时的朝廷孜孜求治，广设学校，这是育才正本清源的大计。虽然"近来各省府县次第设立学堂，急公好义之士，亦多捐资补助"，但"每学不过数十人，或数百人，额有限制，势难广被。而好学之士，半属寒酸，购书既苦于无赀，入学又格与定制，趋向虽殷，讲求无策，坐是孤陋寡闻，无所成就者，不知凡几"。尤其是在文宗、文汇、文澜三阁秘籍广储之地，人文甲于天下之江浙，还有很多工作可做。二是西方各国讲求教育，都是以藏书楼与学堂相辅而行的。特别是在"都会之地，学校既多，又必建藏书楼，恣人观览"。英、法、俄、德诸国的图书馆都不下数百处，如伦敦博物院图书馆藏书之富甲于环球。一切有用的图书报章，均分门收藏。前来阅书者通年至十余万人。日本明治维新以来，旧幕府的红叶山文库、昌平学文库初移为浅草文库，后集诸藩学校图书，都转到上野公园图书馆，听任公众观览。"其余官私书籍馆亦数十处，藏书皆数十万卷。一时文学蒸蒸日上，国势日强，良有以也。"三是近来东南各省集资建设藏书楼者接踵而起。在国家进行废科举、兴学堂的改革时，要讲求

---

① 龚天力主编：《从古越藏书楼到绍兴图书馆》，杭州：浙江人民出版社2002年版，第8页。

② 李希泌、张椒华：《中国古代藏书与近代图书馆史料：春秋至五四前后》，北京：中华书局1982年版，第111页。

实学，但每苦无书。所以徐树兰"不揣棉薄，谨捐银八千六百余两，于郡城西购地一亩六分，鸠工营造，名曰古越藏书楼，以为藏书之所。参酌东西各国规制，拟议章程，以家藏经史大部及一切有用之书，悉数捐入，分门排比，所有近来译本新书以及图书标本，雅驯报章，亦复购备，共用银二万三千五百六十余两"[①]。

从呈文中这些话来看，徐树兰创立古越藏书楼有几个目的：一是国家新政提倡广设学校，培育英才是正本清源的最好策略，同时也是为了继承光大江浙优良的人文传统。二是为实现与世界先进文化的接轨，藏书楼与学堂应相辅而行，尤其是要效法日本的明治维新，建设"听任众庶观览"的图书馆，以造就人才，救亡图存，"使国势日强"。三是适应科举渐废，实学日兴，而学子们无新书可读，扩展学子们的学习视野。徐树兰的主张不能不说是非常超前的，当时关于建设图书馆的新政动议还在清中央政府内部争议颇多，而徐氏就已经提出并且付诸实施了，可谓开风气之先。徐树兰提到了"图书馆"之名而建藏书之所仍弃用是怎么考虑的，我们无法可知，但古越藏书楼以公开阅览、公共使用为目的，为后来的图书馆建设提供了可以参考的依据。此后，各级各类具有近代化乃至现代化色彩的公共藏书楼和公共图书馆实体，在中国古老的大地上不断诞生，并在人们的社会生活中占有了非常重要的地位。[②] 其宗旨就是要为"半属寒酸，购书既苦于无资，入学又格于定例的"好学之士提供读书学习的机会，以达到兴贤育才的目的。从个人思想的前瞻性来看，他比 1906 年的罗振玉撰写《京师创设图书馆私议》要早两年，他的捐赠家藏化私为公也远远地超越了既往无数藏书家，其影响自然是比仅从文字的号召入手要大得多了。徐树兰的藏书理论是开放性的，他认为

---

① 李希泌、张椒华：《中国古代藏书与近代图书馆史料：春秋至五四前后》，北京：中华书局1982 年版，第 112、113 页。

② 傅璇琮、徐吉军：《关于中国藏书史研究的几个问题》，《浙江学刊》2001 年第 2 期，第123 页。

兴建开放的藏书楼，向大众开放藏书，有利于培养人才，这是关系国家兴亡盛衰的大事。徐树兰的藏书理念，为古越藏书楼自身建设提供了依据，也为中国近代图书馆事业的发展起到了理论先导的作用。古越藏书楼为现实图书馆的运作提供了范本和行之有效的规程，因为他创立了中国第一个公益性质的图书馆，其中的管理模式、组织建制都为后来的图书馆建设提供了可以参考的依据。[①]一定意义上说，他的实践和理论是中国近代图书馆学思想发蒙和体系构建之滥觞。

二、新知识群体与公共图书馆运动

晚清以来的藏书家化私秘为公开蔚为潮流已经为研究者所深知，如李雪梅、范风书等学者均有专篇论述，影响很大。笔者想说的是如徐树兰所实践、罗振玉所提倡的捐书建馆之举至少在当时对公共图书馆运动产生了重要的推动作用，当全国都在新政的洪流中，很多学者、官员都认识到了广建图书馆于教育民众、开启民智、保存文化的基础性意义。因此，结合学者们的研究展开对那段历史的叙述和反思是非常有必要的。

历来私藏的目的有出于爱好，有沽名者、有射利者、有出于公心而存文脉者，晚清私人藏书归于公藏的历史进程发生了一个显著的变化，即以精英的士绅为主体，他们较早接触西方先进思想，对于西学理论的介绍在社会上起到启蒙作用，尤其是在中央层面着力于体制机制创建而难有大进的情况下，地方士绅、疆臣创办图书馆、大范围收罗旧籍的努力燃起星星之火，有示范效应和带动作用。于是，传统的收藏理念、典藏方式逐渐为西式图书馆这一新兴图书收管载体所取代，而诸多私人收藏也出现了向图书馆渐次集中

---

① 王明慧：《我国清末民初（1840—1925）图书馆学术思想及其评价》，黑龙江大学硕士学位论文 2007 年，第 27 页。

的历史趋势和潮流。李雪梅曾指出，近代藏书形式从私秘转为公开共享主要通过两种途经：一是"在私藏基础上成立图书馆，向社会或公众开放"。如前文所提到的徐树兰，还有张謇、盛宣怀，他们"开启了私家藏书在近代发展的新方向"。二是"以出售、捐献或寄存的方式将私人所藏转归公藏"。如杨守敬观海堂藏书以7万金归诸政府，后又划归故宫博物院图书馆。①晚清民初的私家藏书发展基本上没有跳脱这两种途经，在私藏归公的历史中，藏书家云集的江浙一带，徐树兰应该算是掀起了第一次高潮的序幕，而缪荃孙与陈庆年的历史使命感和职业素养也促进了江南私家藏书庋诸南京图书馆之公藏，保守文脉，存古开新，可谓厥功至伟。可以说，晚清公共图书馆运动与私藏归公潮流是近代图书文化事业"现代化"启动和发展的两个重要面向，也是晚清以来中国传统社会转向"现代化"实践中为数不多的亮点之一。那么，晚清图书馆运动是通过什么样的方式实现与私藏归公潮流的对接和并轨，从而在中国"现代化"历程中画出一副美好图景呢？我们可以从以下几个方面来理解。

从知识分子角度看，西学的传播首先影响到他们，私藏的历史重负通常在私人藏书家那里较为容易得到消释的机会。特别是经历了经世思潮、洋务运动、维新变法的洗礼，朝野诸多知识分子对西方图书馆这一新生事物有了较为充分的了解。其中的代表有林则徐的《四洲志》、魏源的《海国图志》借助外国文献转述西方图书馆，王韬、郑观应、郭嵩焘、薛福成等人则经过欧洲游历后对图书馆的直接观感详致而具体，这些译介西方图书馆情况的活动对当时社会固然有其重要的启蒙价值，无论是在思想界还是在政界都产生很大震动。而甲午战争之后，以康、梁为首的维新改良派把兴建图书馆作为社会改革体系中的重要组成部分更有其体制突破的意义。西方图书馆这一"现代化"事物从译介文献纷纷发表，到朝廷重臣、

① 李雪梅：《中国近代藏书文化》，北京：现代出版社1999年版，第366、367页。

有识之士积极考察宣传，再到维新派亲身实践，在19世纪八九十年代迎来了体制破围的契机。1883年，王韬说："夫藏书于私家，固不如藏书于公所。私家之书积自一人，公所之书积众人，私家之书辛苦于一人，而或子孙不能守，每叹聚之难而散之易。惟能萃于公所则日见多，无虑其散矣。"①1893年康有为的万木草堂设立图书阅览室、1894年康有为的强学会主张兴办"大书藏"都承继了这种思想。为了新式图书馆提供一个扩充馆藏的新途径，引进西方科学，变法图强。1896年月10月，梁启超著成《西学书目表》倡导新的图书分类："西学各书分类最难，凡一切政皆出于学，则政与学不能分，非合庶政不能举一政。今取便学者，强为区别，其有一书可归两类者，则因其所重，如得军测绘不入兵政而入图学；化学卫生不入化学而入医学是也；又如电气镀镍等书原可以入电学，脱影奇观、色相留真、照相略法等书，原可以入光学，汽机发动、汽机新制等书原可以入汽学，今皆惟入工艺者，因工艺之书无不推本于格致不能尽取其名而还其类也。海道图说，似宜归地学类，又似宜归海军类，而皆有不妥，故归之以船政，此等门目颇费参量。"②至此，西方先进的公共藏书制度和思想终于较为全面地为读书人所熟知。但随着"六君子"人头落地，连同他们的新式图书馆主张在内的维新变法亦未能逃脱人亡政息的命运。即便如此，正是先进知识分子宣传、倡导、奏请、兴办和主持近代图书馆，培养了中国图书馆学的人才，极大推进了中国近代图书馆的建设，为中国近代图书馆的创建提供了经验资料、舆论基础、思想准备和政府支持。③另外，书厄的频繁发生对藏书家来说更形成一种沉痛的历史记忆，因为书厄对个体而言往往意味着辛苦数代的典籍收藏散佚殆尽，其影响所被使后来藏书家

---

① 王韬：《韬园文录外编》，北京：中华书局1959年版，第219、220页。
② 中国史学会：《戊戌变法》（第一册），上海：上海人民出版社1953年版，第449页。
③ 蒋亚琳：《清末民初知识分子对中国近代图书馆事业的贡献》，《河南图书馆学刊》2008年第5期，第136页。

痛定思痛，所以在尝试采用新的典藏方式上，顾虑和阻力都大大减小了。前已述及皕宋楼事件等反而促使缪荃孙与陈庆年通过购买方式收罗了八千卷楼藏书归入南京图书馆就是一个非常明显的事例①。清末读书人、知识人以改良思潮强调"启迪民智"，主张广泛建立开明、开放的藏书楼，在这一历史进程中，他们"有的自行创办图书馆，将私藏对众开放，更多的则纷纷将自家的藏书捐赠或寄存公共图书馆或学校图书馆，实际上已开始了将私藏转化为公藏的运动"②。以素有"近代开献书之风"双璧之称的梁鼎芬、梁启超为例，他们出身开放前沿广东，在欧风美雨耳濡目染下，与历代藏书家对自己收藏的典籍视若性命秘不示人不同，他们具备了"将为数颇丰的全部藏书，捐献给公众"的心理积淀③。其他藏书家如傅增湘、周叔弢、潘世兹、胡朴安、叶景葵、徐行可、李子廉、李文汉、蔡敬襄等人亦为其中的佼佼者。

晚清民初藏书捐公潮

捐赠者	捐公情况	受赠对象
徐树兰	1902 年，创办我国最早的私立公共图书馆——古樾藏书楼，并将家中藏书 7 万卷悉数捐入	古樾藏书楼
严　修	1908 年，捐赠图书 5 万多卷	河北省立图书馆
梁鼎芬	1910 年，捐书 1 万余卷；1919 年，其子捐赠其遗书 600 箱及原藏于光绪陵园中的 20 余箱图书	广东省立图书馆
胡思敬	1912 年，捐赠藏书 10 万卷	江西省图书馆

---

①1907 年，缪荃孙筹办江南图书馆。1908 年，江南图书馆正式定名，缪任图书馆总办。1909 年江南图书馆峻工，丁氏八千卷楼藏书归江南图书馆所有。1910 年 11 月，江南图书馆开放，缪荃孙为馆长。

② 范凤书：《中国私家藏书史》（修订版），第 561 页。

③ 黄增章：《广东私家藏书楼和藏书家的地位与贡献》，《中山大学学报》（社会科学版），1998 年第 6 期，第 133 页。

捐赠者	捐公情况	受赠对象
孙延钊	1915 年，捐赠图书 3600 册	瑞安县图书馆
汪康年	1918 年，其弟将遗籍捐赠	上海工业学校图书馆
丁福保	1918 年、1935 年、1939 年共计捐赠数万册	无锡、上海、震旦大学多所图书馆

数据来源：1. 宋路霞：《百年收藏——20 世纪中国民间收藏风云》，上海：复旦大学出版社，1999 年版；2. 范凤书：《中国私家藏书史》（修订本），郑州：大象出版社，2001 年版。

三、晚清政府缓慢的文教体制改革

从中央政府层面来讲，中国近代图书馆事业或者藏书文化的变革是以体制机制的创建为根底，但受制于沉重的历史包袱和复杂的社会现实情况而显得步履缓慢。无论是洋务运动、维新变法，还是晚清新政，都是选择教育体系内的改革来容纳新式藏书楼或者图书馆建制。且不说洋务运动中各类西式学堂中的藏书楼，在维新变法运动如火如荼的 1894 年至 1898 年间有关建立大学堂设藏书楼的建议也是不绝于耳。1896 年 6 月，礼部尚书李端棻在《请推广学校折》中提出设藏书楼，《清史稿》也给了李端棻较高的评价："戊戌变法，德宗发愤图强，用端棻等言，召用新进。百日维新，中外震仰，党争剧起，激成政变。"[1]作为光绪近臣李端棻能够直达天听，有关建议能够转化为光绪帝的政治决策。更为重要的是他向光绪推荐了康、梁等维新派入局，自然是促成"戊戌变法"的关键人物。刘保刚教授认为"戊戌变法"是一次"从变革体制回归体制内变革"的尝试，而这种体制内变革即"变政"的局限性加之时机的不成熟使变法不可能成功[2]。从社会改革的"变俗"活动来看，维新人士的社会启蒙

① 赵尔巽等：《清史稿》（第 42 册），北京：中华书局 1976 年版，第 12748 页。
② 刘保刚：《全球化与现代化：近代中国的发展历程》，郑州：大象出版社 2016 年版，第 285—287 页。

运动如办报纸、创学会、办学堂，其影响力恐怕要比失败了的"变政"遗产要丰富得多。图书馆尤其是京师大学堂藏书楼的产生既是出于变俗的目的，又从教育体制的"变政"方面得以持续。因为传统藏书楼风气逐渐改变为西式管理法是谓"变俗"之要，而新式图书馆机构在大学堂的建立成为"变政"之为数不多的正面遗产。《京师大学堂章程》（1898）中以"广集中西要籍，以供士林流览而广天下风气"为指导思想，意欲通过将京师大学堂建成各省表率，藏书楼亦要体制崇宏①。同年，主张教育改革的内阁学士、国子监祭酒张百熙②奏办京师大学堂，亦注重藏书楼的建设。戊戌政变后，他因保举康有为经济特科，被革职留任。百日维新的历史遗产和新政往往是联系在一起的。百日维新虽然已经成为过去，但变革的种子并没有在朝廷中断绝，变革思想反而在新政开始后得以持续。尤其是庚子年的剧变使中国在国际体系中继续沉沦，巨大的挫折导致救亡图存式现代性思潮纷至沓来，上层知识分子分化重组不可避免，国内政治呈现多元结构。作为体制内的变革延续，晚清中国就发生了一次和平变革即所谓新政，它与立宪运动相始终，宪政之下是不变的君主专制。而和平的方式似乎又让人们看到了代价不大的曙光，恰恰是变革产生的新力量、新观念、新经济因素埋葬了旧的时代与王朝。在这场王朝最后的光芒下，新式图书馆与藏书文化迎来了第一个发展的高潮。

早在1901年1月29日，慈禧太后与光绪帝尚未回銮还在西安的时候就发布了"预约变法"的上谕，终于承认了没有一成不变之治法，掀起了新一轮体制改革。秉承上谕，当年底管理大学堂事务大臣张百熙上疏陈述五条革

---

①《京师大学堂藏书楼章程》（节录），见李希泌、张椒华编《中国古代藏书与近代图书馆史料：春秋至五四前后》，第106页。

②张百熙富藏书，在山东学政期间，先后收王士禛的"池北书库"、刘喜海"味经书屋"、马国翰"玉函山房"等旧藏多种。其"圣泽园"，收藏明刊本500余种。子张振镛，字叔平，继承张氏藏书，在抗战中，收藏了不少"嘉业堂"藏书。后来张氏经商失败，浙江大学校长竺可桢以建楼巨款购置其藏书，有善本书数百种。见读秀百科 http://book.duxiu.com/EncyDetail.jsp?dxid=403606034818&d=78CCE8D60514FC8DBAED6AD78D9AA26A ［2018–11–5］。

新大计，即增改官制，整理财政，变通科举，广建学堂，创立报馆。在这个著名的奏折中，我们也看到了图书馆的身影，看到了文化体制改革和教育体制改革双重体制中图书馆的存在，至此开启了晚清政潮大幕下近代藏书文化的质变历程。根据 1902 年京师大学堂第一任藏书楼提调梅光羲拟定的《京师大学堂藏书楼章程》，调取江、浙、鄂、奥、赣、湘等省官书局所印的经、史、子、集以及时务新书，调取强学会藏书，还采购了一部分中外新旧典籍。梅光羲还制定了《京师大学堂藏书楼新定章程》二十八条（1903）、《京师大学堂藏书楼增订阅书借书章程》十一条（1903）。光绪二十九年十二月（1904 年 1 月）至三十二年二月（1906 年 3 月）徐廷麟[①]任京师大学堂图书馆经理官兼任博物院管理官，拟订了《京师大学堂续订图书馆章程》，进一步完善了京师大学堂图书馆的规章制度。这些规章制度的建立，不仅使京师大学堂藏书楼和后来的图书馆成为一所具有近代图书馆理念方法的大学图书馆，而且也对全国的各级各类图书馆起到了很好的示范作用。[②]相对于复杂的国家政治体制改革难以快速见效，图书馆是教育体制中首先取得渐进成功的范例，这是中国现代化历程中重要突破。光绪二十九年十一月二十六日（1904 年 1 月 13 日），清政府颁布全国高等教育条例《奏定大学堂章程》。到了 1907 年，根据《奏定大学堂章程》出台的《京师大学堂续订图书馆章程》规定："本堂藏庋书籍之所，旧名藏书楼，现照奏定章程，应称图书馆，故于楼额仍沿用藏书楼之名，而于章程则标为图书馆，并设经理官以掌其事。"[③]这个规定还是体现出了新旧结合但又矛盾的文化心态，但终究是图书馆在学部领导的教育系统获取了成功的经验。光绪三十二年（1906），学部

---

① 徐廷麟善书法，喜收藏，对于古籍善本颇多关注。任图书馆经理官期间，他经手了光绪三十一年（1905）方大芝向京师大学堂图书馆捐赠方功惠碧琳琅馆藏古籍 1886 种、22170 册之事。

② 姚伯岳：《京师大学堂藏书楼和图书馆》，参见第三届图书馆史会议 PPT 文件，河南师范大学图书馆，2018 年 5 月。

③《光绪三十三年京师大学堂续订图书馆章程》，参见王学珍、张万仓编《北京高等教育文献资料选编》（1861—1948），北京：首都师范大学出版社 2004 年版，第 233 页。

参事兼京师大学堂农科监督罗振玉在《教育世界》上发表了《京师创设图书馆私议》，在新政背景下，罗振玉的建议既是体制内变革的现代性举措，也是在体制允许的框架下新的文化体制之构建，其目的是在全国普遍建立公共图书馆以保存国粹、传承文化，他说："保固有之国粹，而进以世界之知识，一举而二善备者，莫如设图书馆。方今欧、美、日本各邦，图书馆之增设，与文明之进步相追逐，而中国则尚阒然无闻焉。鄙意此事亟应由学部倡率，先规划京师之图书馆，而推之各省会。"① 近年旅顺博物馆在整理罗振玉著作手稿时发现了其手撰《京师图书馆章程》，总则提出京师图书馆要"蒐集保存古今中外图书以供学者之阅览"②，并在其《创设京师图书馆私议》所提"颁赐库藏""民间献书""征取各省志术及古今刻石""置写官抄写""采访外国图书"等途径的基础上，又增加了"寄存"，无疑他的主张对后来京师图书馆建设及通行章程的制定是有直接影响的，他的《创设京师图书馆私议》与《京师图书馆章程》对我国早期公共图书馆独具特色的管理体系有较强的架构意义③。在《京师创设图书馆私议》和《京师图书馆章程》之后，《京师图书馆章程》出台之前，还出现了一个《京师图书馆拟定章程》，很明显它对我国宣统二年（1910）《学部奏拟定京师及各省图书馆通行章程折》出台以前组建的各省图书馆来说，曾发挥过积极的作用。④

在管学人臣、学部等多方努力下引起中央、地方各方云动，在"假维

---

① 罗振玉：《京师创设图书馆私议》，参见李希泌、张椒华《中国古代藏书与近代图书馆史料》（春秋至五四前后），第 123 页。

② 郭富纯主编：《旅顺博物馆学苑》，长春：吉林文史出版社 2007 年版，第 129 页。

③ 王若：《新发现罗振玉〈京师图书馆章程〉简述》，郭富纯主编：《旅顺博物馆学苑》，第 132 页。

④《拟定章程》曾先后发布于《顺天时报》和《秦中官报》。陕西布政使衙门下属课吏馆编行的《秦中官报》光绪丁未年七月第四期（七月十五日至二十日之间，即公历 1907 年 8 月 23 日至 28 日之间）刊发此章程。从该《拟定章程》题名旁署有的（录顺天时报）的字样可知，该《拟定章程》最早刊发于《顺天时报》。参见梁经旭《新发现的光绪丁未年（1907 年）〈京师图书馆拟定章程〉浅议》，《当代图书馆》2008 年第 3 期，第 6 页。

新"之下推行了一场全国范围内的"真改革"。在这场改革运动中，近代中国图书馆事业很大程度得益于学部自上而下的倡导推行而快速兴起[1]。这件事在中央是由管学大臣统领，学部具体实施，地方督抚、士绅、新知识群体都广泛参与。甚至已经暮年的张之洞也非常关心此事，《张文襄公年谱》载：光绪三十四年（1908）戊申二月，"学部议购书设备图书馆。江南创建图书馆既，购致丁氏八千卷楼藏书，度之馆中。陆氏皕宋楼书为日本以重金辇载而去。瞿氏铁琴铜剑楼书，亦有觊觎者，江督忠敏公端方议购瞿氏书供京师图书馆庋藏。公属竭力图之，瞿氏尚未允。惟湖州姚氏、扬州徐氏书先后致之京师，暂僦净业湖滨广化寺，为藏书之所。公暇时邀宾客幕僚执欣赏其中"[2]。第二年也就是清宣统元年（1909）9月9日学部奏筹建京师图书馆，按照年谱所载，"图书馆之设，公经划已久，此折亦几经斟酌。是时，公病亟，学部虑公行不讳，此举必败于垂成。遂以二十五日入奏。并请派编修缪荃孙充监督，国子监丞徐坊充副监督，学部郎中杨熊祥充提调。又请仿乾隆三十九年将进致各书于篇首用翰林院印、面页记年月姓名之例，饬下礼部，铸学部图书之印，尊藏钤用。疏入，均奉旨依议"[3]。大学士张之洞是1908年秋入京执掌学部加快筹备图书馆步伐，投入相当多的精力，可惜天不假年，他已经病入膏肓，正是如此，学部才有提前部署的举措，上书要人筹建京师图书馆。本来身处南京的缪荃孙正在筹建江南图书馆，协办大学士、学部尚书荣庆早在1908年11月就专门来函催促他赴京任事。1909年4月学部奏分年筹备事宜折，奏折把宣统元年作为预备立宪第二年，准备颁布图书馆章程，在京师办图书馆；宣统三年，各省一律开办图书馆。[4]1909年9月8日，《学部奏筹建京师图书馆折》："伏查本年闰

① 关晓红：《晚清学部研究》，广州：广东教育出版社2000年版，第469页。
② 胡钧：《张文襄公年谱》，参见沈云龙主编《近代中国史料丛刊》第五辑第47册，台北：文海出版社1966年版，第263、264页。
③ 胡钧：《张文襄公年谱》，第286页。
④ 学部：《奏分年筹备事宜折并单》，《学部官报》第85期，参见李希泌、张椒华《中国古代藏书与近代图书馆史料》（春秋至五四前后），第126、127页。

二月，臣部奏陈预备立宪分年筹备事宜，本年应行筹备者，有在京师开设图书馆一条，奏蒙允准，钦遵在案。自应即时修建馆舍，搜求图书，俾承学之士，得以观览。"①并正式奏请将北京德胜门内净业湖周围定为图书馆址，并将热河文津阁《四库全书》和避暑山庄典籍交由学部建馆储存，规定各省官书局刻本书均可由学部行文调拨，还鼓励官绅士儒捐赠图书。但是也为了扩充馆藏，强迫私人藏书家捐赠。宣统三年也就是1911年《学部为送瞿氏书籍抄本五十种咨京师图书馆文》②记述1909年时任两江总督端方饬令瞿氏呈献典籍至图书馆，后经缪荃孙协调，瞿启甲才主动按照缪荃孙拟定的书目，影抄五十种，可谓化身千百，嘉惠学林。缪荃孙于当年五月即接到任命京师图书馆正监督，随即赴常熟，与瞿氏商办进书事宜。后因病，缪荃孙于1910年9月才由京汉火车入都到任，"时图书馆未建，借北城广化寺开办。到馆任事，分类理书。十一月，传旨召见养心殿，监国（醇亲王）询学务及南北图书馆办事，一一奏对，以学部参议候补"③。京师图书馆的理书工作从1910年下半年才正式开始一直到辛亥革命爆发也没有全部完成，缪氏亦离职而去。

兴办图书馆作为新政重要一项，除了京师图书馆筹建颇费周章外，各省公共图书馆建设却是进展良多，这固然与各省督抚极力呼应有很大关系，也与士绅推动有莫大关联。尤其在1904年以后，图书馆的创建进入普遍实施阶段，全国出现了创办图书馆的热潮。1906年，湖南图书馆在长沙正式开放，这是我国第一个省立公共图书馆。特别是1909年学部颁布《京师及各省图书馆通行章程》后，各省兴办图书馆的步伐加快，据统计，在1901—1911年，开办的图书馆约40余个，其中国家级图书馆一个，省级图书馆17

---

①《学部奏筹建京师图书馆折》"1909年9月18日"；《学部官报》第100期。参见李希泌、张椒华：《中国古代藏书与近代图书馆史料》（春秋至五四前后），第133页。

②李希泌、张椒华：《中国古代藏书与近代图书馆史料》（春秋至五四前后），第138、139页。

③《艺风老人自订年谱》，参见沈云龙主编《近代中国史料丛刊》第五一辑，第74页。

个，市级图书馆 4 个 ① 。（见下表）

清末主要官办公共图书馆一览表

创办时间	名称	地点	创办人	备注
1903 年	浙江藏书楼	杭州	张享嘉	1903 年，学政张享嘉与浙江巡抚聂缉椝等议定并奏准，将杭州藏书楼改建为浙江藏书楼。1909 年浙江巡抚增韫奏创建图书馆，将官书局、藏书楼归并扩充
1904 年 3 月	湖南图书馆	长沙	湖南巡抚赵尔巽倡设，梁焕奎、龙绂瑞、谭延闿等 12 人捐资兴办	1906 年，湘抚庞鸿书奏建设图书馆兼教育博物馆，定于九月初三日开馆
1904 年 8 月	湖北图书馆	武昌	端方、张之洞	1904 年，湖北巡抚任端方会同湖广总督张之洞创办湖北图书馆
1907 年	江南图书馆	江宁（南京）	端方、缪荃孙	端方时任两江总督，1910 年 10 月定名为江南图书馆
1908 年 10 月	直隶图书馆	天津	卢靖	1907 年 11 月，直隶提学使委托学务公所张秀儒等筹备，1908 年 5 月开馆
1908 年 5 月	黑龙江图书馆	齐齐哈尔	徐世昌、周树模	徐世昌 1907 年至 1909 年 2 月任东三省总督，周树模时任黑龙江巡抚
1908 年 9 月	奉天图书馆	奉天（沈阳）	张鹤龄	1907 年 8 月，奉天将军赵尔巽准许，提学使张鹤龄奏办；1908 年 9 月开馆
1909 年 2 月	山东图书馆	济南	袁树勋	1909 年山东提学使罗正钧奏请，袁树勋时任巡抚
1909 年 2 月	河南图书馆	开封	孔祥霖	1908 年 6 月，河南省提学使孔祥霖奏请河南巡抚林绍年设河南图书馆

① 邹华享、施金炎：《中国近现代图书馆大事记》，长沙：湖南人民出版社 1988 年版，第 7—18 页。

（续表）

创办时间	名称	地点	创办人	备注
1909 年 5 月	吉林图书馆	吉林	锡良	1909 年 2 月至 1911 年 4 月，锡良任东三省总督。3 月提学使曹广桢奏请设立
1909 年 7 月	京师图书馆	北京	张之洞、缪荃孙	张之洞时任学部尚书
1909 年 7 月	陕西图书馆	西安	恩寿	1907 年，提学使刘廷琛请设图书局，1909 年陕西巡抚恩寿奏请建馆
1909 年	云南图书馆	昆明	叶尔恺	提学使叶尔恺筹建，沈秉坤时任云贵总督兼云南巡抚，1910 年 3 月正式开馆
1909 年	广东图书馆	广州	沈曾桐	1909 年，广东提学使沈曾桐在张之洞创办的广稚书局藏书楼基础上扩建而成
1909 年	山西图书馆	太原	宝棻	宝棻时任山西巡抚
1910 年	广西图书馆	桂林	张鸣岐	张鸣岐时任广西巡抚
1910 年	甘肃图书馆	兰州	陈曾佑	陈曾佑为甘肃提学使

资料来源：1. 吴晞：《从藏书楼到图书馆》，北京：书目文献出版社 1996 年版；2. 邹华享、施金炎：《中国近现代图书馆大事记》，湖南人民出版社 1988 年版。

由此可见，"发端于清末少数知识分子的以开启民智、普及知识为倾向的图书馆观念，经由社会教育思潮的推动、簇拥，终于为社会各界所普遍接受，并得到了政府的制度性的承认和推行"①。辛亥革命后的北洋政府和国民政府，在思路上仍然承续了清末新政创兴图书馆的路向。

---

① 范玉红：《清末新政时期图书馆与社会教育》，浙江大学硕士学位论文 2008 年，第 34 页。

四、地方疆臣、士绅与图书馆建设

从区域文化单元观察，地方大员在所辖之地推行的新政举措既有先进知识分子、开明士绅、藏书家的支持，又免去了中央政府在推行全面改革上的所面临的重重阻力。进入 20 世纪，建立公共藏书机构已不只为受过西方教育、新学影响的人士所主张，上至清廷，下至士绅，日渐形成为共识。加以与时兴起的国粹思潮相合拍，近代图书馆的建设步伐明显加快。[1] 尤其是经历庚子民变、辛丑和议，民族危亡之势冲击文化价值之根，如何固守中国文化之本成为朝野普遍关注的核心议题，这就促成政学各界"激发了藏书楼（图书馆）存古意识的发展"[2]，意欲存古而开新。在积极推动图书馆建设的地方大员中，端方是一个值得强调的人物。晚清时有"旗人三才子，大荣（庆）、小那（桐）、端老四（方）"之谚。荣庆是端方的表哥，历任刑部、礼部、户部和学部尚书及军机大臣；那桐后任内阁协理大臣；相对于大多数朝臣面对推行维新的阳奉阴违或消极观望，端方在百日维新时期被任命为农工商总局督办，从无到有，以植富强之基，成为改革派的急先锋，可谓志大心切。戊戌政变后，农工商总局撤销，端方亦被革职但未被深究。与端方一样，戊戌政变后张百熙、严复、容闳、袁世凯、徐建寅等几乎都没有受到什么追究，这种结局对中国现代化事业来说并非坏事，"它为以后新政复活保存了一丝血脉"[3]。1898 年起复后，累官至陕西按察使衔署理陕西布政使、陕西巡抚、河南布政使、湖北巡抚、两江总督、直隶总督、川汉粤汉铁路督办大臣等。在传统革命史语义中，端方因将四川民办铁路收归国有，激起"保路运动"成为辛亥革命武昌首义的导火索。9 月发生的成都血案使四川局势

---

[1] 傅璇琮：《中国藏书通史》（下册），宁波：宁波出版社 2001 年版，第 1062 页。

[2] 傅璇琮：《中国藏书通史》（下册），第 1062 页。

[3] 张海林：《端方与清末新政》，南京：南京大学出版社 2007 年版，第 16 页。

濒于失控，朝廷委端方署理四川总督，率湖北新军经宜昌入川，11 月至资州时新军哗变，端方和其弟端锦为革命派军官刘怡凤所杀。端方作为晚清支持维新的开明官员、新政的积极参与者、立宪的推动者，最终为革命派所杀，不免让人感慨历史上很多改革派"上台虽壮、下场必悲"的政治死劫。但从现代化视角，端方是晚清维新、新政的吹鼓手，有大功于国家。

1901 年 1 月，西逃期间的慈禧发布预约变法，宣布实行"新政"。4 月25 日，时任陕西巡抚的端方、山东巡抚袁世凯分别奏陈《筹议变通政治折》《遵旨敬抒管见备甄择折》（奏陈变法十事），他们不约而同提出改革旧制的现代化方案，尤其是前者对某些问题的思考深度丝毫不逊色于 7、8 月间湖广总督张之洞、两江总督刘坤一《会奏变法自强三疏》（史称"江楚会奏"）。这些改革方案共同构成了清廷推行新政的推进器或最初方案，端方所秉持的"论制度则不分古今，不分中西，归于求是焉而已；论学术则不问新旧，不问异同，归于务实焉而已"的思想原则，也为后来的晚清各项改革提供了可资借鉴的指南。① 在这种背景下，图书馆的创设自然属于中国现代化改革体系中重要一环。

推进新式教育、办理图书馆等是端方地方施政的亮点。张海林教授认为，在出任鄂苏湘三省巡抚期间，端方创造了中国新政中至少 30 项第一，其中就有建立湖北、湖南、江苏的第一个现代公共图书馆②。1902 年湖北巡抚端方与湖广总督张之洞合奏清廷，奏请建立湖北图书馆，1904 年湖北图书馆

---

① 张海林：《端方与清末新政》，南京：南京大学出版社 2007 年版，第 25 页。
② 张海林：《端方与清末新政》，第 559—564 页。

建成①。端方派人去上海和日本购新书，又调拨武昌各书院旧藏4万册，以充实馆藏。

1904年12月，端方出任湖南巡抚。1905年3月，端方札饬部属开办公共图书馆："省垣学务正兴，所有各种科学，东西各国书籍器具，拟设图书馆一所，藉可藏储各书籍，以便各学堂就便调阅，惟定王墓旧有图籍器具归并办理。开创伊始，采购建置费用甚巨，应由善后厘金两局筹备经费银一万两，其常年经费由善后局每月筹拨银百两移解学务处备用。其图书馆监督查有溆浦县教谕陈绅庆年堪以胜任。"②原本1904年春，梁焕奎、龙绂瑞、陈保彝、谭延闿、魏肇文、黄笃恭、胡元倓、许直、陆鸿逵、梁焕彝、刘栋蔚、俞蕃同等12人捐资兴办湖南图书馆兼教育博物馆，魏肇文主管馆事，这时图书馆还属于民办性质。图书馆的举办正如《湖南官报》光绪三十年（1904）正月二十九日第593号刊登的《创设湖南图书馆兼教育博物馆募捐启事——馆设城东古定王台 拟二月初间开办》所说：

> 西方诸国强盛之原因不一，教育之方法各殊，要之于图书馆有绝大之影响，可断言也。图书馆者何也？所以输入文明，实验教育，坚其信心，富其能力者也。夫国家之成立在民力，民力之膨胀由民智，民智之

---

① 张海林教授此处说首任馆长为冯汉骥，似为不妥。冯汉骥（1899—1977）字伯良，湖北宜昌人。1917年就读于安庆圣保罗高中。1919年考入武昌文华大学，读文科、图书馆科。1923年毕业，任厦门大学图书馆襄理；次年任主任。1931年留学美国哈佛大学人类学系；1933年入宾夕法尼亚大学人类学系，1936年获哲学博士学位。1937年回国，任国立四川大学史学系教授。1938年赴岷江上游考察羌族社会。1939年兼任教育部川康科学考察团社会组组长。1941年任四川省博物馆筹备主任。次年主持发掘前蜀王建墓。1943年兼课于华西大学社会学系；1944年代理系主任。1950年起，任西南博物院副院长、四川省博物馆馆长，兼四川大学历史系考古教研室主任。译有《古代社会》，著有《由中国亲属名词上所见之中国古代婚姻制》《前蜀王建墓发掘报告》《四川古代的船棺葬》等。参见周川主编《中国近现代高等教育人物辞典》，福州：福建教育出版社2012年版，第100页。但从冯汉骥的经历来说，他是中国早期的图书馆学家是毋庸置疑的。
② 《抚宪札饬开办图书馆》，载《湖南官报》光绪三十一年正月二十九日（1905年3月29日）第593号。

发达因教育，教育不能普及则智识无由普通，以无智识之民处生存竞争之世，危乎悲哉，不可说也。故教育不一途而范围莫广于社会教育，改良社会不一术而效果莫捷于图书馆，此世界所同认而吾国无闻焉。

吾国自古以来，东观之秘室为奇书名山之藏，矜其鸿室，虽汗牛充栋，曾无丝毫裨益人群。独高宗皇帝特颁《四库全书》，写庋三阁，听人抄阅，为振古未有之宏观，江浙文化赖以发皇。当时藏书家鲍、汪、范、马诸氏，已不能导扬盛美，出私家之蓄，为博览之公，亦越百年，流风遂沫无惑也。

吾湘囿于一隅，开通后于江浙，虚骄之名闻天下。比年以来，学校教育方在萌芽，而世变环生，日剧日烈，救死不给，厝薪已燃。远览列强之成规，上稽近古之已事，深维天演之公例，痛心种族之前途，中夜旁皇，揽衣屑涕，信乎图书馆之不可一日缓也。况值中丞赵公，承天子维新之命，热心教育，福我湘人，及今不图，犹安锢蔽，上负圣天子，下负贤有司，诚非湘人所敢出。用是簪集同人，共倡斯举，改游宴凭吊之区，以研究有用之学。储书籍以备观摩，购图书以资试验。读犹太灭亡之史，而知亡国之可哀；览学校易色之图，则知瓜分之不免；考人种庶物之标本，则知优胜劣败之无可逃。激发感情，共同心志，虽兹事体大，费用甚繁，财政困难，开办不易，而嘤鸣可以求友声，合群即以谋公益。凡我同志，共有覆巢之惧，谁无爱国之心，必表同情，成兹盛业，岂惟湘人蒙其幸福，四千年之胄裔，四万万之同胞，成有赖焉。①

在危机充斥华夏、新政遍行全国的光绪时期，他们站在世界文化发展的高度评价设立图书馆的重要意义，足见湘省士绅、新知识分子的文化救国之心。

端方此举，意味着"湖南图书馆由民办改为官办"，这个决策的目的是

①《湖南图书馆百年志略·附录一》，北京：北京图书出版社 2004 年版，第 189 页。

推进湖南的新式教育，可见近代图书馆在创办之初大多有着"造就通才"的教育使命①。端方虽然在湖南仅仅半年，但已经是功勋卓著。在湘期间，创办图书馆、发展新式高等教育，端方荐举的是陈庆年。陈庆年于 1904 年 5—11 月被前湖南巡抚陆元鼎聘为监督，总理馆务。端方接替陆元鼎后，1905 年 3 月，委派陈庆年任湖南学务处提调兼定王台图书馆即湖南图书馆兼教育博物馆监督。4 月，陈氏又任湖南高等学堂监督。陈庆年博览群籍，兼综中西，在湖北各学堂掌教有年，深得湖广总督张之洞信任。端方用陈庆年可谓知人善任。陈庆年对图书馆工作也有很深刻的认识："去岁（1905）入湘，志在专意图书馆，为文明输入办一机关。"②1906 年 11 月，在给端方的信中说："伏惟图书馆之设东西大邦视为文明进步之一大机关，故积瘁经营，不遗余力。庆年自承乏其间，深惟我公垂诿之意，责望至厚，日以不能报称为惧。东坡诗云：受知如负债。每颂此语，若为庆年表微阐幽。""然则建设大图书馆以备专门著述家之考求，非独列强之法然也，衷诸圣心其祷之也久矣。人之有生，含天地之灵，求知无涯，而藏书有涯；寒家所得，能有几何？每有所思，无所取材，求之四方，如触墙壁；好学深思之士以此沮废饿不鸣一艺者，虽有巧历，莫之能算。庆年以此尚思一泛洞庭，精览所藏，为作提要，诱天下来读之士，少尽监督之责。适会我公之重来，此盖不能无所待矣。区区之愚，以为国势之强弱，视乎民智之优劣，文明之大小与出版之多少为比例，出版之多少与聚书之丰俭为比例，验诸列邦，事盖不爽。"③早在 1905 年 7 月，湖南巡抚端方就受召赴美、德、意、奥地利等国考察政治。1906 年 5 月，陈庆年以母亲病重为由离职回乡江苏镇江。此时，端方已经离开湖南近

① 沈小丁：《湖南图书馆史》，长沙：岳麓书社 2013 年版，第 49、50 页。
② 《与郑苏堪（孝胥）》，1906 年 2 月 3 日，见陈登丰《陈登颐老师祖父陈庆年（善余）先生年谱》之五，http://blog.sina.com.cn/s/blog_4e5465350100hjof.html［2018-11-9］。
③ 陈登丰：《陈登颐老师祖父陈庆年（善余）先生年谱》之五，http://blog.sina.com.cn/s/blog_ 4e5465350100hjof.html［2018-11-9］。

一年，湖南图书馆已经扩建完毕，而江南图书馆的建设事宜正在等着他办。

端方，号匋斋、陶斋，故称"陶帅"，也称"午帅"，这几个称呼在缪荃孙日记中经常出现，尤其是办理江南图书馆事宜期间。1906 年，刚从西洋考察归来并参与了中央官制改革，端方所拟的官制改革方案已非其意。9 月 2 日，端方被任命为两江总督兼南洋大臣，10 月 28 日抵江宁，他开始在江苏积极推行地方自治等新政。早在 10 月 13 日端方尚未就任就会同法部尚书戴鸿慈上折强调文化设施的重要性，奏请兴办图书馆事务，由学部统筹规划。学部将筹建省级图书馆列为"预备立宪"中的一项具体措施，要求各省应在 1910 年内开办省级图书馆。清廷 10 月 27 日即批准奏请 [1]。端方在《奏陈各国导民善法四端请次第举行折》开篇即说："欧美风气所趋，未必有开政俗，继乃知其专为导民而设，无不具其深心。且其国家竭力经营，绵历岁月，特设专司之职守备，呈美善之大观，而觇国者，即可于入境之时，考其国之程度。良法美意，为中国所宜行。" [2] 在"导民善法四端"中第一件事就是图书馆。端方还强调创设图书馆的意义："世界日进文明，典籍乃益臻繁富，收藏庋置，非国家有此全力，不能求其赅备无遗。""然世言最美富者，若夫藏书楼之设，则欧洲各国都市城镇无不有之，虽其规模侈陋间有不同，而语以缃帙缥囊，则莫不充箱照轸。下至邮船旅社，亦复相率藏购，备客检查。盖教育已行，不识字之人必少取求即使应研考之学方多此其足以导民者一也。" [3] 1907 年 4 月，当时的新媒体《东方杂志》在报道这个奏折时就说，图书馆等四事"于化民成俗，均有裨益。至图书馆网罗中西载籍，用资参考，

---

① 值得说明的是，此次进呈的奏折是端方委派考察团随员熊希龄请仍被清廷通缉流亡东京的梁启超撰写的，此次奏稿还包括《请定国是以安人计折》《请改定官制以为立宪预备折》《请定外交政策密折》《请设财政调查局折》与《请设立中央女学院折》。

② 《出洋考察政治大臣今法部尚书戴两江总督端会奏各国导民善法请次第举办折》，《东方杂志》1907 午第 1 期，第 10 页。

③ 《出洋考察政治大臣今法部尚书戴两江总督端会奏各国导民善法请次第举办折》，《东方杂志》1907 午第 1 期，第 10、11 页。

关系教育，尤为切要。江南学堂林立，此馆尚属关如，现虽经济困难，亟应设法筹办，以期开拓见闻，饷遗学子。但事属创始，非有才识开通之员，不足以资董理。应即以前江浦县训导陈庆年为坐办，每月先由财政局支给薪水银一百两，俾资办公；以候补陈道时政为会办，该道系属兼差，毋庸另支薪水。除分行外，合行札委。札到该训导即便遵照将该馆创设事宜。凡经营、建筑、采购书籍、议定章程、预算经费，逐一会同妥商藩、学两司，公同规划，绘其图说，禀候核定，再饬拨款兴办，总期布置合宜，毋得草率将事，致负委任"①。1907年11月，端方筹定资金，延聘翰林院编修缪荃孙为总办，前江浦县教谕陈庆年为坐办，规划实施建立其图书馆计划。他要求建造时务须"搜罗美备、建筑精宏"，并广招"司书编校各员"，编订完善的藏书和观书章程。② 现代著名文献学家王驾吾在谈及此事时写道："端方奏办图书馆，初储书于戚家湾之自治局，既遂拨款，即小学堂址改建后楼，定名为江南图书馆。戊申五月小学迁让，七月由工料总局估工，九月兴工。宣统元年九月工竣。实支银三万四千七百六十一两有奇。翌年十一月十八日开办阅览，制定规章。江苏之有大规模之公开图书馆实自是始。"③ 因此，称端方是"江苏公共图书馆之父"是毫不为过的④。

端方擅为新政是基于他对近代社会转型的深刻认识，在两湖如此，在两

---

① 《江督饬议图书馆章程》，《申报》1907年4月27日。

② 《照会缪太史为图书馆总办》，《申报》1907年11月13日。

③ 王驾吾（1900—1982）名焕镳，号觉吾，江苏南通人。1920年，考入南京高等师范学校文史地部，1924年毕业于东南大学文史地部。曾先后担任过扬州中学和南京中学国文教师，1927年回母校第四中山大学任助教。1929年到江苏省立国学图书馆担任编目工作，任图书馆保管、编辑两部主任，参与编写《江苏省立国学图书馆藏书总目》34册，这部总目分经、史、子、集、方志、舆图、丛书共7部、85类、832目，很便于学者检索，实属创举，为全国图书馆提供了范例。1936年应竺可桢之聘到浙江大学任教，并任图书馆馆长。抗战后，赴杭州大学任教，曾任杭州大学图书馆馆长，主持编撰《杭州大学馆藏善本书目》和《历代名人年谱集目》。著有《墨子集诂》《墨子校释》《先秦寓言研究》《万履安年谱》《万斯同年谱》等。引文参见王驾吾《国学图书馆小史》，《首都志》下册，第1336、1337页。

④ 张海林：《端方与清末新政》，南京：南京大学出版社2007年版，第564页。

江亦不外如是。创办江南图书馆时，端方就充分发挥了老派读书人缪荃孙的资历优势和新派读书人陈庆年的才干。如果说在江南图书馆的创设上端方是运筹于帷幄之中，决策正确；而缪荃孙总领其事，长袖善舞；陈庆年则是具体办事，游刃有余。关于端方决策设立图书馆前文已经进行说明，缪荃孙的从政经历、学术特点也有助于江南图书馆的顶层设计。

缪荃孙幼承家学，肄业丽正书院，寄籍华阳，在四川丁卯（1867）正科应试获举人，先后入将军崇厚、总督吴棠、川东道姚彦士、四川省学政张之洞幕僚，在张之洞门下，"撰《书目答问》，始为目录之学，盖先生未通籍之先，一时耆硕咸以著作之才相推重矣"①《书目答问》是为了指导学生参加科举的参考书目，书云："读书不知要领，劳而无功。"于是"分别条流，慎择约举"，又"详分子目，以便类求"，既显"门径秩然"，又"令初学者易买易读，不致迷罔眩惑"。②为使初学者便于翻检图书，不同于藏书家编次目录，书目体例有很大不同，按照经、史、子、集、丛书，"用经世文编例，录其书，阙其名"③。总共2000余部书籍，可以让读者分类以求，而不致泛滥无归。与所有目录一样，《书目答问》指示门径的学术意义远大于其所宣称的为童生举业的参考意义。尤其是它在分类法上的调整更显示出张之洞在书目总体构想策划、学术取向方面的裁定作用和缪荃孙在具体书目取舍评骘方面的创新性努力④。《书目答问》借助对"读书家"、初学者的宣示，实现了对传统分类法的改造，将大批阐发圣贤义理的著作当作空话的楷模，驱出这份准官方的

---

① 夏孙桐：《缪艺风先生行状》，转引自赵统《南菁书院志》，上海：上海书店出版社 2015 年版，第 322 页。

② 张之洞撰，范希曾补正：《书目答问补正》（插图本），上海：上海古籍出版社 2008 年版，第 3 页。

③ 张之洞撰，范希曾补正：《书目答问补正》（插图本），第 4 页。

④ 朱维铮先生在《书目答问二种》导言中指出，《书目答问》的总体构想出自张之洞的策划，《书目答问》的学术取向顺应张之洞的爱好，《书目答问》的取舍评骘经过张之洞的裁定。参见张之洞著，陈居渊编，朱维铮校《书目答问二种》，上海：中西书局 2012 年版，第 9 页。

必读书单，并将清代考据家著作作为"儒家类考订之属"重点推出，体现其对世风时异社会变化的准确把握。而且将"丛书"独立于经、史、子、集之四部，特别重视近刻，说清人校刻丛书远胜于明刻。《书目答问》指出："丛书最便学者，为其一部之中可该群籍；搜残存佚，为功尤巨。欲多读古书，非买丛书不可。"[1]《书目答问》囿于当时的学术与政治环境，没能超越汉代以来的"通经致用"理念，但是在经学家一门重视汉学专门、汉宋兼采两派，专门汉学家竟占四分之三之多。在算学家一门尤其注意"兼用中西法"和专门"西法"的，共占六成半以上，彰显清代学者关注西学的传统，显示出张之洞正视晚清西学东渐的明白态度。[2]正如朱维铮先生所说，即便《书目答问》本身没有做一份清学史提纲的初衷，最终却形成了性状类似的提纲。至于到后来升格为学者的插架必有书，它的意向，它的体制，它的取舍分类，它的注记评骘，它的脱漏舛误，成为学术百家的共同审视褒贬对象，就更是无心插柳了。[3]

缪荃孙光绪丙子（1876）恩科通籍，成庶吉士，授职编修。除了在馆职殚心著述外，"暇即日涉海王村书肆，采访异本，典衣购取，知交通假，钞校考订，日益博通"。这时他的老上级张之洞正总纂《顺天府志》，招之相助，七年而告成。直至1888年继母去世而丁忧，主讲南菁书院，陈庆年就是其时之弟子。此后，他先后主讲山东泺源书院、江宁钟山书院，并遥领常州龙城书院，在传道授业之余，他仍不忘读书人之本，"一意刻书，日事校勘。丛书数集，陆续告成"[4]。在钟山书院期间，由于金陵为东南都会，故家藏庋，时时散出，尤其是苏沪之间的估客为之辐辏奔走，因此他的旧籍、金石、书

---

① 张之洞撰，范希曾补正：《书目答问补正》（插图本），上海：上海古籍出版社2008年版，第225页。

② 张之洞著，陈居渊编，朱维铮校：《书目答问二种》，上海：中西书局2012年版，第14、15页。

③ 张之洞著，陈居渊编，朱维铮校：《书目答问二种》，第13、17页。

④ 夏孙桐：《缪艺风先生行状》，转引自赵统《南菁书院志》，第323页。

画收藏乃益富。庚子年（1900）之变后，为落实清廷新政，1902 年 5 月与徐乃昌、柳诒徵等高等学堂七教席赴日本考察学务，也趁机访书东瀛。1907年，他才辞掉学堂监督，专办江南图书馆事宜。当时的藏书界正处于归安陆氏"皕宋楼"藏书流落日本的巨大阴影之中，而钱塘丁氏"八千卷楼"之藏亦有流散之虞。经端方首肯，缪荃孙和他陈庆年同赴杭州，同丁家商榷，为江南图书馆采购"八千卷楼"善本书室的全部二十万卷藏书。"正因为缪性格开朗豁如，待人真诚，重然诺，讲信用。又与丁家有数十年的学术交谊和嗜书如命的共同志趣，丁家才会放心将私人藏书变为天下公产，且又解决了自己的债务问题。"① 江南图书馆正因有丁氏之旧藏，使得其藏书美富为江南之冠。这是他为江南图书馆所做的最大贡献！

光绪戊申（1908）张之洞任学部尚书，推荐缪荃孙来部任事，由于当时正在筹备江南图书馆事就没有即行。宣统元年（1909），学部奏充京师图书馆正监督。1910 年，至京召对养心殿，委以学部参议候补。当时京师图书馆暂借城北积水潭广化寺为储藏图书之所。缪荃孙甫一到任，就开始分类清理典籍，在内阁大库检出元明旧帙，其中宋本是元灭宋时由临安秘阁收罗而来，很多都是藏书家所未见者，他集刻为《宋元本留真谱》。1911 年 9 月又编成《清学部图书馆善本目录》八卷，在 1910 年《古学汇刊》第一集"目录学栏"发表，卅创了近代图书馆编制善本书目的先河。又编《清学部图书馆方志目》4 卷，著录各省、府、州、县志 1676 部，收录了当时京师图书馆所存各省志书。作为著名的藏书家，缪荃孙除编制图书馆公益性书目外，还编撰了大量个人和私家旧藏书目，如编于 1902 年的《艺风堂藏书记》、1913年的《艺风堂藏书续记》8 卷、去世前编撰的《艺风堂藏书再续记》，加之《适园藏书志》《盛氏愚斋图书馆藏书目录》《嘉业堂藏书志》等旧家书目，

① 赵统：《南菁书院志》，上海：上海书店出版社 2015 年版，第 318 页。

总计近 20 部各种体裁、类型的书目。① 学界研究清代私家藏书目录提要，将其分为藏书志体和题跋体。缪荃孙的《艺风堂文集》《续集》《文存》所收题跋就在二百条以上，如《得月楼书目跋》《遂初堂书目跋》《朝鲜金石目考跋》《平湖葛氏书目序》《积学斋藏书志序》《八千卷楼藏书志序》《善本书室题识》等，在这种研究实践中，他指出《遂初堂书目》无撰人无卷数实现了"一书兼载数本，开近人目录兼载各本一派复见之书目提要举"的先河，如后世的《四库全书总目》对同类问题的处理方式就采用了《遂初堂书目》开创的方法；他还发现了"同书异入"的书目方法，"如焦氏《易林》，一入周易，一入术数……两见《王文公送伴录》《王介甫送伴录》，一举其字，一举其谥，一入杂史，一入本朝故事，共十八条。今皆注明重出而原文不删"②。目录之学是实用之学，缪荃孙不仅重视目录溯导学术源流方面"辨章学术，考镜源流"的特质，而且充分发挥目录指引读书门径的作用，书目不仅有"网罗散逸，掇拾丛残"之益，而且有"续先哲之精神，启后学之涂轨"的作用。③他在《积学斋藏书志序》中还说："国朝以来，钱遵王《敏求记》为人所重，然钞刻不分，宋元无别，往往空论，犹沿明人习气。若《也是园书目》《汲古》《沧苇》，仅存一名，更无论已。积馀此记，其书必列某本旧新之优劣、钞刻之异同，宋元本行数字数、高广若干、白口黑口、鱼尾旁耳，展卷俱在，若指诸掌，其开聚书之门径也。备载各家之序跋，原委粲然，复略叙校雠、考证、训诂、簿录汇萃之所得，各发解题，兼及收藏家图书，其标读书之脉络也。世之欲藏书读书者，循是而求，览一书而精神形式无不俱在，不

---

① 徐苏：《缪荃荪及其目录学成就述评》，参见 https://www.douban.com/group/topic/8606722/
［2018-11-15］。

② 缪荃孙：《遂初堂书目跋》，见《艺风堂文集》卷七，北京：朝华出版社 2017 年版，第 531、532 页。

③ 缪荃荪：《积学斋藏书志序》，见《艺风堂文集》，第 401 页。

胜于《敏求记》倍徙乎！"①开聚书之门径，标读书之脉络。这是从丰富的编书、校书、刻书、读书的经历中总结出来的至理名言。钱亚新先生分析，所谓"精神"是指一书的内容实质，所谓"形式"是指一书的外表体制。这种分析代表了我国目录学上优良传统，但以一种鲜明准确的语言加以强调的，却始于缪荃孙，把典籍精神、形式相提并论值得我们深思取法。②

缪荃孙自三十岁通籍到五十岁弃官，以著述自娱而不以富贵易其乐。他治学恪守乾嘉学派之风，治经以汉学为归，熟知掌故，乙部致力颇深。"为文私淑《全氏鲒埼亭内外编》，以翔实为主，不尚空言。凡考古、述今、论治、论学，生平蕴蓄，皆于文集中见焉。"③而他于金石考证、目录题跋用力最久，其"目录之学，贯串古今，尤慕士礼居黄氏。早年助潘文勤公搜辑黄氏题跋，编刻行世，续得者江建霞及邓秋湄分为刻印后，复有得经章式之、吴印丞两君荟萃诸本，各将所得增入，合为一编。晚乃索稿刊成，海内藏书瞿、杨、丁、陆诸家，皆至契，互通借阅，资以钞校。自编藏书记，欿然谓限于力，仅可与阳湖孙氏、王松园相颉颃，《续记》及《再续记》，较初编数且过之。所校刻石书，详溯源委，剖析异同，且载于序跋。论者谓与尧圃书跋允称同调"④。可见其学术成就之大、影响之广。作为藏书家，他刻书亦多，计有《云自在龛丛书》五集，共十九种，《对雨楼丛书》五卷，《藕香零拾》

① 缪荃孙：《积学斋藏书志序》，见《艺风堂文漫存·乙丁稿》，载《清代诗文集汇编》第756 册，上海：上海古籍出版社 2010 年版，第 824 页。

② 钱亚新：《略论缪荃孙对我国目录学上的成就和贡献》，《图书馆杂志》1982 年第 4 期，第 6 页。

③ 赵统：《南菁书院志》，上海：上海书店出版社 2015 年版，第 325 页。

④ 缪荃孙的藏书志体目录编撰集诸家之长，姚伯岳认为藏书志体提要也没有统一的体例和格式。乾嘉年间于敏中、彭元瑞先后奉敕编撰的《天禄琳琅书目》及其《续编》，是最早出现的最典型的藏书志。它为每一个藏本撰写版本式的提要。其形式看来好像继承的是汉代刘向开创的叙录体提要，但由于内容仅限于对单个藏本的描述和考订，已流于鉴赏一途，不具有普遍的意义，实际上开创了一种新的书目提要体例。由于其收录版本的珍贵，以及皇家藏书目录的显赫地位，所以对私人藏书家产生了极大的影响，以致紧接其后，出现了相当一批藏书志式的私人藏书目录。见姚伯岳《〈铁琴铜剑楼藏书目录〉初探》，《常熟理工学院学报》（哲学社会科学）2008 年第 9 期，第 116 页。引文参见赵统《南菁书院志》，第 325 页。

三十八种，《烟画东堂小品》十二种等，可谓存亡起伏，佳惠学林。

陈庆年深受缪荃孙的影响，言必称缪师。他于光绪十二年（1886）肄业于江阴南菁书院，在院六年，深得缪荃孙之心。他的图书馆事业之路开始于湖南巡抚端方的选聘，光绪三十一年（1905）为省图书馆监督、省学务处提调，并代理湖南高等学堂监督。再续于光绪三十三年（1907）于江宁出任江楚编译局提调、江南图书馆坐办，还是端方的推荐。1906年，在给端方的信中陈庆年对端方的提携很是感激，并全面回顾了湖南图书馆的建设过程和意义："先是车令东游，蒙我公发三千金，檄购东书。回国以后，就定王台故基，翻筑一新，且加建重楼，令与岳麓东西相望，视线无翳，风景绝佳，士民涉览以是增多。惟参观之余，见森森插架尽属和文，谓湖湘奥区，绸缪此举，事固不细，何以蔑视邦典，不为裒集？群相窃议，间以怪笑。庆年亦以此故，虑无以张我国粹，扬诩盛德，乃亲检高等学堂藏书，别出重分，提挈渡湘，举而归之于馆，自是馆中乃有华籍至二万册。暑假归时，复言诸劢帅，极论图书馆之关系，谓必当续沛河润，即使山立，毋蹈诗人不溃于成之讥。且言庆年但求去校，非求去湘，必终馆事，以报中丞云云。蒙劢帅鉴及微忱，竟拨款五千金，又得公拨数之半，乃能稍稍拓屋增书，翕谋成务。故书雅记，皆由庆年先疏其目，依单选购，近复使王生佐昌自沪运湘。凡禹域之所传诵，瀛寰之所咀含，类别区分居然粗备，此近日得开馆之所由也。公创兹茅菆，为他省首先拥篝，其功烈当与湘流不废矣。"[1] 最后陈庆年认为："伏惟图书馆之设，东西大邦视为文明进步之一大机关，故积瘁经营，不遗余力。区区之愚，以为国势之强弱，视乎民智之优劣，文明之大小，与出版之多少为比例，出版之多少与聚书之丰俭为比例。验诸列邦，事盖不爽。"[2] "张我国粹""文明进步之一大机关"

---

[1] 陈庆年：《上端陶斋江督》，《横山乡人类稿》卷10，参见许进、徐芳主编《陈庆年文集》，海口：南海出版公司1996年版，第239页。

[2] 许进、徐芳主编：《陈庆年文集》，第240页。

充分表达了陈庆年对图书馆功能的深刻认识。在给郑孝胥的信中他进一步表达了这个观点："去岁在湘，志在专意图书馆，为文明输入办一机关。"①宣统二年十月二十二日（1910）《与缪艺风师书》中说："从来各国对于是馆，但主张以为增进一大机关。""此公来后，胸有主宰耳。北馆办法深盼早定，内阁书目能早示悉，系第一企幸之事。"②

陈庆年于近代图书馆创办贡献大，典籍收藏亦别具匠心，光绪二十二年（1896），他任武昌湖北译书局总纂，在至缪荃孙信中说："此间译书尚多，惟故书旧籍，无人留心，雅道凌夷，深可惋叹。"光绪二十四年，他又说："庆年近在里门与同志商立学会，讲求体用，开决锢蔽，极望海内通人闵其固陋，捐致书籍，牖启聪明。"③陈庆年在湖北、湖南、南京任职，就积极收集图书，先后共有300箱，全部运回家乡，藏在父亲所建的传经堂中。陈庆年在父亲去世的第二年，即动工扩建传经楼，于1918年建成。楼分上下6间，面积120平方米。藏有经史子集、名人著述、碑帖拓片、清末民初报刊、日文版史学资料、地图集等约20余万册（片）；另有完整的《道藏》一部，印度贝叶经二部，首批出土的甲骨文若干片等；端方、樊增祥等人的赠书；他和父亲的文稿及收集、刊印的地方文献。传经楼俨然成为当时镇江地区最大的私人藏书楼。④1908年十二月二十五日（3月28日）的日记中记载了伯希和与敦煌文献的事情也反映了陈庆年的大文献视野："法兰西文学士伯希和来图书馆看书，京话甚佳。于我邦书亦颇博览，近游新疆归得照片三千余张。住敦煌千佛洞四月，所储之唐写经卷四分之一皆为其所得。《沙洲志》及惠超游为《天竺记》尤往日所未阅也。"⑤宣统三年三月二十九日（1911年

---

① 许进、徐芳主编：《陈庆年文集》，海口：南海出版公司1996年版，第242页。
② 许进、徐芳主编：《陈庆年文集》，第245、246页。
③ 缪荃孙：《艺风堂友朋书札》，上海：上海古籍出版社1980年版，第959页。
④ 江庆柏：《近代江苏藏书研究》，合肥：安徽文艺出版社2000年版，第66页。
⑤《陈庆年日记、信札之四》，参见 http://blog.sina.com.cn/s/blog_4e5465350100i3oi.html〔2018-11-17〕。

4月27日）日记云："日本富冈谦藏来馆看善本书，领事府书记内清山偕至为渠译语。余以罗叔蕴先有书来介绍，往与周旋，近午乃去。"① 在《陈庆年年谱》记载的一件事亦从另外的角度让我们看到了他于中日书籍交流方面的贡献。1908 年夏天，日本人岛田彦帧失馆于岩畸氏，锐意来江南，冀供事图书馆内，当道颇有意罗致之。"府君闻而大骇，以岛田曾至归安，不久即浮载皕宋楼之所储以去。今来江南若师萧何入关之故智，收我图籍，一旦有万一，恐连樯而东者又不止一皕宋楼已也。因上书忠敏力争之，岛田乃不偿所志闻者多服府君之有远见。"② 另一方面也说明，陈庆年在典籍保护的民族主义心态。

陈庆年师学缪荃孙，但又树立了自己的学术风格。其"为学大旨，不分汉宋门户，笃守孔门博文约礼家法。"精研三《礼》《春秋》，实事求是，折衷至当。他的学术研究遵循"士不通经，不足致用，然非致用，亦不可谓通经"原则，在农事、商政、地理、军事等领域，靡不殚精竭思。③ 所以，1906 年，郑孝胥给他的一封信中说："复奉二月十三书及战史三册，叙四篇，皆读至十余过，目光所射，洞达幽隐。此殆爱克斯照骨之电光也。兄真新学之导师哉！何能引人入胜若此！"④ "新学之导师"这种评价不可谓不高。陈庆年的人生、事业与学术在近代并不是孤立的现象和问题，从晚清民初的社会网络结构分析，他既是江南地域的著名学者，又属于几个关键人物如端方的政治体系、缪荃孙的学术体系中的重要人物；他也是研究南菁书院、近代汉学、图书馆等重要学术论题无法忽视的关键人物。作为一个社会网络节点，我们从现代化、人文地理学等不同视角进行考察，所得结论自然就更为丰富和公允。

---

① 《陈庆年日记、信札之四》，参见 http://blog.sina.com.cn/s/blog_4e5465350100i3oi.html〔2018-11-17〕。

② 《陈庆年日记、信札之四》，参见 http://blog.sina.com.cn/s/blog_4e5465350100i3oi.html〔2018-11-17〕。

③ 唐文治：《陈君善馀墓志铭》，引自赵统《南菁书院志》，第 393 页。

④ 《郑苏堪来书》，《陈庆年先生年谱》之五，参见 http://blog.sina.com.cn/s/blog_776520b70102y7nq.html〔2018-11-17〕。

我们还是回到端方这个掌握有组织资源和构架权力的学者型官僚人物身上。才堪大用，奈何命丧黄泉。端方被杀后，入川时一直相随的幕僚刘师培，避祸远遁，专心学术，成为一代国学大师。刘师培是传统时代下文化的坚守者，对端方的纪念预示着他所留恋的传统及时代，已经一去不复返了。

端方作为地方疆臣为图书馆的创办固然有其个人的因素，但也离不开两湖、两江地方士绅的帮助，这在其他省也很常见。1901 年，何熙年等安徽士绅在安庆筹办皖省图书馆也是中国早期图书馆事业的开拓者。皖省图书馆附设书报社，陈列新报刊，发起演说会，鼓吹新思想。陈独秀、潘赞化等曾在此演讲，并召集爱国会，影响很大，因此被清政府取缔。可以说，皖省藏书楼的创办开了我国创办省立公共图书馆的先导，要比 1904 年创办的湖南省图书馆和湖北省图书馆要早三年的时间，可以视为我国近代第一个正式的公共图书馆。① 的确如此，戊戌政潮后，近代公共藏书机构的倡议并未因此中止，反而出现了类似近代图书馆的公共藏书楼。此时倡议和实践公共藏书的主导力量，已由开明官吏扩展到先进士绅。②

在晚清的图书馆运动中，开明疆臣官吏、先进士绅文人都做出了重要贡献。在这些图书馆的创办者看来，图书馆与学术、教育、国家前途都有了密切的关系，尤其是国粹派们"围绕学术与国家的关系，希望能够藉此认识时人内心存在的新旧思想资源混杂、竞争和互动这样一种复杂的多层面紧张"。③ 对特别强调学术与国家之紧密关联的国粹派士人而言，他们尝试通过多种途径来诠释既存中国学术，试图找出一个能使自己心安又可以

---

① 程焕文：《晚清图书馆学术思想史》，北京：北京图书馆出版社 2004 年版，第 242 页。
② 李雪梅：《中国近代藏书文化》，北京：现代出版社 1999 年版，第 75 页。
③ 罗志田：《从无用的"中学"到开放的"国学"：清季国粹学派关于学术与国家关系的思考》，载李国章、赵昌平主编《中华文史论丛》第 65 辑，上海：上海古籍出版社 2001 年版，第 174 页。

解脱中国实际困境的方法。① 在主张保存国粹的同时，他们的思想资源日益西化，视野已经走向了世界范围。这时期图书馆与学术、图书馆与国家的关系常常呈现出图书馆攸关学术与国家命运甚至一体化的情况，而士人基本价值观念和国家认同的转换经常造成个体士人内心的紧张状态，进而影响群体心态。这是下一步非常值得我们进行研究和探讨的重要课题。

① 罗志田：《从无用的"中学"到开放的"国学"：清季国粹学派关于学术与国家关系的思考》，载李国章、赵昌平主编《中华文史论丛》第 65 辑，上海：上海古籍出版社 2001 年版，第 176 页。

第六章

稽古为新：后四库时代的耿文光藏书及思想

清代中期以来《四库全书》《四库全书总目》（简称《总目》，下同）的纂修与藏书文化的互动是一个重要的学术命题。从藏书文化的发展来看，后四库时代的大多书志、书目、题跋都可以看到四库纂修活动及成果的影响①。一方面，后四库时代的"学术转向"是四百多位学者如段玉裁、王引之、阮元等学问大师组成的《四库全书》纂修队伍奠定的，这些学术大师行走于四库馆内外，为学界提供了成熟的方法和理论支持，促进了后四库时代的学术发展；另一方面，《四库全书》完成之后，不断有学者进行校补，除文献辑佚、校勘、汇考成为学术主流外，还形成了学术诠释的新路径和方法②。在这样的文化氛围中，作为清末山西地方藏书家、目录学家，耿文光（1830—1908）在藏书之余，日以读书自娱，近师《总目》以为研治目录学之门径，远绍历代书志之成果，收书编目，著述等身。但长期以来，他的《万卷精华楼藏书目》等著述却鲜为外间所知，远不如同时期的晚清四大藏书家（聊城

---

① 丁延峰提出，鉴由《总目》的典范作用和权威性，私家无不奉为圭臬。同时，藏书家们也致力寻求比《总目》更为合理完善的著录内容和方式。所以，清中晚期私家目录的发展、繁荣与《总目》有着密切不可分的关系。这种双向交互的关系最终促进了目录著录的完善和科学化，并由此反映了中国目录学史在清代的沿革变化。《楹书隅录》就是晚清私定书目的代表作之一，与《总目》有着密切联系。参见丁延峰《论清代中晚期私家书目与〈四库全书总目〉之关系——以〈楹书隅录〉为例》，《书目季刊》2007 年第 41 卷第 2 期，第 89—105 页。

② 荣国庆在其博士论文中论述"后四库时代《诗经》诠释的路径与方法"，认为后四库时代发生了"学术转向"。参见荣国庆《〈诗经〉诠释史研究》，山西大学博士学位论文 2017 年 10 月，第 231 页。

杨氏海源阁、常熟瞿氏铁琴铜剑楼、吴兴陆氏皕宋楼和钱塘丁氏八千卷楼）书目流传之广、阅者之多、影响之大。耿文光与同时代的聊城杨氏海源阁、常熟瞿氏铁琴铜剑楼、吴兴陆氏皕宋楼和钱塘丁氏八千卷楼相比，其藏书量足以与之相媲美。

一、后四库时代耿文光藏书史述略

长期以来，对耿文光的学术研究，无论内容上还是方法上既缺乏对耿氏与他所尊崇的清中期以来乾嘉考据学关系的辨析，又缺乏晚清急剧变化社会中"新旧中西"文化问题的比较与审视。本章以后四库时代的晚清藏书史为背景，力图从学术史的视角揭示耿文光藏书偏好及其共性特征。

1. 后四库时代官私藏书风尚的变化

后四库时代，四库纂修活动及成果的影响遍大多书志、书目、题跋。首先，四库馆录副本丰富公私藏书版本系统。清后期藏书家中有不少抄本是抄自《四库》本，而这种本子"往往较诸据以誊录之底本为优"。① 张升从《四库全书》纂修期间大量出现的从四库馆录副本现象分析了当时知识界普遍重视《四库》本的几种形式：据以校勘、汇编刊行、辗转传抄、售之书肆等，这些行为对保存古籍、传播文化及促进学术研究起到了一定推动作用。虽然四库修成后朝廷设立七阁允许士人就近抄阅，但对大多数读书人来说也不是轻易能够看到的，而录副本及其传抄本、刻本就自然成为当时学者认识与研究《四库全书》的主要途径。且"四库"录副本在社会上经过不断传抄、校补、刊印，以形成了一套自己的版本体系，与阁本、荟要本、武英殿聚珍

① 吴哲夫：《四库全书纂修之研究》，台北：国立故宫博物院 1999 年版，第 266 页。另参见汪受宽《〈四库全书〉研究的回顾与思考》，《史学史研究》2005 年第 1 期，第 64 页。

本、底本等相互参评，共同构成完整的"四库"书版本系统。[①] 这也是晚清近代以来的藏书史研究中理应引起注意的重要问题。"四库"馆的私家录副既有馆臣，又有馆外的助校和交好之人，私家录副的馆书多为外间罕见或已失传的珍本秘籍，录副本一经通过传抄、售卖、刊印等方式流入社会就广为传播，有的录副本还不断地得到经手学者的校订整理，成为远胜原本和库本的新版本，大大丰富了私家藏书文化。

其次，《四库全书》及《总目》在收藏标准上坚持"内容第一、形式第二"的善本标准，也是对私家藏书重形式轻内容观念的一大改变，因而颇具积极意义。[②]《总目》虽有一些介绍纸墨、行款、字画、刀法等形式方面的考识之语，但以考评本书内容为主，对版本的研究处于弱化状态，所以《总目》的善本观是考订式善本观，与赏鉴式善本观是迥然不同的。《总目》"目录类存目"收钱曾《读书敏求记》就例举其有关图书版本、分类方面存在的问题和特点：一是"分别门目，多不甚可解"；二为墨杂农兵诸家以下"缕析诸名皆离合未当""农家入史"配隶无绪、"元经本编年"等入子类编列失次；三是其中解题"多论缮写刊刻之工拙，于考证不甚留意"；四为其"述授受之源流，究缮刻之同异，见闻既博，辨别尤精"。[③]《总目》将钱曾视为赏鉴家，而从其述授受、究缮刻之举，亦见重分类沿革、轻版本形质的考订家之风。在四库馆为汉学家之大本营，考据学尉为主流的情况下，《总目》的善本标准受这种学术风气左右也就不难理解了。与四库处理各种版本的审慎、精益求精甚至篡改不同，耿文光收书编目，即使是名家校本，也不会刻意抬高，更不从而贬低常见版本。[④]《精华书目》(《苏溪渔隐读书

① 张升：《四库全书馆研究》，北京：北京师范大学出版社 2012 年版，第 305、306 页。
② 司马朝军：《〈四库全书总目〉善本观初探》，《图书情报工作》2002 年第 8 期，第 110 页。
③ （清）永瑢等撰：《四库全书总目》，北京：中华书局 1965 年版（2018 年重印），第 745 页。
④ 宋一明：《耿文光版本学举隅》，参见张有智，张焕君主编《陟彼阿丘 首届晋学与区域文化学术研讨会论文集》，北京：科学出版社 2016 年版，第 72—78 页。

谱》将该书记为《精华书目》，下从）就著录了很多流传甚广的丛书本，如卷十一"《孟子正义》三十卷"就是原自《焦氏丛书》的雕菰楼本①。

从文化史进程而言，后四库时代的书目实践既有大多对《总目》的遵循又有部分不从《总目》的个性化设置。《总目》是在《四库全书》纂修过程中编成的，从四库馆臣的纂修初衷来说，以《四库全书》为根本，《总目》为全面揭示，有《简明目录》便宜查询，加之《分架图》《架桶函卷考》等工具书，各有所长，互为补充，形成了完备的目录管理体系。《总目》充分地吸收了前代各类目录的优点，搜罗既广，体例加详，将各种典籍厘为经、史、子、集提纲列目，条理井然，取检方便。吴哲夫认为，图书贵在利用，古今藏书家对于群书往往透过正确分类法则，寻求一套完善的部次方法，《总目》坚持"即类求书"实方便学人之取用，"处处顾及方便利用全书在设想"，其在实用层面上的追求亦颇显著②。从《总目》体例出发，我们分析后四库时代公私目录对古籍源流及内容的揭示和考辨，主要有以下几种情况。

一是四部分类"无所变革"的官学约束特质在后四库时代尽显无疑，除了作为官学的政治性因素，《总目》在分类编排的合理性也是私修书目体例遵循仿效逐渐增多的原因，如《总目》将释、道归入子部，使之名实相符。③所以，官修、私撰目录多唯《总目》体例及分类标准是从，"从而形成了以《四库全书总目》的体例及四部分类法为主，多种体例及分类法并存的目录学繁盛局面"④。据周少川统计，清中期以后私藏目录有220余家，共计270

①参见山右历史文化研究院据民国二十三年（1934年）《山右丛书初编》本整理的耿文光《万卷精华楼藏书记》第一册"《孟子正义》三十卷"，上海：上海古籍出版社2016年版，第383页。

②吴哲夫：《四库全书纂修之研究》，台北：国立故宫博物院1999年版，第264页。

③丁延峰：《论清代中晚期私家书目与〈四库全书总目〉之关系——以〈楹书隅录〉为例》，第92页。

④汤宪振：《〈四库全书〉纂修对清代藏书的影响》，东北师范大学硕士学位论文2008年6月，第23页。

余种。① 在这些书目中，自 1808 年的《天一阁书目》到 1899 年的《八千卷楼书目》，大多数私家书目对《总目》的分类和编排都亦步亦趋。不仅仅是分类形式上，提要、解题的方法和形式也日渐趋同，图书版本、文字异同、著者事迹等方面的考证也成为很多藏书家编撰书目时经常性内容。在四部分类、部次条别上，私藏书目以其丰富的大小序和解题内容，介绍各种典籍的详细情况，弥补了官修目录的不足。虽可云内容上继承、体例上仿效《总目》的续作目录，但如《精华书目》这样的续作目录与《总目》版本交代的虚空不同，耿文光在著录书目时就弥补《总目》"因版本选择不精带来的撰写提要内容的缺失，并为择书读书带来了便利"②。耿文光先世多藏书，自少嗜书成癖，成年后常奔走于平阳、介休、太原和京师书肆，往往不惜重价穷搜博访。至同治九年（1870）积书达八万余卷，遂筑"万卷精华楼"以贮之。作为《四库全书》之后个人独立完成的特大型综合类考辨提要性纂述，耿氏仿《总目》著录书籍的版本源流、篇章分合、义理旨趣、得失利弊等编撰《精华书目》，提纲挈领、条分缕析。书目多载《四库全书》未及备载之典籍，从这个意义上说，有人将《精华书目》归为"千秋佳作"③，虽不免评价过高，但也能反映该书的历史文献价值。现代目录学家王重民进一步将目录解题分为叙录体、传录体和辑录体三大类，并云："从刘向叙录直到《四库全书总目》的提要都称为叙录体的提要，把用传记方式的都称为传录体的提要……还有辑录体的提要，就是不由自己编写，而去抄辑序跋、史传、笔记和有关的目录资料以起提要的作用。这一方法是在这一时期内由僧祐开其端，而由马端临的《文献通考·经籍考》、朱彝尊《经义考》得到进一步发

---

① 周少川：《藏书与文化：古代私家藏书文化研究》，北京：北京师范大学出版社 1999 年版，第 334 页。

② 陈晓华：《"四库总目学"史研究》，北京师范大学博士学位论文 2004 年 4 月，第 61—63、66 页。

③ 白洁：《耿文光和他的万卷精华楼》，《太原晚报》2014–10–24（16 版）。

挥，和叙录体、传录体并称，我拟称之为辑录体。"① 不难看出，王重民所说的"辑录体"与耿氏之作意近，但《精华书目》也融合了叙录、传录之特色。其在《精华书目》序言中就详说其做法：首标书名、卷数，注降两格，案语降三格，各门之后附以总论，略述分卷去取之意。其结构如下：第一，作者撰人；第二，版本著录以《天禄琳琅书目》为范例；第三，解题撰写，即提要，或刘向所谓叙录，以《直斋书录解题》为模板，交待书籍的内容次第情形；第四，序跋节录以《天一阁书目》为参考；第五，采本书要语，以宋高似孙《史略》之例，多得各书精华。耿文光编撰《精华书目》坚持"互文见义"，即"前序已言者，不录后序，所录后序皆前序所未言"，坚持"比类知体"，主张"每举一类皆采其书之最精语之最当者录之，以为法式，合目中诸说观之，而专家之学可得其大体"，其他如存古义、叙次第、附考证等都是以藏书目录为架构从事学术史研究的重要原则。② 耿文光采取的方法是录存诸书序跋，稍加按语，每小类之后，基本都有总结性的文字，对学术史上的一些重要问题进行梳理。

二是私家目录向来在图书分类方法上就有冲破四部分类藩篱的传统。从东晋李充确定了"四部"分类次序，《隋书·经籍志》进一步发展完善为经、史、子、集，遂为定例。到了清中期，1793—1795 年《总目》开始向读书人和藏书家流通，官方典籍分类的类目和著录书籍的编排方法虽然很快被推广，但与之基本同时的许多私家书目既没有采纳《总目》体例也没有继承《隋书·经籍志》以后的四部标准，如孙从添（1692—1767）《上善堂书目》，该书目以书籍版本分类，列宋版、元版、名人抄本、影宋抄本、旧抄本、校本等 6 类。孙从添医声颇著，其《上善堂书目》重书籍鉴赏，所以在类目设置时突出了版本。但书成后长期"向无刻本"，至民初才由吴兴沈韵斋于苏

---

① 王重民：《中国目录学史论丛》，北京：中华书局 1984 年版，第 80 页。
② 耿文光：《万卷精华楼藏书记》（第一册），上海：上海古籍出版社 2016 年版，第 6 页。

州灵芬阁书肆故纸堆中发现书稿，排比整理之后，经陈乃乾传录，终由昆山赵学转寄瑞安陈氏于1929年刊刻行世，故其当时影响亦有限[①]。再如1800年孙星衍（1753—1818）自刻的《孙氏祠堂书目》。该书目还是个性化分为经学、小学、诸子、天文、地理、医律、史学、金石、类书、词赋、书画、说部等十二大类，这一方面说明孙星衍自有一套典籍分类体系，当时的学术氛围也允许其自由发挥学术见解[②]；一方面也说明《总目》影响还不是很大，《总目》的文献分类范式亦未能实现宏观的控制。孙星衍在每类之前设有小序，以分析其学术源流。这种分类法较《总目》更"重视自然科学将天文、数学、地理独立分为第四类和第五类"[③]，虽属进步，但言突破甚龌其实。事实上，这个书目初刻于嘉庆十五年（1810），刊印不多，流传也少，长期不为学界所知。光绪九年（1883）时始由著名藏书家李盛铎收入《木樨轩丛书》得以广泛流布。目录学史家余嘉锡后来提出，目录学的核心问题分类法即类例亦要突破固有限制："夫既各治其书，则一切七略四部之成法，举不足以限制之。"并重审郑樵专门之书就有专门之学观点要做到"学守其书，书守其类"，他认为要想"论次群书，兼备各门"就应该仿照郑樵、孙星衍的办法，"破四部之藩篱，别为门类，分之愈细乃愈佳"，即郑樵所谓"类例不患其多"[④]。无疑，这种接轨现代分类法的繁复"类例"，虽在有限性、局部性方面有突破四分法的契机，与西方分类法构成了一种革命性的暗合。我们姑且将这种传统时代的四分与七分、十二分等共存的复杂性置于晚清各种异变突起的环境中，或许能够发现耿文光学术思想中不变之变、变中之不变的价值及学术个案的其典型性。

① 陈乃乾：《读书识小录·上善堂书目》，参见《陈乃乾文集》，北京：国家图书馆出版社2009年版，第182页。

② 王重民：《中国目录学史论丛》，北京：中华书局1984年版，第246、247页。

③ 周少川：《藏书与文化：古代私家藏书文化研究》，北京：北京师范大学出版社1999年版，第341、342页。

④ 余嘉锡：《目录学发微 古书通例》，北京：商务印书馆2011年版，第167页。

三是晚近私藏书目在著录图书时能够积极反映新的文化现实。如黄爱平所言，详晰的书目提要、严密的分类体系、系统的部类小序构成了《总目》的目录学成就，但也存在不注版本、讹谬遗缺问题，类目界限不明、归类不够合理问题，封闭自大、不重视了解外部世界等问题。[①] 晚清西学东渐带来了哲学、政治、经济、科技等新学知识，1904 年开办的古越藏书楼在其章程中就规定了"存古"与"开新"创设宗旨并解释说："学问必求贯通，何以谓之贯通，博求之古今中外是也。往者士夫之弊，在详古略今；现在士夫之弊，渐趋于尚今蔑古。其实不谈古籍，无从考政治学术之沿革，不得今籍，无以启借鉴变通之途径。"[②] 吴晞认为，古越藏书楼将中西知识务归平等而杜偏驳之弊的分类，凸显了徐树兰对中外古今知识问题的处理上体现出了较高的平衡能力。以西方先进国家的图书馆为尺度，建立在对近代图书馆的正确认识和深刻理解之上的办馆思想，正是徐树兰之所以能超越周永年、国英等前辈和同辈的过人之处。[③] 他规定书楼所藏书籍分学部、政部二大部四十八类，超出传统四部法之窠臼。现代目录学家姚名达曾评论说："最早改革分类法以容纳新兴学科的，就是古越藏书楼的《书目》。"[④]《古越藏书楼书目》创新古法的同时，在吸收新书的时候虽难免有其武断性，但其尝试将中西书籍融为一体，已经是学术史上的一个突破。所以，这个分类体系的类目设置反映了近代科学体系和当时人们对近代科学文化的认识水平，实现了在揭示西学文献方法上的突破。[⑤] 古越藏书楼图书分类能够贯通中西，固然与主办者徐树兰的知识视野有关，不同类型的藏书目录是藏书家个人嗜好的文本体

---

① 黄爱平：《〈四库全书〉纂修研究》，北京：中国人民大学出版社 1989 年版，第 360—374 页。

② 李希泌、张椒华：《中国古代藏书与近代图书馆史料》（春秋至五四前后），北京：中华书局 1982 年版，第 113 页。

③ 吴晞：《从藏书楼到图书馆》，北京：书目文献出版社 1996 年版，第 74 页。

④ 姚名达：《目录学》，原书由商务印书馆 1933 年出版，今参见"民国丛书"第一编第 47 册，北京：中国书店 1984 年版，第 138 页。

⑤ 吴晞：《从藏书楼到图书馆》，第 77 页。

现，亦随藏书家之兴衰而存佚。如前所及，耿文光书目思想的核心是恪守《总目》体例的，他也对明末西学东渐有充分的条目安排，但在其几个目录著述中对晚清西学却没有足够的注意。由此可知，耿文光的西学观仍旧停留在《总目》的水平，甚至还有所不逮。那么，到底是什么原因造成耿文光在那样一个信息发达远甚传统社会的环境中对西学而无更多的接受呢？这的确引人深思。

2. 耿文光藏书与目录著述研究概览

晚年因遭家变，耿文光所藏之书即身而散，今已不多见，著于公私书目者更少，但亦有零星散入清末民初藏书名家者。如藏书家李盛铎就收录了耿氏旧藏明初刊本《司马太师温国文正公传家集》八十卷残卷（仅存卷一至三五），该本刻于前明天顺间，依仿宋版式样，雅致可爱，《四库全书》所收即此本，《天禄琳琅书目》即有著录，并有同治九年（1870）文光题记八则[①]。著名藏书家傅增湘《藏园群书经眼录》亦收入耿氏收《司空表圣文集》《雍虞先生道园类稿》五十卷二种。前者为明写本，有耿文光手跋一则，言得此书于沁水窦氏，以抄写工而二金购之，藏之苏溪书库。末署万卷精华楼藏书跋尾[②]。后者为元刊本，钤有"耿文光印"白方、"星垣"朱印[③]。

耿文光不仅以藏书而知名于晋省，还勤编书目以依类收书、指导读书、嘉惠后学。据其自编年谱，耿文光一生编撰书目类图书有七种，除《金石书目》《医学书目》《仁静堂书目》《紫玉函书目》现已亡佚外，《目录学》《苏溪渔隐读书谱》（简称《读书谱》，下同）、《万卷精华楼藏书记》（《读书谱》将该书常说为《精华书目》，下同）、《日课书目》长期束之名山，而流布甚少。作为藏书家的耿文光，其收藏数量不弱于清末那些盛名在外的大藏书

---

① 李盛铎著，张玉范整理：《木犀轩藏书题记及书录》，北京：北京大学出版社1985年版，第280、281页。

② 傅增湘：《藏圆群书经眼录》，北京：中华书局1983年版，第1105页。

③ 傅增湘：《藏圆群书经眼录》，第1324页。

家，但是由于他科第不顺，社会地位不高，也只是在山西一隅为人称道，并无全国性影响。这是限制其社会名望传播、著述推广范围狭窄的根本性因素。1919年，因应修纂清史而成立清史馆，北洋政府山西籍参议员贾耕、景梅九等人在北京潞郡会馆发起建立山西文献征存局，广泛征求山西地方文献，征集到许多官家档案和私人著述的稿本。常赞春自撰的清代山西名人小传《山西献征》亦征存了耿文光小传。由于军阀混战，属于安福系的贾书农失势，将所征集到的图书典籍均移回太原典膳所贾公馆。直到1933年山西省文献委员会的成立，马君图、郭象升、陈芷庄等晋省名流重提旧事，搜集山西名人遗著，并先后出版。《山右丛书初编》作为山西省文献委员会编纂的一部汇集晋人学术著作的大型古籍丛书就收入了耿文光的《万卷精华楼藏书记》。但是，《山右丛书初编》的出版因"七七事变"的爆发，"续编工作半途而废，未竟即终。所印之书亦未及向海内发行，存之既寥寥，流传又极少，许多图书馆、资料室只有《中国丛书综录》（一）所列书目，洵为绝版，行世甚希"①。1986年，才由山西人民出版社古籍整理编辑室据《山右丛书初编》本影印梓行。由之，耿著开始引起学界重视。无独有偶，1988年，中国书店选取了一批流传稀少、学术价值较高的典籍以《丛书集成续编》行世，耿文光《万卷精华楼藏书记》即其中一种。1992年，黑龙江人民出版社据《山右丛书初编》本，整理点校《万卷精华楼藏书记》四册。1999年，《北京图书馆藏珍本年谱丛刊》本《苏溪渔隐读书谱》由北京图书馆出版社影印出版。2010年，《清代私家藏书目录题跋丛刊》由国家图书馆出版社影印出版，其中就包括了耿文光稿本、刻本《目录学》两种，《日课书目》一种。2016年，山右历史文化研究院亦据民国山右本点校出版《万卷精华楼藏书记》五册，由上海古籍出版社印行。至此，耿文光著作出版基本大备，学界可以据

---

① 山西省文献委员会：《山右丛书初编》（全16册），太原：山西人民出版社1986年版，出版前言。

之较为全面地考察和了解其藏书和学术思想。

相较于近代史上早已闻名遐迩的瞿、杨、丁、陆等著名藏书家，专门研究耿文光藏书学术成就与思想者并不为多。著名文献学家来新夏先生早在1980年就曾对耿文光藏书与学术思想长期忽视缺乏研究而大声呼吁①。1988年，中州学者申畅等编纂的《中国目录学家辞典》"耿文光"条点明其目录体例"集诸家书目之长，征录均注出处，少有己见"的特色②。而后，李俊才首先发表了关于耿文光目录学思想的研究文章③，郑伟章以晋省藏书家巨擘之望表彰耿氏文献家身份，钩稽书目编纂，并对《万卷精华楼藏书记》一书专门分析，较有影响④。李玉安、黄正雨《中国藏书家通典》"耿文光"条评其"顷毕生精力撰《万卷精华楼藏书记》，历时20年五易其稿，以《四库全书总目》（后文简称《总目》）之例，以年谱之体，善本书记载较详，每门先有总论"，全书著录书名、卷数、作者，对版刻记录最详。⑤此处"以年谱之体"者恐非《万卷精华楼藏书记》而是耿文光的《苏溪渔隐读书谱》。这些研究仅仅是宏观评介，但缺乏系统考量。当代藏书家韦力颇高许耿书，常置案架翻阅，并对《万卷精华楼藏书丛记稿序》中提到的"偶作泛槎之游，遇尧山先生于竟因石室"提出质疑："耿文光遇到了一位这么懂目录版本学的前辈，前辈还能把这么多知识和盘教授，用他自己的说法，自此之后他才明白了什么才叫'版本'，但是，我怎么读都感觉到这有可能是耿文光编织的

---

① 来新夏：《谈谈古典目录学研究中的几个问题》，《南开史学》1980年第2期，第254页。

② 申畅等：《中国目录学家辞典》，河南人民出版社1988年版，第281页。

③ 参见李俊清《耿文光及其目录学成就》（《社会科学战线》1989年第3期，第336—342页）、《略论耿文光及其目录学成就》（《晋中学院学报》1990年第1期，第54—62页）。

④ 参见郑伟章《文献家通考》（清—现代），北京：中华书局1999年版，第1016—1019页；郑伟章《善读书者必通书目 目录学家、藏书家耿文光考述》，《北京社会科学》1999年第3期，第135—143页。这一时期还有李艳秋《耿文光的目录学成就》（《图书馆学研究》1998年第5期，第100—103页）、《耿文光的目录学成就》（《图书馆工作与研究》1998年第6期，第51—55页）等研究论文。

⑤ 李玉安、黄正雨：《中国藏书家通典》，北京：中国国际文化出版社2005年版，第657页。

一个美丽神话。因为耿文光已经到了近代，这个时代的资讯较为发达，如果世上有这样一位极懂目录版本学的隐者，恐怕很容易让人发现。因为搞目录版本鉴定跟搞研究还略有区别，毕竟要广见异本，才能增长眼力，这就必须要跟书界有太多的交往，而在目录版本界却完全不知道有这么一位尧山。"①且不说"韦力之惑"，耿文光目录学思想近师四库，远法宋代以来众家目录之编撰，其学术渊源丰厚可知。

近年来，研究耿文光学术思想渐成风气。其中，蔡锦芳、唐宸点校的《杭世骏集》就引用了《苏溪渔隐读书谱》"序跋尤当慎择"的观点，并甄录耿氏关于词科之学之考评②。宋一明关于耿文光版本学、张宪荣等对国图藏耿文光《日课书目》、《目录学》及《万卷精华楼藏书记》等著述的考辨及目录学思想研究也是难得的高质量研究成果③。

就耿文光这样一个藏书盈架和著作等身的目录学家而言，学界的学术研究虽如以上所述出版了其大部分著述、发表了一些较有影响的论文，但是不足之处非常明显。可以说，晚清时期新旧文化交融之下，作为目录学核心的分类法，在各种藏书目录中的不同表现反映了多维的学术指向。具体到耿文光书目的学术指向，作为西学东渐多维文化环境中的一个典型个案，其坚守传统的学术特点值得我们进一步研究。

---

① 韦力：《书楼觅踪》（上），北京：中信出版社 2017 年版，第 350 页。

② （清）杭世骏著，蔡锦芳、唐宸点校：《杭世骏集》第 5 册，杭州：浙江古籍出版社 2015 年版，第 1508 页。

③ 参见宋一明《耿文光版本学举隅》（张有智、张焕君主编：《陟彼阿丘 首届晋学与区域文化学术研讨会论文集》，北京：科学出版社 2016 年版，第 72—78 页）；张宪荣、杨琦《论耿文光〈苏溪渔隐读书谱〉的特点和价值》（《图书馆界》2018 年第 1 期，第 12—14 页）；张宪荣《国图所藏耿文光〈日课书目〉考》（《古籍研究》2018 年第 2 期，第 100—106 页）、《国图所藏耿文光二十卷本〈目录学〉考》（《山东图书馆学刊》2018 年第 3 期，第 88—91 页）；杨琦、张宪荣《论耿文光〈目录学〉与〈万卷精华楼藏书记〉的关系》（《图书馆研究》2018 年第 2 期，第 123—128 页）。除此之外，尚有李琦《晚清藏书家耿文光研究》（苏州大学 2006 年硕士学位论文）、李澍懿《〈万卷精华楼藏书记〉研究》（山西师范大学 2013 年硕士学位论文）、邢幸《耿文光的目录学思想发微》（《河南图书馆学刊》2017 年第 9 期，第 135—137 页）、康维艾《藏书万卷 著作等身——记灵石籍目录学家耿文光》（《文史月刊》2018 年第 4 期，第 69—73 页）。

3. 耿氏藏书偏好与编目的重心转移

道、咸年间的中国已经是数千年未有之变局，生于彼时的耿文光却仍然处于一个正统士人的成长轨道中。他先世多藏书，兼设书肆。其自少嗜书成癖，成年后常奔走于平阳（临汾）、介休、太原和京师书肆，穷搜博访，读书买书往往不惜重价。到同治九年（1870）时，藏书已达八万余卷，遂筑"万卷精华楼"。历来学者读书皆与其学术偏好相关，而专以收书、藏书、贩书为业者则以学界需求、社会需要为导向，读书有门径、贩书讲门道，这中间都与学术修养的历练有莫大关系，而书目编撰则是其中具体的体现。耿文光虽喜而收、聚而丰、藏而读，但读书多并不一定必然导致学而优则仕，所以没能金榜得名在很大程度上强化了他后来兴趣的广泛性、收书的专业性、藏书的全面性，使得他能够以一种研究型藏书家的心态从事书目的编撰工作。耿文光长期在基层盘旋的人生经历直接影响了他的学术行为和思想。诸如生老病死等人生常态事件，在不同时段产生的具体影响是不同的，这从耿氏藏书风格的三次转变可见端倪。

（1）日事搜藏，亲殁以变

对大多数读书人来说，读书问学的最终目的是获取功名，耿文光七岁开始读《大学》《中庸》，并深受程朱章句之学的熏陶渐然，所以耿文光在成年后对儒家程朱理学的书籍有很大兴趣。在《苏溪渔隐读书谱》中他就谈了诸多关于经学文本的看法，如关于《大学》："《大学》不题姓氏又引曾子之言，故樊良枢以为决非曾子之书。""或谓三纲领、八条目之外安有所谓本末，何必传以释之？然终无以易朱子之说也。"[1] 他还基于自身的收藏经验说："予藏经解数百种，去其不足重轻之本，取其可据可传者遍阅之，合于古注、朱注

---

[1] 耿文光：《苏溪渔隐读书谱》，载《北京图书馆藏珍本年谱丛刊》第 171 册，北京：北京图书馆出版社 1999 年版，第 174、175 页。

者十之五，合于经旨者十不得其一焉。"① 本来按部就班地发展下去，也许会出现一个治世名臣。但社会的发展不以人的意志为转移，一些猝不及防的事件往往会产生重要的影响。

十六岁之前耿文光尽读经书，直至道光二十五年（1845）十一月十七日父亲去世。之前，父亲因身弱气虚、痰喘等疾病数十年，他兼志于中医，读医书、习医术、编医籍书目，但不识门径，始理医业而父母已先后去世，唯留无尽伤痛而已。虽然亲侍汤药者久，又记程伊川"为人子者不可不知医"之训，"遂有志于学医"，但其时"幼冲无知，不识门径"，过了 15 年才开始从事医业，而此时子欲孝而父母不在了②。这就成为其收医书编撰《医学书目》的最大动力。有关《医学书目》据《读书谱》卷二"咸丰九年（1859）己未三十岁"条云："医家书俗本最多，不可向迩。予因撰《医学书目》，所载皆古本精本，其浅学之说皆不与焉。医学中有逞口辨者，文词虽美，不可以治病也。又有笃信宋版者，宋版虽佳，无当于四诊也。此学全在临时审察，随机变通。束书不可，泥书亦不可也。"③ 其父临终前要求他"慎交游、甘淡泊、读古书、求秘本"，并说"勤读《近思录》则妄念不生，常观阳明书则会心不达"，"无论汉学、宋学，只学便好，以汉学读书，以宋学穷理，如是而已"。④ 这些看法深深影响了耿文光学术取向，其藏书风格为之一变。

在勤搜博访之外，耿文光开始整理自身所藏目录，并加以研究。早在咸丰三年（1853），他就通读了《天禄琳琅书目》《四库全书总目》，对公私书目详加查察，凡有关于考证的书目都是成为他目录学研究的材料。从这年开始，他编订了一册书目，记录方志、经籍、释道等书籍，他说："书目所关者甚重，此学勤于翻检，日事抄录，积久自有大益，盖精于目录则群书易治

---

① 耿文光：《苏溪渔隐读书谱》，第 191 页。
② 耿文光：《苏溪渔隐读书谱》，第 248 页。
③ 耿文光：《苏溪渔隐读书谱》，第 276 页。
④ 耿文光：《苏溪渔隐读书谱》，第 248 页。

矣。"①目录就如看人熟识其面必知其心，如观物知其名必得其实。在六十岁时写作读是书之感受时，结合时人藏书志的图书分类对目录学作了系统性论述：

> 目录之学由是而入研究数十年始得门径。郑氏有《三礼目录》，此目录之始，然非群书之目也。《汉书艺文志》《隋书经籍志》最要，然止记书名卷数撰人名氏，其它不能知也。宋《崇文总目》略有解释，晁公武《读书志》、陈直斋《书录解题》则加详矣，马氏《通考经籍志》备晁、陈二家之书及高似孙《四略》，又采诸史志传、《宋朝馆阁书目》并诸家序跋详之又详矣。明《文渊阁书目》《天一阁书目》《汲古阁书目》皆无所发明，钱曾《读书敏求记》《述古堂书目》于读书亦无所益，然皆不可废也。
>
> 国朝朱氏《经义考》所采极博而序说太繁，《爱日精庐藏书志》《皕宋楼书目》多明宋本大体相仿，不能如马考、朱考之繁征博引，互相证明。《拜经楼藏书记》《士礼居题跋记》二书亦相仿，多叙得书之由、相晤之语，盖赏鉴家之所为也。孙氏《平津馆书目》、莫氏《经眼录》皆辨宋元旧板，不及著书之旨。他如渔洋《说部精华》、钱氏《养新录》《潜研堂集》《何义门集》，其中书跋最多，凡此皆有关于考证。予为目录学多取诸此，其余书日尚多未暇悉举。②

耿氏还编撰了《金石书目》，《读书谱》卷二"咸丰四年（1854）甲寅二十五岁"《考石鼓文》有记载："余为金石学，自石鼓文起。初友人赠余以拓本十幅，不知为何物也，读昌黎《石鼓歌》始知大略。……由是而读石经，读诸家金石书，始有门经，因成《金石书目》四卷"。这是关于《金石书目》

---

① 耿文光：《苏溪渔隐读书谱》，第 265 页。
② 耿文光：《苏溪渔隐读书谱》，第 262—264 页。

最为集中的记述。耿氏又接着说:"其石鼓诸说并集古录诸考皆编入《目录学》。"①可见,《金石书目》与《目录学》有重要的内容关联和区别。

《仁静堂书目》启编于同治九年(1870),是书虽佚,但借助《读书谱》我们看到《仁静堂书目》之叙才得以观其概旨:"余先世藏书多善本,零落断残不可复整。丙寅(1866)得吾邑王丈书六百余种,戊辰(1868)又得杨氏书五百余种,爰构一庐,分为十架,缘架上下,位置皆宜。据书修目,删芜录要,尚得如千卷,子孙之能读能守未可知,而采访之劳不可竟泯。自娱之意差堪告人,遂写成八册,名曰《仁静堂书目》。"②在录其序后,耿文光在读书谱中又介绍了此书刻印板式及撰述概况:"此本一目一行,每行正写书名卷数,旁注某代某人撰某刻本某抄本。所采诸说弃之可惜,因系于各类之后,谨遵《四库全书目录》分为四十四类,而时代先后未次,以俟暇日重为订正。其书好而板本不佳、板好而书无足取者,悉列之外编,不使相混。"③由此可见,他遵循"四库"体系的学术取向。在《读书谱》"同治九年庚午四十一岁条"中,他记载了有关编撰《仁静堂书目》的事情,录存其序,序言之后就说该书目"谨遵《四库全书总目》分为四十四类,而时代先后未次,以俟暇日重为订正。其书好而板本不佳,板好而无足取者,悉列之外编,不使相混"④。由此可知,此书目在编纂过程中亦存在诸多问题,他也拟订了纠偏之法。

耿文光编撰《目录学》始于1871年。《万卷精华楼藏书丛记序》有一段"叙曰"的陈述就提及了这本书,归结起来有如下几点:一为治学之法。目录之学,必"博考群书,默参校法,精心鉴别,以求一是",才是"下学之功"、读书治学之要义。二是治学之目的。贯通书籍义理、旨趣、脉络,"终

---

① 耿文光:《苏溪渔隐读书谱》,第 266、267 页。
② 耿文光:《苏溪渔隐读书谱》,第 338、339 页。
③ 耿文光:《苏溪渔隐读书谱》,第 339 页。
④ 耿文光:《苏溪渔隐读书谱》,第 339 页。

必有知之日"，纵观诸家书目，如《遂初堂书目》《汲古阁书目》《天一阁书目》等对于"古书之支派流别、篇卷分合，都无所发明，其于学问之事，更相远也"。欲达深遂学问之目的，务必"汇聚史志，穷源溯流，得其解目者先解其目"，务必"网罗群籍，得其解书者而详解其书"。三是矜夸成绩。说其读书生涯中，编撰了七种目录。其《目录学》实则亦以四部分类法为基础编撰而成的收藏书目，这就决定了其理论突破的可能性很小。从藏书管理角度，目录能够从宏观上起到规模藏书的控制和揭示，而且有助学问进益，所以耿文光认为，"欲治群书先编目录，目录成而学未有不进者"①。

（2）科举失利，自号渔隐

1873 年，公车北上试举，未赴挑场。科举不成，家庭又逢遭不幸，这本是很多底层士人的生活常态，对耿文光这样的读书人来讲却是无法接受的，所以不免以古人为榜样，业不能忘，励志而行，闲中追忆，以读书编目为消遣，一连串事情接踵而至促使其藏书之风又为之一变。耿文光自号"苏溪渔隐"即是这种变化的反映。苏溪是其家乡，"渔隐"早先作为一种绘画题材，始于唐代诗人张志和隐而不仕，创作了《渔父词》和《渔隐图》，从此这一题材便经久不衰。各个时代所追求的归隐意味是不同的，后来文人们所描绘的《渔隐图》中出世隐逸的思想被大大淡化，转变为不太关注现实社会的隐喻，更有诸多借隐沽名钓誉者。耿氏由遵经积极入世到隐逸心态的人生转变更多是科举不成转而藏书自娱的无奈。可以说，其自订年谱《苏溪渔隐读书谱》之名就有自甘淡泊的影响，透露出其传统文人"隐逸"于世的心理状态。每个人的学术选择都与其人生路径相辅相随，耿文光身上就更为明显。

《目录学》集部于同治十三年（1874）撰成，共编 13 卷。在《读书谱》中，他对《目录学》的编撰进行了总结："是编惟所取读之书详为考订，门类虽不能全备，故只分经、史、子、集，合《精华书目》互观之则彼此各有

---

① 耿文光：《苏溪渔隐读书谱》，第 341 页。

益处。其中有不足而亦著者……皆著其不善非昭其美也。"① 诸书目"互观"
足可兼善昭美，这也为我们更为全面、客观、系统、深入研究耿文光的学术
思想提供了一个可行的思路。耿文光还有一部题作《日课书目》的书目，今
存国家图书馆。耿文光曾谈到其早年收书多陋，既乃精好，大发"昔苦无书
今有书而不能读"之感慨。因此，"爰发所藏定为《日课》"，初名《日课书
目》，后改。据此，有学者认为《日课书目》就是耿氏编目过程中的一个类
似于日记式的稿子，而不是一部有意编订的著作，应当视为《目录学》和
《精华书目》编撰的工作稿或未定稿。② 既然如此，我们就比较一下《日课书
目》与《目录学》《精华书目》的关系。现存《日课书目》凡例六条，其主
旨思想与《目录学》基本一致，《日课书目》凡例开头亦如《目录学》皆是：
"是编先录书名、卷数，次著撰人名、爵里、姓氏，次编辑首尾序第，次板
本，次序跋，次举要，次诸家论说，末附案语。"③ 正如《精华书目》序中所
云"所谓离之则双美，合之则两伤也。"虽然这话是就《精华书目》与《紫
玉函书目》《仁静堂书目》的关系而言，但与《目录学》的关联亦很大。《精
华书目》中说"疏通其轇轕""考证其讹谬"的书目都详载于《目录学》④。再
者，《目录学》序中提到"昔苦无书，今有书而不能读，同一太息。爰发所
藏，定为日课（初名"日课书目"，后改今名）。其中有成篇者，皆旧稿也，
随手抄录，积久渐多"⑤。由此可知，《日课书目》与《目录学》虽有初名、今
名的关系，但不能据此认为二者就是同一部著作，至于换了个名字只能说明

① 耿文光：《苏溪渔隐读书谱》，第 364 页。
② 张宪荣：《国图所藏耿文光〈日课书目〉考》，《古籍研究》2018 年第 2 期，第 101 页。
③ "次编辑"下有墨涂"次"字，旁有"首尾序"小楷字。见耿文光《日课书目》，清稿
本，载《清代私家藏书目录题跋丛刊》第 9 册，北京：国家图书馆出版社 2010 年版，第 51 页。
④ 参见山右历史文化研究院据民国二十三年（1934 年）《山右丛书初编》本整理的耿文光
《万卷精华楼藏书记》（第一册），上海：上海古籍出版社 2016 年版，第 7、9 页。
⑤ 耿文光：《目录学》，参见《清代私家藏书日录题跋丛刊》第九册，北京：国家图书馆出
版社 2010 年版，第 406 页。

作者思想在不同阶段的具体特点。通过流传到现在的这几本书目的比较来看，正如耿氏自言"离之双美，合之两伤"，保留不同的书目本子，是各书目各有侧重、功用不同的表现。

光绪元年（1875）耿文光开始编撰《万卷精华楼藏书记》。据《万卷精华楼藏书丛记稿序》，耿文光把所收"专考古书"的书籍编为《紫玉函书目》，把"专记藏书"的书编为《仁静堂书目》，其他书籍编为《藏书记》。①体会耿氏之意，《藏书记》应为《万卷精华楼藏书记》之简称，作为《四库全书》之后个人独立完成的特大型综合类考辨提要性纂述，耿文光《万卷精华楼藏书记》所著录书籍论版本源流、篇章分合、义理旨趣、得失利弊等，提纲挈领、条分缕析，论列《四库全书》未及备载之典籍，从这个意义上说，"《万卷精华楼藏书记》是千秋佳作，只怕也不过分"。加之《目录学》，这就是所谓"耿氏书目"四种。而且耿文光的诸种书目各有侧重，即其谓"详于彼者略于此，否则重见叠出矣"②。

光绪五年（1879）耿文光在《读书谱》录了其《五十自序》。自云五十之年儿子悲孙早夭而过世，由此而发"古人有所感触发奋著书，今之目录犹是意也"。这个目录即指《精华书目》。又云："昔伯玉行年五十而知四十九年之非，余五十而愦愦若是。犹为此破碎之身心、性命之理何日玩索焉。然所业不能忘也，闲中追忆，笔而存之。"③"破碎之身心"就是他这段时光的心理状态，至若经学性命之理已经为书目之事业所取代，之后大多时光也就是闲中追忆旧藏故事，编撰收藏书目了。

耿文光还于光绪十四年（1888）修成《紫玉函书目》。《读书谱》录其序曰："将以考名物、详训诂，舍书何以哉？将以精鉴别、识别途，舍目何

---

① 耿文光：《万卷精华楼藏书记》（第一册），上海：上海古籍出版社 2016 年版，第 7 页。
② 耿文光：《苏溪渔隐读书谱》，第 359 页。
③ 耿文光：《苏溪渔隐读书谱》，第 408 页。

以哉？藏书者，非所以夸多而斗靡。读书者，岂可以务末而忘本？因目以知书，因书以见道。返而体诸身心之问，显而著诸事为之迹。……必得宋本而后读书则终身无读书之日，不择善本而遂读书则半生皆误用之功。是在善读者慎择而已。"①耿文光在读书、收书时秉持的是不专务宋本而择善本的通达心态，如果"必得宋本"就会为外物所惑，终身无读书之日。"不择善本"读书也会所选不淑导致"半生皆误用之功"。这也反映出宋本在其藏书学术视野中的专业性、科学性。

（3）忽遭家变，刊刻书目

光绪十五年（1889）耿文光撰成《苏溪渔隐读书谱》，谱中提及家事："五十五岁忽遭家变，所藏之书即身而散。先弃其重者、大者，继弃其坊人所重而己不甚在意者。然予所收零本最多，虽弃其十之九，而较之微书之家，犹余十之九也。夫得失何常？聚散无定，况自古无久藏之书，此亦何必系恋于怀？然一加翻阅，未免窘迫，此意未可为外人道也。"②此番家变使其藏书学术又为之一变。得失无常，聚散无定，这是私人藏书之常态。人生十之八九亦多不如意，耿氏于人事消磨、时事变换感慨良多："吾终生一学中人也，惟科举之学未尝尽心，而业其所业未尝废业，日有所益。欣欣焉如木之荣，日有所缺；忽忽焉如宝之失，其所得之深浅高下吾亦不能自知，勉勉焉而已。"③

人生暮年的耿文光，虽家藏旧籍皆已星散，但对书业出现的新情况还是非常注意："是时七省皆开书局，校刻之本颇胜从前，而南方家藏之板尤有精者。俸金之入足以购书，苟得以广所未见，则后之所聚定胜于前而笃嗜如吾至老不衰矣。"④此时耿文光更多的精力是将其毕生所藏之结果以著作的形式公诸于世。他于光绪二十年（1894 年）以《耿氏丛书》结集刊印自著书

---

① 耿文光：《苏溪渔隐读书谱》，第 485 页。
② 耿文光：《苏溪渔隐读书谱》，第 489 页。
③ 耿文光：《苏溪渔隐读书谱》，第 490、491 页。
④ 耿文光：《苏溪渔隐读书谱》，第 490 页。

目，但今所存多残本。国家图书馆有《耿氏丛书》抄本 2 函 18 册，存三种，即《耿氏丛书》之三《万卷精华楼藏书记》存二十卷，《耿氏丛书》之二《目录学》存六卷，另有《日课书目》。国图还有一部《耿氏丛书》第二种《目录学》。《目录学》"书无限断、读无穷期"，分甲至癸十集①。但我们所看到的这个刻本只是原计划的甲集，原本的二十卷因无力发刊而在光绪二十年刊刻时只刻九卷。山西图书馆藏有《万卷精华楼丛稿》146 卷光绪十四年（1888）稿本，《苏溪渔隐读书谱》4 卷光绪十五年（1889）稿本，《目录学》9 卷和《耿氏丛书》1 卷皆为光绪廿年（1894）本。《苏溪渔隐读书谱》1894 年收入《耿氏丛书》之五。天津图书馆还收藏有《耿氏藏书目》稿本 1 册 1 函，该书采用经、史、子、集、丛分类，经史子集各部下分子目若干，丛书则分五部分，而无类次。末有拾遗，亦按四部区分。著录项目包括书名、卷数、撰人及其时代、册数，间录版本。全部书目收录典籍"通共六千三百八十三种、八万四千八百卷、五千七百零三套、三万五千九百六十三本"，末有铃印"耿文光字星垣一字西山"。② 据来新夏等学者研究，此本当为耿氏藏书之简目，而《万卷精华楼藏书记》则为详目。

借由耿文光《目录学》《苏溪渔隐读书谱》和《万卷精华楼书目》等著述的编撰，我们可以看到一个读书人师学古典目录，虽科第不成而坚守读书自娱的心路历程，其知识视域虽无法超越前人亦属难能可贵。

二、后四库时代耿文光目录门径说略论

进入民国，关于"四库"的讨论日渐兴起，不管是出于《四库全书》的

---

① 耿文光：《目录学》，《清代私家藏书目录题跋丛刊》第九册，北京：国家图书馆出版社 2010 年版，第 413 页。
② 来新夏：《清代目录提要》，济南：齐鲁书社 1997 年版，第 192 页。

文献价值而大倡影印出版，抑或出于"四库"收书的局限性而主张续编，还是从《总目》的学术价值出发加强专门研究，"四库"在当时社会大变局中很明显已经成为能够承担某种文化使命的文化具象①，"四库学"蔚为大观。民国晚期，杨家骆等编纂《四库全书学典》从《四库全书》的世界性立论，认为它实际上是以"丛书体裁表示出的当时中国人的知识世界"②。事实上，清高宗纂修《四库全书》不但有采纳周永年等的"儒藏"说以备聚儒家典籍于一体从而与"释藏""道藏"相抗衡的雄心，更要者是其网络群书远迈千古志向的表现，如此"将儒藏知识幅度予以扩大，旁及中国境内若干少数民族作品，及当时已在国内流传的一部分外国人著作"③。《总目》的编纂者对朝廷扩充传统知识世界幅度、知识领空波及范围的文化雄心自然熟知，所以在编撰过程中以"四部"网罗万有，构建了繁复、科学的文献分类体系，对后世影响甚巨。

通过"四库学"的简单回顾，我们发现对耿文光的学术研究，可以在内容和方法上分析其因循乾嘉考据的学术路数，在学术视野上宜以后四库时代的书目编撰特点和价值予以观察。因此本文从《四库全书》《总目》编撰的影响出发探讨后四库时代目录学如何在耿文光目录编撰实践中体现出遵循四库的特征，尤其是其目录门径说之意涵如何承继前贤，比肩同侪，启示后学。

1. 耿文光阅历日丰和人生追求的难以实现

早年的耿文光痴心于经史之学是为了科举有成，所以对程朱章句兴趣很大，在学习的过程中积累了大量的藏书，形成了丰富的经学认知。如

---

① 林志宏认为，民国时期，《四库全书》作为国家文物，经由印刷、出版和传布，被赋予传承"国粹"的文化功能，化身为新的民族国家之认同。参见林志宏《旧文物，新认同——〈四库全书〉与民国时期的文化政治》，《中央研究院近代史研究所集刊》2012年第77期，第61—99页。

② 李煜瀛、杨家骆：《四库全书学典》，上海：时代书局1946年版，第2—4页。

③ 吴哲夫：《四库全书纂修之研究》，台北：国立故宫博物院1999年版，269—273页。

关于《大学》："《大学》不题姓氏又引曾子之言，故樊良枢以为决非曾子之书。""或谓三纲领、八条目之外安有所谓本末，何必传以释之？然终无以易朱子之说也。"① 朱熹在其《大学章句》中将《大学》提出的"明明德""亲民""止于至善"视为"大学"之纲领，格物、致知、诚意、正心、修身、齐家、治国、平天下称为大学之条目。后人称之为"三纲领八条目"，简称"三纲八目"。再如《中庸》："《中庸章句》在《孟子集注》之后，刻本因叶数少，遂并《大学》为一册。非朱子之原第也，虽相习已久，宜知其初。"② 这些儒家经典之所以诵习益久就是因为义理精深，从文献版本角度他认为儒家经典注本虽多，但亦有学问深浅、语言精粗之别，不能一律视之，不同出版者也显示出不同的学术流派："经解刻于通志堂者皆宋学，刻于学海堂者皆汉学。宋学义理精，汉学训故确，二者虽不可偏废。"③ 他还从自身的收藏经验说："予藏经解数百种，去其不足重轻之本，取其可据可传者遍阅之，合于古注、朱注者十之五，合于经旨者十不得其一焉。"④ 进而提出研读经书之法："泛览则无归，寡闻则不达，是故宜博观而约取也。然诸家所云，荟萃群言折衷一是者往往是其所是，未必为万世之公，是故孟子云：尽信书则不如无书。"⑤ 可见，他对于汉宋学术门户之争洞若观火，有调和倾向。他借由当时比较流行的汉学、宋学门户之争说明了区分汉宋的目录学途径。耿文光认为知书与藏书、读书应该紧密联系在一起的，否则不管藏书还是读书都如暗夜行路而不识方法与门径。

耿文光正常读经收书，直至道光二十五年（1845）十一月十七日父亲因病去世而发生改变。父亲临终前要求他"慎交游、甘淡泊、读古书、求秘

① 耿文光：《苏溪渔隐读书谱》，载《北京图书馆藏珍本年谱丛刊》第 171 册，北京：北京图书馆出版社 1999 年版，第 174、175 页。

② 耿文光：《苏溪渔隐读书谱》，第 175 页。

③ 耿文光：《苏溪渔隐读书谱》，第 190 页。

④ 耿文光：《苏溪渔隐读书谱》，第 191 页。

⑤ 耿文光：《苏溪渔隐读书谱》，第 191 页。

本"，并说"勤读《近思录》则妄念不生，常观阳明书则会心不达"，"无论汉学、宋学，只学便好，以汉学读书，以宋学穷理，如是而已"。[①] 这些看法深深影响了耿文光学术取向，其藏书风格为之一变。按照父亲的遗言，耿文光自是年后"以购书为事，求古人读书之法而诗文不甚致意"，而且他还认为，不仅购书要讲求门径，若无人指引就会堆积俗本不可依据，而且读书更有门径，否则若无人指引则会在浩如烟海的书籍中无法找到起点。所以，"藏书家有不知书者终身读书有不免门外者，是不可不求其故也"[②]。耿文光以收书、读书为生，以书为师，每得书、读书、跋书均加著录，并著读书之法及心得。在读经方面，以《经典释文》《学海堂经解》为师；史学研修方面，以《史通》《十七史商榷》《廿二史考异》为师；文学修养方面，以《文心雕龙》为师；诗学方面，以各家诗话为师。十七岁以后，耿文光开始搜读史部书籍，如《资治通鉴纲目》《资治通鉴》兼及经子诸部，其间他通过收罗张氏之书数十种对汲古阁本、清殿本等认知颇深。关于《史记》《汉书》传世版本亦评鉴甚精："明刻本《史记》甚多，注文皆删节不完，未可为读本也。"《汉书》无北宋本，今所传者皆三刘校定之本。两汉博闻其书，虽无甚意味而所据者真北宋本也，诸家藏书志皆未言及，特为拈出。"[③] 所以，文献学家郑伟章拿近代著名藏书家陶湘与耿文光藏书相比："清末民国初，陶湘涉园所藏汲古阁刻书最备，几达毛氏刻书百分之九十几，并撰《明毛氏汲古阁刻书目录》。耿氏所藏毛氏汲古阁刻本，《万卷精华楼藏书记》著录极多，若以陶氏《目录》相较，迨亦相差无几。"[④]

咸丰八年（1858），他二十九岁正是参加科举的最佳时期，读《钦定四

---

① 耿文光：《苏溪渔隐读书谱》，第 248 页。

② 耿文光：《苏溪渔隐读书谱》，第 248、249 页。

③ 耿文光：《苏溪渔隐读书谱》，第 255 页。

④ 郑伟章：《善读书者必通书目——目录学家、藏书家耿文光考述》，《北京社会科学》1999年第 3 期，第 137 页。

书文》后总结道："广集诸评附以管见，凡名家评语皆金针度人之处，由此而入便是门径。凡读文先要认题，题之界限最为要紧。说来说去，要在题中。题既审清，便将自己之心钻入。作者之心，一字一句皆向题上想。"① 每练习一篇都要认真，那么正式作文时就不费力了。作文时要讲求理路、法路、笔路、意路四路，铸题、制局、命意、遣词四炼。虽是应付科举考试的经验，但于今人研究为文也是非常有价值的。耿文光处十六岁到三十岁看书很多，所见时文亦多，名稿名选随见随收，但不入目录。收入书目虽丰富，但秘本不多，仅仅是其中较好者的三分之一。此时他尚未体会科举之路到底有多艰难，到六十岁时书写《读书谱》时已才中己丑科大挑二等选为平遥县训导，写出此番科举总结自然有一种意得志满。

1861 年，耿文光阅读了黄宗羲的《宋元学案》《明儒学案》，认为学案虽不免门户之见，但他"于汉宋两学只求其至精至当之处，于朱陆之学力求其深造自得之妙，而门户纷争之论概不欲观。然考证之学愈辨愈精，足补前人之阙，相得而益彰。朱陆之辨愈议愈纷，既损于朱陆亦无益于自己。于世道人心更无所关系，实不知其心之欲何为也"②。次年，耿文光开始读集部之书。在论列唐代诗文版本之后云："唐沿六朝习文以俳偶为主，观《晋书》笔法可知其略。自韩、柳崛起，唐之古文遂蔚然极盛。然如李北海之高古、元次山之奇肆，二人皆在韩、柳之前。""元结与独孤及澌除排偶绮靡之习，萧颖士、李华左右之而文格遂变。晁志谓：韩愈学独孤及之文当必有据，但风气初开未能如韩、柳之精彩焕发耳。"③ 从其所论亦见修习文学史之脉络。1863 年，他开始接触宋代文集，认为："宋初沿五代之习，文体纤丽。柳开与穆修力变其格，其倡始之功实不可泯。二家之文皆本韩、柳而体近精涩，然开

---

① 耿文光：《苏溪渔隐读书谱》，第 273 页。
② 耿文光：《苏溪渔隐读书谱》，第 284 页。
③ 耿文光：《苏溪渔隐读书谱》，第 287、288 页。

之学及身面止，修则一传为尹洙，再传为欧阳修，而宋之文章于斯为盛。"①
关于唐宋文学之脉络可谓分析清晰。就宋代文章而言，他认为北宋文章具有
典型，南宋诸家渐流新巧。因其喜读文章而排斥诗，学界论文之言甚多，在
此不赘叙。耿文光谓宋学、理学之为道学，从道学脉传说到门户之争，又谈
到明代东林书院为陆龟山之讲学故址，他把理学诸集与儒家书籍并观，并
将《宋史》"道学""儒林"与文章正宗之理学文、濂洛风雅之理学诗相对应。
最后认为，读书有分读、合读二法。分读就是"一事为一次"；合读即聚众
本，只明一事而别有见解且易记忆，"若读书只守一本，不但本书之外不能
知，即本书之内亦不能知也"②。众所周知，传统的中国读书人对安身立命的
基础——经学掌故——无不顺手拈来，但对其学术源流的理解是有门户之别
的，所以在不同流派中读书之法是不同的。对坚持汉宋合流的耿文光而言，
读经书与经典书籍收罗的指导思想是一致的，可是对于志在光大其学术思想
的藏书家来说，通过某种形式的书目展示和谱系表达，来宣传他博采众长、
博览约取的读书之法。

1865 年，耿文光读《汉学师承记》后又阐发其识门径以读书之法："读
书从经史入门方识大体，又必多见古书而后可以择善，学问思辨皆所以择善
也，千古读书之法不能易此。徒资记诵以为词章之用，虽读破类书亦雕虫小
技。"③耿文光以宋学在宋代就饱受讥弹，说到方东树《汉学商兑》力抵汉学
之非"甚于洪水猛兽"，再论著书之体，认为著书宜知大体："大体既正，虽
小有疏漏，不足为全书之累。大体既坏，虽小有补缀不足登作者之堂。"④他
引时彦说："著书必取镕经义而后宗旨正，必参酌史裁而后条理明，必博涉
诸子百家而后变化。……故不明著书之理者，虽诂经评史不杂则陋。明著经

---

① 耿文光：《苏溪渔隐读书谱》，第 295、296 页。
② 耿文光：《苏溪渔隐读书谱》，第 306 页。
③ 耿文光：《苏溪渔隐读书谱》，第 314 页。
④ 耿文光：《苏溪渔隐读书谱》，第 315、316 页。

之理者，虽稗官脞说具有体例。"①虽然他是从经学阅读出发分析著书宗旨，但于读书人而言确有实际效用的。

同治年间，耿文光收藏书籍益多，因而得以博览史部、集部之书，见识日广。同治十年（1871）在《目录学》序言中他提到以书为师，读各部书时皆有其学法门径。在经学阅读时以《经典释文》《学海堂经解》师，《史通》《十七史商榷》《廿二史考异》为读史之师，《文心雕龙》为读文学之师，诸家诗话为读诗之师，其他领域如算学、医学、兵法都有门径可寻，按目而求，明白易晓。这些"师说"，无非就是解释说明读某类型书籍的门径之法。他时习经史，深感汉学重师承亦是家法又曰师法，《汉书》多言师法，《后汉书》多言家法但又不改师法能修家法，北宋经术也严守家法。于是他"随手抄录，积久渐多，以此引导童子，俾早知书无伤老大，诚读书之门径、下学之阶梯也。近世非无人才，半为俗学之误。俗学之误又始俗刻陋本，或因坊贾射利，或出庸手所为"②。俗学即专为科举之学，俗本即全载时文之书，所以俗刻陋本从城市书堆到村塾书案盈案而陈"足以汩没性灵，涂泥耳目。毒之所中，百万莫治"③。久读科举之书埋没性灵，这是其切身体会，足以为后世鉴借。另外一方面，读书人深陷"皓首穷经朝讨夕究"之中，对学术发展亦非常不利，"此其专门之授受不可得而考也"。他还进而分析，"文章不本于经术，学问悉失其师传。幸获一第，沾沾自喜。似乎圣人之学不过如是，深求其故，知为俗本所误"。科举影响读书做人求学，即便很多聪明颖异之士也是深陷其中不可自拔，等到晚年一无所有已然悔迟。④由是，耿文光反思道："古人著作或师弟授受，或家学渊源。晚年之进境宽本于幼时之积累，少壮之精华或胜于老成之剥落则甚哉！"而"今者礼、乐、射、御久矣废

---

① 耿文光：《苏溪渔隐读书谱》，第 317 页。
② 耿文光：《苏溪渔隐读书谱》，第 342、343 页。
③ 耿文光：《苏溪渔隐读书谱》，第 343 页。
④ 耿文光：《苏溪渔隐读书谱》，第 343、344 页。

坠，天文、算法知者亦鲜，六艺之文已除其五，而谐声、假借都不究心，字且不识安问读书？"所以，耿氏发愤购书，遍求古人读书法，著成目录，以示学童，其目的就是通过探讨"经书之源流正变，史家之得失短长，诸子之精言奥语，文法之支分派别"，既"匡谬正俗、发蒙祛妄"，又"经纬终始去，偏党之私成条贯之学"。①这些论说指示后人以门径的导向意识非常明显。

光绪十四年（1888）耿文光修撰《紫玉函书目》时说："目录者，史家之流，书之有目所以考书，与身无涉也。然书之目即吾之目，吾有目而不能辨有为之辨者而乃辨矣。辨吾心之善恶为最初，辨板本之善恶为最末，先务为急末云乎哉？然书者吾师也，师之高下系于书，是乌可视为末务哉？宗宋学者静坐观理，此反约之说也。宗汉学者笃志好古，此博学之说也。……知其为何学，目是已。人无目不明，书无目不审。目者，读书之门也。古之善读书者，或略观大意，或不求甚解，亦安用目哉。"②他再次强调目录为读书之门径，欲知汉宋之别亦必由目录，也就是他所说的"人无目不明，书无目不审"。汉宋调和或者汉宋兼采是嘉道以来学术思想发展所呈现出来的重要文化风气，有其复杂的社会原因，本文无法对之进行详尽论述。就耿文光而言，能够发现汉宋两派各自的弊端，从读书博约之处识其端要，纠偏补弊，摒弃门户之见，从而可能与主张社会变革的"今文经学"接轨，足见其思想发展的积极性方面③。

科举不顺，人生追求之无成，不仅没有促使他产生趋新的勇气，反而使强化了其坚守古典学术的立场，从而回归到怡情典籍，针砭前贤，阐幽发微，这些传统读书人惯常所走的学术发展路数。就耿文光而言，他所处的时代趋新自然是时尚，但新学还不能替代旧学，旧学仍然很有生命力。西学有

---

① 耿文光：《苏溪渔隐读书谱》，第 344、345 页。
② 耿文光：《苏溪渔隐读书谱》，第 484 页。
③ 关于汉宋兼采之论，详情可参见黄爱平《〈汉学师承记〉与〈汉学商兑〉：兼论清代中叶的汉宋之争》，《中国文化研究》1996 年冬之卷，第 49 页。

西学的来源和视野，而旧学的发展仍不出后四库时代所奠定的理论资源和影响，仅就藏书目录编撰和图书分类而言，可供他选择的方案并不多，"七略""四部"足以概括其全部思想之境界。

2.耿文光目录学叙述中的自我体认与阐释

从乾嘉考据学大行其道到晚清西学东渐，藏书家受考据学实事求是精神影响普遍重视典籍版本及其授受流传过程，藏书界形成了著录唯谨、参稽互证、手自校勘的藏书风气，并在著录中对典籍"版本之后先，篇第之多寡，音训之异同，字画之增减授受之源流，翻摹之本末，下至行幅之疏密广狭，装潢之精粗敝好，莫不心营目识，条分缕析"①。诸多藏书家的藏书志、题跋、读书记编撰均受《四库全书总目》"解题内容版本化"深刻影响，"并非从登录藏书入手编制目录，而是从致力学术研究入手，随读书、研究，随写成读书记以表述个人的心得与见解"②，产生了大量学术研究性目录著述，姚名达以为"有专述书之内容以便读者之取材者，周中孚之《郑堂读书记》已启斯意"③。耿文光熟读《四库全书总目》《郑堂读书记》等目录类书籍，而且更为重视著书宗旨、文本考证、版本辨别的考辨异同，并通过并录序跋、案语考订等形式详述每书学术源流，体现出其为了指导读书而非赏鉴的学术风格。

（1）《精华书目》的藏书文化叙述

耿文光从光绪元年（1875）开始修撰《精华书目》就深受乾嘉考据学造成的文化与学术氛围的影响。

在《万卷精华楼藏书记》序中，耿文光对其版本目录学术所自的表述颇具神秘色彩：

①缪荃孙：《莪圃藏书题识序》，参见（清）黄丕烈撰，缪荃孙辑，余鸣鸿点校《黄丕烈藏书题跋集》，上海：上海古籍出版社2013年版，第3页。

②来新夏：《古典目录学浅说》，北京：中华书局2003年版，第170页。

③姚名达：《中国目录学史》，上海：上海古籍出版社2005年版，第140页。

"偶作泛槎之游，遇尧山先生于竟因石室。其时清风徐来，初日方升，平旦之气未泯也。先生饮我以寒泉之水，佩我以金错之刀，殆将伐毛洗髓以解余癖。已而坐拥百城，奇探二酉，睹西垣（俗本园，详见集部，河间试作西律，矩亦沿其误，宜正之。）翰墨，聆东观之议论，而所谓癖者，乃愈沉愈痼，因请于先生。先生曰："幸哉！子之有是癖也。天殆将诱子之衷而厚之以癖，使子以不解者力求其解，予亦安能解者也。夫书有内有外，有内之内，有外之外，皆癖之者所当知也。曰栏，曰口，曰象鼻（象鼻鱼尾乃刻工家言），曰某钞某刻，曰某印某题，此外之外也。曰序，曰跋，曰篇，曰卷，曰某撰某著，曰某音某校，此外之内也。分章断句，辨字义，正音读，此内之外也。立著作之体，蕴精微之义，探赜索隐，钩深致远，此内之内也。而读之者有知有不知，有知外而渐通其内者，有知内而或贵其外者。以记诵为无知，以闻见为外务，察事理之是非，核吾心之真妄，专用力于人道所宜，而不屑屑于考辨名物者，此理学之宗旨也。字求其训，句求其解，因文识义，因义明理，融会而贯通，得心而应手，此汉学之家法也。由汉学而入者，书斯精；由理学而通者，书皆化，化汉学于理学之中，是真理学也。吾子其择从事哉！"因授余一册而别。归而发之，则经学之源流，史家之体例，子之部居，诗文之法律，皆在焉。或提纲而挈领，或分支而别派，或推其学问之所由，或考其议论之所出，或究之本书而决其是，或证以他书而摘其谬，而考订仇校之法收藏刻模之家，无不悉备。至于宋椠元钞，某真某赝，蜀板闽本，为原为翻，凡赏鉴家所争夸而估贩家所传习者，亦间一及之，而非其本旨也。余按其法而谱之，始稍稍知书。而余之所读者，日益少，少则恐慌难遍及，思所以博之，莫如目：此书目之所由昉也。①

---

① 参见山右历史文化研究院据民国二十三年（1934年）《山右丛书初编》本整理本，耿文光：《万卷精华楼藏书记》，上海：上海古籍出版社2016年版，第5、6页。

如果说对自己的学术渊源的介绍是出于掩饰的蹈虚，那么对于有藏书癖好而"不解者力求其解"的目录之学体认，耿文光的叙述则是完整的实写。在面向初入藏书学目录学领域者的学术普及式叙述体系中，他饶有兴味地将藏书目录之学分成了四个层次：第一个层次是"外之外"，即我们所常说的栏、口、象鼻（象鼻鱼尾乃刻工家言），某钞某刻，某印某题等书籍版本外形特征和最先著录的事项。第二个层次是"外之内"，也即典籍的序、跋、篇、卷及对"某撰某著""某音某校"的说明。第三个层次是"内之外"，进而深入到典籍文本中，分章断句，辨字义，正音读。第四个层次是"内之内"，要求做到"立著作之体，蕴精微之义，探赜索隐，钩深致远"，这是著录书籍最显示作者见识水平的，也反映出耿氏写作藏书目录学术史的原则和标准。耿文光借尧山先生之言说引出对理学宗旨、汉学家法的认识："读之者有知有不知，有知外而渐通其内者，有知内而或贵其外者。以记诵为无知，以闻见为外务，察事理之是非，核吾心之真妄，专用力于人道所宜，而不屑屑于考辨名物者，此理学之宗旨也。字求其训，句求其解，因文识义，因义明理，融会而贯通，得心而应手，此汉学之家法也。"接下来的话就非常有思想倾向性了："而由汉学而入者，书斯精；由理学而通者，书皆化，化汉学于理学之中，是真理学也。"尧山先生期望耿文光对"真理学"是"吾子其择从事"，文光授受其书，悟发其学，认为其论于"经学之源流，史家之体例，子之部居，诗文之法律，皆在焉。或提纲而挈领，或分支而别派，或推其学问之所由，或考其议论之所出，或究之本书而决其是，或证以他书而摘其谬，而考订仇校之法收藏刻模之家，无不悉备"。对"赏鉴家所争夸而估贩家所传习"的"宋椠元钞，某真某赝，蜀板闽本，为原为翻"等要素，耿氏亦有所涉猎，但没有将之作为目录学的本旨。耿文光按其法始稍稍知书，并把他作为自己编撰《精华书目》指导思想，即"此书目之所由昉也"①。《精华书目》引"尧山先生"之语阐书史之要义，别汉宋之流，将藏书分层区别，每层各为专门学问。其书目仿四部详例，从宋《崇文总目》而始，至《日本见在书目》为终。自宋始，这是晚清民初藏书家的目录记述的共性，从《精华书目》到与之基本同时的叶德辉《书林清话》、叶昌炽《藏书纪事诗》等著作皆是如此，尊崇宋代书目所代表的文化是一个客观的存在，勾画了藏书家对宋代文化的记忆与想象图景。

在《读书谱》"光绪元年乙亥四十六岁"条中也录存了《万卷精华楼藏书丛记序》。与后来《精华书目》正式出版时不同，谱中序有增有删。在民国二十三年（1934）《山右丛书初编》本《精华书目》有一段话自问自答交待了写作书序之起因："目中所录序跋，美不胜收，求于古人者，不既多乎？且序者，序所以作书之意也，始于子夏之序《诗》。其后刘向校书，每一篇成，即为之序，文极雅驯矣。若夫覆述古人，游扬好事，官阶称谓，铺陈满纸，吾所删削者正如是。人不自立而依草附木，非所谓豪杰之士也。故王西庄不求人作序，板桥自序其所著，余甚韪其说。"②耿文光对前人作序阿谀之辞颇有微词，而对王鸣盛、郑燮的序言处理方式赞赏有加，所以对王鸣盛的学术观点再熟知不过。序中详述了耿文光修撰《精华书目》时按照经、史、子、集四部收书编目之原则和指导思想，具体而言：

经部以《三礼》为要，汉儒专门传授详于制度、名物，盖圣作明述之精悉在于礼，故学者宜尽心焉。

史部以《史记》《汉书》为要，司马子长网络旧闻贯穿三古，书在史部为第一，而作家亦为第一。虽班马并称，实非班氏之所可及。然班书于经史之典、六艺之旨、文字之源流、幽然之情状灿然大备，于读书

---

① 耿文光：《万卷精华楼藏书记》（第一册），第5、6页。
② 耿文光：《万卷精华楼藏书记》（第一册），第8页。

甚有益处。故余笃嗜班书即以文论亦非诸史之所可及也。

子部以周秦诸子为要，六经者，天地之正气也。诸子者，四时之偏气也。汉以前无所谓集，所称子者皆集也。文心之神妙变化莫备于此，文品之之高古奇雄亦莫过于此。由此而读汉魏诸家之文，由汉魏而读唐宋之文，顺流而下，其势易矣。然非研究于六经之中不能通达于六经之外，则周秦之文不易读也。

集部以《楚词》为要，上接《三百篇》下开汉魏有韵文者，屈子也。愚因困而知学文，又以穷而返本。凡事必有其所始，于其最始者而致力焉则事半功倍矣。识人识面则众体可知，寻山到头则群峰毕见，学者可知所从事矣。①

这些研究论断是在《精华书目》中不能集中看到的，综合互观《读书谱》与《精华书目》能够较为全面的反映耿氏的著述之旨，《读书谱》从光绪二年修《精华书目》经部起，到光绪十三年修成集部，而最终完善该书，对各书目去取进行宏观论述，由此可见《读书谱》的文献价值。

耿氏《精华书目》涵括诸家目录学观点和书籍源流辨析。如序言中说，首标书名、卷数，注降两格，案语降三格，各门之后附以总论，略述分卷去取之意。其结构如下：第一，作者撰人；第二，版本著录以《天禄琳琅书目》为范例；第三，解题撰写，即提要，或刘向所谓叙录，以《直斋书录解题》为模板，交待书籍的内容次第情形；第四，序跋节录以《天一阁书目》为参考；第五，采本书要语，以宋高似孙《史略》之例，多得其精华。耿文光编撰《精华书目》坚持"互文见义"，即"前序已言者，不录后序，所录后序皆前序所未言"，坚持"比类知体"主张"每举一类皆采其书之最精语之最当者录之，以为法式，合目中诸说观之，而专家之学可得其大体"，其

---

① 耿文光：《苏溪渔隐读书谱》，第380—382页。

他如存古义、叙次第、附考证等都是以藏书目录为架构从事学术史研究的重要原则。① 耿文光采取的方法是录存诸书序跋，稍加按语，每小类之后，基本都有总结性的文字，对学术史上的一些重要问题进行梳理，如在其《精华书目》卷七十一"目录类"的总结按语中再次重申："目录之学乃学中第一要紧事，不知此则书之面目且不能识，安问其他？"继王鸣盛之后宣示了目录的门径作用。他说历代书目类图书传播下来的较少，当世藏书家虽多但"簿录亦少""故目录一门最为寥落"。如此情况之下，耿氏自认其书"目录之书未有富于此者"，而晁、陈之书虽"亦粗陈其大略而未能极尽其精微"，只有《钦定四库全书总目》对于"学问之授受，诗文之支派，靡不穷究源流，指陈得失，实从来未有之目录，永宜奉为典要者也矣"。接着，耿文光又以孙星衍、黄丕烈的书目特点为例，认为他们辨板本精粗、别本真伪，进而说如"使读者知书，编目者知目，学者由是而入，依目访书，以书印目，庶不为俗本所误，而可臻绝学"②。可见，以《总目》为门径，综合诸家，依目访书，构成了耿文光目录学思想体系之核心。

耿文光《精华书目》与《读书谱》，订正体例，明确目的，自述特点，虽不免自说自话，通篇皆为读书人以读书自娱而皮里阳秋式的藏书文化之叙述。

（2）《目录学》的典籍学术史阐释

《总目》对其目录编制的实际影响也体现在《目录学》这本书中。编撰《目录学》的初衷可以通过序言得知，而单行的《目录学》序与《读书谱》所录《目录学》序言，颇多不同之处。我们参酌单行本、《读书谱》录存两序可知其凡例十六条，综述其要，可较为全面见其收书编目、踏实治学的思想。

---

① 耿文光：《万卷精华楼藏书记》（第一册），第6页。
② 耿文光：《万卷精华楼藏书记》（第三册），第363页。

一，显示宗旨。《目录学》的学术宗旨其一在于"举其大纲、条其节目而后能统贯乎四部，会归于一理"，而且详审各类，不泥古不疑古，不拘泥成规、胶柱鼓瑟①。其二，详载著作之体、编校之法、藏书之地、嗜书之人和古简尺寸情况、刊板流传次序，以方便观览。其三，标明专为读书而作非仅藏书目录，《仁静堂书目》专记藏书、《紫玉函书目》又详加考订、《藏书丛记》前后无次详略不等，这四种书目可以互观，不可偏废。二，严明体例。书目仿刘向校《战国策》先列书名卷数。次撰人名氏，"论世知人实为读者要着"。次编辑序第，其目的是保存"古书之式"，达到检缺佚、见目如见书的目的。次版本，凡校书人和古今版本不同，就要先指明某刻，然后说明什么刻本、抄本、藏本，并旁注于书名之下。次序跋，《目录学》仿朱彝尊《经义考》和阮元刻《天一阁书目》，前者全录序跋，后者节录序跋，耿氏除此之外还采取"摘录数语皆有关于著书刻书，其浮词谀语概从删汰"的方法著录图书。次举要，他举例说，由"名集之传志可以知人、引用之书目可以见书，悉举其要以为考古之资，而遗闻轶事间亦附焉。采其精华，弃其糟粕，使书从目，使目从部，类聚以观，别有见解，此所谓学也而不同于抄胥"。次诸家论说，凡"有关本书者随见随录，随录必著出典，首冠以某氏曰，末注书名。"末附案语，"凡案考同异、辨其差误，或阙所疑，或述所知，不必各书皆备而最宜切实"。如《崇文总目》中的钱氏案语、《经义考》中的朱氏案语都是耿文光师法的对像。三，讲求考证。考证不仅是著述者功力之必备还是读书人阅读之前提，"经史非参互考证不能骤读是编"。耿氏对不容易读的典籍，"仿通鉴长编之例反覆抄辑，宁蔓毋简，务使诸说毕聚一书，说明而后矣"。他说，删繁苟简大非入门之法，"学者日抱俗本，专心通读于分篇断章之意，句梳字节之理全未之识"。这样即便终身读书也始终不得要

---

① 耿文光：《目录学》，《清代私家藏书日录题跋丛刊》第九册，北京：国家图书馆出版社2010 年版，第 351 页。

领，"甚至功愈勤而效愈寡，书愈多而学愈薄"，所以"精校之本宜多方购求，考证之功尤不容少懈"。四，精于校勘。耿氏谓："书不校不可读，校之不精亦不可读。力求精校之本，阅其校法最益神智。能自精心校勘则读一书不止一书，是编于精校之本流连反覆，不忍释手，虽多数纸终不厌烦。"他还说，目录之书门类甚多，通过多次学习才能掌握，如学《周易》就编易学书目，学《诗经》就编诗学书目，如此即可"分门别派，类聚以观。条分缕析而源流自见，互相钩稽而考证出焉"①。

在《读书谱》中，耿文光强调只有将在案书籍编目，并依目读书与抄辑类典，学问自然进益。耿文光也对诸如视书为钟鼎彝器虽牙签插架也不翻阅的，随意取携杂辑丛记徒增笑谈的，专辨宋板明抄而不解其中之义理旨趣的，手披口诵天天研摩却不知其价值等现象进行批评，认为这些藏书家只是编目而束书不观，"大抵徒好者十之五，徒聚者十之三，能知者不及十之二，能校者不及十之一也"②。耿文光的批评表明，收藏、出版典籍如果只关注宋板明抄之类的书籍形式而不注重学术研究上的价值，只会藏而不用，只编目而不读书，都是藏书界存在已久的陋习。

3. 后四库时代的耿文光与目录门径说考辨

后四库时代的文献整理热情使学者们仍然以四库的方法来统摄全部典籍，为耿文光"因目知书"提供核心理论资源的就首推《四库全书》及《总目》的编纂历史与学术经验。在他收书编目的学术实践中，以"分门别派，按部读书，据书编目，因目知书"为指导思想即源于《总目》之宗旨。他自撰的年谱《苏溪渔隐读书谱》"光绪元年（1875 年）乙亥四十六岁"条记载了其"修《精华书目》"事迹并录存《万卷精华藏书楼丛记序》云："近日学

---

① 本段所引皆为耿文光《目录学》，《清代私家藏书目录题跋丛刊》第九册，北京：国家图书馆出版社 2010 年版，第 409—414 页。

② 耿文光：《苏溪渔隐读书谱》，载《北京图书馆藏珍本年谱丛刊》第 171 册，北京：北京图书馆出版社 1999 年版，第 351 页。

者多读肆本，踵讹承谬，误人实甚。因广搜群籍，专攻目录，作为此书，以诏来学（山右本作'略如长编'）。凡所收者皆善本，所辑者皆精语，而谆谆不已者皆古人著书之大体、读书之要法，与各家书目用意不同。其要在于分门别派，按部读书，据书编目，因目知书。谨遵《四库全书总目》分四十四类都八十二卷。"①耿氏依《总目》体例编列书目，随收随录、坚持不懈，到1885年《精华书目》成稿已达146卷，原超当初拟定的82卷。用耿文光自己的说法，按《总目》法始稍稍知书，《总目》就成为编撰《精华书目》的指导思想，即"此书目之所由昉也"②。《精华书目》引"尧山先生"之语阐书史之要义，别汉宋之流，将藏书分层区别，每层各为专门学问③。书中史部"目录类"从宋《崇文总目》而始，至《日本见在书目》为终。自宋始，这是晚清民初藏书家的目录记述的共性，从《精华书目》到与之基本同时的叶德辉《书林清话》、叶昌炽《藏书纪事诗》等著作皆是如此，尊崇宋代书目所代表的文化是一个客观的存在。这也体现出耿文光目录学研究除了近师《总目》，还有深层的历史渊源。

进而言之，耿文光目录学学说是在目录学史梳理的基础上形成的。耿文光认为，郑玄《三礼目录》是目录之始，却非群书目录。在以后的官修目录中，《汉书·艺文志》《隋书·经籍志》最为重要，"然止记书名、卷数、撰人名氏"，宋代《崇文总目》亦略有解题。宋代私家目录中晁公武《郡斋读书志》、陈振孙《直斋书录解题》对书名、卷数、撰人名氏著录就稍微细化。

---

① 耿文光：《苏溪渔隐读书谱》，载《北京图书馆藏珍本年谱丛刊》第171册，北京：北京图书馆出版社1999年版，第380页。
② 耿文光：《万卷精华楼藏书记》（第一册），上海：上海古籍出版社2016年版，第5、6页。
③ 耿文光从光绪元年（1875）开始修撰《精华书目》深受乾嘉考据学造成的文化与学术氛围的影响。在该书序中，耿文光对其版本目录学术所自的表述颇具神秘色彩："偶作泛槎之游，遇尧山先生于竟因石室。其时清风徐来，初日方升，平旦之气未泯也。先生饮我以寒泉之水，佩我以金错之刀，殆将伐毛洗髓以解余癖。已而坐拥百城，奇探二酉，睹西垣翰墨，聆东观之议论，而所谓癖者，乃愈沉愈痼，因请于先生。"参见耿文光《万卷精华楼藏书记》（第一册），第5页。

晁志著录典籍有较详的类序和提要，详略得当，注重考订，对作者生平、成书原委、学术渊源及有关典章制度、逸闻掌故皆据唐宋实录、宋朝国史、登科记和有关史传以证。而陈振孙的《直斋书录解题》也有大小序和提要，或述撰人事迹，或论学术渊源，或考真伪得失，而注重介绍典籍的版刻情况和款式。元代马端临《文献通考·经籍志》兼具晁、陈二家之长，在《精华书目》史部目录类二"《马氏经籍考》七十六卷"条中，耿文光说："每类各有小序，序后记汉、隋、唐、宋三朝、两朝、四朝中兴七志各若干部、若干卷，每目之下或先本传，或先序，或先《崇文总目》，次晁《志》，次陈《录》，次诸家。"并在按语中说："大抵目录之学宜广搜书目，其书目之有总序、分序者，更宜细读，其所分类亦不可忽。"①可见，耿氏于马志之重视。高似孙《四略》采诸史志传注释典籍，其《史略》著录史书所辑录的资料相当丰富。耿氏所见《史略》是日本"浅草文库"递藏影宋本，杨守敬日本访书有记，耿氏录高序"各汇其书而品其指意"之语，即对历代史书编排汇集后，加以品藻与批评。《史略》解题的抄录方式因为基本不发表自己的意见而足可称道，且对古书中的评语也仅仅抄录其最恰当的部分，以此达到概括全书的效果。近代学者刘节亦评说高似孙："其书抄辑资料大都出于《隋书·经籍志》，及两《唐书》《艺文志》《经籍志》。杨守敬谓其饾饤杂钞，详略失当。但篇中偶有逸闻，多载逸书，实为读史者可以参考之书。唐以前之书，有刘知几《史通》可以考见，自唐迄北宋，则似孙此书可以略补不足。"②而南宋陈骙等《中兴馆阁书目》则将诸家序跋一并录入，更为详尽。到了明代无论是官修的《文渊阁书目》还是私家撰就的《天一阁书目》《汲古阁书目》皆无所发明，钱曾《读书敏求记》《述古堂书目》虽于读书亦无所益，但也不可忽视。入清以来的解题式目录，耿文光推崇朱彝尊《经

---

① 耿文光：《万卷精华楼藏书记》第三册"《马氏经籍考》七十六卷"条，第 236、238 页。
② 刘节：《中国史学史稿》，郑州：中州书画社 1982 年版，第 193 页。

义考》所采极博，唯序说太繁。而后的张金吾《爱日精庐藏书志》、陆心源《皕宋楼书目》多仿宋明体例，也没有超越马端临、朱彝尊的繁征博引，互相证明。吴骞《拜经楼藏书记》与黄丕烈《士礼居题跋记》二书相仿，其解题多叙得书原由、采访经历，属于《总目》所说的"赏鉴家"解题之法。孙星衍《平津馆书目》、莫友芝《宋元旧本经眼录》都是辨别宋元旧板的善本书目，并没有涉及著书之旨，不属解题目录。其他如王士禛的《说部精华》、钱大昕的《养新录》《潜研堂集》、何焯的《何义门集》中之《义门读书记》，有很多考证性质的书目题跋。耿氏最后总结说："予为目录学多取诸此，其余书目尚多未暇悉举。"[1] 从西汉经学目录到汉志、隋志等国家群书目录，再到明、清私撰目录的大量出现，这些目录中，解题式目录除官修目录《崇文总目》外，还有晁公武《郡斋读书志》、陈振孙《直斋书录解题》、郑樵《通志·艺文略》、马端临《文献通考·经籍考》等私撰著作，这些目录非但对《四库全书总目》的纂修都有很大影响，也构成了耿文光目录学的思想资源。

众所周知，清中期以来的学术史是官学和私学共同构成的历史，官学的形象一向是正统的而私学则是多向度的。《总目》所代表的官方学术话语体系与在野学者章学诚提出的"辨章学术，考镜源流"说、王鸣盛目录门径说互动之下，推动了考据学方法深入藏书目录学领域，为晚清张之洞所光大。《总目》部类解题实践总结、继承、发展了古典目录学经验与理论，对典籍的主要内容、学术渊源、价值高低、流传过程等介绍详尽，体现了导引读书、指示门径的学术史功能，这与风行于乾嘉朝野的考据学主张枘鼓相应。王鸣盛在其《十七史商榷》卷一"史记一"中提出了"目录之学，学中第一紧要事，必从此问途，方能得其门而入"观点[2]，后世多引称之而成"目

---

① 耿文光：《苏溪渔隐读书谱》，载《北京图书馆藏珍本年谱丛刊》第 171 册，北京：北京图书馆出版社 1999 年版，第 262—264 页。

②（清）王鸣盛撰，黄曙辉点校：《十七史商榷》（上），上海：上海古籍出版社 2013 年版，第 1 页。

录学为门径说"。张之洞在四川学政时期（1873—1875），为指导士子读书编撰《书目答问》用"门径秩然"来强调编纂书目的重要性，在《輶轩语》中"论读书宜有门径"进一步强调门径的作用："泛滥无归，终身无得。得门而入，事半功倍。"①这些书籍作为"史评之正则"，上接《史通》之义，下开学术法门，耿文光都是精读多遍的，就《十七史商榷》等史评类图书而言"或研究数十年，翻阅数十次，思之至深，考之至当"②。由此，耿文光在1890年代也形成了"《总目》为治学之门径"的观点。据耿氏《读书谱》，咸丰三年（1853）二十四岁的耿文光始读《天禄琳琅书目》《总目》，六十岁的耿文光在总结研习《总目》的感受时结合时人藏书志的编纂情况由衷地说："目录之学由是而入研究数十年始得门径。"③由耿氏之语可以窥测，目录门径说在他这样的读书人中间已经相当普遍。耿文光在编撰《精华书目》时提出的具体想法就体现出其目录门径意识。编撰书目除了效仿古人"自课"计划任务，每日写几张，以早日完成书目。还有"训俗"以倡教化之意："读书略备于此，大抵针之，法砭俗法，使知门径。"意即略备书籍，有针对性地改变原有读书治学之法，找到学问门径。这样既可以实现编撰书目以查找藏书方便的初衷，"依目观书，虽数十百本，一时皆可浏览，且易记难忘，勤于翻动，书亦不蠹"，亦可当作笔记之用，随手记录所收图书信息，按照经、史、子、集分别门类，积少成多，最终聚集成书。④虽然目录学为治学门径之说不是耿文光首倡，但在他的目录学研究和编目实践中是一直大力宣扬的。在其《精华书目》卷七十一"目录类"的总结按语中，耿文光再次重申："目录之学乃学中第一要紧事，不知此则书之面目且不能识，安问其他？"继王鸣盛

---

① 赵德馨主编：《张之洞全集》12，武汉：武汉出版社2008年版，第204页。
② 耿文光：《万卷精华楼藏书记》第三册"史评类跋语"，上海：上海古籍出版社2016年版，第393页。
③ 耿文光：《苏溪渔隐读书谱》，载《北京图书馆藏珍本年谱丛刊》第171册，第262页。
④ 耿文光：《万卷精华楼藏书丛记（稿）序》，《万卷精华楼藏书记》第一册，第6页。

之后宣示了目录的门径作用。他说历代书目类图书传播下来的较少，当世藏书家虽多但"簿录亦少""故目录一门最为寥落"。如此情况之下，耿氏自认其书"目录之书未有富于此者"，而晁、陈之书虽"亦粗陈其大略而未能极尽其精微"，只有《总目》对于"学问之授受，诗文之支派，靡不穷究源流，指陈得失，实从来未有之目录，永宜奉为典要者也矣。"接着，耿文光又以孙星衍、黄丕烈的书目特点为例，认为他们辨版本精粗、别本真伪，进而说如"使读者知书，编目者知目，学者由是而入，依目访书，以书印目，庶不为俗本所误，而可臻绝学"①。可见，以《总目》为门径，综合诸家，依目访书，构成了耿文光书目思想体系之核心。

从耿文光《目录学》《读书谱》和《精华书目》等著述中，我们可以看到一个读书人师学古典目录学大力表彰重实用和重阅读传统，虽科第不成而坚守读书自娱的心路历程，其知识视域虽无法超越前人亦有古典目录学思想的集成性，从其朴学式的学术表达来看，语言似卑之无甚高论，实开民国时期余嘉锡等乾嘉余脉目录学研究之先导。余嘉锡在其《目录学发微》等著作中所阐发的思想多与耿氏之举有诸多相似之处。余嘉锡从1930年开始写作《目录学发微》，1931年陆续在辅仁大学等学校教授《目录学》课程，至1948年写成出版。十几年的讲义，使其目录学思想早就为学界所知。余先生所推重的目录学在学术史上之功用广为流行："凡目录之书，实兼学术之史，账簿式之书目，盖所不取也。"②但从分类的角度，藏书与目录编纂有很多难以协调的困难："藏书之目，所以供检阅。故所编之目与所藏之书必相副，收藏陈设之间，当酌量卷册之多少厚薄。从来官撰书目，大抵纪载公家藏书，是以门类不能过于繁碎。甲乙之簿与学术之史，本难强合为一。"他还指出了目录的实用性与学术门径功能也存在着无法兼顾的两难之局："为书目者，既

---

① 耿文光：《万卷精华楼藏书记》（第三册），上海：上海古籍出版社2016年版，第363页。
② 余嘉锡：《目录学发微　古书通例》，北京：商务印书馆2011年版，第9页。

欲便检查，又欲究源流，于是左支右绌，顾此失彼，而郑樵焦竑之徒得从而议其后，亦势之所必至也。至今而检查之目与学术门径之书愈难强合。如丛书一类，自当析之各隶本门，而藏书之际，势不能分置数十处，若造簿籍而必用七略四部之法，未有不为所困者矣。"①余先生从目录学"辨章学术，考镜源流"的角度肯定"按书之性质分部"则"一二书为一部不为少，千百书为一部不为多"。他又从实用功能出发指出了目录学于学术史研究的重要价值："张之洞谓有藏书家之书目，有读书家之书目。余谓藏书家之书目，如今图书馆所用者，但以便检查为主，无论以笔画分，以学术分，或以书类人，或以人类书，皆可；兼而用之尤善。"并认为，研治图书馆的学者应该讨论研究藏书家书目。基于指导读书的"读书家之书目，则当由专门家各治一部，兼著存、佚、阙、未见，合《别录》《艺文志》与《儒林》《文苑传》为一，曲尽其源流，以备学术之史"②。无独有偶，1933年，姚名达在其《目录学》出版序言中也说明了目录的门径作用："这是专门研究目录学的著作，给一般图书馆的馆员和读者做一支开门的钥匙的。"③姚名达亦从四库宗旨出发并结合郑樵、章学诚观点认为："目录学者，将群书部次甲乙，条别异同，推阐大义，疏通伦类，将以辨章学术，考镜源流，欲人即类求书，因书究学之专门学术也。"④直指古典目录学措理群书、方便读书，指示学术的门径功能。而他把目录与图书馆的存在结合起来，谓"目录是图书馆的代表"而使目录从学术功能到实用功能实现了一个突破⑤。而同时的1934年，汪辟疆在

---

① 余嘉锡：《目录学发微 古书通例》，第 166 页。
② 余嘉锡：《目录学发微 古书通例》，第 167 页。
③ 姚名达《目录学》写于 1929 年 11 月，1932 完成，稿纸为内弟黄邦俊提供的"万有文库"专用稿纸，后毁于"一·二八"东方图书馆大火。姚名达在浙江图书馆馆长陈训慈的帮助下，利用浙图数百种目录资料，于 1933 年又重新写成。姚名达原拟将《目录学史》《目录学年表》与之合并入《万有文库》"国学小丛书"，后觉"尾大不掉"而由商务印书馆单行出版了这两种著作。参见姚名达《目录学》序言，第 1—3 页。
④ 姚名达《中国目录学史》，上海：上海书店出版 1984 年版，第 8 页。
⑤ 姚名达：《目录学》，第 39 页。

《目录学研究》的序言中也重视目录门径之说："目录学既为治学之门径，而近时高级中校以上学校，多列为必修科；学子重视，几埒国文。"① 他还从目录学"界义"之说指出目录的四个方面的功能区分，即"纲纪群籍、簿属甲乙"的目录家目录，"辨章学术、剖析源流"的史家目录，"鉴别旧椠、校雠异同"的藏书家目录，"提要钩玄、治学涉径"的读书家目录。这都是目录是学术门径功能的集中表述。质言之，对目录学功用的认识，不能仅仅停留分门别类，开具书单，标示作者，介绍版本，区分优劣，其意义皆在示初学以读书门径，即如郑樵所谓"类例既分，学术自明"，章学诚所谓"辨章学术，考镜渊源"。这也再次说明，自古以来学者们重视图书目录的学术性质，在编制书目时首先考虑的是依图书内容区分部类然后著录，予以形式的揭示。通过目录分类体系，即可概略反映每部类图书的学术源流。特别是时代愈发展，古籍越浩瀚，有了诸多目录，即便"学术类别千门万户，要航游书海，因书究学"，以此为门径，亦可收事半功倍之效②。

《四库全书》《总目》对中国古典学术文化的集成与总结，在一定程度上构成了清中期以来公私藏书发展、目录编撰的学术主脉。当然，晚清的时代主题与之前是不同的，很多学者能够基于新环境、新文化、新学术产生新思想，也有很多如耿文光这样的藏书家、目录学家仍然"却顾所来径"而做出"书目所由昉"的努力，他的目录门径说以目录为治学之门径、以《总目》为目录学之门径，不断以古典目录学的叙述与总结而表示出学术的怀旧与回望。通过他的目录著述和年谱，我们看到其对典籍学术梳理的系统性，不同典籍传承的历史细节——复活笔端而构成了独特的文化阐释。耿文光对学术史的叙述因为其个人兴趣、性情、成长经历的独特性，"使得我们的历史叙

---

① 汪辟疆著，傅杰点校：《目录学研究》，上海：华东师范大学出版社 2000 年版，第 1 页。
② 张衍田：《中国古代文献的分类与著录》，载北京大学《儒藏》编纂与研究中心编《儒家典籍与思想研究》（第七辑），北京：北京大学出版社 2015 年版，第 180 页。

述有了一个隐含的起点，由此我们才能连接起对过去、对现在及关于未来的想象"①。也有学者从"认识本国优秀传统文化，回归本原，提高民族文化自信"立论，认为四库目录分类方法能够在一定程度上弥补西方学科理论给我国当今学科体系建设造成的不足，可以从中探寻传统学术在当代中国的"创新性转化"和"创造性发展"的有效途径②。那么耿文光以四库为准绳的目录学术实践足以成为后四库时代"四库学"的重要文化遗产，虽然其学术观点主要基于"《四库全书总目》的官学约束"方面，对《总目》"学术缺失"的研究并无具体展开③，但是他忠实地记录了《四库全书》以后的图书文化现状，尤其是在晚清新旧中西文化关系如此复杂的情势下，作为文化怀旧的典型，耿文光目录学思想尤具个案意义。

4. 余论

笔者还想用一个同是倾向保守的耿文光山西同乡刘大鹏来说明其学术面向的复杂性。相较于耿文光，刘大鹏同样科举不顺而专注于读书与教书育人，同时对社会的认知更为现实和通达。虽每每对社会新潮多发不满，如1893 年 1 月，山西乡绅刘大鹏在日记中说："近来吾乡风气大坏，视读书甚轻，视经商甚重，才华秀美之子弟，率皆出门为商，而读书者寥寥无几，甚且有既游庠序，竟弃儒而就商者。"对同光新变的体认深刻改变了刘大鹏的社会思想，如何看待社会文化之变，从其 1896 年 10 月的书单可略知一二："弟子武人瑞自京来归，为余捎买一箱书籍，可谓累赘之至矣，且送团扇一柄。御纂七经共十六套。御批通鉴辑览两大套，共二十四本。皇朝经世文编四套，共二十四本，贺耦庚辑。皇朝经世文续编二套，共二十四本，葛

---

① 张春田、张耀宗：《师承所在，流风未泯》，参见张春田，张耀宗编《另一种学术史：二十世纪学术薪传》序言，南京：南京大学出版社 2012 年版，第 6 页。
② 参见刘跃进《"四库学"研究的当代价值》，《四库学》2017 年第一辑，第 20 页。
③ 参见何宗美《四库学建构的思考》，《苏州大学学报》（哲学社会科学版），2017 年 1 期，第 177 页。

子源辑。康熙字典一部，洋板。"甲午中日战争之后的维新浪潮较之以前更甚，所以在 1897 年刘大鹏不免更多感慨："当此之时，中国之人竟以洋务为先，士子学西学以求胜人，此亦时势之使然也，于人乎何尤？"但他所受几十年的传统经学教育还是不那么容易就失去市场："学术为天下第一要务。学术不明，则人心不正；人心不正，则风俗必坏；风俗既坏，天下有不乱者乎？"① 这个观点来自清康熙帝圣谕为四库馆臣所发扬，此处刘秉持可见陈因之处。正是在这种观念的游移中，尤其是戊戌政潮后，新学成为时务不可避免，1903 年 4 月，清政府已经推行"新政"两年多了："时务等书，汗牛充栋，凡应试者均在书肆购买。"此时，"天下学校全改为学堂，学堂者外洋各国之民也，其中一切章程全遵日本所为，最重测算、技巧、格物一门工艺也。讲求工艺之精巧，非吾儒所谓格物，在即物而穷其理也。学术之坏不知伊于胡底耳"② 。刘大鹏能够看到的，作为从事书肆业的藏书家，耿文光即便这一时期已经老迈，也理应不会无闻。但从他的著述和藏书目录中还是很难发现这种变化，足见其文化保守之征。

耿文光《目录学》撰成的年代已经不是他所留恋的"四库"修纂并统治学界话语时代，彼时的"同治中兴"所带来的新学、西学大行其道，而中学却面临着信仰的危机。有识之士多从文化危机的角度来反思中西知识体系融合的可能，而围绕有关知识分类、学术分科与学术分类的思考就显得非常重要和普遍。恰恰是在这种仰慕西化的时髦中，耿文光的目录学写作和编撰给我们留下一份相当难得的接续《总目》而选择性接纳西学的文化保守主义案例。

在晚清近代的大视野、大变局中，耿文光的目录学论述已经充分显示出

① 康熙帝在《御制日讲〈四书〉解义》序中曾言："每念厚风俗必先正人心，正人心必先明学术。"《钦定四库全书提要》中又引用圣祖之言谓"厚风俗必先正人心，正人心必先明学术，则知生安之圣不废问学，洵有以扬万禩文明之盛矣"。见清圣祖钦定，陈廷敬等编《日讲》，北京：中国书店 2016 年版，第 Ⅱ、Ⅺ 页。
② 以上所引刘大鹏言论皆出自《退想斋日记》，太原：山西人民出版社 1990 年版，第 17、62、72、74、121、139 页。

其学术观点已经有古典集成性到现代性转化的特质。证据之一，对明末西学的关注。如通过"医家类"115 种书籍的排比，他说医师之法，宋元之后师门传授有诸多纷争，信而后传，明代医学著述亦"差强人意"，医学的发展"宜观近代之书，参以古意，勿泥成方，勿执己见"①。在"天文算法类"的按语中，他把晚明利玛窦航海到广东作为"西法入中国之始"，并评说"穆尼阁新西法与旧说互异，薛氏所译语焉不详"，称"梅徵君为国朝算学第一人，而法兼中西"②。这说明他晚明以来西学传播是知之甚深，对西学在国内的传播与接受也颇为通达。耿文光藏书目录思想的核心是恪守《四库全书总目》之分类传统，也对明末西学东渐有充分的条目安排，但在其诸多目录著述中对晚清西学却没有足够的注意。由此可知，耿文光的西学观仍旧停留在《总目》的水平，甚至还有所不逮。证据之二，对清末经世实学的关注足能够称得上他注意现实问题乃至中西社会沟通交流问题。耿文光在《万卷精华楼藏书记》卷一百三十八著录了贺长龄辑、魏源编次的《经世文编》一百二十卷，饶玉成辑《皇朝经世文编续集》一百二十卷，以经世派著述在中西学间的桥梁作用，对这些书籍的著录和介绍在一定程度上反映了耿文光对当时西学传播情况是了解的，只是不肯直接表达观点罢了③。虽仅有两条，但已经很能够说明问题。因此，把耿文光学术思想集成性的叙述与阐释放置于近代学术范式的形成背景下有其个案先导意义。

---

① 耿文光：《万卷精华楼藏书记》（第三册），上海：上海古籍出版社 2016 年版，第 609 页。
② 耿文光：《万卷精华楼藏书记》（第三册），第 683 页。
③ 耿文光：《万卷精华楼藏书记》第五册，第 558—560 页。

第七章

新旧交融：清末民初藏书界的历史记忆与认同

自从德国学者阿斯曼创立了文化记忆研究理念，提供了一条以宏观视角来审视历史的途径，有关记忆问题的关注和研究在文学、历史学等学科得以深化与应用实践。作为一个跨学科的研究视角，文化记忆理论已经显现了全景式的应用价值。文化记忆的历史性与共时性维度决定了历史和社会的双向阐释路径，记忆研究因此也与民族认同、文化复兴及社会问题密不可分[①]。如何参与学界的文化记忆研究，并展现基于中国本土文化传统的记忆研究成果，成为中国学者的时代使命。蒋永福等从文化记忆、历史记忆和社会记忆三个概念内涵上的交叉性出发，认为根据语境的不同，在具体研究过程中可以互指或交替使用或选用不同的记忆类型概念，并依此指出传统校雠学研究与历史记忆真实性之间的关系实质上是辨识和校正历史记忆的考辨过程。[②]因此，就记忆研究不仅是为了对抗遗忘也是为了更好地理解现在这一旨趣而言，将之施用于近代藏书史研究中不啻一种有意义的尝试。

赵园在《想象与叙述》中提出，限定范围是一个原则，便于操作，即线索的汇聚与绾合。对所有藏书史研究者来讲，怎样将分散的藏书史材料，诸如目录、题跋、读书志、日记等，置于一个合适的叙事框架，而不致埋没那

① 刘慧梅、姚源源：《书写、场域与认同：我国近二十年文化记忆研究综述》，《浙江大学学报》（人文社会科学版网络版），2017年第10期，第4页。

② 蒋永福、高品：《历史记忆的重构：校雠学的宗旨》，《图书馆理论与实践》，2017年第11期，第1、2页。

些重要的史料，委屈历史的真相，这是一个复杂的问题。笔者仿效学界以"话题"为中心的思路，处理复现于清末民初的大量宋代藏书史的历史记忆，毕竟，清末文化作为现象、风气、潮流的倾向十分明显，如果不能摆脱传统藏书文化内向性进路，仅从那些前辈先贤研究者"阅读视野与知识背景"出发，难免论说浮薄、散乱、浅尝辄止，而无法辨识出因袭、创新，不断重复前人之语，失去"话题"应具备的叙事意义和功能，这对藏书史已有的研究论断来说是很无奈的事情。因此，笔者借助史学界成熟的研究思路对藏书史的宋代想象与记忆进行了区分，有"以话题为中心者"，如书厄；有"以心态为中心者"，如藏书家的日记、读书记、按语、序跋等；有"以文体为中心者"，如目录、题跋、书话等。想象偏指一种历史记忆的文本构建，记忆偏重于一种历史传承的主观呈现，好像一切都因为"真实的历史已经无法存在"。[1] 晚清作为大变局、分野，催生了作为一个根深蒂固的文化传统与社会惯习的历史记忆，"一旦一段历史被集中地不断记忆与叙说，它反作用于当时社会行为与公众心理的惊人力量，同样值得关注"[2]。所以了解近代中国，就要追溯更早的历史与文化历程。

一、叶昌炽藏书史撰述中的宋代记忆与叙述

就晚清藏书史，或者书籍史来说，叶昌炽是上溯到宋，大多数研究者、爱好者或者通史或者断代，或者整体或者区域，成果之多不胜枚举。更有新发现的敦煌卷子、甲骨文献、简牍文献，这些藏书类型联系着中国历史的源头和高潮，其重要性不言而喻。叶昌炽在近代藏书文化发展中所起到的至关重要作用和学术影响，可以以宋代藏书的回顾与思考为起点，用文化想象、

---

① 秦燕春：《清末民初的晚明想象》，北京：北京大学出版社 2008 年版，第 24 页。
② 秦燕春：《清末民初的晚明想象》，第 17 页。

历史书写、记忆场域、文化记忆等学界惯常采用的视角进行观察。

1.《藏书纪事诗》的芸香想象

首先，王颂蔚评说叶昌炽的"著书宗旨，意在搜扬潜逸，故于考檠幽懿，乡曲遗闻，纂述尤具"，中国史籍一向只专注在上层政治史方面，而叶昌炽不以政治、名士为标准，仅以藏书为尺度，书中所收录的人物既有士大夫、大藏书家，也有居于穷乡僻壤、名不见经传的布衣学者，尤其是将我国古代出版业中一些颇具代表性的书籍铺、刊刻工人也予以收录，即如"生不越洼巷，名不絓通人"的读书人如柳安愚、吴方山等也是"一一考其生平，采撷甚备"，可谓"订坠蒐残，裨益志乘非细""阐章之功，什百秀野，其亦有冥通之异夫？"①叶昌炽正是有感于历代藏书家之艰难，才广搜博稽，发凡起例，专门为藏书家立传，使其功绩昭然于天下②。而且叶昌炽自言："昌炽弱冠，即喜为流略之学，顾家贫不能得宋元椠，视藏家书目，辄有望洋之叹。"③加之受"顾涧蘋（顾广圻号）先生尝欲举藏弆源流，汇所见闻，述为一编，稍传文献之信"之影响，他才"窃不自揆，肄业所及，自正史以逮稗乘、方志、官私簿录、古今文集，见有藏家故实，即哀而录之"④。光绪十三年（1887）九月初五的日记中他对撰作该书是自许甚高："余搜葺藏书人姓名约三百人，自谓发隐阐幽，足为羽陵宛委之功臣也。"⑤叶昌炽在编撰《语石》一书时也曾说："以后随时哀辑，似较诸家法帖转展碑贩者别开生面。"⑥光绪丙午年（1906）叶昌炽在一首诗中再次表达了历艰辛而比肩前贤的理

---

① （清）叶昌炽：《藏书纪事诗（附补正）》，上海：上海古籍出版社1999年版，第4页。
② 胡一女：《叶昌炽与〈藏书纪事诗〉》，武汉大学硕士学位论文2004年5月，第14页。
③ （清）叶昌炽：《藏书纪事诗（附补正）》，第30页。
④ （清）叶昌炽：《藏书纪事诗（附补正）》，第30页。
⑤ （清）叶昌炽著，王季烈编：《缘督庐日记钞》（第一册），光绪十三年九月初五，北京：北京图书馆出版社2007年版，第559页。
⑥ （清）叶昌炽著，王季烈编：《缘督庐日记钞》（第二册），光绪二十三年五月三十，第369页。

念："摩挲老眼洗重昏，此是儒家不二门。期考山潜搜冢祕，好探月窟蹑天根。拜经愿学臧荣绪，著录犹惬陈振孙。"① 可见，"别开生面"的编撰体例是叶昌炽著述研究的学术追求。清末民初学人，杜门著书，思欲存一代之典章的人生选择与文化追求，作为最后一代传统文人，栖身在新旧文化交错中，有复杂的底色。有一种说法是"晚清以降的中国人，一度丧失的是对整个传统文化的向往"②，这句话于藏书界而言是不适用的，因为藏书家们的文化选择是宁静安稳的，也是卓有成效的，诸种书目让我们看到了传统文化的保存与盛况。清末民初的社会文化"中西杂陈、新旧并存"的过渡性，在当时文本收藏方面充分体现。所以不管是故园之思，还是强烈喜爱，文人们对宋代的事物还经常怀有一种真诚的伤感。这在藏书界尤其明显，除了伤感，还有一种未竟壮志的紧迫感、使命感。《藏书纪事诗》将历史上众多藏书史实一一勾勒，反映了藏书文化的盛况。先诗表其事、赞其精神、发其感慨；后据或正史本传，或书目记载，或后人转述，阐发其藏书思想之旨；再举其人生事例，表述藏书典故，阐发典藏幽微。与其他读书志、书目、题跋相比，有宏观、微观之别，具备学术思想史著作特征。《藏书纪事诗》承继了"学案体"学术思想史的部分优点，虽未能深入到案主思想本身，但亦记载了各类学术人物、政治人物的读书藏书观念、过程、成就、精神，显示的是其一以贯之的坚守精神与行为，并对其学术思想及特征有简单介绍。学案体是体精思深，对人物的各种思想宗旨，以及相关的材料，论述展示充分。即所谓选材精当、荟萃一体，是学术发展史的真实体现。藏书诗体从材料的选取角度来看，与"学案体"相若，而且多不常见之重要材料，既有正史，又有罕见笔记之属。这些材料集中体现了人物的藏书典故事例，而没有多加论述分析，仅仅是罗列而已，有赞叹有可惜，有哀其不幸，有怒其不争。如果说用

---

① （清）叶昌炽：《叶昌炽诗集》，上海：华东师范大学出版社 2012 年版，第 65 页。
② 秦燕春：《清末民初的晚明想象》，北京：北京大学出版社 2008 年版，第 27 页。

主旨来概括学案体的话，则在于对各种学术宗旨的凝练，指导思想是提纲挈领、辨析毫厘、穷原竟委、门户之辩。学案体对当时社会主流的各种社会思潮，抓宗旨、得要领，又对学派地域进行了细致分析，注意到了"相同地域"中"思想的差异"，这种差异的关注实属慧眼独具。反观"纪事诗体"的藏书史，选取正史、方志、文集、笔记中各种材料，证明人物的藏书事迹，兼及其他方面的成就，颇有学术史的模样。以小小事例呈现出一种风格追求，是一种文化的坚持，是一种重视读书治学价值观的体现藏书的影响，从各种文献的记载中，多个角度进行揭示，体现出"非学何立，非书何习，终以不倦，圣贤可及"①的彼岸意识和道德追求。至于穷原竟委，在"纪事诗体"藏书史中没有太多体现，"诗纪事体"是针对藏书行为的表述与评价，多着墨于事而对什么书、什么样的流通渠道则较少述及，但有一点，个别人物购书的原则尚有提到。可见一部学案涵括万有，而纪事诗仅其一端，故书目提要、题跋读书志类藏书史写作可以补充"诗纪事体"的简阔之疏。黄宗羲撰《明儒学案》虽极力平视各端，为窥全貌，亦有其学术倾向，一为创造性，二为道德标准。虽然有时是错序混织，但大体有例，即以学术为宗、道德为辅。又观"纪事诗体"藏书史，作为一个专门的学问，它基本上是排除道德的，凡文人、政客皆出自问学，多有藏书之好，皆可为一传，其爱书收书之事反映出了较高的价值旨趣，是有普适性、普遍性意义的。从藏书的功用与影响来看，藏收行为与学术史亦有较大关联。不同学派收藏内涵必有其特色，不属学派的独行之人专以收藏为好，也自成一学术风景，可见一独特学问样式，即以藏书为学，且乐此不疲！

其次，他采用这种体例与宋以来文学界产生的"诗纪事"有着直接关系。南宋计有功鉴于唐代"以诗名家……灭没失传，盖不可胜数"②，遂寻访

---

① （清）叶昌炽：《藏书纪事诗（附补正）》，上海：上海古籍出版社 1999 年版，第 26 页。
② （宋）计有功撰，王仲镛校笺：《唐诗纪事》，北京：中华书局 2007 年版，第 1 页。

文集、杂说、遗史、碑志、石刻而悉搜缮录，开创以诗研史、汇录诗歌纪事的文献体例——《唐诗纪事》，蔚为诵诗读书"知人论事"的学术传统。到了清代也出现了几种"诗纪事"文献，如厉鹗《宋诗纪事》（1746年厉氏樊榭山房刊本）、陈衍的《元诗纪事》（1886年出四十五卷本）及《辽诗纪事》《金诗纪事》、陈田《明诗纪事》（1909年刊刻完成）。厉鹗在《宋诗纪事》序中道出撰作缘由："宋承五季衰敝，后大兴文教，雅道克振。其诗与唐在合离间，而诗人之盛，视唐且过之。前明诸公剿拟唐人太甚，凡遇宋人集，概置不问，迄今流传者仅数百家。即名公钜手亦多散佚无存，江湖林薮之士，谁复发其幽光者，良可欺也。"①于是，厉鹗仿效宋代计有功之法搜括甄录宋人诗作，"访求积卷，兼之阅市借人……计所抄撮凡三千八百一十二家，略具出处大概，缀以评论、本事，咸著于编。其于有宋知人论世之学，不为无小补矣"②。厉鹗一改明人崇唐音、轻宋调之风气，参酌宋人文集、诗话、笔记以及山经、地志等各种珍秘典籍，每家大多附有简略小传，缀以评论，并标有作品出处。《元诗纪事》中陈衍亦云："《宋诗纪事》广收无事之诗，且多采从本集者，宋诗经明人弃斥略尽，吴之振《宋诗钞》、曹廷栋《宋百家诗存》总之不过二百家，樊榭（笔者注：厉鹗号）以人存诗，重在网罗散失故也。至元时，则顾选初二三集及癸集家数已灿然大备；纪事之体，当搜罗一代传作，散见于笔记小说各书者，不宜复收寻常无事之诗矣。"③《明诗纪事》亦存诗作讴歌文学家之嘉行，录史传记述人物之故事，引诗评广录名家之评赏。所以说"藏书纪事诗"体例可谓渊源有自，它收录藏书家的美言嘉行，将诗性美与叙事性结合为一体，可堪问学。曾与叶昌炽编校瞿氏铁琴铜剑楼书录的王颂蔚在该书1891年版序言中说，叶昌炽对瞿氏之藏无不寓目，

①（清）厉鹗：《宋诗纪事》，上海：上海古籍出版社1983年版，第1页。
②（清）厉鹗：《宋诗纪事》，第1页。
③（清）陈衍辑撰，李梦生点校：《元诗纪事》，上海：上海古籍出版社1987年版，第1页。

又遍窥潘祖荫滂喜斋所藏，"又叹自来藏书家节食缩衣，鸠集善本，曾不再传，遗书星散，有名姓翳如之感。因网罗前闻，捃摭逸事，竭八九年之力，由宋元迄今，得诗二百余首。贵如明代衡、徽诸藩，微如安麓村暨钱听默之属，无不备载，采集可谓富矣！尧翁所见古书录，今既无传；涧翁拟撷藏书家精华，汇著一录，亦未克就。乃君书竟及身写定，夫非艺林绝业乎？"①所以，他"初欲人为一传，自维才识谫陋，丝麻菅蒯，始终条理之不易，乃援厉樊榭《南宋杂事诗》、施北研（应为汤运泰）《金源纪事诗》之例，各为一诗，条举事实，详注于下"②。可见，《藏书纪事诗》确实从厉鹗《宋诗纪事》体例获益良多。当代学者胡道静认为叶昌炽《藏书纪事诗》"把古今藏书家的珍闻逸事搜集在一起，对每人或每个有关系的人合在一块，分别叙事，并各系以绝句一首"，显得清新、亲切，从学术创造上说可谓前无古人，"无论在内容或体裁上，都铸出了一种新的格局"③。从历史叙事角度，叶昌炽《藏书纪事诗》发凡启例使后继不绝成为藏书史研究与写作的独特体式。继之而起的有伦明的《辛亥以来藏书纪事诗》，徐信符的《广东藏书纪事诗》，以及王佩铮（誉）的《续补藏书纪事诗》等。就连有"别辟蹊径"之称的叶德辉《书林清话》亦在内容体例方面对其效法而成的④。

2.《藏书纪事诗》的文化书写

晚清以来，学者从宋代而起梳理藏书史成为一种潜流，那么宋代文化于学者之记忆构成一种美好想象。于是，宋代藏书文化作为文化象喻就成为一个重要论题。在对藏书文化的回顾和写作的诸多研究中，叶昌炽《藏书纪事诗》以乾嘉遗风之涵养而阐幽发微，皆体现出对宋代文化学术的推崇，因此叶昌炽藏书史叙述之创新颇有重新审视的必要。作为藏书文化研究的新范

---

① （清）叶昌炽：《藏书纪事诗（附补正）》，上海：上海古籍出版社 1999 年版，第 4 页。
② （清）叶昌炽：《藏书纪事诗（附补正）》，第 30 页。
③ 胡道静：《谈〈藏书纪事诗〉体》，《读书》1988 年第 1 期，第 24 页。
④ 苏精：《近代藏书三十家》（增订本），北京：中华书局 2009 年版，第 17 页。

式,《藏书纪事诗》被称为"诗纪事藏书家传",那么就有几个问题需要弄清楚,一是他为什么会萌生写作这样一部著作的想法,这种行为与当时社会的思潮有什么关系,二是他建构这一藏书史书写体系的理论和思想方法有哪些,三是他在具体写作时为什么从宋代开始,而不是从更早或者更晚的时代。

(1)《藏书纪事诗》的藏书学术史路径

《藏书纪事诗》作为藏书史的文化书写从宋代肇始,一改传统藏书目录断代的历史叙述方式,由宋至清通贯展示藏书家人生背景、学术特色、藏书事迹,为藏书家著史表功,举凡买书、聚书、抄书、读书、藏书、校书、著书、刻书无不罗致翔实,描绘了一幅宏大的文化记忆画卷。为什么从宋代开始其藏书史叙述模式,学界一般认为是接受了缪荃孙的建议。缪氏在接到叶昌炽书稿后回复说:"拙稿并承校正,费神深感。承示以宋为始,而冠以蜀毋氏,极是极是。"① 在王序、目录后的跋语及日记中亦难见其以宋为藏书史叙述之始的具体观点,笔者尝试从宋代的社会文化制度展开论述。

从叶昌炽挚友王颂蔚所作序言(1891年作)的分析和评述中可以看出其学术史路径。王颂蔚从纸张的出现、使用谈起,从汉初的书皆竹帛,到东汉宦官蔡伦意造为纸,"莫不从用"。然后质疑"废缣而用纸,其在魏、晋间乎",认为当时尚是古简策之制。故有"唐以前书皆写本,放失最易,故世传唐籍,只有释氏写经,绝无儒家言"。"五季而后,亡书较少,繄雕本是赖。独是书经复刻,伪踳滋多,帝虎陶阴,所在皆是。"宋时官私刊刻,不胜枚举。"宋元旧椠,明代传世尚多,故钤山堂著录以数千部计。至明季变乱,而古刻始渐就散逸,以蒙叟(钱谦益)、遵王(钱曾)两世之勤搜宋刻,不及百种。述古、延令书目,均别出'宋板',而汲古藏书,至以'宋本'二字钤卷端,其珍贵可知矣。"② 由纸张的出现到写本的增多,由雕版的峰起到官

---

① 缪荃孙:《艺风堂友朋书札》,上海:上海古籍出版社1980年版,第403页。
② (清)叶昌炽:《藏书纪事诗(附补正)》,第1、2页。

私书籍制度的普及，但经历王朝更替和时代的变迁导致宋朝书籍由盛世到减少，考订、模刻、校钞、赏鉴宋版书籍逐渐成为专门学问，到了明以后宋版书籍已经由普通的文化读物上升到了一种凝聚文化美好想象的象喻载体。《藏书纪事诗》关注藏书家在宋代文化与思想的传承与创造方面的贡献，又以藏书为中心研究宋代文士的生存处境、人生样式及矛盾心态，就是这种文化记忆与想象的表现。

（2）《藏书纪事诗》的宋代藏书文化经验

自宋以来的藏书典故追述，自宋而始这是宋代记忆的的重要特征，从叶昌炽本身致力于宋代藏书文化经验的发掘、研究、介绍与传播活动中更能体现其宋代文化情结。叶昌炽生逢家国巨变，有着"京朝士大夫酣梦几时醒"的清醒与沉重①，他目睹国变灾难，萌生救国之心，加之晚清的社会巨变，学术研究与时俱进，呈现出"由旧趣新"的时代特色，"旧"的内核"伦理纲常"逐渐被"新"的主体"经世致用"所取代②。同治九年（1870），22岁的叶昌炽应冯桂芬之聘，参与《苏州府志》的编纂工作，冯任总纂官。同治《苏州府志》讲求创新，充分体现了冯桂芬的变革思想。叶昌炽深受冯桂芬修志"求新"思想的影响，七年中长住志局，广集史料，经常寻访村野山寺采访碑志，获取大量资料。在编修过程中，他先后担任公署、学校、坛庙、寺观、释道等门的编撰任务，积极负责，潜心于此，是其未进入仕途时一项重要的著述和学术活动，为日后学术理路打下了坚实的基础③。他沉湎于古籍中别出见识，言前人之所未发。

叶昌炽对宋代藏书文化经验的认识首要的是对宋代藏书家藏搜校刻书籍

---

① 叶昌炽著，王季烈编：《缘督庐日记钞》（第二册），光绪二十一年五月四日（1895），第309页。

② 周生杰：《孟晋超群：叶昌炽藏书研究成就与影响》，《中国矿业大学学报》（社会科学版），2014年第1期，第66页。

③ 周生杰：《孟晋超群：叶昌炽藏书研究成就与影响》，第67页。

活动的梳理。宋代私刻有"家塾本",如相台岳氏、剡川姚氏、瞿源蔡氏之类是也。藏书室号称"双鉴"的近代藏书家傅增湘于 1916 年从端方的藏书中买的南宋绍兴二年两浙东路茶盐司刊本《资治通鉴》,"双鉴"之一原是元本《资治通鉴音注》,自从有宋本《资治通鉴》,"双鉴"就都是宋代古籍了。再有就是对各类书籍铺刊刻事业的叙述,表扬了一批书商、写工及装潢匠,肯定了他们在中国藏书文化中的地位。《藏书纪事诗》附录二十三首有"毕昇华燧文辉华珵汝德华坚"条对活字板发明人毕昇、明代活字传人华氏以及流传的活板典籍《容斋随笔》《白氏长庆集》等进行介绍。在"建安余氏"条云:"圣人诏下紫泥缄,海岳遗闻访翠岩。唐宋元明朝市改,一家世业守雕劂。"[1] 余氏自北宋建阳县之书林,即以刊书为业,纸板俱佳,宋理宗时有余文兴,号勤有居士,亦系袭旧有堂名为号。其后世不绝至清乾隆年间修撰《四库全书》期刊著录的林之奇《尚书详解》、黄伦《尚书精义》亦皆建安余氏刊。在"陈起宗之陈思陈世隆彦高"条云:"临安鬻书陈道人,芸香累叶续芸频。其他鞠鼓桥南宅,亦与江钿共姓陈。"[2] 叶昌炽对宋代陈起开业的"陈解元书籍铺"以刻书、卖书为职志甚为赞赏,陈氏书板皆有款识,有云"棚北大街睦亲坊陈解元书籍铺印行"者,后世称之书棚本,多善本,从南宋理宗时期至元末,影响甚大,人皆重之。在"尹家书籍铺平水书籍王文郁"条云:"三辅黄图五色描,别风枵诣望嶕峣。尹家铺子临安市,平水书林正大朝。"设于临安府太庙前的尹家书籍铺曾刻《三辅黄图》《茅亭客话》,清藏书家黄丕烈曾感慨《续幽怪录》四卷没有人著录,王欣夫补正说,陆氏皕宋楼收藏的《北户录》封后亦有"临安太府前尹氏书籍铺刊行"。[3] 对建安余氏"勤有堂"、陈解元书籍铺、尹家书籍铺刻印书籍活动的关注,反映出

---

① (清)叶昌炽:《藏书纪事诗(附补正)》,上海:上海古籍出版社 1999 年版,第 733 页。
② (清)叶昌炽:《藏书纪事诗(附补正)》,第 733、734 页。
③ (清)叶昌炽:《藏书纪事诗(附补正)》,第 736、737 页。

叶昌炽对书籍社会生产体系本身的浓厚兴趣。西方传统书籍史学的表述，如凯尼恩一般将书籍视为"物理客体"，即版本、目录以及装帧等问题，体现出对书籍形制、材料的重视，这些分析集中在书籍本身，对其外部环境介绍的多而具体分析的少。无独有偶，中国传统目录、版本学对藏书史的研究，也是多集中于文本内部，将书籍作者和注释纳入甄别真伪和体例流变的分析框架中去。当下新的书籍史研究则关注于"文本的创造、传播和使用"，并将这些问题与社会思潮和历史语境加以联系。因此，叶昌炽的研究所关注的典籍制作、流通和使用，实现了分析重心由内至外，将书籍置于市场流通、文化转型和社会交往的广大视野中加以理解，并以书籍为具象，考掘曾经世界的文化原貌，从这一点来讲，他的开创意义就更毋庸置疑了。

还有就是为女性藏书家立传。《藏书纪事诗》卷一"赵明诚德父李清照易安"条云："不成部帙但平平，漆室灯昏百感生。安得归来堂上坐，放怀一笑茗瓯倾。"[1] 李清照助其夫赵明诚收藏金石书画，"每获一书，即同共勘校，整集签题。得书画彝鼎，亦摩玩舒卷，指摘疵病，夜尽一烛为率。故能纸札精致，字画完整，冠诸收书家"[2]。贤伉俪共事收藏传为文艺佳话。叶昌炽还录存阮元《扬州文楼巷墨庄考》，介绍了扬州文楼巷墨庄刘式的夫人陈氏教育子女的事迹："妻陈夫人，既寡，以遗书教诸子，曰：'先大夫秉行清洁，有书数千卷以遗后，是墨庄也，安事陇亩？'诸子怠于学者，则为之不食。由是诸子皆以学为郎官。孙廿五人。世称墨庄夫人。"[3]

3. 书楼书坊等构成了文化场域

（1）书楼负载着记忆传承

晚清文人的宋代想象，不能不与当时的学术思潮有所关联，如清中叶以

---

[1]（清）叶昌炽：《藏书纪事诗（附补正）》，上海：上海古籍出版社 1999 年版，第 39 页。

[2]（清）叶昌炽：《藏书纪事诗（附补正）》，第 39、40 页。

[3]（清）叶昌炽：《藏书纪事诗（附补正）》，第 6 页。

来的汉宋之争，晚清经学思潮的变迁，传统文人书香文化价值观。由清中叶以来的汉学宋学之争，这一大的时代、学术思潮，可以看出宋代想象与记忆的文化动因，可以从以下两个方面来分析。

一是宋学为主流之时与宋学有关宋代图书文献自然备受重视，宋代程朱等大师的著作大行其道，从收藏角度、版本愈好，其内容愈真实，其话语阐释权愈大。"宋椠"的记忆通过什么流传？宋本的想象内涵有哪些？学术价值有多少？主流的文献因为经常看，故不能保存至久，而平常较少用的则能传承，这是有一般性的，学者们经常要用五经类书多不全，经常有散落的单片只纸就引为罕物。如海源阁之称"四经四史之斋"，傅增湘之称"双鉴楼"皆以宋版之稀有存量而言的。海源阁四经四史之斋中的《周礼》就是宋初婺州市门巷唐宅刊本，《史记》之中最早一部是乾道七年蔡梦弼东塾刻本。还有"书棚本"，如临安府棚北大街睦亲坊南陈道人书籍铺、太庙前尹家书籍铺等。宋代"福建本遍天下"，以建阳的建安余氏为最著，如余仁仲、余恭礼、余唐卿、余彦国等。四经四史之斋中的《史记集解》《三国志》就是南宋建阳刻本，今藏于北大图书馆。其次是对官方藏书刊刻事业的表彰。在卷一"刘恕道原子羲仲壮舆"条云："宋时诸州公使库，刻书常有羡余缗。家书自比官书善，何不精雕付手民。"① 说的是宋代地方政府刻本中的"州郡官刻本"，宋诸道监、帅、司及州军边县戎帅皆有公使库，也称"公使库"本，如台州、泉州、抚州公使库本。海源阁四经四史之斋中《礼记》就是淳熙四年抚州公使库刻本。宋官府刻本最著名者是监刻本。近代海源阁杨以增从海宁陈鳣（仲鱼）向山阁购买的《监本纂图重言重意互注点校毛诗》就是监刻本。除了刻本还有写本。傅增湘从盛昱处获得的《洪范政鉴》就是南宋淳熙十三年宫廷写本。这是南宋内廷遗留下来的唯一一部最完整的写本书。其书笔法清劲，有唐人写经之风格，桑皮玉版，玉楮朱栏，有内府玺印，确实为

① （清）叶昌炽：《藏书纪事诗（附补正）》，上海：上海古籍出版社 1999 年版，第 24 页。

罕见珍宝。海源阁藏书基础从递藏脉络上来讲主要涉及毛氏父子汲古阁、钱谦益绛云楼和钱曾述古堂、季振宜静思堂、徐乾学传是楼、黄丕烈百宋一廛、怡府明善堂、周锡瓒水月堂、顾之逵小读书堆、袁延梼五研楼、汪士钟艺芸书舍。之后，他又得鲍廷博"知不足斋"、秦恩复"石研斋"、惠栋"红豆山房"、方功惠"碧琳琅馆"藏书以及江都汪中（容甫）问理堂、海宁陈鳣（仲鱼）向山阁、阳湖孙星衍（渊如）平津馆、大兴朱筠（竹君）"淑花吟舫"藏书楼等海内名家部分藏书，杨以增别辟书室曰"宋存书室"，设立"四经四史之斋"专储经史天水旧籍，以元本、校本、影宋抄本附之，似可表明一种崇宋的文化态度。其中宋本《仪礼郑注》十七卷乃杨以增祖父杨兆煜厚遗堂所获友赠。杨以增通过各种关系和不同渠道，不惜巨资购宋本。宋本《汉书》乃杨以增道光二十七年（1847）巡抚关中时收购的明周若年翻宋刊本，之前曾经季振宜、徐乾学等名家递藏，乃第一种。太平天国起义时，他正在利用治理江南河道和督办漕粮之便，购得苏州、扬州名家藏书，1849年重金从袁江购得宋本《三国志》六十五卷，从汪喜孙之子汪延熙购得宋本《周礼》十二卷，宋金箱本《春秋绝经传集解》二十二卷；原厚遗堂已购之汪中宋本《毛诗》三卷，杨以增购得海宁陈鳣（仲鱼）向山阁宋本《监本纂图重言重意互注点校毛诗》；1851年，从苏州购得经季振宜静思堂和汪士钟艺芸书舍递藏宋本《史记》一百二十卷（第二种）、经季振宜徐乾学递藏的宋本《后汉书》一百二十卷。后又得徐乾学传是楼宋本《礼记》二十卷。据《楹书隅录》所录，海源阁"四经四史之斋"藏书所收宋本"四经"为《毛诗》《周礼》《仪礼》《礼记》，"四史"为《史记》《汉书》《后汉书》《三国志》，并非就是八种书籍的合称，而是每种各有版本，否则怎能称之为"宋本书室"，除去一种为明本替宋本之佚，共计十二种。《楹书隅录》著录四经四史之斋旧藏宋椠十三种，其中《仪礼郑注》十七卷，题汉郑玄注，明邢桐题款。《北京图书馆善本书目》著录题为"明刊本"。国家图书馆冀淑英先生《六覆王绍曾书》亦云："《仪礼》一书，杨氏'四经四史斋'中原藏为宋严州刻本，即黄氏士礼居影刻之本，此本早已散失。杨氏书运至天津后，为配足'四经四史'，遂以明本《仪礼》顶替，其先押於盐业银行，后扫数鬻归北图之九十二种中，'四经'中《仪礼》即此明刻而题宋刻，并非原有之本。"① 有学者也据此考论杨绍和题为"严州本"，实为明嘉靖吴郡徐氏三礼本。② 具体情况如下表所示：

序号	题名	传注题跋情况	版本及印章
1	《监本纂图重言重意互注点校毛诗》二十卷（存十一卷）《图谱》一卷	（汉）毛苌传，（汉）郑玄笺，（唐）陆德明释文，宋刻本，（清）陈鳣跋	宋建阳刻本，有玉堂学士、湖山清趣、鳍读、仲鱼图像、得此书费辛苦后之人其鉴我诸印
2	《毛诗》二十卷（存三卷）（《隅录》著录《毛诗举要》二十卷）	（汉）毛苌传，（汉）郑玄笺，（唐）陆德明释文，（清）查慎行跋，（清）顾广圻跋，（清）吴荣光题款	南宋麻沙书坊刻本。有"溪庄""得树楼藏书""汪喜孙印""孟慈""喜孙审定""江都汪氏问礼堂收藏印""秘书少监""顾广圻印""千里""涧苹""臣荣光""石云山人""阮氏小云过目"各印

① 王绍曾、崔国光等整理订补：《订补海源阁书目五种》，济南：齐鲁书社 2002 年版，第1346 页。
② 丁延峰：《海源阁宋本"四经四史"叙录》，《海源阁研究论集》，北京：中国社会科学出版社 2010 年版，第 59 页。

（续表）

序号	题名	传注题跋情况	版本及印章
3	《周礼郑注》十二卷	（汉）郑玄注，（清）汪喜孙题款，劳健抄补并跋	宋婺州市门巷唐宅刻本。有恩福堂书印，周良金、毗陵周氏、九松迁史藏书记、江都汪氏问礼堂收藏印，汪大喜孙、孟慈、汪喜孙、喜孙秘籍、秘书少监、汪延熙、汪介徽、周玉斋金汉石之馆、阮氏小云过目、何绍基、何绍业观诸印
4	《礼记郑注》二十卷	（汉）郑玄注，（清）顾广圻跋	宋淳熙四年（1177）抚州公使库刻本，有宋本、宜子孙印、徐健庵、乾学、顾汝修印、思适斋、汪士钟曾读、四经四史之斋、杨绍和藏书诸印
5	《史记集解索隐》一百三十卷三十册六函	（汉）司马迁撰，（刘宋）裴骃集解，（唐）司马贞索隐	宋乾道七年（1171）建安蔡梦弼东塾刻本，卷四十三《赵世家》配清光绪元年杨保彝影宋抄本。有赵宋本、彭城钱兴祖、季振宜、季振宜藏书、旬肠斋、汪士钟藏、四经四史之斋、绍和筑岩诸印
6	《史记集解索隐》一百三十卷二十四册四函	（汉）司马迁撰，（刘宋）裴骃集解，（唐）司马贞索隐，（宋）耿秉跋，（宋）张杅跋	宋淳熙三年张杅桐川郡斋刻八年耿秉重修本。有毛晋秘筐审定真迹、在在处处有神物护持、戊戌、子晋、臣褒、华伯、毛褒华伯、白川书馆、朱墨通记、孙育私印、曲阿孙育、南徐孙育思和印章、孙育之印、孙思和图籍篆、孙育、京山孙育思和、孙育思和父印、扬州季氏振宜之印、季振宜读书、季振宜字洗兮号沧苇、御史振宜之印、康氏藏书、前岳吴氏家藏、乾学、徐健庵、七峰道人、开皇山下人家、碧山草堂、北固山第一峰、华阳顾仁效印、摘生、赵宋本、毛晋秘籍、汪士钟印、虞山景氏家藏、徐氏秋宝各印

（续表）

序号	题名	传注题跋情况	版本及印章
7	《史记集解》一百三十卷	（汉）司马迁撰，（刘宋）裴骃集解	南宋初刻本。有宋本、毛康、汪士钟印、民部尚书印、文深、李盛铎印、木犀轩诸印
8	《汉书集注》一百二十卷	（汉）班固撰，（唐）颜师古集注	宋建安蔡琪家塾刻本。有"古虞毛氏奏叔图书记""御史振宜之印""御史之印""季振宜印""沧苇""季振宜读书""扬州季氏""齐庵""马思""乾学""徐健庵"诸印，杨氏藏印有杨东樵读过、四经四史之斋、杨彦合读书印、宋存书室、世德雀环子孙洁白、臣绍和印等
9	《前汉书注》一百二十卷	（汉）班固撰，（唐）颜师古集注，（清）杨绍和跋	宋刻元明递修本。有旧卢氏之章、屠倬孟昭父印、四经四史之斋诸印
10	《后汉书注》一百二十卷	（刘宋）范晔撰，（唐）李贤注，《志》三十卷（晋）司马彪撰，（梁）刘昭注，（清）杨绍和跋	宋王叔边刻本。有赵宋本、华亭朱氏珍藏、汲古阁印、极古阁世宝、汲古阁毛姓秘玩、毛晋秘箧、子晋、毛凤苞印、子晋氏、毛康、毛展之印、斧季、毛斧季收藏印、中吴毛斧季图书记、毛氏藏书、子孙永宝、子孙世昌、在在处处有神物护持、旅溪季振宜印、苍苇、季沧苇氏图书记、御史振宜之印、扬州季氏、振宜之印、季振宜读书、御史之章、乾学、徐健庵、毗陵周氏、九松迁史藏书记、周良金印、周氏藏书之印、周浩之印、伯雅私印、艺芸主人、臣绍和印、杨氏彦合诸印

（续表）

序号	题名	传注题跋情况	版本及印章
11	《后汉书注》一百二十卷	（刘宋）范晔撰，（唐）李贤注，《志》三十卷，（晋）司马彪撰，（梁）刘昭注	宋刻元明递修本。有杨氏藏印多方
12	《三国志》六十五卷	（晋）陈寿撰，（刘宋）裴松之注	宋刻本。有赵宋本、士钟、秋浦、杨绍和、杨氏海源阁藏、杨彦合读书记诸印

资料来源：

1. 王绍曾、崔国光等整理订补：《订补海源阁书目五种》，济南：齐鲁书社，2002；

2. 丁延峰：《海源阁宋本"四经四史"叙录》，《海源阁研究论集》，北京：中国社会科学出版社，2010。

　　傅增湘祖上原本藏有元本《资治通鉴音注》。1916 年，他自己又从端方手中买得一本南宋绍兴二年两浙东路茶盐司刊本《资治通鉴》。他把这两部宋元本合称为"双鉴"，以此作为自己藏书楼的名字。后来他又购得盛昱所藏的南宋淳熙十三年宫廷写本《洪范政鉴》一书，这是南宋内廷遗留下来的唯一一部最完整的写本。其书笔法清劲，有唐人写经之风格，桑皮玉版，玉楮朱栏，椠有内府玺印。从此，他的双鉴楼的"双鉴"之一不再是元本《资治通鉴音注》，而是以南宋写本《洪范政鉴》来代替了。

　　二是藏书楼、藏书印、藏书故实等构成宋代记忆的空间载体，一定程度上是政治资源、文化象征、学问渊薮的起点。所以在藏书史中，宋板、宋典是一种稀缺的资源，具备了文化象征的资格，也是学问的重要表现。对宋文化、典籍的喜爱，也是一种文化潮流的体现，是一种文化现象，争有宋典也成为一种风气。藏书涵养书香气息，广植读书种子有赖公共空间，而呈现过去的历史场所——私塾、书院、藏书楼，经由空间的变迁，孕育了宏博的文化气象。从记忆场域扎根于传统的象征特征出发，阿莱达·阿斯曼将其引入到城市研究，于是图书馆、藏书楼成为分析文化记忆的历史选择和表征过程的重要场所。菲利普·J. 埃辛顿认为："'场所'以种种方式触及实质性的问题，它们不仅是时间问题，也是空间问题，它们只能在时空坐标中才能得以发现、阐释和思考。"① 近代书香文化"图景"借由新媒介、学术团体、图书馆等公共空间的形式，承载着各类历史事件、集体记忆、民族认同，构成了特殊景观和历史场所。正如海登·怀特所说："历史领域的图景被设想为一个空间的或共时性的结构。"② 近代媒介、学术团体、图书馆作为"一种稳定的社会角色"和"一个巨大的记忆系统"，与新知识群体努力构建书香文化的空间叙事和共时性结构，起到"凝固时间、保存记忆、探究往昔"的效用，但它"总是生活在某一个地方上的人物、发生在某一个空间内的事件的历史"③。鉴于图书馆创建就是从某一地方点滴之功出发，经由多方共同努力，将全国各个图书馆之点连成书香网络，终能在传承文化记忆方面发挥巨大效用。藏书文化正如"宋代"在晚清的待遇，虽不至于是全民参与的热门话题，但文化界、政界努力推动公共图书馆运动，作为晚清新政的重要内容，各级公共图书馆纷纷建立，各种古籍得以有了开放存贮的场所。在文化启蒙、觉世醒世，从而促成革命与社会发展，经历了政治的失败，经由反思

---

① ［美］菲利普·J. 埃辛顿著，杨莉译：《安置过去：历史空间理论的基础》，《江西社会科学》2008 年第 9 期，第 250 页。

② ［美］海登·怀特著，陈新译：《元史学：十九世纪欧洲的历史想象》，南京：译林出版社 2004 年版，第 241 页。

③ 龙迪勇：《历史叙事的空间基础》，《思想战线》2009 年第 5 期，第 64 页。

国内文化体制，书籍"由上层士人伸展向下层民众"，虽然真正的书籍传播史的重构与接受未必一帆风顺。1933 年，现代图书馆学家谭卓垣在美国芝加哥大学完成的博士论文中指出，在众多藏书家的藏书事业中，"私人藏书的链条是一环紧扣一环的。往往是彼时彼地的藏书散开了，而到此时此地又被重新集中了起来"①。这种私人藏书的链条既是纵向的私人递藏，也是横向的空间转移，不断构建着人们对历史和文化的记忆和想象。可以说，藏书楼成为文脉传承文化记忆的具体特色，旧书店也寄托了一个城市的文化乡愁。

（2）走出佞宋的书香时代

佞宋之源首在于宋本日稀而推崇宋本、争存宋板、模仿宋刻，根本在于尊崇宋代文化。以陆心源为例，晚清经学大师俞樾在光绪戊戌年（1898）所作《仪顾堂集序》中评价陆氏学术思想时说："吾郡存斋陆君，所学以朱子为宗，而又深病世之稗贩《语录》、掇拾《大全》者，号为宗朱而适以叛朱，因于国初诸大儒中，独于亭林有深契焉。"②陆心源尊宋学，又对清初"开汉学先河"的顾炎武赞赏有加，故以"皕宋"名其藏书楼、以"仪顾"名其堂、名其集，就是这种思想的反映。在《皕宋楼藏书志序》中，李宗莲则通过比较指出陆心源虽"皕宋"而又不"佞于宋"的开放性心态："皕宋则守先别储，读者不禁，私诸子孙，何如公诸士林"，与天一阁等私家藏书楼"封扃甚严，非子孙不能开锁"形成鲜明对比③。周少川先生从文化形态学角度说"私家藏书是一种内蕴极其丰富的文化现象""汗牛充栋的图书、巍然矗立的藏书楼"是"物态文化"，而又有"在长期藏书活动中形成的措理之

---

① 谭卓垣著，徐雁、谭华军译：《清代藏书楼发展史（1644—1911 年）》，沈阳：辽宁人民出版社 1988 年版，第 49 页。

② （清）陆心源著，冯惠民整理：《仪顾堂书目题跋汇编》，北京：中华书局 2009 年版，第 489 页。

③ （清）陆心源著，冯惠民整理：《仪顾堂书目题跋汇编》，第 564 页。

术和风尚等行为文化"，还有"藏书家主体因素潜层的心态文化"。^①用他的理论来看佞宋就是一种物态，一种行为，一种心态。从根本上分析，它还是一种文化价值，其核心是"传承书藏，嘉惠世人"，用"仁人爱物"来评价也很恰当。^②

推崇宋本方面，《藏书记事诗》"黄丕烈绍甫"条评价说："翁不死时书不死，似魔似佞又如痴。"又引王芑孙《黄荛圃陶陶室记》云："今天下好宋板书未有如荛圃者也。荛圃非惟好之，实能读之。于其板本之后先，篇第之多寡，音训之异同，字画之增损，其授受源流、缮摹本末，下至行幅之疏密广狭、装缀之精粗敝好，莫不心营目识，条分缕析。……荛圃年未老，宋板之书，麇至未已，家虽不丰，力能致酒。春秋佳日，招其二三同好，盘桓乎是室，胪列宋元，校量完阙，厘正舛错，标举湮沈，当其得意，流为篇什。"正如王芑孙所云，黄丕烈佞宋在于为学旨趣，非仅"积晦明风雨之勤，夺饮食男女之欲"也。^③所以说崇宋本精神最显著的溢出效应就是为宋代刊刻的典籍提供了更多的保存保障。

作为佞宋之余绪，影仿宋刻屡见不鲜。毛晋是明末清初的藏书家、出版家，因为他也收藏了大量的宋元善本，独创了"影抄"法而刻印书籍，毛氏汲古阁刻书认真，凡刻成的书版皆经数次校正挖改才能开印。而且对书本的疑误，如果没有确凿的证据，就不会轻易删改，以免出现错误。"汲古阁印书所用的纸张，都是从千里以外的江西专门定做的毛边、毛太纸。所印出的图书装满考究，纸墨精良，不仅有学术价值，而且也是难得的艺术品。"^④民国初年，一批实业界和商界人士收集并影刻宋元版古籍，形成了以陶湘、董

①周少川：《藏书与文化——古代私家藏书文化研究》，北京：北京师范大学出版社1999年版，第1页。

②李云：《海源阁史》，北京：中华书局2015年版，第10、11页。

③（清）叶昌炽：《藏书纪事诗（附补正）》，第573页。

④郑伟章、李万健：《中国著名藏书家传略》，北京：书目文献出版社1986年版，第73页。

康、徐乃昌、刘承干、张钧衡、吴昌绶、刘世衍、郭子彬等人为代表的新藏书家和出版家群体。他们利用各种途径收集宋、元、明孤本，不惜工本加以翻刻，其刻工精美、校勘水平直追宋元珍版。安徽贵池刘世珩酷爱仿宋，时有"贵池刻书爱仿宋，成就武昌陶子麟"的说法。刘世珩藏书楼为"玉海堂"，另有"赐书台""宜春堂""聚学轩""梦凤楼"等藏书处，请仿宋体最好的刻书大师陶子麟参与，先后汇刊《玉海堂景宋丛书》52种（1909年刊刻竣工，影明仿宋刻本）、《宜春堂景宋元巾箱本丛书》8种。安徽南陵藏书名家徐乃昌及其所刊刻的五十二卷《随庵丛书》收录宋、元秘本十种，影刻精善。其中影宋本《唐女郎鱼玄机诗》、影元本《乐府新编阳春白雪》、影元本《苍崖先生金石例》等都摹刻逼真，刀法工致。1919年，徐乃昌影宋明州刊本《徐公文集》三十卷出版，字体、版式、开本均守宋本之风，书口镌南宋明州本刻工名，书后有"岁在屠维协洽南陵徐乃昌景宋明州刻本重雕"篆文牌记。王国维曾把浙江称之为"藏书之乡"，浙江湖州南浔镇刘承幹的"嘉业堂"广储"海内秘籍"，也从不自秘，而是任人抄写。鲁迅先生曾称刘承幹为"傻公子"即是出于对书的痴态而言的。刘承幹因此号称民国私人藏书第一人，其先后收藏并付梓的《影宋四史》就是影宋之代表。影宋白鹭书院本《汉书》七十卷、影宋一经堂本《后汉书》八十卷底本皆以重金得自郭嵩焘，其他两种是影蜀大字本《史记》、影宋大字监本《三国志》，都是请当时仿宋体最好的陶子麟进行影刊，并礼聘叶昌炽从事校勘，名版、名家、名工，不惜纸墨，可谓文化典籍化身千百的功臣。当代藏书家韦力称近代藏书家陶湘的涉园藏书"首重书品，独步专藏"，陶氏与荣厚友善，经其介绍入缪荃孙门下，在缪荃孙指导和影响下极力购藏校刊和覆校旧本，成书于北宋的《李仲明营造法式》就是其代表作品。1925年陶氏以钱唐嘉惠堂丁氏重抄张芙川影宋抄本为底本与文澜阁、文溯阁、文津阁所藏各本校勘后，按宋版式及字体雕刻印刷。这是宋版之后首次重刊，为中国建筑业传承了一部重要典籍，在刻书界产生了很大影响。影仿宋刻就是宋本古籍经过不断校误、理乱、补脱、重钞、重刻等科学整理程序扩大传播的过程，从文化传承角度看就是"完整、整齐、无误的记忆文本形成过程，也是重构历史记忆的过程"①。

当然也有伪宋迹以射利者。晚清陆心源之皕宋楼，潘祖荫称其"博物赡闻，深识宏览，四部七略，百宋千元"②，其实多是明刻本、影宋明刊本，去伪存真，宋本不过十之二三，由此可知"佞宋"和作伪真假难辨。识见之高如陆心源者亦难免为射利之贩所瞒，更不用说一般读书人了。所以说，"佞宋"作为一种文化现象，其功在保护、传承文献，而其在版本认识上的偏面性和偏颇之处则为我们科学而准确地揭示版本提供了反证。而且"佞宋"之风把经验绝对化了，而有些经验总结得并不正确。③对于大多数浸淫于佞宋风气中的学者来说，很难对宋版书做科学的把握，从而在很大程度上把佞宋之风变成了盲目的泥古之风。④出于商业目的而展开的伪造宋版书籍在一定意义上也促进了宋代典籍制作技艺和文化的传播，从此角度也证明了"佞宋"行为的正面效果。

经此佞宋风习的剖析，我们当可发现近代藏书家佞宋而不株守，实现了"走出佞宋时代"的物质积淀。近代以来佞宋的社会条件之变还在于藏书家身后无有承继之学人，不识宋本之价值。王献唐尝作《藏书十咏》，其中《借书》诗云："海源书似阵云屯，小鉨（同"玺"）猩红认宋存。乞与老饕供一饱，残年风雪过屠门。"王先生诗后又发感慨说："去岁残冬，借书杨氏海源阁，流观七日。其藏书印有'宋存书室'，亦屡见《楹书隅录》。问其家

---

① 蒋永福、高晶：《历史记忆的重构：校雠学的宗旨》，第 7 页。
② （清）陆心源著，冯惠民整理：《仪顾堂书目题跋汇编》，第 17 页。
③ 贾卫民：《说"佞宋"》，《图书馆杂志》2001 年第 11 期，第 53—54 页。
④ 崔建利：《宋版书及佞宋之风》，《聊城大学学报》（哲学社会科学版），2002 年第 3 期，第 101 页。

人，竟不知有是室也。"① 可见，佞宋之辈无后学，那么"佞宋"之精神继承亦不能持续。

近现代藏书文化以多种形式的文化形象展现传统文化记忆，具体而言，题跋、书目、读书记、书话等形式的藏书史写作都是记忆的文字载体，近代以来多种形式的出版技术（媒介）更加深刻地影响了藏书史的记忆书写。而图书馆的广泛创办也在文化体制机制上不断拓展着藏书文化记忆书写的界限，这是近代藏书文化嬗变的重要标杆，值得进一步研究。

4. 宋学与书厄强化了文化认同

（1）佞宋背后的学术维度

高标宋学构成了佞宋背后的学术维度。叶昌炽能够产生撰作《藏书纪事诗》的想法，自然与其学术素养有密切关联，当然也暗合了当时的学术思潮。他也只不过借助晚清兴起的宋代话题，表达出了清末士人的反思与批评，借宋代话题而说事，而且是有不懈的兴趣与冲动，这种行为的性质与特点借用秦燕春《清末民初的晚明想象》的理论有如下几条：一是并非空穴来风；二是并非单纯的怀旧主题的重新流行；三是不仅仅有简单相似性；四是在于现实生活的创伤即现实的残酷再度唤起了世人对于昔日破败抑或荒芜的记忆。②

在晚清西学东渐的风潮中，为宋代记忆寻求文化意义上的存在理由，从学术思潮上讲是汉宋之争并由此导出。我们知道乾嘉汉学时期汉宋对垒，汉学大兴，出于考证经史的需要，好的版本愈有考证伪学的功用，好的本子成为阐释文本的根基，也是一种学术求真的象征。盛世过后，从方东树《汉学商兑》汉学作全面攻击和彻底否定至道咸以降出现了汉学、宋学调和之局，

① 王献唐：《藏书十咏》，见《文献》1980 年第三辑，北京：书目文献出版社 1980 年版，第 252 页。

② 秦燕春：《清末民初的晚明想象》，北京：北京大学出版社 2008 年版，第 12 页。

宋学地位无疑得以提高。结合当时宋学的高涨，我们可以找到叶昌炽研究藏书史的社会动力，一则是宋代文治开启文化盛世，知识界希望借鉴历史经验为现实政治与文化变迁提供一定的参照与提醒，二则争取为宋代文化正名，当今之世需恢复荣光，怀古而讽今，借怀宋之古而抒讽今之志。当时书厄的濒发，不由激发学者们"抚古怀今，忧何能已"的现实紧张与焦虑[①]，这是晚清士人回眸宋代的真正动因。晚清文人对宋代想象寄托到各种课题，如把宋学的复兴与社会变革联系在一起，并为社会变革提供思想与理论的资源。直到民国时期，陈寅恪高标宋学，对宋朝文化评价最高，认为"华夏民族之文化，历数千载之演进，造极于赵宋之世"[②]，又言"天水一朝之文化，竟为我民族遗留之瑰宝"[③]，所以如此，陈寅恪还分析了其中之原因："六朝及天水一代思想最为自由，故文章亦臻上乘，其骈俪之文遂亦无敌于数千年之间矣。"[④]1943年12月，陈寅恪在成都，临时执教于当时南迁的燕京大学。他在《邓广铭宋史职官志考证序》中进一步提出："吾国近年之学术，如考古历史文艺及思想史等，以世局激荡及外缘熏习之故，咸有显著之变迁。将来所止之境，今固未敢断论。惟可一言蔽之曰，宋代学术之复兴，或新宋学之建立是已。华夏民族之文化历数千载之演进，造极于赵宋之世。""华夏民族之文化，历数千载之演进，而造极于赵宋之世。后渐衰微，终必复振。"[⑤]可见，"宋代想象与记忆"并非一个单纯的概念，在近代它是作为"话题"的旗帜，与传统校雠学中的版本目录形象用以文化记忆与文本操作不尽相同，民初不但成为学术趣味的发现，而且强化了政治、历史的意涵，即"政治紧张"带动了"历史张力"。

---

① 秦燕春：《清末民初的晚明想象》，北京：北京大学出版社 2008 年版，第 13 页。

② 陈寅恪：《金明馆丛稿二编》，见《陈寅恪集》，北京：生活·读书·新知三联书店 2015 年版，第 277 页。

③ 陈寅恪：《寒柳堂集·赠蒋秉南序》，见《陈寅恪集》，第 182 页。

④ 陈寅恪：《寒柳堂集》，见《陈寅恪集》，第 72 页。

⑤ 陈寅恪：《金明馆丛稿二编》，见《陈寅恪集》，第 245 页。

这种关于宋代的"历史记忆"在藏书界是实实在在的，有宋代古籍珍本实物，有记载而不见的著述想象，凭着记忆和仅存的实物，足以在藏书界掀起一阵又一阵强大的版本认同和目录叙述，其根本就在于那段已经湮没如隔世的文化记忆，让我们通过一个个题跋、刊刻、递藏描述的片段，而有了感同身受，正如陈寅恪据说的那样，"理解之同情"。所以，宋本就获取了一种象喻资格，或者说成为具备隐喻资格的历史符号，是被赋予的功能，表达出来的是"世态人心、文化方向"，也蕴涵了政治取舍、文化品质，决非仅仅的怀旧之思，其指向性是复杂多意的。对那晚清的文人来说，回望繁盛历史的动力，"乃在重构历史，从而影响现在"，因此在"宋代记忆"中，若干古籍被发现，固化为一种学术经验，影响到文化嬗变进程中的学术社会和思想格局。晚清文人回望宋代，因为时代命题的迥异，西学东渐、中西文化冲突、社会普遍价值的受冲击，价值信心丧失，甚至士大夫阶层深有文化破灭的危机感，他们企图通过文化传统的再表现来达到现实的重建[1]。那些"半新半旧、亦新亦旧的一代人，并非如我们今天所以为的那样，勇于现代性颠覆"，或者刻意古典型"保守"，他们步步回顾，心旌摇摆，那些于我们湮没如隔世的文化记忆，于他们则有着感同身受的特殊意义。"感同深受"是基于个人处境、社会境遇的相似性而引发的纵向比较。尤其是古籍流散的相似性结局，在作不同藏书家占籍收藏散佚过程比较的时候，我们往往从文化风格、知识个性、人文品质等方面展开对话，留给世人以鉴存者甚多。

（2）书厄构成了文化创伤

如果说晚近以来的学术思潮从理论进路上加强了文化记忆的宋代因素，那么近代以来诸种文化灾厄的发生则进一步刺激并加深了藏书文化中的宋代记忆。在两方面的共同作用下，文化记忆的认同特质得以突显。正如记忆理论所强调的那样，由于文化记忆对记忆认同功能的强调，文化记忆的凝聚性

---

[1] 秦燕春：《清末民初的晚明想象》，北京：北京大学出版社 2008 年版，第 16 页。

结构可以实现时间维度的历史传承，也能实现社会维度的群体性约束①。

对近代藏书文化来说，书厄就是创伤记忆的一种书写方式，促使他们进行深层次的文化反思。《藏书纪事诗》卷一"赵文定安仁"条说"不善刻书书一厄，永兴面目叹全非"，又具体引严可均《书北堂书钞原本后》："三馆旧阙《书钞》，惟赵安仁家有本。是北宋已极罕觏。明中叶，常熟陈庄靖瓒得胥钞本，其裔禹谟改补梓行。时人习气，好作聪明，变乱旧章。是谓刻书而书亡。"② 这条关于书厄的事实属于内生性的文化创伤，与外力干涉形成的书厄自然不同，况且内生性的书厄是旧伤，现实生活中总是新伤引起对旧伤的回溯，在藏书文化中，书厄的新伤、旧伤一起回忆也是文化创伤不断加深的过程，书厄的文化记忆促使人们的反思具有某种鲜明的价值倾向。无独有偶，鲁迅也说，嘉、道以来，珍重宋元版本风气渐盛，影宋元本或校宋元本书籍出版很多，《琳琅秘室丛书》里的两部《茅亭客话》就体现出校宋本与四库本的区别，即由于乾隆皇帝的"圣虑"而删改"华夷"之论，故不独"明人好刻古书而古书亡"，还有"清人纂修《四库全书》而古书亡，因为他们变乱旧式，删改原文；今人标点古书而古书亡，因为他们乱点一通，佛头着粪：这是古书的水火兵虫以外的三大厄"③。明清以来的内生性的书厄是删改引起，删改文献就造成文化记忆失真，所以宋本的好就成为真实文化记忆的写照。

二、叶德辉藏书史写作中的宋代想象与叙述

于藏书史的宋代书写而言，我们说历史"活着"，说历史活在文人的心

---

① 刘慧梅、姚源源：《书写、场域与认同：我国近二十年文化记忆研究综述》，第9、10页。
② （清）叶昌炽：《藏书纪事诗（附补正）》，第10、11页。
③ 鲁迅：《病后杂谈之余》，《鲁迅全集》第6卷，北京：人民文学出版社1995年版，第185、186页。

中和著述里，"问题是缘何活着，活在何种情境、问题、论述中。记忆缘何被唤醒？类比缘何而进行？"①以沟中雄三的观点，任何历史叙述"一般被视为选择事实、组合选择出来的事实、并赋予其以意义的工作。在这种情况下，有一个'约定俗成'在起作用：选择、组合、赋予意义等各个环节都要以客观事实为依据"。②那么，近代学者对宋代的藏书史叙述形成了什么样的约定俗成，他们选择、组合、赋予意义的各个环节又包括那些内容？以叶德辉为例进行解剖式的案例分析，我们可以看到在藏书学术集大成发展的晚清呈现出前所未有的创新型特征。

1. 书话之体能容藏书事

文献掌故研究在清末民初极盛，书目、题跋、书话、笔记多有书籍掌故之载，掌故中究源竟委、辨析得失的，有品评版本优劣、学术价值的，有崇尚宋版、保存文化记忆的。皆可以从中看到一些开风气之先的端倪。

叶德辉在《常熟顾氏小石山房佚存书目序》中说："常熟为江南名县，其士大夫喜藏书，自为一方风气。以余所知，前明有杨五川七桧山房、赵清常脉望仙馆，储藏之富，远有师承。其后继之者，为毛子晋汲古阁、钱牧翁绛云楼。绛云火后，馀书归族子曾述古堂，甲宋乙元，转相传授。乾嘉之际，有张月霄爱日精庐、陈子准稽瑞楼，近今犹有瞿子雍铁琴铜剑楼。盛矣哉，以一邑之收藏，为中原之甲秀。余友庞綗堂寺卿撰《常昭志》，至以藏书家别为列传以褒扬之，此固他县所未有者也。"③叶德辉这里所提到的《常昭志》即光绪三十年（1904）活字本，该书由晚清时任常熟县知县郑钟祥、昭文县知县张瀛监修，庞鸿文翰林院编修编撰。常、昭古为一县，乾隆年间

---

① 赵园：《想象与叙述》，北京：北京师范大学出版社2015年版，第195页。

②［日］沟中雄三著，孙歌译：《关于历史叙述的意图与客观性问题》，贺照田主编《颠踬的行走：二十世纪中国知识与知识分子》，长春：吉林人民出版社2004年版，第320页。

③叶德辉：《常熟顾氏小石山房佚存书目序》，《叶德辉文集》，上海：华东师范大学出版社2010年版，第7页。

曾有《常昭合志》十二卷。新修的《常昭志合稿》体例则依堪舆家、藏书家、弹琴家、医学家分立门类，多有创见，在志乘中开创了先例①。《常昭志合稿》凡例云："藏书、弹琴两家，为向来邑志所无，以其为吾邑特著之佳话，独擅之绝艺，故创立此两志。"②"人物志十一之三"叙曰："自来郡邑志乘未有以藏书家立一专门者，岂斯例之不可创欤？抑其人之不多观也。独吾邑以藏书之名著闻于海内者自元明迄今，踵若相接，其遗编散帙流传四方，好事者得之，或谓海虞某氏所收录，或谓琴川某人之所题识，以相引重而书佑，至有摹刻图记、割截跋语以牟厚利者，可不谓盛欤！惜乎绛云一炬并身名同归煨尽耳，不然岂仅为藏书家一巨擘哉？夫以诸乡先生品谊荦荦而仅以藏书名之，或嫌乎轻亵。然窃闻其搜奇访逸之时得一秘笈，往往视一切功名富贵若举无以易之者，其所好在是即其所重在是。汇而录之，岂徒为邑乘光乎，亦籍以慰当年嗜古之志也。"③

叶德辉本身就是大藏书家，累代楹书，加上生平购求之所获，耳目之所接，仿孙从添《藏书记要》"既撰《藏书十约》，挈其大纲，其有未详者，随笔书之"。叶德辉对其学术一向自信，也精于考证，"吾书虽废于半途，藏书家固不患无考证也"，在"天翻地覆之时，实有秦火胡灰之厄"，所以"河清难俟，书种文种，存此萌芽"④。叶德辉对清初孙庆增的《藏书纪要》有较高评价："详论购书之法与藏书之宜，以及宋刻名抄何者为精，何者为劣，指陈得失，语重心长。"⑤叶德辉在《书林清话》自序中提到叶昌炽的《藏书纪事诗》七卷："于古今藏书家，上至天潢，下至方外、坊估、淮妓，搜其遗闻佚事，详注诗中，发潜德之幽光，为先贤所未有。即使诸藏书家目录有时

---

① 刁美林、邵岩：《故宫博物院藏清代珍本方志解题》，北京：故宫出版社 2013 年版，第94 页。

② （清）庞鸿文等纂：《光绪常昭合志稿》，南京：江苏古籍出版社 1991 年版，第 2、3 页。

③ （清）庞鸿文等纂：《光绪常昭合志稿》，第 557 页。

④ 叶德辉著，紫石点校：《书林清话》，北京：燕山出版社 1999 年版，第 4 页。

⑤ 叶德辉著，紫石点校：《书林清话》，第 3 页。

散逸，而姓名不至灭如，甚盛德事也。"但"顾其书限于本例，不及刻书源流与夫校勘家掌故，是固览者所亟欲补其缺略者"①。其好友缪荃孙在《书林清话》中高度评价说其著虽仿叶昌炽《语石编》、俞正燮《米盐簿》但足以"绍往哲之书，开后学之派别"。"近岁湘省兵乱，湘民迁徙靡常，而焕彬遂还苏垣故居"②。"苏垣"即苏州，晚清至近代学术一大都会，有惠栋父子至顾千里、黄荛圃、汪阆原等大学者。缪荃孙将其与这些大家相提并论，亦见其赞赏有加。

从始编于光绪十年（1884）、完成于光绪十六年（1890），光绪二十三年（1897）江标辑《灵鹣阁丛书》6卷本的《藏书纪事诗》，到光绪三十年（1904）《常昭合志稿》活字本专列藏书家门，再到成书于宣统辛亥、始刊于1920年春（湖南长沙观古堂刻本）的《书林清话》，加上基本上与叶著同时期的孙毓修《中国雕版源流考》1918年商务印书馆《国学小丛书本》），该书不分卷，列《雕版之始》《官本》《家塾本》《坊刻本》《活字印书法》《巾箱本》《朱墨本》《刻印书籍工价》《纸》《装订》十节，虽涵盖全面，惜乎失之简略。这些著作的其中在这一时代出版，反映了在清末民初中西学术交流的新情况下，立足于乾嘉学术并进行了升华和凝练，形成了版本目录学研究的高潮，藏书史成为新的学术研究领域从传统文献学的研究科目中独立出米，史籍中"藏书家"门的设置、二叶著述的先后出版就是其标志。

以上所列，庞鸿文所谓光邑乘之风、嗜古之志，叶德辉所谓"书种文种，存此萌芽"，无不显示出对一种文化精神、文脉风气的尊崇，当代学者傅荣贤通过研究得出是因为对"难能可贵的藏书精神的深刻体会"，晚清学者们才"进一步爱屋及乌，普遍重视对藏书家的研究"，《常昭合志稿》专门列'藏书家'一目，并规定了'有书万卷以上，而且专心笃好者'称之为

---

① 叶德辉著，紫石点校：《书林清话》，北京：燕山出版社1999年版，第3页。
② 叶德辉著，紫石点校：《书林清话》，第5页。

藏书家的标准"就是这种精神的实践。①叶氏本欲在此基础上，援引史书中《货殖列传》之例，写一本《书林传》，惜未成书，令人扼腕。②

叶德辉在《藏书十约》"题跋"条云："凡书经校过及新得异本，必系以题跋，方为不负此书。"他把题跋撰写分为几派：一是"论著述之指要"，记叙撰人时代、仕履及其成书年月，著书中之大略。宋晁公武《郡斋读书志》、陈振孙《直斋书录解题》就是。二是"辨论一书之是非与作者之得失"，南宋范公偁《过庭录》、明王世贞《读书后》即是此类。三是"四库全书提要"派，该派题跋兼《过庭录》《读书后》二书之长。四是考抄刻之源流，官监、书棚，流传有绪，毛抄、钱借，授受必详，如钱曾《读书敏求记》、何焯《义门读书记》则导其源。五是"从钱、何二家，益畅其流以趋于别径"，如孙星衍《平津馆藏书记》《廉石居书籍题跋记》、黄丕烈《士礼居藏书题跋记》，专记宋元板之行字、新旧抄之异同。六是由《四库全书提要》变换其例而来，如道咸间的钱熙祚《守山阁丛书》、伍崇曜《粤雅堂丛书》所附题跋。③叶氏总结说："综稽众体，各有门庭，窃谓宜集诸家之长，以成一家之说。"④这是要独立成体的宏志与自信。他认为题跋之撰写要注意几点：藏书家如在正史有传则录之，如无则博考群籍以补之；一书之宗旨始末，要提纲挈领；要详细交待刻本时代，区分仿宋与重刻宋，抄本要区分影写与过录；要详记收藏前人之姓名、印记；要仿《钦定天禄琳琅》之例，详稽志乘私记，述为美谈。达到"俾前贤抱残守缺之苦心，不至书存而人泯灭"⑤。他还说，叶昌炽所撰《藏书纪事诗》六卷于唐宋以来藏书家之姓名、印记对其题跋之撰写有很大启发。

---

① 傅荣贤：《中国古代图书馆学思想史》，合肥：黄山书社 2016 年 6 月，第 384 页。
② 张承宗：《〈书林清话〉与书史研究》，《史学史研究》1984 年第 4 期，第 45 页。
③ 叶德辉著，紫石点校：《书林清话》，第 340 页。
④ 叶德辉著，紫石点校：《书林清话》，第 340 页。
⑤ 叶德辉著，紫石点校：《书林清话》，第 341 页。

在叶德辉的时代，各种与版本学有关的书目、题跋等文体繁多，针对群书的版本情况进行描述和比较。叶德辉决心的结果是写成了一部奠基性的书史著作《书林清话》。叶德辉是晚清的一位大藏书家和爱书家，他的古籍知识极为丰富，凭此足可发现书肆里的所有的珍善本。他以自家的藏书和他同时的一些藏书家的藏书为基础进行研究，成功地叙述了中国雕版的历史、各代刻书的优劣以及关于图书的掌故。从其所作的注释和说明来看，叶德辉藏书多、交游众、寓目广，参稽各家官私目录，并在对各个条目的仔细比较和研究之上，从而重建了以前学者关于雕版等书籍史的论述体系。是书引文较少，文笔流畅，为中国书史和雕版印书史系统研究留下一部杰出的参考书。①

从文体角度，叶氏融合了藏书题跋、读书随笔和诗话词话的文体特征及艺术风范，开创了"书话"写作的范例。② 也有学者指出，叶德辉另辟蹊径，将诸家著述特点辑录和综合，整合内容，扩充领域，深入其精神，灵活其形式，加强其联系，因而《书林清话》的体裁具有独创性。叶氏遵循乾嘉朴学传统，重材料、重证据，"对某一批书、某一时代的书的版本特征进行全面的总结，给人们提供一个总体的状况和判断的依据，使版本研究的内容和方法提高到一个新的阶段，进入形而上的'道'的境界，为现代版本学的诞生起到了巨大的催化作用"③。叶德辉《书林清话》等著述中有藏书掌故的钩沉，也有藏书理论的总结，其学术价值自然是不言而喻的。

2. 佞宋之源在表彰人文

宋椠明刻、毛抄黄跋，这是善本的象征。于今而言，什么书最好，无非名家大家、名社大社所出之书较为可靠。在雕版技术发达、纸本书大批量出现的五代、宋代后，书业开始活跃，书籍给人的选择性增多。宋代是一个文

---

① 谭卓垣撰，徐雁、谭华军译补：《清代藏书楼发展史》，沈阳：辽宁人民出版社，1988 版，第 64 页。

② 徐雁：《书话源流与文体风范》，《出版广角》，1998 年第 1 期，第 71—73 页。

③ 袁庆述：《叶德辉和他的〈书林清话〉》，《中国文学研究》2003 年第 1 期，第 86 页。

治昌明的时代，刻书业发达，给后世留下大量文化财富。虽经世代变迁，仍能为人所记。到了明代以后，虽说去宋未远，已现"佞宋"之兆。作为一种藏书文化现象，"佞宋"引起了很多学者关注研究。单纯进入历史进程本身，细看在宋代图书的刊刻、流通、利用等环节发生了什么，这仅仅是我们的研究背景。我们重点所关注的是能让后世学者如此深深怀念和记忆的方式和表现形式，叶德辉说起宋代刊刻、抄本、题跋，谁刻得最好、抄得最精、跋得最富就给我们以太深的印象。

叶德辉的藏书史叙述是从宋代开始的，《书林清话》开篇就援引北宋司马光的话："积金以遗子孙，子孙未必能尽守；积书以遗子孙，子孙未必能尽读；不如积阴德于冥冥之中，以为子孙无穷之计。"举世皆奉为箴言，认为积德、积书二者当并重。叶德辉是主张多刻书的，并举论张之洞《书目答问》附劝人刻书说，借此明言光绪以来海内刻书之风因之而起，但也因为当时朝野上下争相舍旧图新、变法强国，未免亡羊补牢，进退失据，而兴学存古之志，欲学司马温公"好书之诚且敬，人不可及，安敢效其居官著书，俯仰古今"，其实离"宋贤复乎远矣"①。叶德辉对时政不能忘怀，借着总论刻书的时机还是发表了一下书生之论，这些历史叙述所具有的意图，恐怕在最后的几句话中表露无疑，借古以讽今，表达对现实的不满。随着社会离宋贤的越来越远，这种以宋代文化为模板的心态被包含在叙述者主观的意图之中，所以"历史叙述的价值基准被浓缩为客观实证性的浓度"。②对叶德辉来讲，宋代文化为核心的主观意图的叙述也许才是其价值核心，而"客观实证性的浓度"也只是其表达政见的基准罢了。

古人私家藏书自撰目录，以宋晁公武《郡斋读书志》为先驱，纪言版本之例则创于宋尤袤《遂初堂书目》。"古今藏书家纪版本"条云交待了板刻源

---

① 叶德辉著，紫石点校：《书林清话》，北京：燕山出版社1999年版，第10、11页。
② [日] 沟中雄三著，孙歌译：《关于历史叙述的意图与客观性问题》，第323页。

流："自镂板兴，于是兼言板本，其例创于宋尤袤《遂初堂书目》，……知辨别板本，宋末士大夫已开其风。"① 知辨别版本才有传世书籍之精良，从社会进步的观点来看，越往前发展，社会生产技术应该越先进，但是为什么在书籍印制方面宋以后似乎没有超越宋代而想起对宋本的尊崇？一方面可能是中国文化传统中的尚古之风，似乎越古老越完美。以宋代书籍为例，宋代文化体制下的文化生产总是能够创造一个个难以超越的典范。在"宋元祐禁苏黄集板"条，叶氏说元祐党禁，苏、黄文集虽不准刊版流传，但"其禁愈急，其文愈贵"，后金人入汴，苏、黄文集之属皆被指名索取。"欧阳、苏、黄之诗文，至今如日月江河，万古不废。岂非山川灵秀之气，固结不散，有以使之然欤！"② 山川灵秀之气万古不废，固结不散就是对宋代以来的文化文脉传承的嘉许。但他又认为清代"文治超轶宋元，皆此三者为之根柢，固不得谓为无益之事也"③。又颇有厚今薄古之风，这是文化进化的朴素观。历史的叙述总是离不开现实的激发，对过往的回忆存在于"经过主观选择的事实本身之中"，暗含着叙述者本人"历史的眼光"。从一般社会商品流通的角度，物以稀为贵，因此叶德辉说："自康、雍以来，宋元旧刻日稀，而搢绅士林佞宋、秘宋之风遂成一时佳话。"④ 大学士于敏中乾隆四十年奉敕编《天禄琳琅书目》十卷，分列宋板、元板、明板、影宋等类，且于刊刻时地、收藏姓名、印记一一详加考证，也是官方对宋本的表彰和重视。叶氏进而分析其中的深刻原因："盖自乾嘉至光宣，百年以来，谈此学者咸视为身心性命之事，斯岂长恩有灵与，何沆瀣相承不绝如是也。"⑤ 学术发展固然有政治政策所规范，文字狱威压下的埋首读书自然会对书籍形制有雅致而又繁复的要求，不

---

① 叶德辉著，紫石点校：《书林清话》，北京：燕山出版社 1999 年版，第 12 页。
② 叶德辉著，紫石点校：《书林清话》，第 262 页。
③ 叶德辉著，紫石点校：《书林清话》，第 34 页。
④ 叶德辉著，紫石点校：《书林清话》，第 14 页。
⑤ 叶德辉著，紫石点校：《书林清话》，第 16 页。

然身心性命何以保障？所以形成某种书籍方面的癖好就不难理解了。叶德辉在"藏书偏好宋元刻之癖"条云："人有癖好，则有偏嗜。宋元人藏宋刻书，明人藏明刻书，此事之至易者也。"[1] 在梳理了宋以来佞宋之癖后，他又指出，时人藏同时刻本亦不必偏于宋元。叶德辉对晚清藏书侈宋刻之陋进行了批评。他说："藏书固贵宋元本以资校勘，而亦何必虚伪。"陆心源的皕宋楼，自夸有宋本书二百。但"强以单本名之，取材亦似太易"。况且其中看似宋本多明仿宋本、元刻本、辽金本、宋版明南监印本，存真去伪，宋本合计不过十之二三。叶德辉对杨守敬所刻《留真谱》所著《日本访书志》也评价不高，说杨守敬本以贩鬻射利为事，其收藏大都原翻杂出，鱼目混珠。"其用心固巧而作伪益拙矣。"[2] 佞宋作为一种历史叙述是在其著述中"记录和讲述故事之间的往复运动"[3]。

作为佞宋的副产品，为学者言说最多的莫过于造假了。在"宋元刻伪本始于前明"条，叶德辉说："宋刻日少，书估作伪，巧取善价，自明已然。"[4] 并举例证明明代已有学者注意此事，如明高濂《尊生八笺》之《燕闲清赏笺》就讨论了书估作伪之弊。宋版书就产地而言，印书质量以杭州为上，多属国子监刻的监本书，蜀本次之，福建最下，而具体又有不同。他说："究之宋刻真本，刻手、纸料、墨印，迥然与元不同。元人补修宋版，明人补修宋元。多见古本书之人，可以望气而定。"他也强调了经验的重要性："种种无形之流露，可以神悟得之。吾沉溺于此者三十余年，所见所藏，颇有经验。高氏（镰）之言，但明其迹，吾所论则纯取之于神理也。"[5] 气味的清浊之异，纸料、墨色、印工，望气而定、神悟得之等自然是一种极高的鉴别境

---

[1] 叶德辉著，紫石点校：《书林清话》，北京：燕山出版社 1999 年版，第 279 页。

[2] 叶德辉著，紫石点校：《书林清话》，第 261 页。

[3] [日] 沟口雄三著，孙歌译：《关于历史叙述的意图与客观性问题》，第 324 页。

[4] 叶德辉著，紫石点校：《书林清话》，第 257 页。

[5] 叶德辉著，紫石点校：《书林清话》，第 258、259 页。

界，虽然叶德辉以对版刻形式特征的独到体验而自矜于世人，但也是经验主义之谈，"纯取之于禅理"之说有玄奇莫辨之虞。

从纯技术角度的分析，似可更能证明佞宋所代表的文化内涵的优越性。首先，据叶氏的考证，今天我们常见的"书本"来源就是从宋代开始的。书本之称，从宋刻板大行，才名义遂定。他说："雕板谓之板，藏本谓之本。藏本者，官私所藏未雕之善本也。自雕板盛行，于是板本二字合为一名。"①宋岳珂《九经三传沿革例》，书本内列有晋天福铜版本，他认为南宋末已经出现"板本二字相连之文"，可见版本之称沿用已久。他说，清以来言说藏书分目录、版本两派。一是官家之书，自《崇文总目》以下至乾隆所修《四库全书总目提要》，称为目录学。二是私家之藏，自宋尤袤遂初堂、明毛晋汲古阁，及康雍乾嘉以来各藏书家，热衷于宋元本旧钞，是版本之学。他认为目录、版本皆兼校雠，又可称为校勘学。

其次，刻书字体分宋体元体字。宋体横轻直重，北宋、蜀刻经史及官刻监本皆颜、柳体，家塾书坊本，笔法整齐，气味古朴，这里尚没有形成统一的宋体。南宋书棚本已开后世宋体之风。叶德辉说："宋刻一种，整齐方板，故流为明体之肤廓；一种圆活秀劲，故流为元体之流动。世传明万历戊午四十六年赵用贤刻《管子》《韩子》，已用今之所谓宋体字，想其时宋体字刻书已通行。然虽横轻直粗，犹有楷书风范。毛氏汲古阁刻《十三经》亦然。其他各种，则多近于今刻书之宋字。"②叶氏浸淫版本三十年，可谓见多识广，所说自然不谬。叶德辉还指出，就抄本言之，名人手抄体现在字体上，不同时代有不同字体不同风气，凭经验自可分辨。于今而言，宋本书体肥瘦有则，有欧、柳笔法，字画如写。但他在讨论刻书宋体字的时候还是不能忘情于对晚清新政的批评："古今艺术之良否，其风气不操之于搢绅，而操之于

①叶德辉著，紫石点校：《书林清话》，北京：燕山出版社1999年版，第33页。
②叶德辉著，紫石点校：《书林清话》，第43页。

营营衣食之辈。然则今之倡言改革大政，变更法律者，吾知其长此扰攘，不至于礼俗沦亡，文字消灭未已也。"① 这也许是其人生悲剧的宿命吧。

叶氏也对宋代书籍开始禁止翻版给予评述。他以自藏五松阁仿宋程舍人宅刻本王称《东都事略》一百三十卷目录后的长方牌记文字进行说明："眉山程舍人宅刊行，已申上司，不许覆板。"② 但宋时文纲甚宽，故官书均未申禁。自元代以后私塾刻书才相沿以为律例，尤其是世风日降，遇有风行善本，无不展转翻雕，肆估防范增严亦不难理解。古代版权的保护更多是一种姿态宣示，但也是一种社会意识的反映。"牌记"制度作为版权保护的措施在宋代开始，元明以后书坊刻书都沿用这一形式，确定了后世图书版权保护的范式。

从宋刻本内容来说，人人皆知藏书贵宋本，叶德辉发现宋代刻书字句不尽同古本，从文本内容上说宋本不尽可据，如《四书朱注》不合于单注单疏，其他如《易程传》《书蔡传》《诗集传》《春秋胡传》等都与唐、蜀石经及北宋蜀刻不同。叶氏分析其中的原因是"宋以来儒者但求义理，于字句多不校勘。其书即属宋版精雕，只可为赏玩之资，不足供校雠之用"③。这种情况从思想史上更好理解，宋人改经之习已为多数学者所认同，宋代刻书多讹舛一方面是学术风气使然，一方面是技术上确实很难避免，所以叶德辉主张后世校书不偏于宋刻就是应当采取的做法。至于宋本刻书行格疏密、采用纸墨、活字板等问题，叶德辉亦论述甚详，在此不复赘述。

最后，在"藏书偏好宋元刻之癖"条，叶德辉就不无揶揄地评论了清代以来的"佞宋之癖"。晚明清初钱谦益、毛晋提倡宋元旧刻，到季振宜沧苇、钱曾述古堂、徐乾学传是楼继之。到了乾嘉时期，古刻愈稀，嗜书者多，哪

---

① 叶德辉著，紫石点校：《书林清话》，北京：燕山出版社 1999 年版，第 43 页。

② 叶德辉著，紫石点校：《书林清话》，第 43 页。

③ 叶德辉著，紫石点校：《书林清话》，第 164 页。

怕"零篇断叶，宝若球琳"。虽残碑破器，也不惜重赏以购，以致出现曹溶序《绛云楼书目》时所说的："太偏性，所收必宋元版，不取近人所刻及钞本"现象。还有如孙诒让说要"谓当取家藏宋刻书，尽加涂抹。盖物既残毁，时尚弗属焉"。叶德辉说孙诒让持论过激，但癖好宋本之心可见。他认为宋代版本那么多，如旧监本、秘阁本、杭本、旧杭本、越本、越州本、江西本、吉州本、严州本、湖北本、川本、池州本、京本、高丽本等，而宋尤袤《遂初堂书目》中却不见载南宋盛行的建本、婺州本。岂非以当时恒见之本，而遂不入于目欤。更有甚者，"以爱妾美婢换书，事似风雅，实则近于杀风景。此则佞宋之癖，入于膏肓，其为不情之举，殆有不可理论者矣"①。佞宋之下既有失偏颇又不尽为学，直接宣告佞宋作为一种心态的不合时宜和破产。

叶德辉对宋刻背后的文化认知颇详。在"宋司库州军郡府县书院刻书"条云："宋时官刻书有国子监本，历朝刻经、史、子部见于诸家书目者，不可悉举，而医书尤其所重。……既见其刻书之慎重，又可知监款之充盈。天水右文，固超逸元明两代矣。""至今椠本流传，历为收藏家宝贵。不知当日官师提倡之力，固如此之盛也。"②在"南宋补修监本书"条云："绍兴南渡，军事倥偬，而高宗乃殷殷垂意于此，宜乎南宋文学之盛，不减于元祐也。"③对"天水右文""南宋义学之盛"的再现是通过宋刻书籍的叙述来实现的，就在清末文化环境下赋予宋代刻书以重要的文化意义。

以宋代藏书为中心的回顾与思考是那个时代很多学者的共性，叶德辉作为书籍商、刻书家的社会身份决定了其以实用主义精神书写关于宋代藏书文化的认知。但他作为传统读书人、藏书家，其学术认知除了受中国古典文化

---

① 叶德辉著，紫石点校：《书林清话》，北京：燕山出版社1999年版，第280页。
② 叶德辉著，紫石点校：《书林清话》，第67、85页。
③ 叶德辉著，紫石点校：《书林清话》，第154页。

的深刻影响，还带有鲜明的时代印记。在近代藏书文化发展历程中，叶德辉所起到的至关重要作用和学术影响不能不引起我们的重视和深思。

3. 书籍商的宋代记忆和想象

叶德辉作为长沙乃至海内著名书商，富藏书、精目录、善鉴版、广交游，熟谙历代书籍、历代书目、历代版刻、古今藏书家掌故。其家刻"观古堂书目丛刻""丽楼丛书"和"双梅景庵丛书"等，为海内读书人所推重。袁同礼对叶德辉的藏书成绩评价很高，在《清代藏书家考略》中说，今日藏书家长沙叶氏德辉等，"均足与瞿杨之藏相发明。吾人为文献计，甚望其能长守故都也！"

（1）以目录通鉴别之业

叶氏为清末民初著名的藏书家，与北京傅增湘齐名，向有"北傅南叶"之称。傅增湘称赞叶氏"所撰《书林清话》《郎园读书记》于版刻校雠之学考辨翔赅，当世奉为圭臬"[1]。梁启超1923年撰《国学入门书要目及其读法》时收入此书，谓叶德辉"论刻书源流及藏书掌故，甚好"[2]。他的侄子叶启釜说："凡自来藏书家所未措意者，靡不博考周稽，条分缕晰。此在东汉刘、班，南宋晁、陈以外，别自开一蹊径也。"[3] 其学生杨树达记其学事云："吾师藏书三十余万卷，中多宋元明本及历代名人校抄，故版本之学近推吾师与江阴缪筱珊学丞荃孙为海内第一。平时每得一书，必竭数日之力逐卷校读而后释手，即一书有无数刻本亦必复读重校，辨其行字异同是非。或某本有误脱、某本有增删，一寓目即终身不忘。插架齐一，书根多出手书，客中须检某书，则寓书世兄群从云，'某书在其橱某架某行某卷'，一一检得抄寄，百无一误。每遇旧书止钤姓名斋堂道号印章，一见即知其人之时

① 傅增湘：《长沙叶氏藏书目录序》，载傅氏著《藏园群书题记》，上海：上海古籍出版社1989年版，第1086页。

② 梁启超：《饮冰室合集》（专集71），北京：中华书局2003年版，第18页。

③ 叶德辉著，紫石点校：《书林清话》，北京：燕山出版社1999年版，第281页。

代履历。尝见夫所藏《天禄琳琅书目》正续两编，凡编校诸臣未考得之人名印章，吾师以硃笔蝇头小楷写于纸隙书眉，详为补出。又见手评黄丕烈《士礼居藏书题跋记》，于原书来历及散后落于何人，皆以墨笔书于上阑，精楷悦目""江阴缪学丞为南皮张文襄撰《书目答问》，姓名讹误、书卷缺载数目之处甚多，吾师随手补正，以硃笔校录十余部分给子弟门生。尝戏语学丞曰，'江东无我，公当独步'，虽一时笑谈，固定论也"。[1] 学生所说或有夸张之处，但叶氏版本目录之造诣，在当时确实是极负盛名。缪荃孙在《书林清话·序》中盛赞："焕彬于书籍镂刻源流尤能贯串，上溯李唐，下迄今兹，旁求海外旧刻精钞、藏家名印，何本最先，何本最备，如探诸喉，如指诸掌。"[2] 近代著名学者李肖聃也称赞："盖先生藏书，多湖外旧家所无，其考校板本，识别正伪，集有清诸家之长。"[3] 缪、李二人之语应非溢美之辞，叶氏确实是一个对近代藏书学术的发展作出了重要贡献。也有学者以更为全面的视野认识叶氏之为人为学，如伦明《辛亥以来藏书纪事诗》即云："《清话》篇篇掇拾成，手编《藏目》不曾赓。相逢空有抄书约，隔岁俄闻遭枪崩。"诗后注云："长沙叶焕彬德辉，己亥春始于故都识面，约相互抄所有两家书，彼此有所欲得，抄就交换，以叶数略相等为准。别后曾致长沙一书，未得复而君难作矣。君见古本不多，所著《书林清话》《余话》，大率撮自诸家藏书志……君殁后见其《郋园读书记》，不过如是，勿刊可也。然君素精小学，辑录各书具有条理，但版本目录非所长耳。"[4] 伦明的说法代表了对叶德辉政治保守的批评性观点。张舜徽先生对叶德辉评价则从学术思想的驳杂底色入手："其治学于群经、小学，所造均浅，虽有述

---

①　杨树毂、杨树达：《郋园学行记》，《叶德辉文集》，上海：华东师范大学出版社2010年版，第319、320页。

②　叶德辉著，紫石点校：《书林清话》，北京：燕山出版社1999年版，第5页。

③　李肖聃：《郋园全书总叙》，《叶德辉文集》，第284页。

④　伦明著，杨琥点校：《辛亥以来藏书纪事诗》，北京：燕京出版社1999年版，第141页。

造，未足名家。唯所撰《书林清话》及《余话》，称述藏家故实，广采名流燕语，扬榷得失，语多造微。盖其一生所长，仍在辨簿录异同，审椠刻今古，故所撰《郎园读书志》，亦视他作差胜耳。"①张先生论叶氏治学涉览既博，"然以所营太杂，故终其身无专精之业，徒以阅肆日久，藏书素丰，摩挲毕生，不妨精熟，故版本之学最能名世"②。伦明、张舜徽二先生似乎是截然相反的评论叶德辉，前者肯定其文字学成就而版本目录非其所长，后者则认为其经学小学造诣均浅而藏书学术语多造微。这是从他们各自学术研究所作的观察，伦明先生精于版本目录之学，撰有《续修四库全书提要稿》《版本源流》等著作，自然有文人相轻之感。张舜徽先生慕乾嘉之风，潜研文字、声韵、训诂多年，以小学、经学为基石，董理群书，遍涉四部，视野宏阔，于叶德辉学术持论自然精微有根。

叶德辉于版本、目录、校雠之学颇有自得、自信，认为鉴别之道必先自通目录始，并以《四库全书总目提要》、阮元《揅经室外集》为门径。叶德辉自身爱读书，尤其推重清代的《说文解字》《四库全书总目提要》并随身携带，并"尝言《说文解字》为治群书之梯航，《四库全书总目》为读群书之向导"③。从宋本价值审美出发，"无论经、史、子、集，但系仿宋元旧刻，必为古雅之书。或其书有国朝考据诸儒序跋题词，其书亦必精善。明刻仿宋元者为上，重刻宋元者次之；有评阅者陋，有圈点者尤陋"④。叶德辉对抄本非常重视："抄本有元抄、明抄之分，有蓝格、绿格、朱丝阑、乌丝阑之别，且有已校、未校之高低。元抄多薄茧，明抄多棉宣。元抄多古致，明抄多俗书。证以书中避讳，始于某帝，终于何时，尤易辨别。有经名人手抄、手校

① 张舜徽：《清人文集别录》，北京：中华书局1963年版，第625页。
② 张舜徽：《清人文集别录》，第626页。
③ 杨树穀、杨树达：《郎园学行记》，《叶德辉文集》，第314页。
④ 叶德辉著，紫石点校：《书林清话》，北京：燕山出版社1999年版，第335页。

者，贵重尤过于宋、元。有名人收藏印记者，非当时孤本，即希见之书。"①
清末杨、瞿、丁、陆四大藏书家所寓目之抄本就不多，这是叶德辉遍览四家
书目所知。在版本特征方面，金、元刻本，北宋胶泥活字本，均不避讳。后
世重刻宋本多存旧讳，所以从纸墨就可以鉴定。在宋本不为常见的情况下，
叶氏将有关宋版书籍按照特征进行重要性排序，名人手抄本最为贵重，其后
明刻仿宋本因有收藏家序跋较为精善，后世重刻宋本保持宋本之风亦少见，
他把有评阅圈点行为视为不雅，殊不知经过名家批阅之书在收藏者眼中或许
更为真实珍贵。

（2）坊估识伪非徒宋元

叶德辉藏书不侫宋，所以他十分推崇张之洞《藏书答问》以清刻为主、
不列宋元旧刻的做法，他也一再批评藏书家们薄今爱古的偏弊，他自己的藏
书甚至以咸丰二年桂馥所刻的《说文解字义证》为镇库之宝，就此可知叶氏
的基本藏书观②。但观古堂亦藏有一些古本，如宋刻《韦苏州集》《南岳总胜
集》等。用他自己的话说："宋元本虽不多见，亦时有一脔之尝。"③

去伪存真是书商提高产品质量的前提，梳理坊估书商宋元刻作伪情况有
助于澄清宋本流传的真实历程。对书商来讲，熟知历史上坊估作伪情况是鉴
别善本推出精品的前提。宋本日稀，收藏家争相收藏。而坊估射利，自古依
然。作伪手段主要有以明翻宋板剜补改换、抽去重刊书序、改补校刊姓名、
伪造收藏家图记钤满卷中、移缀真本跋尾题签掩盖造假痕迹。如何辨识，叶
德辉提出了几条具体标准：伪作年代补印于板心、因形似宋板而割去当世序
文和校刊姓氏、版心墨线参差不齐、割去原纸而再刊半叶粘接、再刊木记逐
幅钤印等。如叶德辉在《藏书十约》"印记"条云："藏书必有印记。……曾

---

① 叶德辉著，紫石点校：《书林清话》，第 335 页。
② 王余光、徐雁主编：《中国阅读大辞典》，南京：南京大学出版社 2016 年版，第 1176 页。
③ 叶德辉：《〈观古堂藏书目〉序及序例》，参见王维江等编《中国近代思想家文库·王先
谦、叶德辉卷》，北京：中国人民大学出版社 2015 年版，第 384 页。

见宋元旧刻，有为书估伪造各家印记以希善价者，有学究、市贾强作解事，以恶刻闲印钤满通卷者。此岂白璧之微瑕，实为秦火之馀厄。"[①]造假实际上也是书厄之馀绪，从文献保真方面来讲，这个观点还非常有参考价值。

与专门的版本学家主要着眼于书籍的制作工艺和版本历史、校雠学家的兴趣基本集中在文本的校对与编校、目录学家注重于书籍分类与文本结构不同，叶德辉不仅注意宋、元时代的善本或稀见本，还考虑文献的刻印、传播和消费对一般社会阶层的影响，故重视明清良本、广搜宋元佳本而刻印成为其更现实的选择。因此，叶德辉对宋建安余氏、临安陈氏等书籍辅、明私刻坊刻书进行研究，并从清代南北书业发展中汲取历史经验。他说："宋刻书之盛，首推闽中。而闽中尤以建安为最，建安尤以余氏为最。且当时官刻书亦多由其刊印。……可证余氏刻书为当时推重，宜其流传之书，为收藏家所宝贵矣。"[②]清末藏书家虽推崇宋元旧刻，但又不专嗜于宋元旧刻，明版书亦为清末许多藏书家所重，如陶湘、缪荃孙、刘承轩、叶德辉等都有论明版书可贵的言论。叶德辉所说"旧刻愈稀，则近刻亦贵""后之视今，犹今之视昔，理固然已"[③]就表明了重视近刻的观点。郑伟章说，到了近代，藏书主流已由清初和中期的佞宋、癖元转而为重视明版。[④]宋代书籍固然可取之处甚多，但后世之书在大多方面还是有可资借鉴的地方。叶德辉就说元刻书胜于宋本，因为元本源出于宋，在宋刻善本亡佚的情况下，幸存元本值得重视。而且元元贞丙申平阳梁宅本《论语注疏》就比十行本要好。在"明以来刻本之希见"中，他再次表明对藏书家贵宋元、轻视近刻的反对。叶氏云："康熙六年，陈上年属张弨刻明本《广韵》，发端于李天生、顾亭林二人。故前

---

① 叶德辉著，紫石点校：《书林清话》，北京：燕山出版社 1999 年版，第 342 页。
② 叶德辉著，紫石点校：《书林清话》，第 53、54 页。
③ 叶德辉著，紫石点校：《书林清话》，第 3 页。
④ 郑伟章：《善读书者必通书目——目录学家、藏书家耿文光考述》，《北京社会科学》1999年第 3 期，第 137 页。

校勘人姓名四行，为陈上年、张弨、顾炎武、李因笃。乃江藩《汉学师承记·阎若璩传》，述顾千里广圻语，以若璩为亭林门人，云顾刻《广韵》，前列校勘门人有若璩名。不知《广韵》为陈刻，非顾刻，且若璩并未与闻。是江、顾均不见陈刻《广韵》也。""顾、阎之学出于朱子，江藩抑于记之卷末。故造此言，托之千里，以诬若璩背弃师门。如《宋学源渊记》诋罗有高负气于讼之类。亦以陈刻《广韵》流传颇稀，故敢为此不实之词，厚诬贤哲。"① 不论其观点如何，叶德辉借刻书谈乾嘉汉、宋学术之分的意见，表明对于晚清民初学界之动向亦洞若观火，其学术观点和文化立场还是有继续研究的价值。

叶氏谙熟江南书坊盛衰、北京书肆今昔情况，反映出作为书商的敏锐视野。作为一个刻书谋利的商人，他方经验自然要汲取，而刻书的效益不仅取决于经营之法，更重要的是刻什么版本的书。叶氏从清代江南藏书尚宋元版之风谈起，通过对江浙虞山、常熟、湖州、仁和等文献旧邦藏书家兴衰的变迁，感慨"物聚必散，久散复聚"。② 从居苏州时，书肆之盛比于京师，到官员们群集于茶坊酒市之中而吴门玄妙观前，无一旧书摊，叶德辉发出"俯仰古今，不胜沧桑之感"③。在这种世事变化中，大江南北，遍地劫灰。吴中二三百年藏书之精华，几乎扫地而尽。但所幸有常熟瞿氏铁琴铜剑楼保守孑遗，聊城杨氏海源阁收拾余烬。兰陵孙祠书籍归于吴县袁芳瑛卧雪庐，江浙善本名抄又陆续会于湖州陆心源皕宋楼、仁和丁申善本书室，其收书成绩"长篇短册，犹可旗鼓中原"。但袁氏藏书后又散出，为李盛铎、叶德辉收得部分，皕宋楼藏书售之日本静嘉堂，丁申藏书售于江南图书馆。原来陆、丁、杨、瞿四大藏书家只剩下杨、瞿二家之藏。此外如天一阁、持静斋

---

① 叶德辉著，紫石点校：《书林清话》，北京：燕山出版社1999年版，第225页。
② 叶德辉著，紫石点校：《书林清话》，第248页。
③ 叶德辉著，紫石点校：《书林清话》，第250页。

藏书，子孙也没有守住。造成辛亥前的二十年，"蓝皮书出，佉卢横行，东邻西邻乘我之不虞，图画、书籍、古物尽徙而入于海外人之手"①。关于北京近代旧书业发展历史，叶德辉以黄丕烈《士礼居藏书题跋记》与李文藻《琉璃厂书肆记》记载的清代中期京师书业为出发点，记载了其从光绪乙酉年（1885）入京参加科考，到1892年中举通籍，期间在北京厂甸书肆的访书的情况。他说起在吏部任职时士大夫犹有乾嘉余韵，至于民初，情形大变，"宋椠贵至千金，插架等于古玩，廖板齿倚十客，牟利甚于榷场。以故鬻书者日见其多，读书者日见其少"。所以，叶氏发出"一蟹不如一蟹之慨"，但"羽陵之蠹，酷于秦灰，藏室之龙，化于胡地。周末文胜而鼎移，明季社多而国乱"②。由此，叶氏又对社会风尚之变产生深深失望。可以说，各代学者眼中、笔下的琉璃厂是不一样的，清初、清中叶、晚清、民初都有不一样的观感，其文化风气、气息皆有不同的特点。从繁盛到凋零，从古旧一统到新旧混合，百年琉璃厂承载了文脉的兴衰与转型。当然这需要专题讨论，非本文所能尽述。

（3）重视近刻雅道犹存

叶德辉有明确的版本观念，他收书的重点，一为明刻和清私家精校精刻本。叶氏对清代张士俊泽堂刻书则极为嘉许："国初人刻书，亦有高下……若曹寅所刻《小学五种》《楝亭十二种》，又为内府刻《全唐诗》，则固胜于纳兰成德远甚。然不如张士俊《泽存堂五种》，摹仿宋刻，极肖极精。自明至国朝，刻工如此之精研者，盖亦尠矣。"③康熙间张士俊泽存堂刻《玉篇》《广韵》是考据经学的必备之书，张士俊号六浮阁主，江苏吴江人，康熙甲申影刻《广韵》《玉篇》《字鉴》等，世称"泽存堂小学五种"。张氏所刻泽

---

① 叶德辉著，紫石点校：《书林清话》，北京：燕山出版社1999年版，第250页。
② 叶德辉著，紫石点校：《书林清话》，第254页。
③ 叶德辉著，紫石点校：《书林清话》，第238页。

存堂五种，世人褒贬不一。非之者以为，张氏所刻泽存堂五种，号为影刻，其实删改颇多，已非宋本原貌。叶氏还认为清代纳兰成德的《通志堂经解》在表章宋元遗书方面也功不可没。晚清黎庶昌《古佚丛书》专模宋元旧椠，海外卷抄，刻印俱精。缪荃孙《云自在龛丛书》多补刻故书阙文，亦单刻宋元旧本，虽《平津馆》《士礼居》亦不能超越。辛亥前后的刘世珩聚学轩刻丛书及仿宋本书，徐乃昌刻《积学斋丛书》及《随庵丛编》仿宋元本书，南浔刘氏嘉业堂、张氏适园刻丛书，也都是缪氏主持，远胜杨守敬主持的黎庶昌《古佚丛书》。叶德辉曾将家藏宋版《南岳总胜集》影摹刊行，甚至连精于版本的杨守敬也误以为真宋本而不惜高价购置。叶德辉对乾嘉以来藏书家刻丛书优劣的熟知构成了他从事书籍鉴别的重要学术基础。二为异本，故其别本、重本之多，往往为前此藏书家所未有。他以己刻丛书交易日本影刻宋元本医书及卷子诸本，也反映了他对版本价值的更深认识，叶德辉嗜求明清善刻与别本、重本构成了他藏书的最大特色，也反映出他对版本研究的先人一步。[1]

　　除了对其所处时代前后具体刻本特征的描述，叶德辉还对藏书学术进行梳理总结，对其当代刻书人地之变迁亦详细研究。他说："昌明国学，端赖流布古书。"[2]周永年有《儒藏说》而阮元亦有"诸君子集灵隐，置书藏纪事"的看法，叶德辉特并提以"望后之人绍述前修"，足见叶氏继承前贤之至意。[3]再如论及"洪亮吉论藏书有数等"的学术思想，提到藏书家可以分为考订家、校雠家、收藏家、赏鉴家、掠贩家等类型，并对乾嘉藏书家学术进行纵论评议。如毕沅经训堂，孙星衍平津馆、岱南阁、五松园，金陵孙忠愍祠堂，马徵君璐从书楼、玲珑山馆，卢见曾雅雨堂，秦恩复石研斋，张敦

---

① 严佐之：《近三百年古籍目录举要》，上海：华东师范大学出版社1994年版，第194页。

② 叶德辉著，紫石点校：《书林清话》，北京：燕山出版社1999年版，第318页。

③ 叶德辉著，紫石点校：《书林清话》，第304、305页。

仁、顾广圻，黄丕烈士礼居，鲍廷博知不足斋，孔继涵红桐书屋《微波榭丛书》，李文藻《贷园丛书》，等等，他们这些藏书家或考订、校雠、收藏、鉴赏兼善，或纯乎校勘，或既精赏鉴又善校勘，有功艺林甚多。再如阮元《文选楼丛书》兼收藏、考订、校雠之长；顾修《读画斋》，李锡龄《惜阴轩》，张海鹏《学津讨源》《借月山房》《泽古丛钞》《墨海金壶》，钱熙祚《守山阁》《珠丛别录》《指海》，杨墨林《连筠簃》，郁松年《宜稼堂》，伍崇曜《粤雅堂》，潘仕诚《海山仙馆》，蒋光煦《别下斋》《涉闻梓旧》，钱名培《小万卷楼》等皆校勘家；同治、光绪以来，潘祖荫《滂喜斋》《功顺堂》，姚觐元《咫进斋》，陆心源《十万卷楼》，丁丙《嘉惠堂》，章寿康《式训堂》等收藏而兼校勘。

研究当代书业运行是其从事古籍刻印的社会基础。如同光中兴时期，曾国藩在南京设金陵书局、扬州设淮南书局，杭州、江苏、武昌继而仿效。一时间，"天下书板之善，仍推金陵、苏、杭。自学校一变，而书局并裁，刻书之风移于湘、鄂，而湘尤在鄂先"①。叶氏对具体刻书的艾作霖、陶子龄给予高度赞赏，前者承担张祖同、王先谦、叶德辉领衔的思贤书局刻书事务，后者则江阴缪氏、宜都杨氏、常州盛氏、贵池刘氏所刻诸书多出其手。叶氏慨叹说："金陵、苏、杭刻书之运终矣。然湘、鄂如艾与陶者，亦继起无其人。危矣哉刻书也。"②晚清时期危险的何止刻书？叶德辉奋力刻书的背后恐怕不能以盈利一言以蔽之，正如包筠雅论述四堡书业时所指出那样，商业雕版印刷导致文化从地理范围到社会阶层的广泛传播，书商靠"文化传播"方式无意中加强了民间"中国文化"的认同，使民众更加融入中国文化圈。书商支持"文本的共同核心，也就是通行的书籍文化，并使之持久化"。③如

---

① 叶德辉著，紫石点校：《书林清话》，北京：燕山出版社 1999 年版，第 247 页。

② 叶德辉著，紫石点校：《书林清话》，第 247 页。

③ 包筠雅撰，叶蕾蕾等译：《中国书籍社会史：四堡书业与清代书籍文化》，《古典文献研究》（第十五辑），南京：凤凰出版社 2012 年版，第 104 页。

果说，四堡所代表的是地域性和区域性的书籍文化，那么叶德辉等士人的刻书行为就是精英书籍文化，这两种书籍文化从不同层面有助于维持和延续身份区别，促进不同途径和特殊的地方文化及语言传统形成文本传统的共同核心。刻书文化同其他文化与制度一样具有灵活多样性，使他们融入一个统一的、向中心凝聚的中华文化，支撑了地方和区域文化的稳定，强化了文化认同。

4.作为近代士人的读书阅世

荷兰汉学家高罗佩对叶德辉推崇备至，说他是一个博学严谨的学者。叶德辉《书林清话》及《余话》《藏书十约》指导了几代中国学者怎样收书、藏书、读书、用书，影响之大，前已略述。叶德辉一方面藏书、校书、刻书，进行古籍整理，著名出版家、文献家张元济是其光绪十八年（1892）进士的同年，在整理古籍、保存文化上志同道和。叶德辉一生广搜博取，视中外通古今，校刻、著述多达一百多种，淹盖四部，是继王闿运、王先谦、皮锡瑞之后的湘学殿军。《书林徐话》收录了叶德辉所撰《〈四部丛刊〉例言》总结说，汇刻群书"于存古之中，兼寓读书之法。不仅如顾千里所云，丛书之意在网罗散佚而已"①。又云："宋元旧刻，尽美尽美，但阅世既久，非印本模胡，即短卷缺叶，在收藏家固不以为疵颣，而以之影印，则于读者殊不相宜。明嘉隆以前，去宋、元未远，所刻古书，尽多善本，昔顾亭林已甚重之。况今更阅三四百年，宜求书者珍如拱璧矣。兹之所采，多取明人覆刻宋本。喜其字迹清朗，首尾完具，学者得之，引用有所依据。非有宋、元本不贵，贵此明刻本也。"②汇刻群书不仅寓读书之法，而更具治学要津："版本之学，为考据之先河，一字千金，于经、史尤关紧要。"③而且通过这些成果，

---

① 叶德辉著，紫石点校：《书林清话》，北京：燕山出版社1999年版，第318页。
② 叶德辉著，紫石点校：《书林清话》，第320页。
③ 叶德辉著，紫石点校：《书林清话》，第320页。

叶氏向"同时的和后世的学者们表明了藏书和学术之间的客观关系",既是大学者又是藏书家的偶合,证明并加强了藏书和学术之间的纽带传统。[①] 另一方面,因为国外的搜讨捆载而去,痛惜古籍之沦亡,感慨"斯文之丧"。叶氏之叹息,"不在于对西学之吸收或新学之兴起,而在于西学、新学兴起后对中学、旧学所造成的根本动摇,在于国人的除旧布新、用夷变夏所造成的文化断裂"[②]。所谓"斯文之丧"既是其文化保守立场的表达,也是对所处时代的一种"总体判断",反映出其文化关怀中时代性焦虑,这种情绪在当时的读书人心中当然是有普遍性的,清季的国粹运动、民初的整理国故就是其表征。

基于自我遮蔽、囿于成见的观点,叶德辉对能读古书的近世充满信心:"士生宋元以后,读书之福远过古人。生国朝乾嘉后者,尤为厚福。五代、北宋之间,经史正书鲜有刻本,非有大力者不可言收藏。既有刻本,又不能类聚一处,即有大力搜求亦非易事。居今日而言收藏,可以坐致百城,琳琅满室矣。"[③]叶德辉还提出了校勘八善,我们可以从读书益处来分析。一是读书有利于古书收藏、保存,"日日翻检,不生潮霉,蠹鱼蛀虫,应手拂去",读书多了可以知源流、利采访,即"校书日多,源流益习,出门采访,如马识途"。二是读书有利于学术发展,能够发扬古人,启发后世,"有功古人,津逮后学";从功利的角度,读书能够博名声、传美誉,即"校成一书,传之后世,我之名字,附骥以行"。三是读书有利于修身养性、不虚度光阴,"习静养心,除烦断欲,独居无俚,万虑俱消";能够消除季节性烦燥,"长夏破睡,严冬御寒,废寝忘餐,难境易过"。四是读书有利于锻炼找材料、写文章的技能。能够免逸忘、固搜技,即"中年善忘,恒苦搜索,一经手

① 谭卓垣撰,徐雁、谭华军译补:《清代藏书楼发展史》,沈阳:辽宁人民出版社1988年版,第66页。
② 张晶萍:《叶德辉生平及学术思想研究》,长沙:湖南师范大学出版社2008年版,第244页。
③ 叶德辉著,紫石点校:《书林清话》,北京:燕山出版社1999年版,第338页。

校，可阅数年"；能够熟悉掌故、以便撰著，即"典制名物，记问日增，类事撰文，俯拾即是"。[1]《书林清话》等作品是他几十年读书治学经验的总结，在书中网络古今读书学问，涉及中西文化，有理论，有实例，一经出版，便洛阳纸贵。在他那个时代，读的多是古书。他对古代典籍的板本、校刻、鉴别、使用条分缕析，在他看来，无一书无来历，顺着他的指导，为我们今天学习、读书提供了一把通向广阔知识天地的钥匙。

清末学者经常提到的"绛云一炬"在他们的笔下构成了一种危机式的想象和记忆，由此产生了多种文化阐释。叶氏在"明以来刻本之希见"条提到曾作《三恨诗》分别为《恨不读〈永乐大典〉》《恨不读〈道藏〉》《恨不读敦煌石室藏书》，就是这种文化记忆的文学叙述形式。其中《恨不读〈永乐大典〉》有云："我生去古远，道微世正衰。中丁庚子乱，一炬寒劫灰。胡兵争攫取，残帙如雨飞。斯文天欲丧，当道谁见几。坐视两朝物，同深千载悲。虽有全书目，一脔难已饥。此恨永无极，掩卷重徘徊。"[2]说的是在庚子之乱（1860），《永乐大典》在英法联军的炮火之下俱付劫灰，剩余残帙为日本、英国等国攫去，陈于图书馆、博物院。叶氏曾见入声韵《永乐大典》百余册，但首尾割裂，不能成一完书。由是叶氏痛恨乱世文物凋零、国宝外流而不得一一拜读。《恨不读〈道藏〉》云："迄今数更兵乱，两《藏》俄空，不知所举各书，尚有二三在人间否？琅环福地，梦寐思之矣。"又云："忆余始通籍，作宦淹京华。人言白云观，尚有巨册储。簿书日鞅掌，征逐困道途。老室在咫尺，不得供猎渔。归田忽廿载，时访隐士庐。又从云麓寺，偶见残废馀。所惜非全部，岁久饱蠹鱼。此生竟虚负，有梦追华胥。"[3]叶德辉以不读《道藏》为恨，并非向往道教的玄虚之境，而是因典籍之厄而未能寓

---

[1] 叶德辉著，紫石点校：《书林清话》，第 339 页。

[2] 叶德辉：《三恨诗·恨不读〈永乐大典〉》，载《叶德辉诗集》，上海：华东师范大学出版社 2010 年版，第 413 页。

[3] 叶德辉：《三恨诗·恨不读〈道藏〉》，载《叶德辉诗集》，第 413、414 页。

目。《恨不读敦煌石室藏书》则指敦煌石室文书为英国的斯坦因、法国的伯希和等外国学者劫掠大部，以致形成"敦煌西渡"之遗恨。诗云："敦煌古安乐，鸣沙崎其东。上有千佛洞，古物藏壁缝。书则唐卷轴，经擅绒绣工。千年始发见，而我不相逢。冥顽地方吏，目聘耳复聋。坐失此珍秘，散落去海东。碧眼识异宝，何况文物通。伯希和者谁？席卷一室空。王罗拾膏馥，问官郏子同。不假舌人语，面质殊从容。囊笔从邸舍，录副纸墨穷。印模远相惠，盲人日忽明。我欲亦未餍，妄想居成功。修问学孔子，家教思太公。画图考唐礼，书仪辨古凶。分章纪百行，要训登开蒙。开辟帝王记，孟说秦语中。沙州西州志，辑佚二酉重。焉得返赵璧，列架先栋充。往事成梦想，结愿无始终。作诗告来哲，无耻慵书慵。"[1] 叶德辉对当时新出土的敦煌文献表现出了一流学者的视野和目光，他说："西儒如法人伯希和，得敦煌鸣沙山石室古书，乃能辨析卷数之异同，刊刻之时代。上虞罗振玉撰《鸣沙山石室秘录》，述其问答之词，读之令人惊叹。吾同年友王仁俊撰《敦煌石室真迹录》，序称英印度总督派员司待纳（笔者注：即斯坦因），搜石室梵夹文载归。然则此种学术，将来且光被东西，裨助文化，岂止儒生占毕之业哉。"[2] 叶德辉对敦煌文献"光被东西，裨助文化"的学术价值看得相当透彻。"敦煌石室藏书，上虞罗叔蕴振玉、吴县王幹臣同年仁俊有影摹本数种行世，惜不得其全。……世安得有未见书为吾饱读哉！"[3] 有学者说："旧学与古籍相为表里，新学即兴，旧学日衰，作为旧学载体的古籍文物等亦被视为故纸而遭到鄙弃。对此，叶德辉深引以为恨，故曾作《三恨诗》，以抒发其对文物沦亡的痛惜之情"[4]。

---

① 叶德辉：《三恨诗·恨不读敦煌石室藏书》，载《叶德辉诗集》，第415、416页。
② 叶德辉著，紫石点校：《书林清话》，第18页。
③ 叶德辉著，紫石点校：《书林清话》，第226页。
④ 张晶萍：《叶德辉生平及学术思想研究》，长沙：湖南师范大学出版社2008年版，第239页。

叶德辉是一个传统的文人，学问渊博，但是有文人的乖僻、骄慢、自矜。他对前人的研究成果是尊重的、认真的，但对自己的学识更为自信。他写的《书林清话》激扬文字、叙述源流、娓娓道来，给我们知识的享受；又指摘得失、高标自己、粪土当年万户侯，既有对传统学术文化的拳拳之心，又学究气、书生气十足。《书林清话》虽提到了西人，如斯坦因等，对西人之汉学造诣有所了解，但对西学的态度却是排斥的，尤其是对晚清以来传入的"西书"只字未提，张承宗认为是书"根本没有反映出我国书史的全貌，更谈不上揭示历史发展的线索。从这点来说，《书林清话》并不是一部完整的中国书史，而只是一部甲乙丙丁、罗列古籍的陈年旧帐"①。

叶德辉喜奖掖后进，乡居三十年，凡执经问学之人，无论穷富中外，一例接待。"不受贽礼，也不收束倚，谢绝请吃请喝。凡收入门下者，还供其宿食，引导他们遍读他所藏之书，分门授学，有教无类。"② 除了杨树达、刘肇隅等随其从学外，叶德辉有一个法国人学生即税务司德秀从读中国传记小说，一个德国人麦令豪从受经学，皆有成就。叶氏与日本学者的交往较多，桑兵的《近代日本留华学生》、刘岳兵的《中日近现代思想与儒学》、张晶萍的《叶德辉生平及学术思想研究》等都有专门研究，在其日本弟子中，从受《说文解字》的松崎鹤雄长期任职"满铁"，与历史学家邓之诚友厚。从受金元杂曲的盐谷温，鲁迅的《中国小说史略》曾提到他的《支那文学概论讲话》。③ 与叶德辉过从甚密的日本学者很多，如白岩龙平、水野梅晓、永井禾原等，西园寺公望、内藤湖南、岛田翰、盐谷青山、泷川龟太郎、长尾雨山等都来直接访问过他，与竹添井井只有书信往来④。在这里我们要对内藤湖南进行一个说明。内腾湖南为代表的"京都学派"提出了"宋代近世说"，

---

① 张承宗：《〈书林清话〉与书史研究》，《史学史研究》1984年第4期，第45页。

② 龚笃清主编：《八股文汇编》下，长沙：岳麓书社2014年版，第1214页。

③ 刘岳兵：《叶德辉的两个日本弟子》，《读书》2007年第5期，第116页。

④ ［日］松崎鹤雄：《柔父随笔》，座右宝刊行会1943年版，第114页。

此学说受日本的江户时代（1603—1867）的主导思想——程朱所代表的"宋学"所影响，是"宋学"在日本的持续发展的结果。这不仅仅是一种记忆与想象，更是一种对"宋学"的服膺，是对本国政治体制正统性的回应，也算是一种宋代"叙述"在日本的回应。对叶德辉而言，与日本学者的交流多停留在诗词唱和、古籍交换、讨论旧学、接待指导日本留学生，日本明治以来欧化思想对他并没有多大影响①。在日本学界研究中国问题蔚然成风，为实现侵华提供情报而努力的时候，叶德辉还停留在对日本的古学正新的文化理想中，而对日本社会的革新、学术思潮的欧化视而不见，不能不说是错位的"异邦想像"②。身后，叶氏藏书除少部分流散外，大部分被其后人叶启倬、叶启慕售与日本人，现国内仅零星藏有观古堂旧物数十种而已，只有30余部现藏于湖南图书馆，均称善本。

光绪十八年（1892），叶德辉中了进士，授吏部主事。两年后辞官归里，自此不再出仕，反以经商为业，以学术为职志，可见其文化情怀是非常有个性的。叶德辉是著名的政治守旧派。戊戌变法时期，反对康有为的公羊学说，是为"翼教"领袖。进入民国，与章太炎、王国维、罗振玉一起被称为"旧学"的代表人物。章太炎、王国维、罗振玉都是晚清学界开创型的人物，仅仅靠其藏书和《书林清话》式的学问和影响，恐怕差距不小，就与先辈同乡王先谦相比，虽他们被共称为湖南"二麻"（麻子脸），但不如其学精深。袁世凯时期，叶德辉任筹安会湖南分会会长，提倡尊孔读经，反对共和。1927年，湖南农民革命运动兴起，叶德辉不满于时事，戏作对联，极尽讽刺之能事，最终作为土豪劣绅遭到镇压。③时事巨变，叶德辉成了前朝

---

① 张晶萍：《叶德辉与日本学者的交往及其日本想像》，《厦门大学学报》（哲学社会科学版），2006年第4期，第101、102页。

② 张晶萍：《叶德辉与日本学者的交往及其日本想像》，第105页。

③ 张晶萍：《叶德辉生平及学术思想研究》，长沙：湖南师范大学出版社2008年版，第241页。

的"文化遗民"，于是守望传统文化就成为他赋予自己的人生使命。其一生的学术活动，包括著述和刻书，也都是为了笃守传统旧学这一目标。[1]叶德辉的人生观念、文化学术思想，本无所谓对错，只是他在一个以革命为风尚的年代，反而处处不合时宜，标新立异。我们看到了他"通古而知变"的心态，也看到了他以"存古"为职志的"开新"努力，但是他却"知古"而不"求变"，没有适应进一步前进的社会，无法理解中国社会必将是"赤旗的天下"，最终身死道灭。

叶德辉是中国近代老派知识分子，他爱自己的国家和民族，是传统文化的守护者、发扬者，他把毕生的精力都献给了读书、治学，留下了读书的种子，中国文化有了未来，而他却殒命。这就是一个真实的叶德辉。从文化史、学术史思路，我们要遵循一个研究原则，即如任莉莉在其博士论文《叶德辉〈书林清话〉笺证》所言，既不讳其德，亦不因之而废其言[2]。我们的研究要以发现一个完整的叶德辉文化形象为职志，全面评价其学术成绩和地位。从这一点来看，我们尚有诸多工作可做。

---

① 吴晞：《清话书林图书馆的故事》，北京：社会科学文献出版社 2015 年版，第 79 页。
② 任莉莉：《叶德辉〈书林清话〉笺证》，华东师范大学博士学位论文 2008 年，第 12 页。

第八章

保存国故：民初图书馆运动与藏书文化

辛亥革命后的北洋政府和国民政府，在思路上仍然承续了清末新政创兴图书馆的路向。可以说，正是先进知识分子宣传、倡导、奏请、兴办和主持近代图书馆，培养了中国图书馆学的人才，极大推进了中国近代图书馆的建设，为中国近代图书馆的创建提供了经验资料、舆论基础、思想准备和政府支持。① 民初图书馆发展与藏书文化的进步是相辅相成的，图书馆网络的建构、图书馆学家群体的形成，旧式藏书学术逐渐向新式图书馆学术转变，私家藏书文化逐渐向公共图书馆文化转变。

一、民初社会思潮与图书馆建设

1. 救亡图存思潮对图书馆建设的影响

伴随救亡图存的社会浪潮，有识之士倡导社会教育、民众教育并把图书馆作为重要阵地实践社会教育。以湖南图书馆、江南图书馆的主要创办者之一陈庆年为例，他师学缪荃孙，南北奔走创办新式教育和图书馆，形成了自己的学术风格。其为学不分汉宋门户，精研三《礼》《春秋》，实事求是，折衷至当。在研究中遵循"士不通经，不足致用，然非致用，亦不可谓通

---

① 蒋亚琳：《清末民初知识分子对中国近代图书馆事业的贡献》，《河南图书馆学刊》2008年第 5 期，第 136 页。

经"原则，在农事、商政、地理、军事等领域，靡不殚精竭思。① 所以，郑孝胥称其为"新学之导师"的评价不可谓不高。1913 年 12 月 27 日在《与韩紫石省长书》中他也一再表达了面向世界的心胸："议者又谓楼中插架，多系陈编古义，纷纶何裨致用，不知造邦施政，各有文明数典，若忘环球腾笑。""外人治东方学者，比年益多。法得安南，即设博古学堂于河内，遣博士伯希和远至敦煌，探我石室。复来宁馆纵览所储，以为至快。去年，复有欧罗梭博士为访南交，旧史属写孤钞，庆年在馆与之周旋。兴会之多，尤在域外。近欧君复寄赠各项杂志，其探讨我邦国粹不遗余力，尚拟再来宁馆，约换知识。以外人治我国粹之勤而知我之不容漠视，尚何致疑。""庆年不敏，愿得腐精于此，扬诩国光，以期与世界相见。"② 图书馆在存国粹、启民智方面发挥着重要作用，是社会教育一大机关，由是民国初期教育部在行政设置专门机构主管图书馆等事项。如中华民国临时政府第一任教育总长蔡元培很重视图书馆的社会教育功能："我为提倡补习教育、民众教育起见，于教育部中增设社会教育司。"③ 社会教育司掌管图书馆、博物馆、美术馆、通俗教育及讲演会、巡行文库等，"教育并不专在学校，学校以外，还有许多的机关，第一是图书馆。凡是有志读书而无力买书的人，或是孤本抄本，极难得的书，都可以到图书馆研究"④。他还邀请并任命鲁迅为社会教育司第一科科长，直到 1919 年。1917 年担任北京大学校长后亦相当重视图书资源建设："本校图书馆书籍虽多，新书者甚少，苟不广为购办，必不足供学生之参考。刻拟筹集款项，多购新书，将来典籍满架，自可旁稽博采，无虞缺乏也。"其后，他聘请李大钊等年富力强和具有真才实学的专家学者来管理图

---

① 唐文治：《陈君善馀墓志铭》，引自赵统《南菁书院志》，第 393 页。
② 许进、徐芳主编：《陈庆年文集》，海口：南海出版公司 1996 年版，第 249、250 页。
③ 蔡元培：《蔡元培自述》，北京：中国言实出版社 2015 年版，第 88 页。
④ 蔡元培：《蔡元培选集》，北京：中华书局 1959 年版，第 159 页。

书馆，并广筹资金"多购新书"。①

在这种社会思潮下，1915 年，教育部连续发布了两个图书馆规程，一个是 10 月颁发的《通俗图书馆规程》。其中规定："各省治、县治应设通俗图书馆，供公众之阅览。"并规定："通俗图书馆不征收阅览费。"另一个是 11 月颁发的《图书馆规程》。其中规定："各省、各特别区域应设图书馆，储集各种图书，供公众之阅览。"并规定"图书馆得酌收阅览费"。此外，该条例对图书馆的名称、人员、预算、管理等事项，也都做了明确的规定。两个图书馆规程颁发后，最大的变化是大多数省、市均建立起公共图书馆。此外，各市、县建立起一些通俗图书馆和民众教育馆。

救亡图存不是空洞的口号，先进的知识分子们不断引进西方的社会思想，并以之为指导，开展了一系列的图书馆建设活动，最重要的表现就是社会主义思想的指导，建设为了人民的图书馆。1919 年 12 月 13 日，五四运动的重要旗手李大钊在北京高等师范学校图书馆二周年纪念会上发表演说时提出"必须有适当的图书馆共劳工阅览"②，他认为"图书馆和教育有密切的关系。想教育发展，一定要使全国人民不论何时何地都有研究学问的机会。……但是想达到这种完美教育的方针，不是依赖图书馆不可"。他还结合图书馆历史论述图书馆是教育机关，倡导图书流通中的开架式阅览，建议高校"添设图书馆专科或建议传习所，使管理图书的都有图书馆教育的知识"，并且认为"这是关系图书馆事业前途的事情，也是关系到中国教育前途的事情"③。李大钊把社会主义思想落实到劳苦大众的社会教育权，图书馆就成为普通民众获取知识、提升文化水平的重要教育机关。

当然西方民主思想的影响也是非常普遍，留学归国的知识分子们就用西

① 《蔡元培选集·就任北大校长之演说》，北京：中华书局 1959 年版，第 25 页。
② 《劳动教育问题》，参见《李大钊文集》上卷，人民出版社 1984 年版，第 632 页。
③ 原载《平民教育》1919 年第 10 号，转引于中国图书馆学会编《百年文萃：空谷余音》，北京：中国城市出版社 2005 年版，第 22、23 页。

方公共图书馆思想来指导中国的图书馆学和图书馆运动。1921年，刘国钧的《近代图书馆之性质及功用》对近代图书馆的八个特征、三个性质、四个价值的归纳就是西方公共图书馆思想的深远影响。"八个特征"，即公立、自由阅览、自由出入书库、儿童阅览部之特设、与学校协作、支部与巡回图书馆之设立、科学的管理、推广之运动；"三个性质"，即自动、社会化、平民化；"四个价值"，即教育上之价值、修养上之价值、社会之价值、经济之价值。① 再有就是1926年李小缘在《藏书楼与公共图书馆》批判传统的藏书楼思想，鼓吹西方的图书馆思想："藏书楼是：静—贵族式贵保存—设在山林—官府办的—注重学术著作—文化结晶的机关。""图书馆是：动—平民式贵致用—设在城市—民自动办的—注重精神娱乐—文化宣传的机关。"② 这既是当时重视民权社会思潮的体现，也是图书馆学理论接轨社会需求的表征。李小缘还提出公共图书馆能够辅佐学校教育之不及、图书馆即教育、精神娱乐的最高俱乐部、传播消息及智识之总机关等重要观点③。他在对"宣传文化之总机关"进行阐释时说："公共图书馆的责任，就是要一面保全人类祖先的经验，祖先的精神遗产，及现在的科学智识进步。一面的责任是宣传这种文化，裨益社会。使社会进步，至于无止尽境。并且使用者能把先祖精神遗产及科学进步发大而光辉之，于是可以采之不已，用之不竭，用之不已，发明不已，以至学术智识之无极，图书馆的精神责任也重了！"④1926年8月，李小缘在苏州发表演讲时进一步主张发展图书馆教育："图书馆成为专门的事业，必定有专门职业教育……要想中国公共图书馆发达，必须先培植人

---

① 原载《金陵光》第12卷第2期，转引中国图书馆学会编《百年文萃：空谷余音》，北京：中国城市出版社2005年版，第24—26页。

② 原载《图书馆学季刊》第1卷第3期，中国图书馆学会主编《百年文萃：空谷余音》，第60页。

③ 中国图书馆学会主编：《百年文萃：空谷余音》，第60、61页。

④ 中国图书馆学会主编：《百年文萃：空谷余音》，第62页。

材，从国立学校机关添设图书馆学专门科不可。"①1936 年，俞爽迷在《图书馆与社会教育》中认为图书馆能造成贫穷自学之士有知识可学，"图书馆的设立，实较学校教育更为重要"。图书馆能培养读书兴趣增益生活必须知识，图书馆能养成优美德性坚定意志，图书馆可以养成公民知识爱国思想，图书馆可以增进各自关于职业的知识，图书可以安慰心神②。"图书馆不仅是社会教育的一种，它实在是社会教育的核心"，说它的价值如何宏大都能"应付有余"。而且图书馆无时空限制，无男女老幼限制，简易便宜之设施，图书多，随人心意的灵活性，能够提供个人的各项需求。③

如上各种思想对图书馆事业的推动作用是非常明显的，民国初期图书馆事业的不断高涨就是具体的体现。

2. 民国初年兴起的美式新图书馆运动

有学者把自清末以后各地建立与普及新式图书馆的过程统称为"新图书馆运动"。如现代图书馆学家王振鹄认为"我国新图书馆运动发轫于清而创立于民国""我国新图书馆运动发轫于逊清，但配合新教育制度而谋普遍发展则在民国以后"。④霍国庆则认为"1917 年后留学美国和菲律宾等国的我国第一代图书馆学者沈祖荣、胡庆生、戴志骞、李小缘、刘国钧、杜定友等相继学成回国，他们迅即掀起了一场'新图书馆运动'，并直接促成 20 世纪我国图书馆学发展的第一次高潮"⑤。按照这些说法，"新图书馆运动"并非一场特定的"运动"。我们认为近代的图书馆运动可以分三个阶段，第一阶段就

---

① 李小缘：《藏书楼与公共图书馆》，《图书馆季刊》1925 年第 1 卷第 3 期，第 375—396 页。

② 转引中国图书馆学会主编：《百年文萃：空谷余音》，北京：中国城市出版社 2005 年版，第 78 页。

③ 转引中国图书馆学会主编：《百年文萃：空谷余音》，第 79、80 页。

④ 王振鹄：《图书馆学论丛》，台北：学生书局 1981 年版，第 495 页。

⑤ 霍国庆：《百年沧桑三次高潮四代学人——19 世纪中国大陆和台湾地区图书馆学史总评》，《图书馆》1998 年第 3 期，第 1、2 页。

是前文所述的晚清新政时期的公共图书馆创办热潮，而自 1911 年 10 月 10 日，武昌首义打响了辛亥革命第一枪，帝国大厦轰然倒塌。那些志在图书事业的人们备受鼓舞，热情迸发，图书馆事业遂进入了第二个发展阶段。

1916 年蔡锷（字松坡）病逝，梁启超上书大总统黎元洪《接受快雪堂设立松坡图书馆呈》，请拨北海快雪堂设立图书馆。此议得到批准，梁启超于是创立了一个新型图书馆——松社，其馆藏多来自梁启超个人捐赠。1920 年，梁启超游欧归国，以带回的一万册图书为基础，建立图书俱乐部。1923 年 11 月，梁启超在北京成立了松坡图书馆。他以松社和图书俱乐部为基础，又调拨了北洋政府所购的《观海堂》藏书，自任馆长。为此，梁启超作《松坡图书馆记》及《松坡图书馆劝捐启》，号召社会各界关心该馆藏书建设及资金筹备，"庶仗群力，共襄网成"。松坡图书馆是民初著名学者按照西方模式建立的一家私立图书馆，实际上构成了美式新图书馆运动的先导。

1916 年，沈祖荣从哥伦比亚大学毕业，并获图书馆学学士学位，成为我国获得图书馆学学士学位的第一人。1917 年 6 月，沈祖荣留美学成归国，他在报界演说图书馆事业，中国新一轮图书馆发展高潮拉开帷幕。沈祖荣演说中谈及图书馆与藏书楼关系、图书馆与教育关系、图书馆与新闻媒体异同、图书馆管理办法、图书馆建筑、图书分类等事项。[①] 沈祖荣和余日章一道"联合全国基督教青年会，携带各种仪器，到处宣传"图书馆学理论与方法，标志着一代职业图书馆学家正式登上历史舞台。[②] 此后，胡庆生、戴志骞、李小缘、刘国钧、杜定友等相继学成归国，他们在中国迅即掀起了一场引进欧美图书馆学术，创办美式现代化图书馆事业的"新图书馆运动"。在其影响下各种图书馆学学术团体、协会、学校以及期刊相继建立，

---

① 《沈绍期君在报界演说图书馆事业》，《东方杂志》第 14 卷第 6 期。
② 中国图书馆学会：《百年文萃：空谷余音》，北京：中国城市出版社 2005 年版，第 18 页。

图书馆事业摆脱了封建旧有的藏书楼状态，转变为现代图书馆形态。这一"以反对封建藏书楼，建立面向大众开放的美国式的新式图书馆为核心内容的图书馆启蒙运动"①，"在我国近代图书馆建设起步的关键时刻，起到了宣传、普及近代图书馆知识，宣扬新的图书馆观念，培养新型图书馆人才的作用。'新图书馆运动'影响深远，它奠定了中国近代图书馆和图书馆学发展的基础"②。自此，中国图书馆界由"取法日本"完全转向了"追逐美国"。但从日本汲取图书馆理论资源仍是中国图书馆事业发展的重要途径，1917年，日本图书馆学会编，北京通俗教育研究会翻译的《图书馆小识》出版就是其表现。

以五四运动和1920年初中美之间第二次庚款退赔③的磋商为契机，图书馆界的新知识群体人亦参与其中且使近代图书馆事业深受其利。五四时期是一个理念大碰撞、思想大爆发的时代，图书馆界也与这个时代同呼吸、共命运。在这一时期，中国图书馆事业的发展主要在人才群体、藏书机构和管理政策、学术团体等方面取得重要进展。

从1920年初美国议会提出第二次退还庚款之后，中国政府乃自动提出利用此退回的款项，作为派遣留美学生的学杂费。1924年，美国国会二度通过法案，乃有庚款的第二次退款。这样才成立了"中华教育文化基金会"（简称"中基会"）。中基金董事会由五名美国董事与十名中国董事组成，在这些董事中，美国哥伦比亚大学教授杜威（John Dewey）1924年到1926年应胡适

---

① 吴稌年：《图书馆活动高潮与学术转型——古近代》，北京：兵器工业出版社2005年版，第151页。

② 范并思等编著：《20世纪西方与中国的图书馆学——基于德尔斐法测评的理论史纲》，北京：北京图书馆出版社2004年版，第197—200页。

③1909年美国设立了"庚款奖学金"以后，中国学生大批赴美留学。原来美国国会于1908年通过一条法案，决定退回中国在1901年（庚子）为八国联军赔款的余额，即美国扣除义和团之乱中所受的生命财产等实际损失和历年应有的利息以后的额外赔款。美国归还的第一笔退款用于创建"清华学堂"（清华大学前身）及培训留学预备生。

之邀请曾在中国讲学 18 个月，其分类法在图书馆学界影响深远。可见，中基会对中国近代图书馆事业的发展有重要推动，这是一个历史事实。1925 年 7 月，董事会办事处正式成立仪式在北京举行，任鸿隽担任中基会专门秘书。中基会初期投入的项目中就有建立国立北平图书馆及购买藏书，从 1925 到 1935 年先后担任专门秘书、董事、干事长的任鸿隽还是中基金赞助的北海图书馆（后改为北平图书馆）委员会委员长，也为中国图书馆事业贡献良多。1925 年 6 月 2 日至 4 日，该会在天津裕中饭店举行会议，集议 4 次，通过了美国退还之赔款"应用以（1）发展科学知识及此项知识适于中国情形之应用，其道在增进技术教育、科学之研究、试验与表证及科学教学法之训练；（2）促进有永久性质之文化事业，如图书馆之类"两项决议案。于是，就有在北京设立一图书馆（北海图书馆）的动议，以作为该会的一项文化事业，并作为科学研究的辅助机构。10 月 23 日，中华教育文化基金董事会与中国教育部协商订约，决定合办"国立京师图书馆"。11 月 26 日，教育部下达第 206 号令，谓"原设方家胡同之京师图书馆，应改为'国立京师图书馆'，暂移北海地方。该馆旧址，以现设之京师图书馆分馆（即京师图书馆原在前青厂所设之分馆）移入。其京师图书馆原有普通书籍酌留二万册。以一万册拨给京师图书馆分馆，合分馆所有之科学书籍，并供众览，改为京师第一普通图书馆（此即今首都图书馆前身）"①。1931 年 5 月 20 日，国立北平图书馆（即今北海西涯国家图书馆古籍分馆）新馆落成。6 月 25 日举行新馆落成开馆典礼仪式。

　　1920 年 8 月，北京高等师范学校开设图书馆讲习会。应各省之请，北京高师开办这次暑期图书馆学讲习会，讲演员有沈祖荣、戴志骞、李大钊、李贻燕、程时烺。各省立图书馆及学校各地参加者 78 人，首开中国图书馆

---

　　① 转引自李致忠《中华教育文化基金会与国立京师图书馆》，《国家图书馆学刊》2008 年第 1 期，第 8、9 页。

学业余教育之先例。杨昭悊也参加了此次讲习会。1920 年 12 月，"亢慕义斋"成立。北京大学李大钊等九人公开成立了"社会主义研究会"，同时为了"搜集马氏（马克思）学说的德、英、法、日、中文各种图书"，设书记二人掌管购置、管理和分配图书，研究会的藏书室取名为"亢慕义斋"，即英文 Communism 的音译。1921 年 5 月 1 日，应修人（1900—1933）在"修人书箱"的基础上创建上海通信图书馆。开始是个互助性的青年读书组织。后来书多了，读者也多了，便在天津路四十四号找了一间房子，作为图书馆的馆址，对外正式称谓"上海通信图书馆"。"上海通信图书馆"是当时一批进步图书馆中存在时间最长，影响最大的一个。它以宣传新文化、新思想为宗旨，收藏"有时代思想的各种学术文艺书报"和当时能收集到的马克思主义著作，如《响导》《新青年》《前锋》《中国青年》《共产党宣言》《通俗资本论》《共产主义 ABC》等。五卅运动以后，提出"以无猜忌的真情接待借书者，不收租费，不讨保证，也不希望任何的酬劳，以设身处地的用心为借书者着想，使不受路线限制。不受经济限制，不受职务限制，也不受早晚的时间限制：这是我们筹划进行的方针"[1]。它标志着我国现代图书馆事业为无产阶级政治及其利益服务的正式开始。"上海通信图书馆"先后存在的八年时间里，在应修人的主持下，对图书馆工作的各个方面都有创新和变革。1926 年编撰我国第一部以马克思观点为指导的分类法——《S·T·T 分类法》。S·T·T，即国语罗马拼音字"上通图"的缩写和拉丁化拼音以著者为主与书名相结合的"书号"（即书次号）。[2]同时革除传统图书馆借书要铺保、押金的陋习、创造性地采用通信邮寄借书的方法。编辑《上海通信图书馆月报》《上海通信图书馆书目》推荐图书、指导阅读，他

①应修人：《上海通信图书馆与读书自由》，参见散木：《润泽读者、造福社会的"上海通信图书馆"》，《中华读书报》，2017-3-29（14 版）。

②邹华享、施金炎：《中国近现代图书馆事业大事记》，长沙：湖南人民出版社 1988 年版，第 32 页。

们的工作深受广大市民的欢迎。由于党的关怀和读者的热心支持，图书馆发展很快，先后四易其馆址，最后的地点是闸北宝山路三德里。这时规模已相当大了，据 1928 年统计，上海通信图书馆已由几个人的小组合，变成了三四百人的大团体，藏书从三百余册增加到五千多种，经常来借书的有两三千人，影响遍及全国各地甚至海外华侨①。

伴随着社会革命运动的高涨，图书馆事业亦突飞猛进地发展。据 1916 年的统计，包括巡回文库在内，共有公共图书馆 293 所。到 1918 年已经达到 725 所，而 1931 年全国公共图书馆的数量达到 1419 所，民教馆 948 所，两者共计 2403 所。② 五四运动以后，中国图书馆事业的发展既有西方因素如庚款退回、留学生的回国，根本的馆藏发展还在于对新出版书籍、民间藏书资源的穷搜远绍，广采博取。公共图书馆的大量成立对民间藏书资源的整理有明显的推动作用，南京国学图书馆继承了江南图书馆的故家旧藏，善本书众多，浙江图书馆的文澜阁《四库全书》也经过抄补重新入藏新馆址，山东省图书馆则重视收集古书，广东省图书馆亦添聘专门人员整理旧藏。图书馆体系的建立对民间文献的归公有其重要的先导意义。

在图书馆事业中，藏书无论公私，图书分类是加强图书管理的核心举措之一。长期以来，中国藏书楼、图书馆是以经、史、子、集为主体的四部分类法，强学术而弱学科，尊经术而轻技艺。近代以后，传统图书分类与西方图书分类由并行到逐渐混一经历了一个长期过程，也见证着现代图书馆学术体系形成过程的艰难和曲折。图书馆的广泛建立，大量藏书资源的入馆保藏皆有赖于科学的管理，图书馆学家们的研究则为之提供了行之有效的理论和方法，分类法的趋新舍旧即其一效。杜定友、刘国钧、沈祖荣、钱亚新等图

---

① 李克西：《上海通信图书馆的创始者——应修人》，《图书馆工作与研究》1980 年第 4 期，第 3、4 页。

② 张树华、张久珍：《20 世纪以来中国的图书馆事业》，北京：北京大学出版社 2008 版，第 37 页。

书馆学家的系统化图书分类、编目规则结合具体的实践为中国现代图书分类思想的形成贡献卓著。进入 20 世纪，尤其是辛亥革命以后到 20 年代后期，首先出现的是 4 部引进外国分类的论著，也有 40 多个中国学者参与研究并制定了约 25 部分类法，大浪淘沙，最终出现了四部有全国影响的分类法，即沈祖荣、胡庆生的《仿杜威书目十类法》、杜定友的《世界图书分类法》、王云五的《中外图书统一分类法》和刘国钧的《中国图书分类法》等。伴随着图书分类实践的进步，学界也"开始了中国化的图书分类研究"，形成了一个分类法研讨的学术高潮，如《图书分类法几条原则的商榷》（戴志骞，1924）、《中文书籍分类法商榷》（查修，1925）、《中国图书分类问题之商榷》（蒋复璁，1929）等较具代表性[1]。

1909 年顾实首先介绍了杜威的十进分类法（DDC）后，1917 年，沈祖荣、胡庆生就开始编制《中国书目十类法》。1922 年，在初版的基础上修订编制了《仿杜威书目十类法》，由武昌文华公书林发行。编制了《仿杜威书目十类法》把所有的知识门类分成十大类，特别引进了西方哲学、宗教、社会与教育、政治、经济、科学、美术等类目，同时还保留了古代分类的经部等，很明显尚保留四部分类法的影响。这部分类法"是我国最早仿 DDC 并'参以己见'而编制的图书分类法，故为我国图书馆界所瞩目，也为国内某些图书分类法的研制者所效仿"[2]。蒋复璁、蒋元卿都认为该分类法是中国图书分类法的开山之书，厥功甚伟。1929 年，蒋复璁在回溯了 20 世纪以来中国图书馆界分类理论与实践的发展后说："知识之分类系以论理的科学为标准，而图书之分类则又不然。盖图书分类之标准，虽仍本诸学术之分野，应作平衡之分配。"他进而

---

[1] 中国科学技术协会主编：《中国图书馆学学科史》，北京：中国科学技术出版社 2014 年版，第 168 页。

[2] 俞君立：《中国文献分类法百年发展与展望》，武汉：武汉大学出版社 2002 年版，第 247 页。

指出，"若适用中西籍，则当以杜定友之《世界图书分类法》为其嚆矢。"①1922年，杜定友发表的《世界图书分类法》也是以"杜法"体系为依据，将类目为十大类。1925年改编为《图书分类法》，1935年改名为《杜氏图书分类法》，其他如王云五的《中外图书统一分类法》一仍采"杜法"，只增加了3个符号。1934年，皮高品的《中国十进分类法》，虽然在类目的设置上考虑了中外文图书之不同，但依然借鉴了"杜法"体系。这些分类法万变不离其宗，都只是十进法的变异或者增改，难以突破"杜威法"的影响。1928年12月，刘国钧《图书分类的初步》为图书分类法的编制和出版奠定了基础："然则以后尚能有统一之分类法与否，以意度之，盖未必然，盖分类法者图书馆之一工具耳。图书馆之宗旨不同，则其所用之工具正不必尽同。"②在《中国图书分类法：导言》中，他"以为图书馆所用之分类法与为其他目的而设之分类法，略有不同。分类表对于任何书籍，均当有收入之可能。是以类目宜丰富。对于任何科目，不宜有所轩轾。是以类目不宜含有批评褒贬之意。对于将来图书之发展，宜有扩充之可能，故类表宜便于伸缩""图书分类原为供研究学术而作，故宜以学科分类为准""既以学科为分类根据，即不能利用四库之部类而增减之。盖四库以体裁为主，学科为副。今反其道而行之，则不能不有所改革。改革之标准，则因今日之学术与昔日相较，颇多不同"③。他观点横贯中西图书馆学研究与实践而富有指导意义。

1937年，蒋元卿将分类法分为增改杜威派和采用杜威派，将刘国钧的分类法归为增改派，因为杜威原法不能容纳许多中文书籍，其分类有轻重失当之处，故增酌杜法以容纳中国所有图籍，我国增改此法"最早之著述，当以刘国

① 蒋复璁：《中国图书分类问题之商榷》，《图书馆学季刊》，1929年第1—2期合刊，第1—42页。
② 刘国钧：《刘国钧图书馆学论文选集》，北京：书目文献出版社1983年版，第36页。
③ 刘国钧：《刘国钧图书馆学论文选集》，第54、55页。

钧氏《中国图书分类法》为其嚆矢"①。此外，20世纪三十年代汪辟疆的《目录学研究》、姚名达的《目录学》、杜定友《杜氏图书分类法》、皮高品《中国十进分类法》及索引、黄星辉著《普通图书编目法》、桂质柏编《中文图书编目规则》先后出版，都非常有效地促进了中国藏书资源的编目和整理。由于缺乏统一的组织，当时众多学者提出了特色各异的分类编目标准，并施于所工作的图书馆，所以当时的图书分类法呈现多样化的混乱时期，详见下表：

民国时期各大图书馆的图书分类情况

分类制	馆名	所用分类法	备注
增改四库制	四川省立中山圕、北平故宫博物院圕、北京大学圕、江苏省立圕、武汉大学圕	四库法	
新旧并行制	四川大学圕	四库法及杜定友法	
	交通大学圕、河南省立圕、中法大学圕、华西协和大学圕、南开大学圕	四库法及杜威法	
	浙江省立圕	四库法及十进法	十进法系自编之法
	湖北省立圕	四库法及王云五法	
	无锡国学专修圕		
新旧混合制	大同大学圕	自编分类法	西文用杜威法
	中央大学圕	杜定友法	
	内政部圕、中国学院圕、立法院圕	刘国钧法	
	北洋工学院圕	王云五法	
	安徽省立圕	自编分类法	
	河北省立法商学院圕	自订八门分类法	

---

① 蒋元卿：《中国图书分类之沿革》，上海：中华书局 1937 年版，第 208 页。

（续表）

分类制	馆名	所用分类法	备注
新旧混合制	河南省立中山圕	清华大学分类法	西文用杜威法
	松坡圕	自订十三门分类法	
	燕京大学圕	裘开明法	
	广州市立中山圕	杜定友法	
	福建协和大学圕	自编分类法	
	金陵女子文理学院圕	刘国钧法	
	北平师范大学圕	何日章法	
	中央圕	自编分类法	西文暂采国会法
	北平市立中山圕	刘国钧法	
	辅仁大学圕	自编分类法	西文用国会法
	北平圕	自编分类法	
	清华大学圕	自编分类法	西文依杜威法加以修订
	税务专门学校圕	王云五法	西文用国会法
中外统一制	山东大学圕	自订十进法	
	山东省立圕	自订分类法	
	大厦大学圕、中华书局圕、安徽大学圕、江苏省立教育学院圕、暨南大学圕、福建省立圕、广西省立第一圕	杜定友法	安徽大学圕略加修正
	河北省立第一圕、天津市立圕	刘国钧法	天津市立圕略加变通

（续表）

分类制	馆名	所用分类法	备注
中外统一制	北平大学圕、上海中国国际圕、东吴大学圕、河南大学圕、岛山圕、焦作工学院圕、厦门大学圕、圣约翰大学圕、沪江大学圕、广西大学圕、岭南大学圕、文华公书林圕	杜威法	东吴大学圕略加改订，厦门大学圕略加变通
	上海基督青年会圕、东陆大学圕、南通学院农科圕、陕西省立第一圕、湖南省立中山圕、朝阳学院圕、广东国民大学圕	王云五法	
	集美学校圕	自订十进法	

资料来源：蒋元卿《中国图书分类之沿革》，上海：中华书局 1937 年版，第 259—264 页。

多种分类法的存在一方面使图书馆对收罗的民间藏书资源进行及时有效的分类编目整理，但是另一方面，多法并存对文献资源建设的共知共享并非好事，时代的发展呼唤一种统一的分类法，就如"四部法"引领中国图书分类近千年一样，很多学者也不断进行新分类法的研究和推广，如刘国钧法、王云五法、杜定友法在局部地区的广泛使用就昭示了新的分类法时代一定会到来。

二、图书馆学教育与研究体系的形成

在图书馆学教育和研究方面，形成了一个数量庞大的学者专业群体，是近代藏书文化进步的理论和人才基础。

1. 本土图书馆学教育体系的形成

中国现代的图书馆学教育首先要提到的就是文化图专，但在此之前却有一个学校有必要说一下。那就是 1913 年美国图书馆学家克乃文（Harry Clemens）在金陵大学开设的图书馆学课程，实际上这是现代中国图书馆学教育之始。次年，日后成为中国现代图书馆巨擘的刘国钧就是进从金陵大学学习图书馆学开始其职业生涯的。1914 年，沈祖荣在韦棣华的资助下赴美纽约公立图书馆学校攻读图书馆学，成为中国历史上出国学习图书馆学的第一人。1920 年 3 月，武昌文华大学图书科创建。由韦棣华、沈祖荣、胡庆生等人创建，仿美国纽约州图书馆学校制度，学制 2 年，招收大学肄业 2 年以上的学生。这是我国第一个图书馆学专业，从此我国有了正规的图书馆学教育。[1]1922 年，徐家麟考入文华图专。1926 年毕业，此时该校毕业已有 20 多人。徐家麟是中国图书馆学本土最早培养的一批图书馆学家[2]。1927 年，沈祖荣出任图书科主任和文华公书林总理。1931 年 5 月 1 日，韦棣华病逝于武昌。《文化图书科季刊》3 卷 3 期出版《韦棣华女士纪念号》专刊以纪念。刊发蔡元培《裨补学界，浅滋暗助——纪念美国友人韦棣华女士》一文。韦棣华在中国图书馆学史上是不能忘却的核心人物之一。

除了正式的教育机构，此时各类图书馆学术培训机构也发挥了重要的作用。1922 年 3 月，受聘于广东省教育委员会的杜定友创办了广东图书馆管理员养成所，培训 52 名学员[3]，这是我国最早的培训图书馆员的教育机构之一。1923 年夏，南京东南大学举办暑期学校图书馆讲习班，第一期听课者

---

①1925 年更名为华中大学文化图书科，1929 年，武昌文华大学图书科独立为文华大学图书馆学专科学校。这是中国历史上第一所也是新中国成立前唯一的一所独立的图书馆学专门学校。沈祖荣出任校长兼教授。他除了继续教授多门专业课程外，还亲自指定校训、校歌、组织各项与教学有关的活动。抗战期间，他与全体教职员工一起努力，维持了学校原有规模，保证了学生的来源。1930 年 6 月 20 日校董会决议独立，是年 12 月 1 日正式启用"私立武昌文华图书馆专科学校"印章。1938 年秋迁至重庆，1947 年迁回武昌。邹华享、施金炎：《中国近现代图书馆事业大事记》，长沙：湖南人民出版社 1988 年版，第 31 页。

②范并思：《中国理论图书馆学的先行者——徐家麟》，见中国图书馆学会编《中国图书馆事业百年》，北京：北京图书馆出版社 2004 年版，第 18 页。

③《杜定友年谱初编》，载王子舟《杜定友和中国图书馆学》，北京：北京图书馆出版社 2002 年版，第 178—200 页。

达 80 人之多（以后又连续三年开班）。1924 年，上海圣约翰大学图书馆开办了图书馆讲习会。1924 年夏，河南开封小学校教员讲习会设立了图书馆管理课程。讲习会设小学图书馆管理法 1 科，由杜定友任课，为期 3 周，听讲者 300 余人。1926 年，华东基督教大学在苏州东吴大学举办暑期学校，专设有图书馆学科。1927 年，湖北教育厅在汉口举办了首届图书馆学讲习所。1931 年夏，湖北教育厅举办暑假图书馆学科讲习班。1931 年 7 月 21 日，浙江省教育厅举办教育服务人员暑期讲习会，厦门大学教授马宗荣讲授公共图书馆组织与实施。

从 1899 年美国圣公会女传教士和图书馆学教育家韦棣华来华探亲并留居武昌到筹建文华大学图书馆及文华图专，从 1917 年沈祖荣在报界演说图书馆事业拉开中国"新图书馆运动"的帷幕到图书馆学家群体的出现、各种图书馆学学术团体、协会、学校以及期刊相继建立，中国图书馆事业进一步超越了藏书楼时代，中国人对西方的图书馆实物以及制度的介绍逐渐转变为本土化理论指导，图书馆成为一门学科及事业体系在中国发展起来，典籍文献集中庋存、服务大众思想通过系统的学科教育进一步深入人心。公共图书馆思想的传播和中国近代图书馆学教育的产生和发展，营造了图书公益流通的浓厚氛围，导致传统守藏观念式微，公共藏书理念逐渐成为时代潮流和主流，很多具有远见卓识的藏书家以多种方式实现私藏转公，如出售、捐献、寄存等，于是捐书入公的涓涓细流，终成百川归流的大势。"众多的私人藏书家爱国为公、服务民众的意识更加强烈而自觉，他们纷纷以私藏捐奉国有，难以计数的私家藏书遂以百川归海之势汇聚各级各地公共图书馆、学校图书馆等国有图书收藏机构，藏书家以自己慷慨无私的壮举为中国私家藏书楼的历史画上了圆满的句号。"[1] 这为公共图书馆发展做了资源储备，中国现

---

① 肖东发、袁逸：《中国古代藏书家的历史贡献》，《图书馆理论与实践》，1999 年第 1 期，第 48 页。

代图书馆事业起航了。私家藏书的丰富内涵与公家藏书活动一起，共同铸造了近现代图书馆事业大厦。

2. 留学归国与本土培养的人才群体

首先是留学归国的新知识群体。从 1917 年开始，留学欧美的图书馆学专业人才纷纷回归国内。如沈祖荣、戴志骞①、杜定友②、洪有丰③、刘国钧、李小缘④、

---

① 戴志骞也是这个时期图书馆界的风云人物。1921 年，戴志骞在北京高师作了轰动一时、在图书馆学发展史上有重要意义的演讲。在演讲中指出了如欲建立实用图书馆所要注意：（一）切不可设在偏僻交通不便之处。（二）虽不必有极华丽之屋宇，然终要整齐、清洁、干燥、空气流通、光线充足之所。（三）若限于款项，所购书籍不必出重价购善本希珍之书籍，应先购有实用而多参考资料之书籍。（四）所购之书籍，应详细分类编目，以便检查，以省阅者宝贵时光，以免书籍陈列架上终无予阅览者。（五）开门借书时刻，应日夜、星期、假日接不闭馆。（六）馆长之对于书籍，切不可有守财奴对于金钱之观念。并明确宣示"以上六项，实普通图书馆管理法之要素"。戴志骞演讲稿经整理而成《图书馆学术讲稿》，1923 年发表于《教育丛刊》（北京高师）第 3 卷第 6 期。今参见戴志骞《论美国图书馆》，中国图书馆学会主编《百年文萃：空谷余音》，第 29、30 页。戴志骞后来离开图书馆界，去向不明，但他也是现代图书馆学的开创者。其去向可以参见顾烨青等《探究图书馆学家戴志骞转行与归宿之谜——戴志骞生平再考》，《大学图书馆学报》，2013（1）。刘国钧评价说："戴君志骞，在北京高师之讲演，实此潮流之滥觞。斯时自美习图书馆学归国者，亦相继以新图书馆运动号召于时，西洋图书馆之办法与理念，乃渐为国人所重视……美国式之图书馆观念遂渐渐靡布全国，与民国初年步趋日本之趋势对立"。参见刘国钧《现时中文图书馆学书籍评》，《图书馆学季刊》，1926 年 1（2）。

② 杜定友指出："凡是成为专门科学的学问，有两个最主要的条件：第一是原理，第二是应用，而应用是根据于理论而来。"关于图书馆学的范围，他认为有"书目学"，包括参考书目、各科书目、书肆书目、校雠学、版目学、善本学等 9 种；"专门的科目"包括选择法、分类法、编目法等 18 种。他对图书馆学发展充满希望："图书馆学，在中国还极幼稚。而现在的需求，已经很紧急了。前途有无限的希望，无限的事业。"原载《图书馆杂志》1925 年创刊号，转引自中国图书馆学会主编《百年文萃：空谷余音》，北京：中国城市出版社 2005 年版，第49—52 页。

③1926 年 8 月，《图书馆组织与管理》由商务印书馆出版，此书被誉为"中国图书馆学之创始"。参见程焕文《中华民国时期图书馆学术史序说》，《中山大学学报》，1988（2）。"这部著作第一次超越了前人图书馆学著作的'编译'痕迹，它被后人高度评价为中国图书馆学的处女作。"参见中国图书馆学会主编《百年文萃：空谷余音》，第 53 页。

④1928 年 3 月，李小缘《全国图书馆计划书》对全国从中央到地方的各系统图书馆作了科学的规划，初步形成了类型比较齐全的图书馆网络构想："本计划书为全国图书馆组织系统。非限一国立图书馆，一省立图书馆，或一公立图书馆，或一学校图书馆已也，乃国立省立公立学校，皆在包罗之中。"参见李小缘《中国图书馆计划书》，引自叶继元《南京大学百年学术精品·图书馆学卷》，南京：南京大学出版社 2002 年版，第 240 页。

杨昭悊①、马宗荣②等，他们或从事图书馆学教育，或从事学术研究，或从事各种社会活动，或兼而有之，留学归国的新知识群体归国后的活动情况、学术主张、工作成效各有特色，都从不同方面促进了图书馆事业的发展。我们以为现代图书馆学家可以按照对学科建设的贡献、学术影响力、人生资历等划分为四个类型和层面，即现代图书馆学先驱者、职业图书馆学家、图书馆学攸关者、图书馆事业活动家。这四个层面是互为补充、缺一不可的关系，不是谁最重要、谁最关键的问题，只有相互结合起来，中国现代图书馆学的整体面貌才更为清晰、更为丰满。见下表。

图书馆学先驱者

图书馆学先驱	学科贡献		学术影响		人生资历	
	理论贡献	教育实践	代表作品	权威评价	求学经历	社会活动
沈祖荣（1884—1977）	确定图书馆专业教育的内容；应用《杜威十进分类法》	参与创办私立武昌文华大学图书科；确定"研究图书馆学术、服务社会"办学宗旨，制定"智慧与服务"校训	1917年，《仿杜威书目十类法》	终身从事教育事业，被誉为中国图书馆学教育之父	1914年，赴纽约公共图书馆学校学习。1916年，哥伦比亚大学获图书馆学学士	掀起新图书馆运动，创办了《文华图书科季刊》，参与筹备中华图书馆协会

---

①1923年，杨昭悊译出《图书馆学指南》。蔡元培在序中称其"我国今日起最应时势的好书"，戴超誉其"有裨于中国图书馆之前途者，实匪浅勘"。9月，《图书馆学》出版，1926年再版，第一次科学地划分和确定了图书馆的科学体系、结构和内容，有理论先导作用，他"是中国最早提倡和从事图书馆学基础理论研究者之一。"参见黄宗忠《20世纪100年图书馆学基础理论的研究与进展及其评价（上）》，《晋图学刊》，1998第2期第8页。

② 马宗荣是现代中国推行社会教育与图书馆运动的重要代表人物。1924年，发表《现代图书馆研究》，指出："图书馆，是蒐集可为人群文明的传达者，仲介者，有益的图书，并保管之；使公众由最简单的办法，得自由阅览的教育机关。"还论述了现世图书馆的特征即机会的均等、阅览者范围的扩大、容纳民众的意见、图书馆与学校的联络、实施图书馆中心的社会教育等。马宗荣对图书馆精神的理解，不亚于其他任何一位图书馆学家。转引自中国图书馆学会主编《百年文萃：空谷余音》，第38—41页。

（续表）

图书馆学先驱	学科贡献		学术影响		人生资历	
	理论贡献	教育实践	代表作品	权威评价	求学经历	社会活动
杨昭悊（1891—1939）	第一个明确提出图书馆学原理与应用相结合的图书馆学体系	从1928年开始历任湖北省立高中校长、湖北教育学院、上海大夏大学、暨南大学、浙江大学教授	1923年，在《晨报》副刊发表《人民对于公共图书馆之权利》	《图书馆学指南》"学理技术兼收并蓄，十分八九是参考各名家的著作，自己也参考十分之一二的意见"	1921年毕业于北京大学政法系。1923年赴伊利诺斯大学研究院攻读图书馆学，获博士学位	1927年回国，曾任江西省立图书馆馆长。1930年，创办"杨太夫人图书馆"
洪有丰（1892—1963）	图书馆管理；图书分类	南京高等师范学校教授，1923年到1928年的连续举办了四期暑期图书馆讲习班	与胡庆生合作写成《图书馆组织与管理》	该书填补了我国图书馆学教材的空白，至今仍具有一定的参考价值	1919年赴美攻读图书馆学，1921年获纽约州立图书馆学士学位	先后任国民党中央党务学校、清华大学图书馆馆长。曾任中央大学图书馆馆长
胡庆生（1895—1968）	《杜威十进分类法》	任教文华图专	《图书馆组织与管理》	为开创我国图书馆事业作出了重要贡献	1917年，留学哥伦比亚大学，获图书馆学硕士	1919年留美回国，帮助韦棣华筹建文华图专
袁同礼（1895—1965）	图书馆管理方法	任北京大学教授；设立韩太夫人奖学金，资助后进；自1930年至1949年，派人出国学习	1931年6月，《国立北平图书馆的使命》	运用西方的现代图书馆学理论和管理方法，推进我国现代图书馆事业现代化	1920年赴美国哥伦比亚大留学，后转至纽约州立图书馆专科学校学习	先后在清华学校、北京大学、北平图书馆工作，担任领导。1940年3月起为国立北平图书馆馆长
马宗荣（1896—1944）	图书馆社会教育功能	1930年春任教于上海大夏大学，创办社会教育系	1924年，《现代图书馆研究》发表	对于我国近代图书馆学的发展，具有相当的贡献	1918年留学日本东京帝国大学教育科	曾任大夏大学图书馆馆长

（续表）

图书馆学先驱	学科贡献		学术影响		人生资历	
	理论贡献	教育实践	代表作品	权威评价	求学经历	社会活动
李小缘（1898—1959）	圕即是教育；圕是宣传文化之总机关	1925年，回国从事图书馆工作与教学。1940年增设图书馆学专修科	1926年，《公共图书馆之组织》	我国第一代图书馆学家，对图书馆学做出了开拓性贡献	1920年秋赴美留学，获纽约州立图书馆学士学位	曾在金陵大学、东北大学图书馆。参加筹备成立中华图书馆协会
杜定友（1898—1967）	图书馆学理论；汉字排检法；"三要素说"；中西文统一图书分类	在广州创办了我国第一所图书馆专业训练班。在上海国民大学教育科内设立图书馆学系	1925年，《图书馆学之研究》发表	近代图书馆事业奠基人之一，融东西方图书馆学为一体而形成了具有中国特色的图书馆理论体系（盛功平）	1919年，赴菲律宾大学攻读图书馆学。1921年获图书馆学学士	先后在广东省教育委员会、上海复旦大学工作。参与发起成立上海图书馆协会、中华图书馆协会
刘国钧（1899—1980）	"要素说"分类法理论编目理论	历任北平师范大学、金陵大学、兰州大学教授	1921年，刘国钧《近代图书馆之性质及功用》	通过对国内外分类目录的研究和近代图书分类的研究，总结出来富有指导意义的理论（吴稌年）	1920年，在美国威斯康星大学哲学系、图书馆专科学校及研究院留学，哲学博士	先后在金陵大学图书馆、北平图书馆、金陵大学工作。1943年国立西北图书馆开始筹备，初任筹备主任

　　再次就是本土培养的专业人才。1923年，杜定友任上海复旦大学教授兼图书馆主任。1925年8月，杜定友在上海国民大学教育科内设立图书馆学系，任系主任兼教授。该系的课程比文华图专更为理论化。同年9月，开始招生。入学新生中就有钱亚新、金敏甫等未来的图书馆学家。这部分学者与部分从国外留学归来的学者一起构成了另外一个层次的图书馆学家，详见下表：

部分本土培养和有留学经历的图书馆学家

图书馆学家	学术影响		人生资历	
	首作时间	权威评价	求学经历	社会活动
顾实（1878—1956）	1918年7月，翻译《图书馆指南》	顾氏指出："然不通《汉书艺文志》，诚不可以读天下书，亦不可以通《汉书艺文志》。"被后学广为引用	早年留学日本	20年代任教南京高等师范学校、东南大学，国文教授。曾任南京中央大学文学院教授
李燕亭（1893—1964）	1929年，与杨昭悊合译《图书馆员之训练》	《图书馆员之训练》是我国第一部论述图书馆专业人员培养的专著（翟桂荣）	1919年赴美留学。1922年夏，到图书馆学校学习，1923年毕业	赴美留学时，曾任留美中国学生西部分会副会长，在美各地进行过数十次演讲，宣传中国文化传统，宣传爱国主义
万国鼎（1897—1963）	1928年，《索引与序列》	索引学教育开端的标志，是我国索引学讲义和索引学课程最早的例证。它是我国现代索引学理论的奠基性论著之一	1920年毕业于金陵大学农学院农业经济系	先后商务印书馆担、金陵大学图书馆工作工作
蒋复璁（1898—1990）	1929年，《中国图书分类问题之商榷》	蒋复璁毕生致力于图书馆事业，为中国近代图书馆事业的发生和现代图书馆事业的发展都作出了贡献（罗德运）	1917年考入北京大学预科德文班；1930年8月，去德国柏林大学图书馆学研究所学习	曾在松坡图书馆工作。参与筹备中华图书馆协会。1932年先后去法国和英国参观考察国家图书馆和著名大学图书馆。历任国立中央图书馆委员、国立中央图书馆馆长
裘开明（1898—1977）	1927年，《哈佛大学中国图书分类法》1	裘开明图书分类学思想借鉴于杜威《十进分类法》，践行于《哈佛大学中国图书分类法》的编制，并拓展于《汉和图书分类法》的编制（王小苹）	1920年入文华图书馆学专科学校学习	1922年毕业后任厦门大学图书馆长。1931—1965年任哈佛燕京图书馆馆长

图书馆学家	学术影响		人生资历	
	首作时间	权威评价	求学经历	社会活动
桂质柏（1900—1979）	1925年，编制《杜威书目十类法》	他先后编过两部分类法，解决了我国图书馆的实际分类问题，对打破"中西并行制"起了一定的作用	1926年留学哥伦比亚大学。1929年，进入芝加哥大学图书馆学院，1931年博士毕业	先后在北京协和医院图书馆、济鲁大学、东北大学、中央大学、四川大学、武汉大学等学校工作
李景新（1905—？）	1935年6月，发表《图书馆学能成一独立的科学吗》2	其研究：一是图书馆学理论处于重要地位；二是各类型图书馆学的研究占有突出地位；三是初步形成了理论、技术方法、应用的三分法体系（黄宗忠）	1935年毕业于武昌文华大学图书馆专修科	1935年到岭南大学图书馆任中文编目组主任
徐家麟（1904—1975）	《中文编目略论之略论》	他将"图书缩微"这一新技术介绍到中国来，并进行"缩微"实践，填补了我国在这一领域的空白（汪洪）	1935年，赴美国哈佛大学。1936年，入哥伦比亚大学图书馆学研究院，获硕士学位	先后任中华教育改进委员会图书馆主任、文华图专教师。1944年，中华图书馆学协会在重庆成立，徐家麟当选为监察委员会委员。1945年，负责《图书馆学刊》的创刊
钱亚新（1903—1990）	1928年，《索引和索引法》3	在理论研究方面，《索引和索引法》对索引和索引法的定义以及索引的功用、种类、编纂法作了详细的介绍	1925年9月成为国民大学图书馆学系二年级的插班生。1926年10月进入文华图书科学习	先后在广州中山大学图书馆、文华图专、上海大夏大学图书馆工作，1930年，担任《文华图书科季刊》社的副社长
汪长柄（1904—1988）	1942年，《图书馆与社会》	在高等学校中设置学制四年的本科专业，培养具有系统的理论知识及实践能力的较高层次的专业人才，长炳师是有开创之功的，也充分显示了长炳师的远见卓识（许培基）	1926年毕业于武昌文华大学。1932年，赴哥伦比亚大学图书馆工作、学习。1934年，获硕士学位	在美国留学期间，代表中华图协出席在西班牙召开的国际图联年会。先后在文华图专、四川璧山社会教育学院、无锡文化教育学院工作

（续表）

图书馆学家	学术影响		人生资历	
	首作时间	权威评价	求学经历	社会活动
皮高品（1900—1998）	1934年，出版《中国十进分类法》（中英对照）	其分类法"成为我国现代三大图书分类法（杜氏分类法、刘氏分类法、皮氏分类法）的力作之一，名扬海内外"。（黎盛荣）"皮氏分类法学贯中西问鼎世界；中国图书史融汇古今造惠后人"	1921年入武昌文华大学文科学习。1922年开始兼学图书科。1925年获文学士学位和图书科毕业证书	历任齐鲁大学图书馆主任，燕京大学图书馆编目部主任，青岛大学和武汉大学图书馆主任，重庆文华图书馆学专科学校教授，浙江大学图书馆长兼教授，英士大学教授
谭卓垣（1900—？）	1935年，《清代图书馆发展史》	《清代图书馆发展史》总结了有清一代图书馆史，将藏书活动放在一个文化学术史的高度来认识和分析	1916年入岭南大学，后留学芝加哥大学，攻读哲学博士和哥伦比亚图书馆学学士学位	曾任岭南大学图书馆馆长。在此期间，他主编有《中文杂志索引》。著有《广州定期刊物的调查》（1927—1937）
金敏甫（1907—1968）	1928年，《中国现代图书馆概况》	1928年在连续发表了《中国图书馆学术史》等论文。1929年，《中国现代图书馆概况》出版，开创中国图书馆学术史研究	1926年结业于上海国民大学图书馆学系	历任中华图书馆协会编目委员会及索引委员会委员、上海图书馆协会执行委员

再次，各类图书馆学术团体纷纷成立。一是区域性图书馆学术机构。1924年3月，北平图书馆协会成立。推举戴志骞为会长，会址设于清华大学图书馆，有团体会员20个，个人会员30人。该会为全国最早的图书馆联合团体，此后各地协会纷纷成立。与北京地区戴志骞倡导的新图书馆运动相应，武汉的沈祖荣、南京的李小缘也在新式图书馆事业了上做出重要贡献。1924年6月，上海图书馆协会成立。22日，复旦大学杜定友、总商会图书馆孙心磐、上海大学余寄文、广肇公学邓演存、通信图书馆沈滨掌等在上海总商会图书馆商讨组织协会事宜，通过《上海图书馆协会草章》规定协会宗

旨："一、研究图书馆之学术，二、谋图书馆事业之改进，三、谋各图书馆之联络与互助，四、企图各图书馆事业之发展。"①27 日，召开成立大会，杜定友任协会委员长，书记梁朝树，会计孙心磐，庶务为邓演存、黄维廉。二是全国性的图书馆学术机构。1921 年，中华教育改进社在北京成立，沈祖荣、戴志骞、洪有丰、杜定友等人参加了该社的图书教育组，这是最早的图书馆学组织之一②。1925 年 3 月，为迎接鲍士伟博士而筹备中华图书馆协会。4 月 22—25 日，中华图书馆协会成立大会在上海举行，各省、区图书馆代表百余人参加，一致商定 6 月在北京举办成立仪式。会议通过了中华图书馆协会组织大纲 9 章 25 条，选举了董事部，公推梁启超为董事部部长，袁同礼为书记。事务所设在北京西城松坡图书馆。第一届中华图书馆协会教育委员会上，韦棣华任书记，戴志骞为第一任执行部部长。该协会以"研究图书馆学书，发展图书馆事业，并谋图书馆之协助"为宗旨。该会下设分类、编目、索引、出版、教育五个小组，以后又改组成图书馆行政组、编纂组、图书馆教育组、图书馆建筑组、分类编目组与索引检字组。索引检字组的主席为沈祖荣，书记为万国鼎。在韦棣华积极参与、组织与管理下，促成和加强了中国图书馆学与西方的交流与合作。6 月 2 日，中华图书馆协会成立仪式在北京举行，梁启超发表重要演讲。梁启超提出："图书馆有两个要素，一个是'读者'，一个是'读物'。"中国图书馆协会的职责有两种："第一为建设中国的图书馆学，第二为养成管理图书馆人才。"他说学问无国界，中国诚不能有所立异，但中国的书籍、读者有自己的历史与特点，文化、国情与欧美不同，因此发展图书馆学要具有中国自己的特点。他还指出："图书馆学里头主要的条理，自然是在分类和编目。""我以为当推广图书馆事业之先，

---

① 《新闻报》，1924-06-24。

② 徐引篪、霍国庆：《现代图书馆学理论》，北京：北京图书馆出版社 1999 年版，第 107 页。

有培养人才之必要，培养之法，不能专靠一个光杆的图书馆学校，最好是有一个规模完整的图书馆，将学校附设其中，一面教以理论，一面从事学习。但还有该注意一点：我们培养图书馆人才，不但是有普通图书馆学知识便算满足，当然对于所谓'中国图书馆学'，要靠他做发源地。"①9月，协会列5委员会，即图书馆教育委员会（洪有丰、胡庆生）、分类委员会（梁启超、徐鸿宝）、编目委员会（傅增湘、沈祖荣）、索引委员会（林语堂、赵元任）、出版委员会（刘国钧、杜定友）。从1925年至1949年的20多年间，举办了6届年会，第一至第三届年会，于1929、1933、1936年分别在南京、北平、青岛举行，会议主题比较明确，内容比较丰富。1929年1月28日至2月1日中华图书馆协会第一次年会在金陵大学召开，由蔡元培主持。28日下午开幕，到会代表200余人。主席戴志骞、杨杏佛、陶行知作演说。晚上，张风、毛坤作汉字检字法演讲。29日，分成图书馆行政组、分类编目组、建筑组、图书馆教育组、索引检字组、编纂组等六个组讨论。上午，分类编目组推杜定友为主席。提出分类原则4项：一、中西一致，二、以创造为原则，三、分类标记以易写记识明为原则，四、须合中国图书情形。下午，胡庆生、沈祖荣发表演说。30日上午，杜定友发表"中国无目录学"。晚上，李小缘、杜定友分别用幻灯演讲图书馆学、美国图书馆概况。2月1日，大会改选职员。戴志骞、袁同礼、李小缘、洪有丰、王云五等15人为执行委员，柳诒征等9人为监察委员。最终选出5人常委，袁同礼为主席。在本年会上，万国鼎任索引检字组书记。第四至第六届年会，是抗战期间1938年、1942年、1944年在重庆举行的。中华图书馆协会的成立标志着我国现代图书馆学进入了有组织协调时期。中华图书馆协会历时24年（1925—1949）在开展图书馆学研究、出版图书馆学论著、推广图书馆先进工作技术和方法、进行图书

---

① 原载《中华图书馆协会会报》第1卷第1期，转引自中国图书馆学会主编《百年文萃：空谷余音》，北京：中国城市出版社2005年版，第43—47页。

馆教育等方面贡献很大。再有就是学术期刊杂志的创办。1926年,《上海通信图书馆月报》亦创刊。1926年3月,《图书馆学季刊》创刊,由中华图书馆协会编辑,1936年停刊,出版11卷2期。1929年1月,沈祖荣创办了《文华图书馆学专科学校季刊》,共出9卷2期,1937年停刊。中华图书馆协会编辑的《中华图书馆协会会报》也是当时图书馆学术交流的重要理论园地。这些杂志推动了中国现代图书馆学研究,为现代图书馆文化事业的发展发挥了巨大作用。

三、民国时期私家藏书的保护与归公

近代著名图书馆学家李景新曾指出,"图书馆学对于文化的使命"有三点:"保存文化、发扬文化、调和文化",他说:"现在是新旧文化,东西文化相抵触而辩论最热烈时候。……管它是新是旧,是中是西,我们如果相调和这种种不同的文化,首要研究过去的文化。……图书馆的保存图书,不限民族,不限文字,不限国界;无论古今,无论中外,凡关于文化的,均力蒐藏。务期其繁富完备,当此沟通世界文化,促进国际学术合外的高潮中,图书的传递,是其最主要的媒介物。"[①] 从晚清图书馆运动开始,近代图书馆的发展一向以保存国粹、保存文化为职志,而民间藏书资源作为国粹文化的重要载体自然成为各大图书馆为充实馆藏而搜罗不已的对像。民国时期南北藏书家众多,无虑千百。我们仅就张元济、王献唐、邓之诚等藏书家之故实考见私家藏书的归公历程。

1. 江陵道尽痛斯楼——张元济收书印书之功

张元济是近代最为有影响的民间藏书整理、保存、出版者之一。张元济

---

① 李景新:《图书馆能成为一门独立的学科吗》,载中国图书馆学会主编《百年文萃:空谷余音》,北京:中国城市出版社2005年版,第67页。

（1867—1959）字筱斋，号菊生，浙江海盐人。光绪壬辰（1892）进士，同榜进士中有蔡元培、叶德辉等。曾任总理各国事务衙门章京，是著名的维新派。戊戌变法失败后即投身社会教育运动，他以书籍为媒，广搜博收，办学校，建图书馆，设出版机构，引进西方先进知识体系，影印大量典籍，为中国近代文化教育体制的转型和发展事业奉献了毕生精力。

我们首先来看其民间藏书之搜集。张元济出身于海盐藏书世家，其十世祖张奇龄以"涉园"为名书斋，虽收藏甚夥，却不同于同时大多藏书家秘不示人之风，而是广泛借给江浙名流校雠之用。"鲍以文言海盐张皓亭主政，藏有影宋本。甲寅秋，偕陈君仲渔访张子醽于涉园，主人贤而好客，示以秘籍，获观是书，真平生大快也。"[1]可见，张氏开明家风实为张元济公共图书馆理念之先导。等到张元济之时，"涉园"藏书已徒有其名，不敷往日之盛，虽几经搜藏，才续收回五十余部。张元济好书既为家学渊源，又与其本人书生之性有关。不管是公务在京，还是在沪，他经常留连书肆与书贾相往返。"每至京师，必捆载而归。估人持书叩门求售，苟未有者，辄留之。"[2]虽常有索价太贵而不得不作罢之事，正是不辞细琐零星，日积月累，张元济藏书渐丰。除了零星购买，张元济最主要的是成批购买了大量故家旧藏。如1909年12月，亲至太仓顾锡麒"谀闻斋"[3]看书，得收其藏书之劫余，内中多缺页不全之典籍，但亦不乏袖珍本丛书[4]。1911年11月，陈谓泉送其宋版《后村

---

[1] 张元济：《张元济诗文》，北京：商务印书馆1986年版，第284页。

[2] 张元济：《东方图书馆概况·缘起》，《商务印书馆九十五年：我和商务印书馆》，北京：商务印书馆1992年版，第21页。

[3] "谀闻斋"藏书中有宋版书刊数百种，自称与钱曾有同好，校勘亦精。其有一藏书印，文字达107字："昔司马温公藏书甚富，所读之书终身如新。今人读书恒随手抛置，甚非古人遗意也。夫佳书难得易失，稍　残缺，修补甚难，每见　书或有损坏，辄愤腕浩叹不已。数年以来搜罗略备，卷帙颇精。伏望观是书者，倍宜珍护，即后之藏是书者亦当谅寓意之拳拳也。谀闻斋主人记。"另有藏书印"敦淳顾氏珍藏""臣印锡麒""竹泉珍秘图籍"等。藏书散出后，大部被郁松年收购而去。

[4] 张元济：《购书杂记十六则（1909—1912）》，张人凤：《张元济与中国近现代图书馆事业》，上海：上海科学出版社2014年版，第131页。

集》有"汪士钟""阆源真赏"钤印，可知为汪士钟"艺芸书舍"旧物。他又托人查《仪顾堂题跋续编》著录条目，基本相同，但又与陆心源所题"刘刻后村集六十卷"不同，可见其对宋本鉴定之审慎①。1912 年，傅增湘写信告诉他盛氏"意园"藏书将散，张元济遂请其代购，其中有影元钞足本《元秘史》、明覆宋《宣和遗事》、嘉靖《长安志》等善本。瞿启甲在《涵芬楼烬余书录·序》中说张元济："广事搜罗，遍求海内外异书，承会稽徐氏熔经铸史斋、长洲蒋氏秦汉十印斋、太仓顾代詅闻斋、北平盛氏意园、丰顺丁日昌持静斋、江阴缪氏艺风堂、乌程蒋氏传书堂之散，以故珍秘之本，归之如流水，积百万卷，集四部之大成，虽爱日、艺芸，不能专美于前矣。"②其他还有南海孔氏"三十三万卷楼"、广东巴陵方功惠"碧琳琅馆"等逸出之书，都一一收入庋藏。张元济也注意大量收藏乡邦文献，数十年相始终，收集到海盐及嘉兴府地方文献极多，其中嘉兴先贤遗著 476 部、海盐先贤遗著 355 部、涉园先世著述及旧藏 104 部，共计 935 部，3793 册。地方志也是张元济的收集重点："地方志虽不在善本之列，然其间珍贵之记述，恐有比善本犹重者。"③丰富的地方志收藏方便商务印书馆编辑各种专科辞典，也是为了防止古籍文献外流。

其次，张元济多方筹建图书馆以庋藏家藏和搜访来的民间文献。

张元济私藏众多，而他建立图书馆之举也是为了将藏书公之于众，造福学林。他曾与朋友说"吾辈当以扶助教育为己任"，1896 年，他和陈昭常等人创办教授西学的通艺学堂并设图书馆之举就是一种理想的实践。1898 年，任南洋公学管理译书院事务兼总校，后任公学总理。1917 年 4 月，在南洋公

---

① 张元济：《购书杂记十六则（1909—1912）》，张人凤：《张元济与中国近现代图书馆事业》，上海：上海科学出版社 2014 年版，第 135 页。

② 瞿启甲：《涵芬楼烬余书录·序》，张人凤：《张元济与中国近现代图书馆事业》，2014 年版，第 235 页。

③ 《皕宋楼藏书志·圣宋文选》，转录自叶昌炽《藏书纪事诗》，第 21 页。

学二十周年校庆的时候，他在《南洋公学二十周纪念图书馆募捐启》中说："泰西各国自都会以逮乡镇，莫不有图书馆之设，网罗群籍，以便览观。"凡"大学校之藏书楼，蓄积尤富，就学者得以随时参究，补教授之所不及，故学问益新，国家之文化因之而日进，其关系岂不巨哉。"在募捐简章中就表达了"有以家藏善本、中外名著见赠者，极所欢迎"的民间文献收集计划。①此后，他还创建过三个图书馆，即涵芬楼、东方图书馆、合众图书馆。

张元济创办涵芬楼、东方图书馆主要为了编译文献、扶助教育，为社会服务，保护民族文化遗产，因此在图书馆中搜集保存了大量典籍。1904 年，张元济主持设立编译所资料室，广泛收集古今中外图书，以供编书之用。1909 年扩大规模，改名为涵芬楼，开始大量购进民间藏书，后经蔡元培作中购入了绍兴徐树兰熔经铸史斋的 50 余橱藏书。②据郑逸梅统计，至 1931 年，涵芬楼共收藏 3745 部、35083 册善本书（不包括江阴何氏的 4 万册）。其中宋版 129 种（2514 册）、元版 179 种（3124 册）、明本 1419 种（15833 册）、清代精刻 138 种（3037 册）。此处还有钞本 1460 种（7712 册）、名人批校本 288 种（2126 册）、稿本 71 种（354 册）。计经部 354 种（2973 册）、史部 117 种（11820 册）、子部 1000 种（9555 册）、集部 1274 种（10735 册）。另外还藏有方志 2665 部、25638 册。③1926 年商务印书馆董事会议决定将涵芬楼所藏图书，除善本外，全部改归东方图书馆。涵芬楼便成为庋藏善本书的专用书库。为了方便读者查阅，东方图书馆采用王云五"中外图书统一分类法"为馆藏分类、编目，又依四角号码检字法排列目录，制成书名、著者、类别、译者、丛书等检索卡片。这些科学管理藏书的措施，方便读者，影响很大。

---

① 张人凤：《张元济与中国近现代图书馆事业》，上海：上海科学出版社 2014 年版，第 6、7 页。

② 张元济：《东方图书馆概况·缘起》，《商务印书馆九十五年：我和商务印书馆》，北京：商务印书馆 1992 年版，第 21 页。

③ 郑逸梅：《书报话旧》，上海：学林出版社 1983 年版，第 10 页。

1937 年抗日战争爆发后，民间藏书的流散非常严重。1937 年 11 月，叶景葵致信张元济，提议筹建图书馆以保护中华传统文化，张元济对此极为赞同。1939 年 4 月，张元济、叶景葵、陈陶遗三人决定发起成立合众图书馆。合众图书馆以叶景葵捐书为基础，张元济也分批捐入了早年收藏的珍贵书籍，计有嘉兴府前悊遗著 476 部、1822 册。[①]其他还有学界名人陈叔通、叶恭绰、胡朴安、顾颉刚、潘景郑等人所捐藏书。1946 年 1 月 24 日，张元济在《呈为设立私立合众图书馆申请立案事》中说，"典籍为文化所系，东南实荟萃之区，因谋国故之保存，用维民族之精神"[②]，所以创建图书馆保存典籍。

1953 年 6 月 18 日，经张元济、陈叔通倡议，张元济与常务董事徐森玉署名的《上海市私立合众图书馆捐献书》中说："我馆创设虽已有十余年的历史，也得若干藏书家的热心捐助，但在反动政府时期处处碰到阻碍，以致不易发展。解放后，我政府在英明的毛主席领导之下，逐步走上文化建设的途径，对于民族文化遗产尤搜罗不遗余力。我馆欣逢盛世，思贡献出一份力量，故由董事会议决，捐献上海人民政府，俾可作有计划发展。"[③]后来图书馆更名为上海市历史文献图书馆，再后并入上海图书馆。大批文化宝典经过了历史的滚滚洪流，归入公藏，大大有益于社会文化服务体系之建设。

再次，影印出版民间所收典籍，使之化身千百嘉惠学林。

张元济的藏书、图书馆活动是与他的出版活动、校勘影印活动密切相关、彼此配合而行的，并均为其教育救国之目的的手段。《别商务印书谊同人》中的"昌明教育平生愿，故向书林努力来。此是良田好耕植，有秋收获仗群才"[④]即文化救国思想的表现。左玉河指出："学者借出版而扬名，出版

①《我的父亲张元济》中称 476 种，《张元济：书卷人生》为 467 部，《张元济书札》称 476 部。
②张人凤：《张元济与中国近现代图书馆事业》，上海：上海科学出版社 2014 年版，第 20 页。
③顾廷龙：《张元济与合众图书馆》，《图书馆学通信》，1987 年第 2 期，第 95 页。
④张元济：《读史阅世》，北京：北京联合出版公司 2012 年版，第 235 页。

家借学术而声显；学者厕身于出版事务，出版家倾心于学术研究，从而出现了学术界与出版界'渗透共生'现象，形成了学界与出版界之'双赢'格局。在这种格局中，近代出版制度逐渐成为现代学术体制之重要组成部分，出版界对学术研究起了重要推进作用。"[1] 张元济搜集典籍，尽量选辑精本古本，遍访南北藏书家，甚至远赴日本，辗转商借原书照印，为丛书出版储积丰富的底本，并详加校勘，或汇印，或专印，先后出版有《涵芬楼秘笈》《续古逸丛书》《道藏》《学海类编》《学津讨源》等，在张元济整理影印的各种古籍丛书中，以《四部丛刊》《百衲本二十四史》《丛书集成》社会效益和经济效益最好，最受学界欢迎。这些丛书为保存中国传统学术典籍作出了巨大贡献，他的同事王云五结合五四运动后整理国故运动评价说："本馆于国故资料之供给，亦尝尽力图之。初则印行《四部丛刊》，使难得之古籍尽人可读。继复有印行《四库全书》之计划，亦本斯旨。至于国故整理方面，则有《学生丛书》《国学小丛书》等，对于古籍或加以整理，或从事评注，均可为初学入门之助。"[2] 张元济逝世后，香港知识界在《大公报》纪念他时指出："他主持影印的古籍，如《四部丛刊》《续古逸丛书》《道藏》《涵芬楼秘籍》等，使宋、元善本以及精刻名抄，得以普遍流通，颇受社会上的欢迎。退休以后，十年之中，克用全力辑校《百衲本二十四史》，尽量选辑精本、古本，向国内外各藏书家商借摄影。至于校勘，更是全神贯注，功力细密，虽一笔之微，必旁征博考，始予以决定。出版以后，誉满中外。这一艰巨工作，实为中国学术史上应予表彰的一件大事。"[3] 张氏本人曾与顾廷龙谈到影印几部大书时说起影印典籍的意义："能于文化销沉之际，得网罗仅存之本，为古人续命，这是多么幸运啊！可是于现择既定之本，尚未版行，而碰到嬴火横

---

① 左玉河：《中国近代学术体制之创建》，成都：四川人民出版社 2008 年版，第 570 页。

② 王云五：《本馆与近三十年中国文化之关系》，商务印书馆编《商务印书馆九十五年》，北京：商务印书馆 1992 年版，第 287 页。

③ 顾君：《张元济二三事》，香港《大公报》，1959-10-18（3 版）。

飞，成为灰烬。这又是多么不幸啊！幸与不幸，真是可为长太息者也。"①

从民间藏书资源的保存和利用角度，《四部丛刊》从1919年开始筹备，到1922年底全部印成，共集合经、史、子、集333种8548卷，装订成2100册。再到1926年重印时加"初编"序次，始称《四部丛刊初编》，1929年终告完成。其所采用底本以涵芬楼收藏为主，同时遍访海内外公私所藏之宋元明旧版典籍，如江南图书馆、京师图书馆、常熟瞿氏铁琴铜剑楼、乌程刘氏嘉业堂、乌程张氏适园、海盐张氏涉园、江安傅氏双鉴楼、江阴缪氏艺风堂、长沙叶氏观古堂、乌程蒋氏密韵楼、南陵徐氏积学轩、上元邓氏君碧楼、平湖葛氏传朴堂、无锡孙氏小绿天、闽县李氏观槿斋、秀水五氏二十八宿研斋、常熟铁网珊瑚人家，以及嘉兴沉氏、德化李氏、杭州叶氏、日本岩崎氏、静嘉堂文库等，基本上网罗了当时民间所保存的珍本秘籍。一时有"《四部丛刊》出版，闽赣纸价飞涨"②之戏称。左玉河指出，《四部丛刊》的影印出版是近代出版界刊印大型古籍丛书之前驱，对中华书局仿效商务印书馆之做法而刊印之《四部备要》产生了很大带动效应。③在出版界形成了古籍"刊印热"，极大地便利了民间文献之流传，为研究古代学术提供了宝贵的文献资料，推进了中国学术文化之研究。古籍"刊印热"对民间文献的保护和传播方面的贡献在当时知识界就有很高的评价："商务印书馆的《十通》，《国学基本丛书》，及预约中的《丛书集成》，中华书局的改订本的《四部备要》，开明书店的《二十五史》，书报合作社的《二十六史》，及世界书局最近发行预约的'六大国学名著'，将中国固有文化之最精粹的部分，都已搜罗无遗，并缩小字体，减少册数，标点断句，减低价目，并且还附加种

---

① 顾廷龙：《回忆张菊先生二三事》，商务印书馆编《商务印书馆九十年》，北京：商务印书馆1987年版，第14页。

② 曹冰严：《张元济与商务印书馆》，商务印书馆编《商务印书馆九十年》，第23页。

③ 左玉河：《中国近代学术体制之创建》，成都：四川人民出版社2008年版，第568、569页。

种参考资料，实最便利于现代读者。"① 事实的确如此，《四部丛刊》以其实用性、普及性而广受好评，但由于其保存原书之版式而有永恒的版本学价值②。

张元济的家乡浙江海盐是文献之乡，其他地区的民间藏书亦非常丰富。宁波李庆城的"宣荫楼"宋元明清椠本典籍、蔡鸿鉴"墨海楼"善本终归浙江图书馆和国家图书馆。张寿镛"约园"善本归之浙江图书馆、中国社科院图书馆、国家图书馆。上虞罗振玉大云书库甲骨及所收名家旧藏经其后人于解放后捐入辽宁省图书馆和大连图书馆。湖州南浔镇人刘承干（1881—1963）也是近代重要的藏书家，有鉴于皕宋楼图书流失日本静嘉堂，他出重金收购了"抱经楼""影山草堂""结一庐""持静斋""东仓书库"等著名藏书家的图书，并以宋版四史为镇库之宝，其"嘉业堂"藏书达 60 万卷。刘承干还乐于雕版刻印典籍，刻书精美典雅。渡江战役以后，周恩来还曾电令军队要保护好嘉业堂的藏书。新中国成立后刘氏藏书得到较好保护。在民国期间战乱频仍的年代，浙江藏书家通过抢救、借抄，保护和传播典籍，并借由著述、汇编等形式创造出新的典籍，培养了大批专业人才，实现了典籍再生产，使文化典籍服务民众，促进了传统文化之传承③。

2. 文献千秋苦自支——王献唐收书护书之功

王献唐（1896—1960），山东日照人。博学多才，著述宏富，是中国近现代图书馆事业的开拓者和奠基人，尤其在主掌山东省立图书馆的二十年间，致力于搜集文献、筹建馆舍、创办馆刊、编印丛书，为中国民间藏书资源搜集、保存一大功臣。

首先，在搜集民间藏书文献方面，东访西收，避免了文化典籍的重大损失。从 1929 年出任山东省图书馆馆长开始，他就着意搜集民间典籍，扩充

---

① 张光年：《一年来之中国出版界》，《张光年文集》第 3 卷，北京：人民文学出版社 2002 年版，第 4、5 页。

② 崔建利：《民国时期的古籍丛书研究》，北京：中国社会科学出版社 2016 年版，第 84—86 页。

③ 冯晓霞：《浙东藏书史》，杭州：浙江工商大学出版社 2013 年版，第 146—152 页。

馆藏，使山东省图书馆跻身全国收藏典籍最丰富的图书馆之列。山东聊城海源阁是晚清最著名的藏书家之一，经历杨以增、杨绍和、杨保彝数代人努力之后，阁书逐渐散出，1930 年，经王献唐搜访整理后终归之济南市图书馆庋藏。王献唐对山东地方文化遗产的整理和保护也很重视，通过实地调查，大力搜求青铜、古陶、玺印、封泥、货币、石刻，主编了《山左先哲遗书》《海岳楼金石丛编》，保存了许多学者有学术价值的著作、藏品。1936 年上海《晶报》主编张丹翁致王献唐函中说："遥瞻奎虚书藏，敬佩山左文化五体投地。《封泥》固一代名作，先生实一代传人。"[1]

其次，倾心保护民间文献资源。日军逼近济南时，为使大量珍贵的文物、图书免遭劫难，他几乎倾其所有筹集经费，将山东图书馆珍藏的善本书辗转万里，运至四川后方保存。在战火连绵的 1938 年 6 月 12 日，王献唐在携山东图书馆古籍转移入川途中为屈万里所著《载书漂流记》作题辞也用"故家乔木叹陵迟，文献千秋苦自支"以道护图书保存文脉的艰辛[2]。抗战胜利后，他亲自将原山东图书馆所有图书文物完整无损地运回济南。

再次，王献唐自己也非常喜欢藏书读书。其一生收藏图书达 10 万余卷，藏于"双行精舍"，每有所得，辄为之写题跋，或考证版本源流，或述藏家逸闻，后被收入《双行精舍书跋辑存》及《续编》中。藏书印有"双行精舍鉴藏""空自苦""疏经阁""三家邨人""献唐题记"等多枚。所作《藏书十咏》中自称"黄金脱手了无余，换得陶南镇库书"，是其购书的写照。晚年又得顾千里批校、黄丕烈手跋古籍 1 部，又命名其藏书处为"顾黄书寮"。其《藏书十咏》，内容是访书、购书、载书、装书、勘书、曝书、跋书、抄书、借书、读书，其中《借书》诗云："海源书似阵云屯，小鉢（玺）猩红认宋存。

① 李勇慧：《王献唐著述考》，济南：山东教育出版社 2014 年版，第 2 页。
② 该文写于 1938 年 9 月 27 日四川渝州，见屈万里著，屈焕新编注《载书漂流记》，上海：中西书局 2015 年版，第 3 页。

乞与老饕供一饱，残年风雪过屠门。"王先生诗后又发感慨说："去岁残冬，借书杨氏海源阁，流观七日。其藏书印有'宋存书室'，亦屡见《楹书隅录》。问其家人，竟不知有是室也。"[1] 可见，佞宋之辈无后学，那么"佞宋"之精神继承亦不能持续。后来，他的越王勾践剑、李自成闯王印等珍贵文物8000多件及5万册古籍都捐献给了国家。

民国时期藏书家众多，还有如邓之诚较有时代之特色。邓之诚藏书多访之书肆，1917年应邀任职国史编纂处，从此一直居住北京，时常往琉璃厂一带书肆访书，虽生活拮据，亦难改购书之习，还常向书肆赊账。邓氏藏书，除其亲自访求之外，大部分为各书店书估向其推荐所得，或邓氏托书估为其访求而来。邓氏遇到重要书籍，而又无法购买时，多托人抄录副本。邓之诚在其生前，即开始出售其藏书。新中国成立前，大多是售零星的几种，并未形成规模。解放后，邓氏大规模地售其藏书，主要分四次将"顺康集部"等书籍售与中央民族学院、北京大学文学研究所、中国科学院文学研究所、中国科学院历史二所、历史博物馆、中国科学院图书馆，以及售其笔记书与天津师大图书馆。在当时之社会状况下，邓氏售书确有保存文献之意，此亦更显其爱书之情真意切。设若当时未能及时化私为公，恐亦难逃十年浩劫之厄！[2]

---

① 王献唐：《藏书十咏》，见《文献》1980年第三辑，北京：书目文献出版社1980年版，第252页。

② 王献松：《邓之诚藏书聚散考略》，《河南科技学院学报》，2014年第7期，第86—89页。

第九章

艰难传承：三四十年代私家藏书的保护和归公

　　20世纪三四十年代的中国始终笼罩在战争的乌云之下，民生凋敝自不必说，大量的文化古籍在战争中也灰飞烟灭。在这种情况之下，很多图书馆界、文化界的专家学者耳闻目睹之下自不免尽己之力进行抢救和保护。是时，不论是处于上海孤岛的郑振铎，还是身为北平图书馆馆长的袁同礼都采取了有力的举措，促进了公私收藏典籍的保护和传承。

一、北平图书馆与民间藏书资源的保护

　　这一时期，国内战乱频仍，民间藏书典籍、地方文献的搜藏方面以北平图书馆较为典型，而该馆负责人袁同礼出力尤多。

　　袁同礼（1895—1965），河北徐水人。1916年毕业时，经人介绍到清华学校图书馆参考部，翌年即任图书馆主任。1924年回国后即任广东岭南大学图书馆馆长，后任北京大学图书馆馆长。袁同礼长期担任北京图书馆、国立北平图书馆主要负责人，他将西方的现代图书馆学理论和管理方法带回国，对旧有的管理方法加以改造和创新，在推进中国新图书馆运动、创立具有中国特色的现代图书馆事业上成绩斐然，是我国现代图书馆事业发展的主要见证者和奠基人之一。1948年美国国会图书馆邀请赴美访问研究，举家迁居美国，相继在国会图书馆东方部和斯坦福大学研究所从事中国文化典籍的整理

与研究工作。1964 年，病逝于美国。

诚如袁同礼所言："丧乱之余，古书多毁于火，书价大昂，遂开藏书秘密之风。风气所播，影响于古书之流通甚巨。然私家藏书，愈秘不示人，愈不能永其传。当其聚也，穷毕生精力而为之，缩衣节食，引而弗替，追其后也，非遭兵费而散乱无遗，即为有力者捆载而去。一转瞬间已散为云烟，加以书目简略，后世研究书史者，亦无所稽考。此又清代藏书家之普遍现象也。盖载籍之厄，以中国为最甚。全国缺乏公共收藏机关，实学术不发达之主要原因。此则愿今之服务典藏者，有以力矫之矣。"①1927 年，研究明代藏书史时又慨叹："岂天地菁英有聚必散耶？抑当时缺乏公共收藏机关有以使之然耶？吾人记其概略，益因之而有感矣。"②民间藏书如果无法妥善保存，必然造成千古遗恨，为此袁同礼于 1931 年 6 月，在《图书馆学季刊》发表《国立北平图书馆概况》就专门写了"赠书"一节，对国内外团体及私人的图书捐赠行为予以记述，并指出典籍归公"不惟本馆有庆，抑文艺之光"。③他具体列举了梁启超、朱归莘等知识分子寄存图书的数目、价值。无疑，他是赞同捐赠图书进入公藏的，而且他也身体力行，自己也捐助了部分古籍图书。袁同礼作为从 1926 年起一直在北京图书馆工作的图书馆学家，对图书馆收藏典籍的文化使命认识深刻，他认为图书馆应对"固有旧籍自当力为搜进，毋使远渡异国，有求野之叹；外国新书，亦应从事探求，庶几学术可与国家新运儿俱进。其志在成为中国文化之宝库，作中外学术之重镇""一国民智之通塞，与其图书馆事业之盛衰相为表里。吾国今日图书馆事业已由嚼火微光日即于黎明之境。然而发挥光大，尚复有待"④。袁同礼在民间藏书资源的搜集、整理方面的工作和贡献主要有以下几个方面。

---

① 袁同礼：《袁同礼文集》，北京：国家图书馆出版社 2010 年版，第 80 页。
② 袁同礼：《袁同礼文集》，第 84 页。
③ 袁同礼：《袁同礼文集》，第 17 页。
④ 中国图书馆学会主编：《百年文萃：空谷余音》，第 64 页。

首先，从事古籍文献的搜集出版，力图使之化身千百，嘉惠学林。在古籍搜集和保护方面，袁同礼自1929年9月至1948年，实际主持国立北平图书馆馆务工作，对于古籍、方志的收藏与整理颇为重视，以方志为例，包括发布征求各地所存及新修方志通告，大量采访地方志，并对方志文献进行编目、编纂方志目录、出版相关方志书籍，而且妥为庋存，筹设善本乙库等。[①]抗战期间，北平图书馆等文化机构南迁，袁同礼对西南文献的搜集异常重视，并委派专人负责其事。至1945年6月仅入藏的西南五省方志就有382种，云南历代碑刻拓片349种，概属海内罕见之品。他还组织编写《西南各省方志目录》《云南碑目初编》《中国边防图籍录》《西南文献丛刊》《滇南碑传集》《贵州名贤像传》《云南图经志书》《黔南类编》等。[②]古籍保护方面，最为引人注目者非属抗战期间善本南运事件。国立北平图书馆甲库善本藏书，上承清内阁大库、翰林院、国子监南学和南北藏书家的藏书精华。九·一八事变后，国内战乱不断，1935年11月24日，教育部电告袁同礼要求国立北平图书馆贵重书籍移存南方以策安全。据1940年7月统计，国立北平图书馆自1935年11月以来南运所藏中西文善本图书，包括清以前善本、清以后善本书、唐人敦煌写经、内阁大库舆图、金石墨本、西文善本等，分别寄存在上海法租界亚尔培路中国科学社图书馆、国立中央研究院、国立中央大学图书馆等处。卢沟桥事变后，袁同礼即派钱存训到北平图书馆上海办事处主持馆务，负责保护上海所藏善本书。1941年，租界也不安全了，馆长袁同礼通过当时驻美大使胡适与美国政府斡旋，同意将存沪300箱古籍中最精者寄存美国国会图书馆，待国内和平后再物归原主。是时，王重民、徐森玉等选出102箱善本，由驻沪办事处主任钱存训分批通关上船，运抵美国国会图书馆，

---

① 杨印民、张捷：《袁同礼主持国立北平图书馆时期的地方志收藏与整理》，参见《袁同礼纪念文集》，北京：国家图书馆出版社2010年版，第111页。

② 刘卓英：《毕生尽瘁图书馆事业的袁同礼》，《新文化史料》1998年第1期，第55页。

使这批珍贵古籍免遭日军劫掠。抗战后，寄存南方的其他善本先后运回北平。钱存训奉命赴华盛顿接运寄存的善本书回馆，1947年春，钱存训已办妥至美接运百箱善本回国的一切手续，旋因内战已起，致使此事延缓无成。这批善本在寄存美国国会图书馆期间，由该馆拍摄一套缩微胶卷。1965年，在未征求中国国家图书馆意见情况下，美国将本属中国国家图书馆的这批珍贵善本寄存台湾，暂存台北"中央图书馆"。其后，这批书又转移至台北故宫博物院暂存。为此，钱存训在《北平图书馆善本书籍运美经过》一文中说："希望不久的将来，这批历经艰辛曲折而迄今完整无缺的我国文化瑰宝，得以早日完璧归赵。"[1] 2014年1月17日,《原国立北平图书馆甲库善本丛书》(简称"平馆藏书"）由中国国家图书馆历时3年完成编纂出版。时任国家图书馆馆长周和平说这套丛书是"中华民族聚合离散命运的写照"[2]。周和平馆长不无感慨地说："典籍的命运和国家、民族的命运始终不离，凝聚着中国人的情感、中华民族的屈辱和中华今天的崛起。具有自强、自尊的教育意义。在抢救保护甲库善本的历史中，许多学者、员工都做出了巨大贡献，甚至不惜生命危险。从钱存训、王重民、徐森玉等先生那里，特别体现出中国知识分子以天下为己任、以奉献为人生的高尚情怀，是我们尤其需要记取的。"[3]

古籍出版方面，1929年，袁同礼与学界同人发起珍本经籍刊行会，就国立北平图书馆所藏善本仿《知不足斋丛书》例招股刊行《国立北平图书馆丛书》。1929年还整理出版《故宫善本书影初编》，1932年还据故宫所藏出版《天禄琳琅丛书》（第一集）。是时学界有选印《四库全书》之议，蔡元培、傅增湘、张元济等出力推动，袁同礼、向达发表《选印〈四库全书〉平议》，

---

① 钱存训：《北平图书馆善本书籍运美经过》，载《钱存训文集》，北京：国家图书馆出版社2013年版，第137页。

② 廖翙：《聚散流变悲欢离合——"平馆藏书"出版背后故事》，新华网，2014年1月17日。

③ 廖翙：《聚散流变悲欢离合——"平馆藏书"出版背后故事》，新华网，2014年1月17日。

提出"为保存文化计，能予影印传布，自属当务之急"[①]，并要求"抉择阁本，惟善是从"。[②] 围绕影印《四库全书》的争论激发了学术界、出版界影印北图等公藏机构所藏善本书的计划[③]。于是1936年傅斯年提出《国藏善本丛刊》编印计划，张元济、袁同礼对此表示同意，王云五等亦参与其中。这一计划最终能够落实、选目，虽最后终因抗战事起，未能实行，但袁同礼也获得傅斯年"非守和兄莫办"的高度评价。

其次，为培养延揽古籍文献研究队伍而匠心独运。

袁同礼把选派图书馆工作人员出国学习作为一项重要的工作内容。1930年，经过袁同礼努力，国立北平图书馆与美国哥伦比亚大学达成协议，双方交换馆员，中方每两年派一人到哥伦比亚大学图书馆学研究院进修并兼管该校中文图书。此后，国立北平图书馆先后派遣严文馥、汪长炳、岳良木、曾宪三、李芳郁等到美国学习。同时袁同礼还向美国洛克菲勒基金会推荐馆员到美国深造，蒋复聪、钱存训、王重民、童世纲、向达、吴元清、徐家壁等都曾通过这一途径到美国深造。同时，袁同礼还委出国学习的人员负责搜集流失国外的中国古文献。如敦煌写经、甲骨文等。1931年，袁同礼派孙楷第到日本寻访中国古典小说。孙回国后编《日本东京所见中国小说目录》。1934年派王重民到巴黎协助伯希和整理敦煌写经，并将有价值的卷子摄制成缩微胶卷，1938年又派他到英国大英博物馆阅览斯坦因掠走的卷子。后来，王重民以查阅到的资料为基础，编著《巴黎敦煌残卷叙录》《海外稀见录》《罗马访书记》《柏林访书记》《记巴黎图书馆所藏太平天国文献》和《剑桥大学图书馆所藏太平天国文献》等论著。1935年国立北平图书馆派向达到牛津大学鲍德里图书馆工作。次年到大英博物馆工作。后又派他到巴黎、

① 袁同礼：《袁同礼文集》，北京：国家图书馆出版社2010年版，第219页。

② 袁同礼：《袁同礼文集》，第220页。

③ 林世田、刘波：《〈国藏善本丛刊〉史事钩沉》，参见《袁同礼纪念文集》，北京：国家图书馆出版社2010年版，第169页。

柏林、慕尼黑等地的科学院、博物馆，考察各处窃自我国的珍贵文献。[①] 另外还有一件事值得一提，美国著名历史学家费正清也多仰仗袁同礼帮助指导完成了在中国的资料搜集工作，为以后从事历史研究打下深厚基础。

实际上，袁同礼不仅注意典籍资源的收藏，也更重视推广现代服务技术和现代文献服务理念，开现代图书馆精神之先河。袁同礼 1924 年归国任广东岭南大学图书馆长，1925 年任北京大学图书馆长。1926 年"北京图书馆"正式成立，虽然有名士高官作舵，而"这些新式建设的筹备、建立和实际管理，即由一个'内行'的青年袁同礼，一肩挑之"。1929 年 1 月，他由副馆长升任馆长，北京图书馆的奠基者和最早的实际负责人其实一直是他。该馆其后虽然名称敷易，然其现代化管理之开山并普及全国的实始自袁同礼。[②] 袁同礼是一个有高度现代化训练的职业图书管理人员，有眼光、有魄力，又能突出单纯技术人员的境界，相对于"'小脚放大的旧式新文人'在新的建制里'顶个头衔'"，他做的是实际工作[③]。

袁同礼的一大贡献是引进现代"服务观念"和服务科技。在袁同礼、蒋复璁等致力于"观念转型"的努力下，国立图书馆是我国近代史上首先突出专制时代"衙门"作风。袁同礼终身事业始于美国"国会图书馆"，也终老于此，他把先进的"国会图书馆编目学"等制度，引进中国。在近代中国的图书和档案管理这门学问中，首先引进照相技术，和根据西方学埋，实行中文索引和编目的，恐怕也是从袁氏主持的"国立北平图书馆"开始的。"国立北平图书馆"当年所引进的科技，如缩微胶卷等都是很原始的。它远不如后来的"缩微胶片"，虽然与今日的电脑相比，不可同日而语，但袁同礼却是推动这一现代化技术的启蒙领袖。袁同礼把全部精力和智慧毫无保留地献

① 张殿清：《袁同礼与国立北平图书馆学术研究 1928—1937》，《图书馆工作与研究》2012 年第 1 期，第 8 页。
② 唐德刚：《晚清七十年》，台北：远流出版社 1998 年版，第 291 页。
③ 唐德刚：《晚清七十年》，第 290 页。

给了图书馆事业，为了纪念这位伟大的文化苦旅的笃行者，袁同礼年轻时就读的美国哥伦比亚大学还设立了"袁氏图书馆奖学金"。罗家伦为之撰写的碑铭称赞他"具温良恭俭让之美德，抱沟通中西文化济世之宏愿。喷智慧之泉，穆春风之化"①。

袁同礼不像其他开拓性的图书馆学奠基者有系统的图书馆学著作和思想表达，但这并不能说袁同礼缺乏思想建树，从他丰富的图书馆生涯和散见于各篇论文的真知灼见，我们可以看出他同样是一个有着博大思想体系的智者。

二、文献保存同志会与民间藏书的抢救

首先我们要了解"文献保存同志会"成立前夕民间藏书所面临的流散危机。本来在 1932 年"一·二八"事变后张元济的东方图书馆已损失殆尽，"七七"事变前国立北平图书馆的部分典籍精华已经转移到了上海等地等待转运到美国或者香港，从 1937 年"八·一三"上海抗战到 1938 年 10 月武汉会战结束，江、浙、皖、鄂等省先后成为战场，沪上知识界更人人自危。东南诸省自宋以来就是人文荟萃之地，藏书楼众多。先是受清末战乱影响江南三阁藏书受损于前②，江南旧家藏书亦颇多散佚，再有皕宋楼典籍为日本静嘉堂捆载以去之后，给文化界震动很大。日本全面侵华以后，江南首先成为主战场，故家零落，典籍藏书更是大量流散于沪肆。上海为新旧书业集中之地，一时间出现了畸形的市场繁荣，于是上海成为各路收购方的角逐场所。瞩意中华文化瑰宝的不仅有美、日等外国人，还有委身日本的汉奸，更有维护民族文脉存续的中国知识精英。美国方面，驻上海的"哈佛燕京学社"在

---

① 《思忆录：袁守和先生纪念册》，台北：商务印书馆 1965 年版，第 10 页。
② 镇江文宗阁初毁于 1842 年鸦片战争之役，1853 年太平军攻克镇江后文宗阁毁；次年扬州文汇阁又毁于太平军之役；1861 年杭州文澜阁藏书在太平军二次攻入时损失大半，后经丁申、丁丙兄弟搜集、抄补，得复旧观，今藏浙江图书馆。

为之收购；日本方面则有多路势力企图染指，伪满"华北交通公司"在收购，日本三井会社在收购，日本军方则主要瞄准中国府、县志及有关史料文献攫取抢购；汉奸方面主要是北方的梁鸿志、南方的陈群派专人在沪抢购。如此，中国古籍图书流散甚多，文化资源流失严重。以伪中华民国维新政府内政部长陈群为例，可以看到当时民间藏书资源的流转乱相。陈群（1890—1945）字人鹤，福建闽侯人，早年追随孙中山参加民主革命。1938年3月，投身伪南京政府，任内政部长。1945年，日本投降后自杀。陈群不但自己收购书籍，也把地方伪政权收缴的大批图书予以接收，在上海、南京、苏州建立了三个书库，合计60余万册。① 在南京的书库名为"泽存书库"，书库工作人员最多时达40人，库藏图书既有"部里"（伪内政部），也有陈公馆的，所有图书最终都在"泽存书库"清点、编目、庋藏。据江庆柏先生考察研究，南京图书馆现藏该书库当年所编部分书目，如《泽存书库来书登记簿》（稿本8册）、《泽存书库目录》（抄本25册）、《泽存书库善本书目》（稿本2册）、《泽存书库善本目录》（抄本2册）、《泽存书库抄目》（抄本，存87页）、《泽存书库善本复本书目》（红格抄本1册）《泽存书库复本书目（善本）》（稿本2册），还有《泽存书库书目次编》（民国铅印本1册）、《南京泽存书库善本目录》两编（民国铅印本2册）等。② 从这些书目的专业内涵来看，陈群通典籍而所用亦不乏精版本之学者，惜其虽有"来生恐在蠹鱼中"之志而一失足成千古恨。抗战胜利后，国立中央图书馆负责接收"泽存书库"，之后部分图书归还给有主之家，但1949年有4352部41311册善本书运到了台湾，但该书库所收典籍仍有36000册保存在南京图书馆③。

　　鉴于当时那样的危急形势，一如郑振铎这么有文化胆气的知识人是不可

① 江庆柏：《近代江苏藏书研究》，合肥：安徽文艺出版社2000年版，第381页。
② 江庆柏：《近代江苏藏书研究》，第382页。
③ 江庆柏：《近代江苏藏书研究》，第382、383页。

能坐视不理的。如其所言："私念大劫之后，文献凌替，我辈苟不留意搜访，将必有越俎代谋者。史在他邦，文归海外，奇耻大辱，百世莫涤。"[①]1941年1月，由他发起，国立暨南大学校长何炳松，私立光华大学校长张寿镛，商务印书馆董事长张元济，考古学家、版本鉴定家和收藏家张凤举响应，秘密成立"文献保存同志会"。我们经常在影视剧中看到在军事战线上奋斗在敌后的大批英雄，同样郑振铎等学者的举动是为中国文化前途而奋斗在敌后的文化战线之英雄！由近些年来揭露的新史料，如陈福康辑录的郑振铎抢救文献书信日记及2008年展出的1940—1941年中央图书馆搜购古籍档案、2012年于台北发现的张凤举私人日记，可知"文献保存同志会"是个人倡议、学者响应、政府支持、集体努力的一个民间藏书资源秘密保护组织。

据郑振铎之子郑尔康所述，从1939年12月开始，郑振铎就乘着黄包车冒雪迎风逐家拜访了同样关心民族文献的张元济、张寿庸、何炳松、张凤举等先生，并于1940年元月4日在家宴请了诸贤。在谈笑风生中，在中国现代史上产生重大影响的一个社团组织"文献保存同志会"宣告成立，郑振铎拟定了章程十条。议定后于1月5日五人联名给陪都重庆的中英庚款董事会董事长朱家骅与教育部陈立夫拍电报，痛陈江南文献的岌岌可危，要求政府拨款抢救。1月10日，朱家骅与陈立夫电复五先生"关心文献无任钦佩"，同意派员前来，成立购书委员会，"从事搜访遗佚、保存文献，以免落入乱手，流出海外"。[②]电文还强调，沪上文化界人士可先行搜访，将来由中央偿还本利，收归国有，可见当时的经费问题尚无着落。随后，受陈立夫、朱家骅委派，中央图书馆馆长（当时就是一个筹备处）蒋复璁经香港来沪，和他们商议具体事宜。在此之前，《蒋复璁呈教育部长签呈稿》提及，蒋复璁

---

① 郑振铎：《劫中得书记》序，《郑振铎自述》，合肥：安徽文艺出版社2013年版，第58页。
② 《朱家骅、陈立夫来电抄件》，载陈福康编《为国家保存文献：郑振铎抢救珍稀文献书信日记辑录》，北京：中华书局2016年版，第3、4页。

已经由渝赴港，与叶恭绰面商决定购书经费以四十万元为限，以三分之二款项分配于上海，三分之一分配于香港，庶两地积藏书籍可以同时采购。① 蒋复璁是 1940 年 1 月 1 日从重庆动身，先于 9 日秘达香港，与中英庚款董事叶恭绰商定，由叶氏主持在港收购湖广流散来的古籍，由是叶恭绰也参与了文献保存同志会的工作。时在港的蔡元培曾记其事："午前，仲瑜偕蒋慰堂（复璁）来。慰堂在中央图书馆服务甚久，现在渝仍积极进行，此行由港往沪，拟收买旧本书，在港托叶玉甫，在沪托张菊生，闻瞿氏铁琴铜剑楼、刘氏嘉业堂、邓氏群碧楼之书，均将出售。"② 可见，当时众多中国知识界精英都赞许同志会之事。在《管理中英庚款董事会密函中央图书馆筹备处》函中规定了抗战期间搜购旧籍之款项内容，提及抗战以后，文物图籍多散佚，而中英庚款董事会以此确为当务之急，然战事军需浩繁之际，政府拨款困难，故挪用该会（指同志会）补助中央图书馆建筑经费项，充收购书籍之用。这里的一百万元就是原来建设中央图书馆的费用，是管理中英庚款董事会所拨助之建筑费用，未及动用，而因乱迁移至重庆。中英庚款董事长朱家骅就建议，由于长期抗战，币值贬落，如等还都建筑，则所值无几，不如以之购置图书，既足以保存国粹，又使币尽其用。当时的教育部次长顾毓琇也同意这个意见，陈立夫亦无异议。③ 这样经费问题终告解决。尔后，在《中央图书馆密呈教育部函稿》中也明确了有关搜购古籍费用的转汇事宜，以"图记"

---

① 经过几次协商，同志会所需大部分款项计分三笔汇出，第一笔由管理中英庚款董事会自重庆汇到上海 40 万；第二笔分别汇给叶恭绰 30 万及王云五 50 万，再由两位分批由香港汇至上海，其中 6 万多因港府下令冻结国币而未汇出；第三笔 70 万则由重庆直接汇给何炳松购买适园藏书。事实上同志会所用资金远超此数，几达 300 万之多，当时的国民政府最高领袖蒋介石也深知此事并给予支持，否则完全以个人之力无法完成如此之巨大的工作。参见《抢救国家文献：1940—41 中央图书馆搜购古籍档案展》，http://rarebook.ncl.edu.tw/rbookod/exhibition/hypage.cgi?HYPAGE=exhibit/exhibition_detail.htm&sysid=00000009［2018-12-30］。

② 蔡元培：《蔡元培全集（第 17 卷）》，杭州：浙江教育出版社 1998 年版，第 395 页。

③ 蒋复璁：《涉险陷区访"书"记》，见陈福康《张元济与郑振铎》，《新文学史料》，2007 年第 4 期，第 87 页。

之名义进行存取、支出等事项，全部款项既需分期汇港，以免阻碍；又需于汇税较低时汇出，以免损失。预计速则三月，迟则半年可汇清。最终，《教育部训令中央图书馆》有关中央图书馆呈请拨款一百万元以搜购古籍保藏文献案，并呈奉行政院会议决议通过。在款项的使用上要求非常细致，所以蒋复璁在《中央图书馆密签呈教育部部长、管理中英庚款董事会函稿》中报告了关于在港、沪搜购散佚图籍之相关细节，以及为避免引起其他售户注意，托称是私人组织"文献保存同志会"收购，并附该会办事细则一份，教育部对此密令中央图书馆筹备处权准照行①。13日下午，处于汪伪政府黑名单中的郑振铎不得归家，却接到了何炳松派人送来的信，蒋复璁从重庆来到上海了。1月19日，在张元济家，蒋复璁会同郑振铎、张元济、张寿镛、何炳松及原北京大学教授张凤举，正式开会决定张寿庸总责其事，并商定了"秘密进行"的工作方式，即以暨南大学、光华大学、涵芬楼的名义购书，互相通信用密语，"西""犀"代指郑振铎（西谛其号），"家中"代指同志会，在文献保存同志会《第四号工作报告书》中也提及，因近来通信颇感困难，以后通信，拟全用"商业"信札口气。敝处即作为商店，"万"字拟代以"百"元（百字旁加圈），"千元"则代以"十"字，余类推，以免他人注意。② 会上进行了文献保存的整体计划、相关步骤及职责分工，郑振铎和张凤举负责采购，张元济负责鉴定宋元善本，事实上张寿镛及后来的故宫博物院古物馆馆长徐森玉都参加版本鉴定，何炳松和张寿镛负责保管经费。于是，"同志会"的工作就紧张开始了。

关于文献保存同志会的工作成绩与历史功勋，很多学者都已经予以高度

---

① 《抢救国家文献：1940—41 中央图书馆搜购古籍档案展》，http://rarebook.ncl.edu.tw/rbookod/exhibition/hypage.cgi?HYPAGE=exhibit/exhibition_detail.htm&sysid=00000009［2018-12-30］。

② 《第四号工作报告书》（1940 年 8 月 24 日），陈福康编《为国家保存文献：郑振铎抢救珍稀文献书信日记辑录》，北京：中华书局 2016 年版，第 328 页。

肯定。如郑尔康《郑振铎》、赵长海《新中国古旧书业》、江庆柏《近代江苏藏书研究》等。郑尔康为郑振铎之子，在记述乃父史事时有先天的优势，有关历史细节很清晰，叙事生动，充满想象与记忆的生命张力。赵长海称郑振铎为"古旧书业的保护神"，"正因郑振铎及'文献保存同志会'的舍生忘我的努力和极大热情，文献保存取得了极大成效"[①]。江庆柏指出，郑振铎等人抢救的文献实际上主要的就是江苏和浙江的藏书家所散出的珍贵典籍[②]。的确如此，从郑振铎手书的 9 篇文献保存同志会工作报告书中，我们看到了他们抢救民族文献的拳拳初心。郑振铎等与大藏书家直接面洽，购得常熟瞿氏铁琴铜剑楼、江宁邓氏群碧楼、嘉兴沈氏海日楼、庐江刘氏远碧楼、顺德李氏泰华楼、顺德邓氏风雨楼、南浔刘氏嘉业堂、张氏适园等江南故家珍藏。从 1940 年 1 月至 1941 年 12 月，文献保存同志会所收典籍共花 300 多万，至于典籍总数，据陈福康研究，"1948 年底和 1949 年初，随着国民党在大陆的失败，同志会抢救下来的这批书中的精品及大部分图书（有一小部分留在了大陆），又被用军舰和商船分三批匆匆运往台湾，共计 644 箱。其中善本就有121368 册另 64 散叶，包括 201 部宋本、5 部金本、230 部元本、6219 部明本、1 部嘉兴藏经、344 部清本、483 部稿本、446 部批校本、2586 部抄本、273部高丽本、330部日本刊本、2部安南刊本及153卷敦煌音经等"[③]。即便如此，已经是巨大的文化瑰宝。台北辅仁大学图书信息学系所兼任副教授宋建成据

---

① 赵著较为全面地总结了郑振铎的历史贡献，称其为"新中国古旧书业的灵魂人物"。尤其是解放后，郑振铎作为文化部文物局局长，总揽图书馆、博物馆、文物工作，他主持出台《禁止珍贵文物图书出口暂行办法》《文物出口鉴定委员会暂行组织条例草案》等文件，号召全国人民和各有关部门注意保护文物古迹，制止一切损害文物古迹的行为。同时，郑振铎和各地藏书家及古旧书商联系较之以往更是频繁，推动了典籍归公，并很快形成一种捐献的风气。他还一手推动寄存香港汇丰银行的潘氏"宝礼堂"藏书的回归，入藏北京图书馆。解放后，出任文物局局长和文化部副部长的郑振铎，对于文献典籍的抢救保护和整理，做出了重大贡献。详情参见赵长海《新中国古旧书业》，长春：吉林文史出版社 2009 年版，第 323—334 页。

② 江庆柏：《近代江苏藏书研究》，合肥：安徽文艺出版社 2000 年版，第 384 页。

③ 陈福康：《郑振铎等人致旧中央图书馆的秘密报告》，《出版史料》，2001 年第 1 期，第88 页。

1941 年 3 月 19 日郑振铎致蒋复璁函指出，"文献保存同志会"所购善本古籍差不多可与国立北平图书馆之数相比，量与质同样惊人，成绩可观①。由于缺乏对郑振铎收藏的"文献保存同志会"购书单据和 9 篇工作报告进行综合研究，所以"文献保存同志会"搜访民间文献的真实而巨大的功绩不能准确衡量，我们期待有更多的成果出现。

三、抗战胜利后公私藏书的接收与追索

郑振铎牵头成立"文献保存同志会"的两年间（1940 年春至 1941 年冬）第一批抢救成果 3200 多部明刊本和钞校本被陆续装箱邮寄到香港，请在香港大学执教的许地山暂时收存于图书馆。孰料，许地山因心脏病突发于 1941 年 8 月 4 日猝然去世。然则更为不幸的是，香港沦陷后，这批珍贵古籍被日军劫掠而去。就当时的交通和信息交流条件来说，郑振铎不知也无法预料以后还能收回，因此每每痛心疾首，并在日记中抒发此事发生之后的悲伤心情："我们费了那么多心力所搜集到的东西，难道竟被毁失或被劫夺了么？我们两年间辛苦勤劳的所得难道竟亡于一旦么？我们瘁心劳力从事于搜集，访求，抢救的结果，难道便是集合在一处，便于敌人的劫夺与烧毁么？""一念及此，便椎心痛恨，自怨多事。假如不寄到香港去，也许可以仍旧很安全的保全在此地吧？假如不搜集拢来，也许大部分的书仍可楚弓楚得，分藏于各地各收藏家手里吧？"②郑先生写到，这个打击实在

---

① 宋建成：《国家图书馆历史沿革之探析》，（台北）国家图书馆馆刊，2011 年第 2 期，第 8 页。郑振铎原函云："若能获得刘货，则全部精品，可有三千五百种左右，可抵得过国立北平图书馆之四册'善本目'矣。所不及者，惟宋、元本及明代方志部耳。其他'经''子'部分，大足并美，'史'（除'方志'外）、'集'二部，尤有过之无不及。"参见陈福康编《为国家保存文献：郑振铎抢救珍稀文献书信日记辑录》，北京：中华书局 2016 年版，第 238 页。

② 郑振铎：《求书日录》，参见陈福康编《为国家保存文献：郑振铎抢救珍稀文献书信日记辑录》，第 383 页。

太大了，太严重了。直到日本投降后，他仍旧到处探听书踪而不得。他不相信这批图书完全毁失了，而祈求它们仍无恙地保存在香港或者日本的某个地点。郑先生相信，随着政府组织赴日文物调查团的工作，希望这批书终究能够再见天日。

日本侵华，中国必胜。这是三四十年代中国各民族、各党派、各团体最大的共识。早在 1939 年 7 月，国民政府行政院就颁布了《抗战损失调查办法》及《调查须知》，一俟战争结束即可向日本索赔。由于文物工作的专业性，1943 年 10 月 14 日，蒋介石指示行政院和教育部组织要求赔偿文化事业研究会，搜集各种材料和证据，并呈报具体办法。为落实这一精神，教育部于 12 月 29 日设立"向敌要求赔偿文化事业研究会"。此后，1945 年 4 月 1 日，教育部成立"战时文物保存委员会"。当时战事已经接近尾声，"战时文物保存委员会"与盟军积极联系，提供了一些重要图片和地图，以免误炸。但中国文化界更为关注的问题是文物损失和战后赔偿。为此西南联大教授联名呈文教育部，提出应在战后向日本索赔文化方面的损失，向达还详细制订了应向日本索取的图籍、古器物、书画大纲。向达曾作为国立北平图书馆派出的"交换馆员"，1935—1938 年，在欧洲查访敦煌文献、太平天国文献和明清之间来华天主教教士文献等，成绩很大。回国后先后在浙江大学、西南联大任教。向达在索赔大纲中，遍列日本公私收藏机构，如宫内省图书案、内阁书库有很多宋以来善本秘籍，应择优选取，大连图书馆、满铁图书馆、静嘉堂文库、东洋文库书籍应全部"归我国有"，中村小折、大谷光瑞所藏的敦煌卷子，"此本公物，复归国家，理所当然"。[1] 应该说，向达的主张有一洗国耻而维国粹的胜利者心态，但是在当时复杂的国际国内条件下，能够追索

---

[1]《战后应要求日本赔偿我文化上之损失》，中国第二历史档案馆档案，全5（2），卷919。转引自孟国祥《大劫难：日本侵华对中国文化的破坏》，北京：中国社会科学出版社 2005 年版，第 268 页。

到抗战期间（1931—1945）损失的图籍实属正常，至于"择优选取"公私图书馆图书已出于战胜国地位的乐观。事实证明，这两项工作哪一项都不容易完成，没有朝野知识分子积极推动、国家有关部门的出面、盟军司令部的支持，即便堆放于日本公私书库的中华古籍都很难追回 [①]，更遑论"择优选取"日方图书馆累年之汉籍旧藏。

1945年11月1日，国民政府行政院训令教育部将"战时文物保存会"改名为"清理战时文物损失委员会"，分设建筑、古物、图书、美术四个小组，主任委员杭立武，中央图书馆馆长蒋复璁、北平图书馆馆长袁同礼等18人为委员。经过封存、接收、清点、入藏等一系列工作，国内图书典籍的清理基本完成，但与此同时开始的流失典籍追偿工作却十分棘手。早在抗战胜利不久，国民政府就在上海愚园路召开会议，专门讨论战时文化流失问题，到12月13日总共召集了27次，当时的文化名流如蒋复璁、马叙伦、郑振铎、张凤举、徐鸿宝、许炳堃、叶凤虎、王醒吾、周予同、厉家祥等。在会议期间也是国民政府与盟军驻日本总部积极联络的重要时期，12月8日，盟军拒绝了中国政府赴日调查团计划，1946年3月中国改派李济、张凤举以盟国对日委员会中国代表身份准备赴日。张凤举是文献保存同志会员，曾参与收购上文所提到的那批藏书。张精通日、英、法语，又与日本学界人物如长泽规矩也、田中长子等熟悉。因此，4月1日到日本东京后，就立即会同中国先期赴日的中国代表团同志开展工作。4月8日，李济、张凤举赴上野图书馆，交涉收回日军自香港掠来原来他们在上海为中央图书馆所购买的130箱善本事，并亲见各书于地下室中多为水渍污损。结果日方允：（一）即日将各书迁至干燥房间；（二）散开在外地之书一星期内运回该馆；（三）一月内交出全修目录；（四）自下星期起我方派人前注整理日方与以一切便利；（五）整

---

① 中国图书损失及回归详情可以参阅孟国祥《大劫难：日本侵华对中国文化的破坏》第一编，第三编"战后文物的接收和追索"中"被劫文物的追索与归还"部分。

理完毕后照运来时包装运回。张风举在 4 月 11 日日记中还追述了这批书籍的来源战事期间在沪收购"嘉业堂""适园"等藏书家善本三万五千余册，秘密运港拟由港运美寄存未果而香港陷，日军攫去送东京参谋本部参谋本部交付上野帝国图书馆。于是中国方面乃由其代表向美军交涉命令日方归还。次日，帝国图书馆司书官冈田温与同志会在沪购书的最强对手长泽规矩也来访谈归还这批善本书。经过多沟通，终于在 4 月 24 日商运回国的方案。但是直到 5 月 25 日，图书接收办法还尚未谈妥，书籍仍在上野公园图书馆。因为由盟军占领日本统帅部主管的文物损失及索赔工作要求非常苛刻，不仅要求列举损失文物的的名称、提供、形状、尺寸、重量等，而对于劫夺的情况也要求详细列出原有人、原在何处、何时被劫夺、部队番号等，这些要求"只对日本有利，而且已经到了偏袒庇护的程度"[①]。所以索回过程十分艰难。后来中国代表团又陆续从国内抽调精干人员赴日从事文物追索工作，前后赴日达 200 余人，王世襄即于 12 月 18 日到达。6 月 1 日上午，在上野帝国图书馆终与盟国方面达成了第一批收回善本书 10 箱，一万八千多部二十五万五千册，清点后存放于中国驻日代表团库房。在 6 月 5 日给中央图书馆馆长蒋复璁信中，他说起第一批善本书籍经清点后本欲由朱家骅团长携带返国，但飞机空间狭小未果。1947 年 1 月 2 日，所有书籍交中航班机运回上海，并由在沪收购这批书籍者之一徐森玉先生接收完毕。[②]

　　包括这批善本书在内，中国代表团截至 1949 年 9 月，共追回书籍 158873 册。但与国内机构提出的一个多达 300 万册的损失清单，相去甚远。[③] 但是这些文化的巨大损失，由于国际形势的变化，随着冷战局面的形成，中

---

① 参见荣宏君《烟云俪松居：王世襄珍藏微文物聚散录》，第二章"风雨人生"之"出使日美"部分，上海：上海三联书店 2011 年版，第 43 页。

② 此段论述多参考《张风举日记选》，详情见《张风举日记——东瀛追宝——国家图书馆文物善本古籍书日本回归记要》，华夏收藏网［2019-02-20］。

③ 参见孟国祥《大劫难：日本侵华对中国文化的破坏》，北京：中国社会科学出版社 2005 年版，第 281、282 页。

国国际地位低下，美国方面在远东委员会不惜运用否决权断送了中国文物回归之途。其实这种情况，张凤举在工作报告中已有清醒认识："美人大权独揽，且麦帅对盟国对日委员会态度冷淡，收回古物事必须妥慎进行，希望亦不能过大者。"[1] 历史的旧账至今仍淹没在历史烟尘之中，我们只能期待后人可以有清算的机会了。

---

[1]《张凤举在日办理劫物归还工作局面报告》，中国第二历史档案馆，全5，卷11682。转引自孟国祥《大劫难：日本侵华对中国文化的破坏》，第286页。

第十章

书魂永在：新中国成立初期私家藏书归公记

　　关于典籍归公，学界的观点不一。典籍归公是不是一个应然的结果，用百川归流这么一个形容自然现象的词语来指代典籍归公之举是否轻率？有学者指出，要用尊重和理解的心态对待藏书家，客观考量藏书家收藏归公的心路历程。当然不管出于怎样的立场，私家藏书归公是一个客观的历史事实，我们用写实主义的方法来叙述这段历史时，可能限于史料无法具体描述藏书归公时藏书家的真正心态。既然如此，我们就不必讳疾忌医，理应以一种客观、乐观、淡然的态度处之。尤其是回溯近代以来的藏书文化，面对"敦煌西去，皕宋东行，万卷星散，书香难继"的惨淡史，诸多"有识之士力倡私家秘藏公诸海内，传播文明，开启民智"，于是众多藏书家捐寄家藏，如"百川汇海，得入公藏"，百川归流也就能够代指新中国成立初期藏书文化显著的时代印迹①。

　　在得到解放后进步的时代洪流中，新中国成立初期私家藏书经由各种渠道汇入公藏。从文化的角度来看，意义不但重大而且深远。由赵万里、冀淑英主持编制，中华书局于1959年出版的《北京图书馆善本书目》中有一段话道出中国国家图书馆古籍善本与私家藏书的关系："十年来北京图书馆入藏的善本数量激增，而质量也超过了从前任何时期。这些丰富的善本书籍的来

---

　　① 张志清：《序一》，参见国家古籍保护中心等编《册府千华：民间珍贵典籍收藏展图录》，北京：国家图书馆出版社 2015 年版，第 2 页。

源，除中央文化部大批拨交和本馆从各方面努力采购者外，还有两个来源：一、国内著名藏书家的捐献；二、苏联及其他兄弟国家的赠还。新中国成立后，著名藏书家周叔弢、瞿济苍、刘少山、翁之憙、邢之襄、傅忠谟、赵元芳、蔡瑛、吴良士等先生，以及潘氏宝礼堂把辛勤搜集、世代相传的珍贵古籍无条件地献给国家。这种热爱国家文化事业，化私为公的精神，是值得敬佩的。"① 下面就择代表性藏书家说明其中之详情。

一、广东南海潘氏宝礼堂藏书的归公

"潘捐"在《北京图书馆善本书目》中是"潘氏宝礼堂捐赠"的简称，如此大张旗鼓地标明藏书来源，既有传统书目著录之影响，更是新时代的新现象。在现代中国藏书史上是一个旧时代谢幕一个新时代开始的代表性事件，其重要性在收藏界是众所周知的，"潘捐"是一个时代公开的宣言，不是尘封在历史烟雾的秘辛。"潘捐"作为一个特指的历史事件，并非孤立无伍，与其他如"蔡捐""邢捐""瞿捐""翁捐""周捐""吴捐""傅捐""陈捐""赵捐"一起构成了纪念现代著名藏书家将家世所藏典籍捐入北京图书馆的英明开放之举。时至今日，"潘捐"为代表的典籍归公仍不失为藏书界津津乐道的一段佳话。

近现代潘氏名门有几支，但"潘捐"专指广东南海潘氏而非浙江吴县"贵潘"之潘景郑，亦非广州十三行中"海山仙馆"潘仕成（1804—1873）。潘世滋（1906—1992）生于上海，祖籍广东南海。其父潘宗周（1867—1939）字明训，1919 年到上海，好藏书有"佞宋"之癖，所购宋元旧版皆经藏书版本大家张元济、徐森玉鉴定。潘宗周在《宝礼堂宋本书录》自序中

_____

① 北京图书馆善本部编：《北京图书馆善本书目》（八卷），北京：中华书局 1959 年版，序一页。

说起了"宝礼堂"之来源：1928 年，"时项城寒云公子卜居沪渎，有友介以相见，兼携宋刻《礼记正义》《公羊经传解诂》二书至，自言资斧不给，欲以易钱。余方发愿买书，亟如所需畀之。《礼记》者，宋南渡后三山黄唐所刊，旧藏曲阜孔氏，海内传为孤本。余适构新居，落成之日因颜曰：'宝礼堂'，以志喜也。既幸其书之归余，思为之流通，募工摹刻，以公诸世。"[①]他还简要叙述了寒云公子即袁世凯的二公子袁克文所藏宋元珍本的递藏过程及"宝礼堂"收集民间藏书的来源："寒云蓄书美且富，自号为'后百宋一廛'。情意既迁，渐萌厌倦，亦日斥其所藏以易其新嗜之物。其所储善本归余插架者，什之六七。余有佞宋之癖，非天水佳椠，概从屏斥。于是'百宋一廛'之故物，由艺芸精舍，而宜稼堂，而海源阁，而读有用书斋者，均先后入于宝礼堂。"[②]由之，伦明有"百宋何妨又一廛，俗人雅事喜能兼"之赞语[③]。宋刻《礼记正义》是袁克文在 1914 年，以万金从完颜景贤处卖得。而完颜景贤与之近代藏书家盛昱之子私交很好，1912 年郁华阁藏书散出，其宋刊佳品多归于完颜景贤之手。才仅十余年后，这批书连同大部寒云精品即因穷困而再度转手。[④]潘宗周不无感慨地说："二十年来日积月累，综其所得，亦略与荛圃（黄丕烈）相埒。荛圃生承平之世，文物休明，故家奔藏时有转徙。历百余年，迭遭兵燹，名编秘帙多付劫灰。余生古人后，掇拾丛残，引跂前尘，犹足方驾讵不幸欤。"[⑤]

1939 年，《宝礼堂宋本书录》刊印不久，潘宗周去世。宝礼堂藏书由其子圣约翰大学教授潘世兹继承。当时上海已经战云密布，1941 年沦为孤岛。潘世兹将便这批珍本秘密地转运香港，当时日本、美国都有人竞购，尤其是

---

① 潘宗周编，柳向春标点：《宝礼堂宋本书录》，上海：上海古籍出版社 2007 年版，第 137 页。

② 潘宗周编，柳向春标点：《宝礼堂宋本书录》，第 137、138 页。

③ 伦明等：《辛亥以来藏书纪事诗》（外二种），北京：燕山出版社 1999 年版，第 131 页。

④ 参见李红英：《寒云藏书题跋辑释》，北京：中华书局 2016 年版，第 3—11 页。

⑤ 潘宗周编，柳向春标点：《宝礼堂宋本书录》，上海：上海古籍出版社 2007 年版，第 138 页。

美国文物收藏家侯士泰最为活跃，他携带大量美元到处探询故家旧族，随时准备收购。潘世兹宁可每年支付汇丰银行极高昂的租金亦不为所动。1951年，潘世兹从香港致函国家文物局局长郑振铎，提出将宝礼堂藏书全部捐献国家。郑振铎闻讯非常高兴，时值中央已注意并拨巨款准备派员赴港抢救、收购滞留香港的文物。周总理还专门批示道"必须购买有历史价值的文物，不得买古玩"。恰巧此时古籍版本学家徐森玉的儿子徐伯郊由港来京，徐伯郊当时在香港工作，由于家学渊源，且亦喜藏书、能鉴别，与诸多藏家均熟识。遂由郑振铎出面与徐伯郊联系，后又由郑振铎邀请郭沫若、徐冰、阳翰笙、王冶秋等知名人士在文化俱乐部与徐面谈，以国家名义正式委托徐伯郊在香港代购珍贵文物，并具体办理有关接收潘氏宝礼堂藏书的一切事宜。经徐伯郊往返奔走，此大宗瑰宝终于安全抵达上海。政务院又为此特批了专列，由上海直运北京，入藏北京图书馆善本室，大大丰富了中国国家图书馆的善本藏书。[①]

二、浙江吴县潘氏宝山楼藏书的归公

宝山楼藏书是经由潘景郑之手捐入公藏。

潘景郑（1907—2003），原名承弼，江苏吴县人，六世藏书，他与兄潘承厚[②]继承了祖父潘祖同"竹山堂"四万卷的藏书，1922年至1936年，积书增至三十万卷。1929年，吴县书肆中传出一部大字本《后山居士文集》，书上钤有"晋府书画之印""敬德堂图书印"等印章，应系珍本，但由于纸

---

① 参见宋路霞：《百年收藏：20世纪中国民间收藏风云录》，上海：复旦大学出版社1999年版，第264、265页。

② 潘承厚（1904—1943）字博山，善画山水、花卉。有《明清藏书家尺牍》《明清画苑尺牍》传世。潘博山早年丧父，独立支撑门户，不仅将祖传有200多年历史的吴县横塘潘万成酱园业振兴起来，史称"潘酱园"，还办起电气公司、银行等，成为著名的实业家。

色晦暗，藏书家多误为明代翻刻本。潘氏兄弟以其不凡，以二百金购之，由此将藏书处更名为"宝山楼"，并将之作为镇库之宝。1936 年，傅增湘作明弘治本《后山集》题跋时曾记起昔年到潘宅看此本时的情形："字大如钱，气息朴厚，每半叶九行，行十五字，版心刻工有眉州某某刊字。……披玩再三，惊喜出于意表，盖不特为海内孤行之帙，亦实为后山集传世最早之编。"① 由此傅增湘认为此本正是缪艺风晚年曾语谈到并多方访寻的清吴荣光荷屋之旧藏，当是宋刊本无疑。有学者指出："宝山楼藏书，初为治学考览，免阅肆借觚之苦，故自经史子集以逮百家杂说，求其大致具备。进而由于潘景郑受老师章太炎的影响，意欲编写南明史，又打算与潘承厚共同编纂苏州艺文志，故对明末史料及乡邦文献刻意搜采。虽然这两件事后来因故中辍，但相关书籍却入藏颇丰而成为重点。"② 宝山楼藏书广搜宋元旧本，真如王謇所说"滂熹斋溯收藏富，金薤琳琅旧雅园"，除"玄箸超超七略存"之收藏外，潘景郑还"渊博当今刘子政"。③ 他与吴中藏书家邓邦述、丁祖荫等多有交流，请益版本目录学问，成一时名家。但形成宝山楼典藏特色的却是大量清代抄校稿本，稿本有焦循《孟子正义》、朱彝尊《文稿》等，校本有钱大昕手校《郑氏遗书》、黄丕烈手校《箫台公余词》等，抄本有南昌彭氏知圣道斋抄本《绛帖平》、海宁吴氏拜经楼抄本《三礼目录》等。这批典籍现藏上海图书馆。

1937 年，日本侵略者炮火使宝山楼蒙受极大损失，三十万卷藏书去掉十之四五。当时为了避难，他将所余书中宋元明刻本与抄校稿本共千余种装箱秘藏。后来他听说，留在苏州家中的大量典籍竟被族人同废纸论斤出卖，连同万块书板也被烧掉，无比痛心。1939 年，张元济、叶景葵等创办了上海合

① 傅增湘：《藏园群书题记》，上海：上海古籍出版社 1989 年版，第 697 页。
② 陈燮君、盛巽昌：《20 世纪图书馆与文化名人》，上海：上海社会科学院出版社 2004 年版，第 393 页。
③ 伦明等：《辛亥以来藏书纪事诗》（外二种），北京：燕山出版社 1999 年版，第 234 页。

众图书馆，潘景郑受邀主管古籍编目工作，得以泛览合众群籍。他与姐夫顾廷龙合作编撰的《明代版本图录初编》，遍收明版二百余种，分类别，撰提要，拍书影，并编制综合索引，1941年的上海正处于孤岛时期，这部书籍的出版填补了中国版本学一空白。

因此，潘景郑就虑及私人藏书当世尚难以长守，遑论子孙永宝，于是在共和国成立后，他慨然将宝山楼中属于自己的藏品大多捐给了上海图书馆，包括古籍及近代文献1300余种，及大宗金石拓片。清末缪荃孙号称收藏金石拓片之首，据其《艺风堂考藏金石目》所载仅1.08万通，而潘景郑所捐多达近二万种。

解放后他入上海历史文献图书馆工作，从合众图书馆到历史文献图书馆的十数年中，潘景郑编成《海盐张氏涉园藏书目录》等私家书目14种、《上海历史文献图书馆藏书目录》一至五编，撰写馆藏书志初稿12册。他一直认为藏书归公，方能世守，并能发挥书籍的最大功用。因此，在落实政策时，他仅要回了一些做学问必备的工具参考书，而将百余种善本甚至老师章太炎的信札、诗稿等捐给国家。

三、天津周叔弢自庄严堪藏书的归公

周叔弢家世收藏，祖周馥、父周学海均藏书大家。周叔弢藏书标准有"五好"：刻版好、纸张好、题跋好、收藏印章好、装潢好。他毕生收集到各类古籍37000余册，其中宋、元，明刻和名家精校精抄善本，就有700余种，2600余册。后来这些书籍相当部分捐入北京图书馆，1959年《北京图书馆善本书目》出版时，标为"周捐"，以示表彰。

周叔弢访书、求书的目的是为了保存和抢救民族文化。在他的藏书中，山东海源阁旧藏有55种。其中有周叔弢珍爱的清藏书家黄丕烈旧藏，并因藏有宋版书《陶渊明集》和《陶靖节诗》而命名书屋为"陶陶室"。这两部书曾于清道光年间，由海源阁杨以增收藏。海源阁书散出后，两书也天各一方。周叔弢先购得《陶渊明集》，此后又以 4000 元的天价将另部《陶靖节诗》买下，终使两陶合璧。其余五十多部海源阁散佚之书，也是周叔弢费尽心力和财力悉心收集的。虽屡有"索价奇昂，无力支付"的望书兴叹，甚至"举债收得"，如清黄丕烈批校、康熙陆缪家抄本《蜕庵诗集》和清抄本《河南邵氏闻见后录》两书。在他收藏的这批海源阁旧藏中，多为宋元刻本及名人校跋本，如宋刻本《南华真》；宋杭州刻本《新序》，清黄丕烈、金锡爵、杨绍和跋；宋淳熙二年（1175）镇江府学刊公文纸印本《新定三礼图集注》，清钱谦益跋；宋绍兴十八年（1148）荆湖路安抚使司刻递修本《建康实录》，宋蜀刻小字本《王摩诘文集》，宋婺州市门巷唐宅《周礼注》，金刻本《通鉴节要》，元刻本《稼轩词》《复古篇》《梅花百咏》《尔雅》等。此外，还有明刻《广雅》清顾广圻、黄丕烈校跋，毛氏汲古阁影元抄本《字鉴》，明崇祯三年（1630）叶奕抄本《李群玉诗集》，明铜活字印本《开元天宝遗事》，等等。周叔弢的悉心搜集，使海源阁这些散失于外的珍本秘籍得以比较集中保存下来。周叔弢藏书中，宋版《东观余论》，宋绍定五年黄埒刻本《黄山谷诗注》，汲古阁影宋抄本《东家杂记》等书，流于日本，他及时出资才使这些典籍完璧归赵。因此，1942 年元旦日，周叔弢在手订《自庄严堪善本书目》卷首附言，嘱咐家人待"宇内无事"时，要将所藏古籍"应举赠国立图书馆，公之世人，是为善继吾志"。这是弢翁以文字形式正式提出向国家捐献藏书的心愿。[①]

1949 年 7 月，当周叔弢得知当时故宫博物院所藏宋版书《经典释文》所缺少的第七卷在某人手中，而此人又不愿将它售于国家图书馆时，他决然地以二两黄金将它买下，遂即赠予故宫，使其合为完璧（后归入北京图书馆）。

1951 年 8 月 20 日，周叔弢"顷阅报载"北京图书馆举办由苏联列宁格

---

① 李国庆编著，周景良校定：《弢翁藏书年谱》，合肥：黄山书社 2000 年版，第 141、144 页。

勒大学东方图书馆所移赠的《永乐大典》展览，内列 11 册，致函北京图书馆："仆旧藏《永乐大典》一册（杭字韵，卷七六〇二至七六〇三）谨愿捐献贵馆，不敢妄希附伟大友邦之骥尾，以传珠还合浦，化私为公，此亦中国人民应尽之天责也。"[①]周叔弢遂将此书捐献给北京图书馆。1952 年，他又向北京图书馆捐献了所藏历代古籍善本凡 715 种，共 2672 册。为此，文化部社会事业管理局致函周叔弢："此次先生将历年收集之宋元明刻及抄校善本古籍全部捐赠政府，化私为公，无任景佩。"[②]

周叔弢还捐赠给天津市的图书馆大量典籍。1954 年 9 月，向南开大学捐赠中外文图书、小册子共计 3521 册。1955 年 5 月 21 日，向天津市人民图书馆完成捐献古籍线装书 3167 种、22626 册。[③]1973 年 6 月，天津图书编印《周叔弢先生捐献藏书目录》，择录弢翁捐献古籍线装书 1827 种、8572 册，其中以明清善本及各类活字印本、影印宋元刻本及部分稿本为特色。

1981 年 3 月 8 日，为表扬弢翁捐献文物、图书之爱国精神，天津市人民政府颁发奖状，以资表彰。9 月 28 日，天津市人民图书馆和故宫博物馆联合举办"周叔弢张叔诚同志捐献文物图书展览"，历时一个月。

正如伦明《辛亥以来藏书纪事诗》中所说"可笑潜园徒识数，岂闻一璧低连城"[④]，我们要透过周捐的数字，深思弢翁之捐所彰显的藏书来之于人民又归之于人民的伟大历史逻辑！

四、对著名藏书家捐书归公的纪念

前文所提"蔡捐""邢捐""瞿捐""翁捐""吴捐""傅捐""陈捐""赵捐"

---

① 李国庆编著，周景良校定：《弢翁藏书年谱》，合肥：黄山书社 2000 年版，第 176 页。
② 李国庆编著，周景良校定：《弢翁藏书年谱》，第 177 页。
③ 李国庆编著，周景良校定：《弢翁藏书年谱》，第 182 页。
④ 伦明等：《辛亥以来藏书纪事诗》（外二种），北京：燕山出版社 1999 年版，第 125 页。

都是著名藏书家将私藏珍本捐给国家的纪念性称呼，现予以简要介绍。

"蔡捐"即蔡瑛先生捐赠之简称，其所捐明弘治九年周木刻本《五经五卷》十六册列《北京图书馆善本书目》经部部类第一条。蔡瑛为民国时期鄞县著名藏书家张寿镛（1876—1945，字伯颂，号咏霓）妻子。张寿镛曾入"文献保存同志会"，与郑振铎等在上海沦陷区抢救古籍善本。伦明先生曾指出："王张潘李散如烟，官去无权保简编。"①此处王张潘李即是辛亥以来在财部工作的王叔鲁、张岱杉、李赞侯、潘馨航、张咏霓等皆好聚书者，张咏霓约园藏书总藏量达 16 万卷，所藏以乡邦文献为特色。1930 年开始将搜集的浙江地方文献刻为《四明丛书》10 集，收浙江鄞县古今先贤人物著作总集205 种。据《元明刊本编年书目》统计，著录元刻本及元刻明修本 5 种，明刻本 707 种，明刻本中有嘉靖刻本 218 种、万历刻本 250 种。1953 年，蔡瑛将约园 4 万余册藏书中的善本、孤本、精抄本捐献给北京图书馆，普通本（包括清初刻本）则归之中国社会科学院文学研究所，部分著作分藏于北京大学图书馆、上海图书馆、华东师范大学图书馆、宁波天一阁，《四明丛书》雕版捐存浙江图书馆。②

"邢捐"即邢之襄先生捐赠之简称，其所捐明崇祯秦镁刻本《九经》三册列《北京图书馆善本书目》经部部类第三条。邢之襄（1880—1972）字赞廷，一作赞亭、詹亭。直隶南宫（今属河北邢台）人，毕业于日本东部帝国大学德法科。曾供职于北京政府，曾任国民政府司法部参事督办、天津市政府秘书长等职。后致力于发展经济实业，并喜收藏古籍，经常到北京隆福寺等书肆收购古籍，所藏甚富，以收明本见长，兼收清本。邢之襄还为北平和平解放积极奔走，劝说傅作义起义以保护故都文物，解放后任北京文史馆馆长。1952 年，邢之襄将历年所收善本 437 种 3646 册，全部捐入北京图书馆。

① 伦明等：《辛亥以来藏书纪事诗》（外二种），北京：燕山出版社 1999 年版，第 137 页。
② 参见凌冬梅《浙江女性藏书》，杭州：浙江工商大学出版社 2015 年版，第 140 页。

"瞿捐"即瞿氏铁琴铜剑楼所捐书籍。解放前，瞿启甲、瞿凤起捐赠北平图书馆书籍，据《国立北平图书馆馆务报告》（民国十九年七月至二十年六月）之附录三（个人赠书记载）就有 12 种 20 册。加之 20 世纪 50 年代，瞿济苍所捐，瞿氏数次捐赠北图藏书共计 595 种约 4000 册。① 再依据《北京图书馆善本书目》中记载之"瞿捐"书籍，分类统计详情如下表。

《北京图书馆善本书目》"瞿捐"书籍分类统计表

部别	类别	种	册	部别	类别	种	册
经部	总类	1	1	史部	纪传类	8	255
	书类	1	10		编年类	6	152
	诗类	3	36		纪事本末类	1	8
	礼类	4	33		奏议类	3	9
	春秋类	7	132		传记类	5	16
	四书类	3	33		地理类	6	29
	群经总义类	1	12		政书类	2	61
	小学类	10	62		金石类	3	37
					目录类	2	15
					史评类	4	58
					史抄类	2	84
小计		30	319	小计		42	724

资料来源：仲伟行等编著.铁琴铜剑楼研究文献集［M］.上海：上海古籍出版社，1997：85.

"翁捐"即常熟翁氏藏书之捐赠。翁氏家世书香，翁心存、翁同书、翁同龢父子皆博学多才，好藏书。翁同书藏书为其子翁曾源所承，名其藏书处

---

① 仲伟行等编著：《铁琴铜剑楼研究文献集》，上海：上海古籍出版社 1997 年版，第 85 页。

曰"华严室"。翁曾源去世后，藏书归曾孙翁之熹。1950 年夏，翁之熹有意将家藏捐出，赵万里、高熙等北京图书馆专业人员住翁之熹家，遴选藏籍，历时半月。所选善本入藏北京图书馆。有《常熟翁氏捐献书目册》一部。后赵万里等编成《北京图书馆善本书目》，其中记载"翁捐"书总数就有 2413 册，其中有翁心存手迹、翁同书批跋或校订、翁同龢批跋校订及手抄本等。另有非"翁捐"书籍，如翁心存所著《知止斋遗集》稿本 111 册，翁同龢著《瓶庐丛稿二十六种》稿本 30 册等，十分珍贵，是赵万里从常熟搜集所得。①

"吴捐"系吴良士先生捐赠家藏典籍，吴良士为著名藏书家吴梅之子。吴梅（1884—1939）字瞿安，号霜崖，江苏吴县人。早年参加南社，好诗词收藏与研究，号称"一代词宗"。曾执教于北京大学、东南大学、中山大学、金陵大学。著有《中国戏曲概论》《奢摩他室曲》等多部。吴梅收藏以词曲为大宗，经常出入琉璃厂、隆福寺书肆，由清刊本以至明本，立志收藏一百种明嘉靖刊本，故颜所居曰"百嘉室"。又，一意求书，建"奢摩他室"，由于"丁丑之役（1937），东邻肆虐"，上海涵芬楼化为灰烬，当时吴梅"适与楼主持海盐张菊生太史（元济）立约印行《奢摩他室曲丛》红纱、绿纱诸孤本二十八种，悉燔焉"。由之王謇先生叹曰："曲海词山百嘉室，弹丸海上最伤心。"② 吴梅编有《瞿安书目》《百嘉室藏书目》，计有元刊 3 种、明刊 80 余种、清内府套印本 50 余种、元明清本曲目 476 种。③《北京图书馆善本书目》著录"吴捐"有 170 余种。

"傅捐"，即"双鉴楼"主人傅增湘之子傅忠谟捐赠。傅增湘（1872—1950），字沅叔，四川江安人，自号藏园、藏园居士。因藏有宋刻本《资治通鉴》、宋内府写本《洪范政鉴》，故名其藏书楼为"双鉴楼"。晚年的傅增

---

① 参见戈炳根《常熟国家历史文化名城词典》，上海：上海辞书出版社 2003 年版，第 448 页。

② 伦明等：《辛亥以来藏书纪事诗》（外二种），第 153 页。

③ 范凤书：《中国著名藏书家与藏书楼》，郑州：大象出版社 2013 年版，第 400 页。

湘深知私人藏书深知私家保守之害不利于书籍的长期保存。他在《双鉴楼藏书续记》序中说："物之聚散，速于转轮，举吾辈耽玩之资，咸昔贤保藏之力，又焉知今日矜为帐秘者，他日宁不委覆瓿耶！天一散若云烟，海源蹢于戎马，神物护持殆成虚语。而天禄旧藏重光黎火，液池新筑起岑楼，瑶函玉笈，富埒娜澴，信知私家之守不敌公库之藏矣！"[①] 因此，1944年春，便将所藏的宋元刊本、名家抄本之精粹数百种，以及其手校书16000余卷，捐赠给北京图书馆。1948年，傅增湘重病时，又叮嘱长子傅晋生把最著名的"双鉴"捐赠国家，并嘱身后所遗善本精粹不能分散。1949年10月，傅增湘之子傅忠谟将"双鉴楼"所珍藏的善本图书捐献给北京图书馆。《北京图书馆善本书目》著录"傅捐"善本即有280种之多。1950年，其家人又将另一批明清以来的普通善本34000余卷，捐赠给家乡四川。一部分藏于重庆图书馆，大部分今存四川大学。据闻，藏书家周叔弢原藏有宋代浙刻本《大方广佛华严经》，但在捐赠国家图书馆时尚缺一册。1992年，傅增湘之孙傅熹年得知家藏一册可补其缺，便和家人一起商议，慨然将珍贵家藏捐赠，使此书合为全帙。由此可见，傅家捐书一脉相承后继有人。傅增湘藏书，不私宝以终，而慷慨捐赠国家之举，不仅受到政府嘉奖，也为后世学子提供了难得的方便，让古代藏书起到了应有的作用，堪称遗泽千古！

"赵捐"，即赵元方先生捐赠。赵钫（1895—1974）字元方，蒙古族，鄂卓尔氏，著名藏书家、文物鉴定专家，其藏品以活字本书最具特色，兼及墨、砚及印章。赵元方的祖父荣庆，曾于光绪朝任协办大学士入掌军机。辛亥革命后，赵元方废去蒙古姓氏，以蒙古姓氏的译音，始改姓赵。赵元方与书商王晋卿友厚，故常委之代为采集旧籍，并相互切磋版本之学，故其收藏颇得王晋卿襄助，多宋金元明刻本，尤以收藏明代铜活字印本为著。著名学者郑天挺、谢国桢、王利器、陆宗达、黄焯等人皆常去其家观书，中华书

① 傅增湘：《双鉴楼藏书续记》，民国十九年（1930）傅氏藏园刊行，序二页。

局、北京图书馆亦常与赵先生有书文往来。解放后，择其精本，捐献给北京图书馆，多是罕传善本。如敦煌出土唐写本《南华真经》，唐写本《老子》，金刻本《南丰曾子固先生集》，明弘治年间华燧会通馆铜活字印本《容斋五笔》，明弘治年间铜活字印本《西庵集》，明正德年间兰雪堂铜活字印本《白氏文集》，正德年间铜活字印本《庄子虞斋口义》，明嘉靖年间锡山安国铜活字印本《吴中水利通志》，明嘉靖年间安氏铜活字印本《颜鲁公文集》《古今合璧事类备要》残本，明隆庆年间活字印本《凤洲笔记》、五云溪馆铜活字印本《玉台新咏》等皆为活字印本中之精华①。

在近现代中国藏书文化史上，藏书家群体的典籍归公之举，可谓昭日月、泣鬼神。

---

① 殷芳、郑再帅：《藏书家赵元方》，载北京市西城区政协文史和学习委员会编《白塔寺地区》，北京：中国文史出版社 2011 年版，第 445、446 页。

第十一章
化身千百：私家藏书归公整理与出版

继绝存真，传本扬学。私家旧藏古籍文献作为传统文化的重要组成部分，对之开展整理和研究是学界不可推卸的责任与使命。当前文献学界赖以发展和兴盛的基础就是流传至今的古籍文献，对古籍的分类、编目、出版、研究固然是文献学的基本任务，而在饮水思源的理路之下，很多公藏古籍之来路乃历代私家旧藏。纵观当代典籍公藏格局，不仅有占主体地位的中国大陆各类图书馆典籍收藏，还包括分散在中国台湾、中国香港及海外各国图书馆的典籍。近年来，中外典籍普查工作深入开展，一批古籍书目得以面世，而诸多原本可谓稀世之珍的古籍亦化身千百，纷纷整理影印出版。从影印出版的典籍文献中，我们看到了累累钤印，从这些朱红的印章，我们能够深味无数藏书家对于保存旧籍、弘扬文化的价值期许，因此从私家藏书文化角度探讨典籍归公的成就与意义就显得非常必要。

一、私家藏书归公成果表彰与再现

在各种古籍目录中，我们最能发现私家旧藏之印迹。如近代以来，各大图书馆逐步积累的馆藏古籍编目记录，及各学科专家编纂的各种专科目录，解放后比较著名的是《北京图书馆善本书目》《中国丛书综录》《中国古籍善本书目》（简称《善本书目》）、《中国古籍总目》（简称《古籍总目》）等。由赵万里、冀淑英主持编制，中华书局于 1959 年出版的《北京图书馆善本书目》曾提及善本书籍的来源，除中央文化部大批拨交和本馆从各方面努力采购者外，还有一个来源就是苏联及其他兄弟国家的赠还："最近几年，苏联政府赠还金刻本刘知远《诸宫调》和《永乐大典》六十四册，一九五五年德意志民主共和国赠还《永乐大典》三册。"① 近年来完成的《中华再造善本》（简称《再造善本》）也是私家藏书归公典籍的一次大展示。

1. 各种善本书目对归公典籍的揭示

学界"善本"一般指精校、误字较少、稀见旧刻、名家抄校、手稿。书目据此选取具有历史文物性、学术资料性、艺术代表性而又流传较少的书籍，但不包括少数民族文字古籍。著名文献家顾廷龙等学者总其事的《中国古籍善本书目》按经、史、子、集、丛 5 部编排，分部出版。其经部 1989 年、丛部 1990 年、史部（上下册）1993 年、子部 1994 年、集部 1996 年由上海古籍出版社先后出版，这是中国现存公藏善本书目的总汇，收录了各级各类公藏部门如各省、市、自治区图书馆，博物馆，文物保管委员会，高等院校等 781 家单位的现存善本图书约 6 万多种，13 万部，但台湾省除外。各部类所收各书以著者的时代先后为序；同书有多种版本者，亦按时代先后，先刻本，次抄本，有稿本者排在各本之前。每部书依次著录其书名、卷数、编著注释者、版本、批校题跋者及统一编号。每部书之后有藏书单位代码表和藏书单位检索表。② 从《善本书目》对各类善本古籍的编目和揭示，我们不难看出私家旧藏在其中的重要作用。

《中国古籍善本书目》所收典籍以经部为例多见旧家收藏之迹，晚清近代著名藏书家翁同书、丁丙、傅增湘、王大隆等过手、录存、校跋之书比比

---

① 北京图书馆善本部编：《北京图书馆善本书目》（八卷），北京：中华书局 1959 年版，序一页。

② 《中国古籍善本书目》[EB/OL]，https://www.dpm.org.cn/lemmas/244436.html?hl=%E4%B8%AD%E5%8C%BB%E4%B9%A6%E7%B1%8D [2018–12–28]。

皆是。清华大学图书馆研究馆员刘蔷曾有一个估计："现在几乎所有存世的古籍善本，九成以上都是经过历代私人藏书家递传而来。"[①]于今而言，公藏数量的确庞大，但这些书上遍布历代私藏旧家之印记，足见藏书家们对中国文化典籍保护的拳拳之心。虽然，在中国古籍由私藏为主转为公藏之后，《中国古籍善本书目》所收善本并非中国现存善本的全部，没有著录图书行款、没有标识现存何馆，也对民间私藏古籍善本关注较少，但它仍然是中国目前最为全面的古籍善本总目。好在古籍著录时，披露了很多典籍过手、录存、校跋信息，这对我们了解这些善本典籍递藏过程有直接的启示。现仅以经部第一卷的总类、易类、书类等三部分为例来说明私家藏书归公的成绩。

部别	类别	题名	著者及版本	收藏情况
经部	总类	十三经注疏三百三十五卷	明嘉靖二年李元阳刻本	丁丙跋，丁立中跋
		十三经注疏三百三十五卷	明万历十四年至二十一北京国子监刻本	丁丙跋
		五经疑问六十卷	明姚舜牧撰，明万历六经堂刻本	丁丙跋
		郑学十八种七十二卷	汉郑玄撰，清孔广林辑，清抄本	清叶志诜、赵之谦校并跋
		高密遗书十九卷	汉郑玄撰，清黄奭辑，清道光二十三年黄奭刻本	黄奭校
经部	易类	汉魏二十家易注三十三卷	清孙堂辑，嘉庆四年孙氏映雪草堂刻本	清侯康、陈澧批点
		周易正义十四卷	唐孔颖达撰，宋刻递修本	清翁方纲跋，傅增湘跋

① 《国家图书馆"册府千华——民间珍贵典籍收藏展"鲜为人知的文化护佑》[EB/OL]，http://ltsfgs.zjol.com.cn/system/2015/10/08/020863515.shtml[2019-3-18]。

（续表）

部别	类别	题名	著者及版本	收藏情况
经部	易类	周易兼义九卷唐孔颖达撰音义一卷唐陆德明撰 略例一卷魏王弼撰唐邢注	明万历十四年北京国子监刻十三经注疏本	傅增湘校并跋
		易小传六卷系辞补注一卷	宋沈该撰，明祁氏淡生堂抄本	清沈复粲跋，张钧衡跋
		周易本义十二卷易图一卷赞一卷筮仪一卷	宋朱熹撰，清康熙内府刻本	清丁晏跋
		周易本义四卷筮仪一卷图说一卷卦歌一卷	宋朱熹撰，清刻本	清刘庠批校，王大隆跋
		郭氏传家易说十一卷	宋郭雍撰，清乾隆四十二年杭州府刻聚珍版丛书本	清卢文弨校并跋，清丁丙跋
		诚斋先生易传二十卷	宋杨万里撰，明嘉靖二十一年尹耕刻本	丁丙跋
		周易详解十六卷	宋李杞撰，清乾隆翰林院抄本（四库底本）	丁丙跋
		易象义十六卷	宋丁易撰，清张氏爱日精庐抄本（卷六至八配清抄本）	丁丙跋
		易经旁训三卷	元李恕撰，明万历二十三年郑汝璧、田畴等刻五经旁训本	清李承澍批点，章钰跋
				清翁方纲圈点、徐同柏跋
		周易参义十二卷	元梁寅撰，清康熙成德刻通志堂经解本	清清翁同书批注并跋

（续表）

部别	类别	题名	著者及版本	收藏情况
经部	易类	周易通略一卷	明黄俊撰，明抄本	丁丙跋
		周易洗心七卷首二卷	清任启运撰，清抄本（四库底本）	丁丙跋
		周易类经二卷	清吴颖撰，清抄本	丁丙跋
		周易本义辨证六卷	清惠栋撰，稿本	叶景葵跋
			清惠栋撰，清抄本	清翁方纲跋
		易例不分卷	清惠栋撰，清抄本	清严长明校并跋，丁祖荫、愈鸿铸跋
		周易乾凿度二卷	汉郑玄注，清乾隆二十一年卢见曾刻雅雨堂丛书本	清唐仁寿录翁方纲校跋并录清惠栋校注
			汉郑玄注，清惠氏红豆斋抄本	清惠栋、翁方纲、丁晏、刘履芬校，丁丙跋
		易纬稽览图二卷	汉郑玄注，清何氏梦华馆抄本	佚名录清丁杰批，清劳权、丁丙跋
		古三坟一卷	明万历程荣刻汉魏丛书本	傅增湘校并跋
经部	书类	古文尚书十三卷	题汉孔安国传，杨氏邻苏园抄本	杨守敬、叶景葵跋
		尚书正义二十卷	唐孔颖达撰，宋两浙东路茶盐司刻本（卷七至八、十九至二十配日本影宋抄本）	杨守敬跋
		书古文训十六卷	宋薛季宜撰，清康熙成德刻通志堂经解本	王国维校并跋
		东莱先生书说十六卷	宋吕祖谦撰清严元照抄本	清严元照校并跋，丁丙跋

（续表）

部别	类别	题名	著者及版本	收藏情况
经部	书类	书经集注十卷	宋蔡沈撰，明刻本	李盛铎跋
		尚书要义二十卷序说一卷	宋魏了翁撰，清震无咎斋抄本	清翁心存校并跋
		书经金氏注十二卷	宋金履祥撰，清抄本	清陆心源、周星诒跋
		尚书谱不分卷	明梅鸑撰，明抄本	清顾广圻校并跋，丁丙跋
		古文尚书撰异不分卷	清段玉裁撰，稿本	清臧庸签注，清佚名录钱大昕校注，吴重熹、叶景葵跋
		程尚书禹贡论二卷后论一卷山川地理二卷	宋程大昌撰，清康熙成德刻通志堂经解本	傅增湘校并跋
		尚书中候郑注五卷	清孔广林辑，清抄本	清赵之谦批
		晚书订疑三卷今古文尚书授受源流一卷	清程廷祚撰，清乾隆三余书屋刻本	叶德辉跋

以上仅为总类、易类、书类中藏书家归之公藏之一部，其中丁丙、傅增湘、翁方纲过手收藏为最常见，而杨守敬、王大隆（欣夫）、叶德辉、叶景葵等藏书家亦不遑多让。由圈点、批校、题跋等显示不同藏书主体印迹的方式，可见这些大藏书家爱书用书读书之心，他们以其私藏归公之举保护了文脉流传之绪。

相较《中国古籍善本书目》，从 1978 年开始筹备，1992 年才正式启动的《中国古籍总目》编纂工作，到了 2009 年始告完成出版。《古籍总目》以古代至民初撰著并经写抄、印刷的历代汉文书籍为收集范围，汇聚各家馆藏记录，采用经、史、子、集、丛书五部，分类著录各书的书名、卷数、编撰者时代、题名及撰著方式，出版者、出版时地、版本类型及批校题跋等信息，同时标列各书的主要收藏机构名称，基本上做到了类例分明、部次得当、著录完整。作为立目原则中，《古籍总目》亦注意到历代藏书家所藏："一书曾经名家递藏，或有历代学者批校题跋，不单独立目而于版本等项加注说明。"《古籍总目》著录了现存中国古籍 17 万余种，这些公藏古籍到底有多少种是名家收藏过的，还需要进一步的研究。

《再造善本》工程也是昔日私藏归公后的精品呈现。文化部、财政部于 2002 年共同启动了"中华再造善本"工程。其编纂分唐宋编、金元编、明代编、清代编、少数民族文字古籍编，凡五编。每编所选书目按传统的经、史、子、集、从类归。五编中每书之布局，则以《中国古籍善本书目》各书排序为准。该工程分两期进行：一期工程为《唐宋编》《金元编》，共计选目 758 种，2007 年完成 8990 册的制作，分别赠送国家图书馆、国内 100 所高等院校和 31 家省、区、市图书馆以及中国文字博物馆收藏。2008 年 9 月，《再造善本》（续编）工作正式启动，续编内容为《明代编》、《清代编》及《少数民族文字文献编》，共计选目 583 种。其中，《少数民族文字文献编》收录了 29 种少数民族文字古籍。"中华再造善本工程"及续编工程以"继绝存真，传本扬学"为宗旨，影印出版各类古籍善本 1341 种 2377 函 13395 册另 5 轴，分藏于全国各大图书馆。从古籍文献的保护角度来说，影印出版是长期以来古籍再生性保护的重要和常见手段，能"使珍稀的孤本、善本化身千百，分藏于各地，确保珍贵文献的传承安全"并"扩大流通，促进古籍善本最大限度的传播和利用"。[1] 尤其是"一些今天原本已散佚的宋元古籍，经明清时期藏书家影抄、刻印，其形象、内容得以保存，亦是极其珍贵的史料"[2]。所以，学界普遍认为影印出版是保护利用古籍的最佳选择。[3] 中华再造善本及其续

---

① 中华再造善本工程规划指导委员会：《〈中华再造善本〉序言》，载《中华再造善本总目提要》，北京：国家图书馆出版社 2013 年版，第 3 页。

② 周余姣：《1949 年以来的古籍影印出版研究述略》，《图书馆论坛》2019 年第 3 期，第 5 页。

③ 周和平：《周和平文集》（中卷），广州：中山大学出版社 2016 年版，第 699 页。

编通过古籍原书拍摄制版、影印，复制或者说再造了原本的文献内容和艺术特征，即所谓"存真"，实现了书的版式、装帧、书中内容和原本基本上一致，使后代藏书家及学者的题跋、题识、题款和钤印得以保留。虽然这种复制的善本没有做旧工序，使善本原本旧的表象，俗称"包浆"，失去其原貌，我们无法对这种历史演进过程中形成的特殊状态进行准确把握。即便如此，我们也不能苛刻地要求现代技术实现古代典籍的完整再现，也能够让我们可以领略原本稀少而不易见的善本、孤本并随着藏书家们的累累钤印徜徉于典籍文化之旅。

还有一点需要我们特别注意，《全国古籍普查登记目录》已经陆续出版了。在这项工作开始之初，中华书局专家徐蜀就已经提出要对当代藏书家如韦力等的私人古籍藏书纳入《总目》。至于汇总的私家藏书之结果及其全面评估亦需俟后详加研究。

2. 近年来域外汉籍公藏书目的出版

虽然很早就有了域外中国古籍的问题，到了 20 世纪 80 年代中期"域外汉籍"话题才在国内学界兴起。目前，中国学界对于"域外汉籍是中国古籍的有机组成部分"这一观点已达成共识。国外图书馆所编的馆藏汉籍图书目录便进入中国学者的视野 [1]，流传并收藏于海外（国外）的中国古籍也被中国学者陆续考查、整理、挑选、影印回国，并在国内出版、流通，如 2006 年中国社科院历史所主持的"域外汉籍珍本文库"列入国家"十一五"重点出版工程，第一辑由西南师范大学出版社和人民出版社于 2009 年共同出版，2010 年复旦大学出版社推出《越南汉文燕行文献集成》，2011 年《域外汉文小说大系》《韩国汉文燕行文献选编》分别由上海古籍出版社和复旦大学出

---

① 谢辉：《欧洲图书馆所编早期汉籍目录初探》，《图书馆理论与实践》2016 年第 2 期，第 96—100 页。

版社出版①。这些工作如今依然方兴未艾，像《美国俄亥俄州立大学图书馆中文古籍书录》《美国国会图书馆藏中文善本书录》《西班牙藏中文古籍书录》等书目，都是海外藏中国古籍整理编目的成果。②此外，严绍璗以二十余年时间，往返日本30余次，调查日本各个藏书机构及私人收藏汉籍的日藏汉籍善本书录（全三册）（中华书局2007年版），著录各书的书名、著者及编校者、版本、藏所，并以按语形式说明典籍的版框大小、行格及字数、版心形式及文字、刻工姓名、序跋及牌记、细目及分卷、藏章印记等；凡中、日藏书目录的著录情况及书内题识文字、图书流入日本的记载及售价、该书在日本的影响及刊刻情况等，则入附录，列于其后。全书共著录日藏汉籍10000余条目，资料详备，是目前著录现今保存在日本的汉籍较最全面的书目。欧美、日本各大图书馆收藏的中国古籍都是中华文化资源的重要瑰宝，能够弥补国内古籍资源之不足，值得我们继续关注和研究。

除了各种原因流失到西方诸国的典籍外，在台湾、香港的典籍数量亦相当可观。台湾《"国立中央"图书馆善本书目》就较为全面的反映出保存典籍状况。该目编订历40年，合旧藏新购及代管珍本，1967年出增订本，4册5卷，原蒋序存于端，时馆长屈万里先生为序，列于次。1986年该增订本再版，书目又有所增加，著录有所订补，馆长王振鹄为二版序。据1957年蒋复璁序，收录古籍善本达到12万余册。其中有宋本201部，金本5部，元本230部，明本6219部，嘉兴藏经1部，清代刊本344部、稿本483部、批校本446部、抄本（包括朝鲜日本抄本）2586部，高丽本273部，日本刊本230部，安南（今越南）刊本2部，敦煌写经153卷。及至1967年增订时，增编了前东北大学善本图书，和抗日战争爆发后，通过当时驻美大使胡

---

① 王勇：《从"汉籍"到"域外汉籍"》，《浙江大学学报》（人文社会科学版）2011年第6期，第8页。

② 毛瑞方：《中国古籍与古文献学的涉外问题》，《河南师范大学学报》2014年第3期，第37—43页。

适，寄存于美国国会图书馆之国立北平图书馆甲库珍籍，总册数已达 13 万 3 千余册。1986 年增订本再版时，又增收河南正阳王氏观复斋藏书 11 部，湖南湘潭袁氏玄冰室藏书 146 部，前交通部移赠善本 22 部。至此，该书目总分经史子集和丛书 5 大类，累计收书 15770 部，另有卷轴 192 卷，图 640 幅。这部分善本古籍主体是四十年代末南京国民党政府拟撤离大陆时而将中央图书馆珍藏 14 万册善本而抵运台省的。"中央图书馆"是南京国民党政府教育部所辖的国家图书馆。台湾的古籍来源还有以下几个部分：一是东北解放前沈阳在东北大学图书馆藏书转运去台，初寄存于台湾省立师范大学。1952 年移交该馆代管，其中善本有 270 多种。二是 1949 年国民党集团败退大陆将国立北平图书馆运台舆图一批，计 261 种 503 件。1954 年交由中央图书馆代管。多为明清所绘，质地有绢、绫或纸，有墨印，亦多彩绘，间有刊印本。三是国立北平图书馆在抗战时期寄存于美国国会图书馆善本 102 箱，在抗战胜利后几经交涉，1965 年寄存台湾，2 万零数百册，善本近 3000 种。台北"国立中央"图书馆成立后，竭力收购流佚图书，国人视为珍宝，抗战爆发，才有寄存美国之举，几经困难，终归故园。[1]

香港中文大学冯平山图书馆所藏古籍亦颇为丰富。冯平山（1860—1931），广东新会会城镇人、慈善家，早年经商致富。1928 年，香港大学为筹办中文学院，募捐经费，冯平山对港人偏重英文、漠视国语文化尤感痛心，故对港大筹办中文学院极为热心："为昌明国学，保存国粹起见，大学汉文科之设立，实刻不容缓。……余助一万元，并欲速其事之早日成之也。对于各界举余担任司库之职，亦乐就之而不辞。"[2]冯平山又以香港地方缺乏稍具规模之图书馆，向香港华商总会建议增办图书馆一所，并捐 1000 元为

---

① 邴玉喜：《台湾〈"国立中央"图书馆善本书目〉绍评》，《古籍整理研究学刊》1989 年第 6 期，第 34—36 页。

② 黎树添：《冯平山图书馆简史》，载《香港大学冯平山图书馆金禧纪念论文集：1932—1982》，香港：香港大学书报出版社 1982 年版，第 16—21 页。

创办费。1929 年，冯平山捐赠《万有文库》一千种予华商总会图书馆，复捐 10 万元予香港大学，以建筑中文图书馆。另 2 万元为图书馆基金，存储银行，每年收息，为维持经费。后鉴于大学维持经费之困难，更增加基金至 5 万元。冯平山图书馆的创设使香港大学成为南中国搜集与保存中国古籍的主要重心，也成为当时香港第一所粗具规模的现代化中文图书馆，成为中国国粹和思想的宝库。[①] 开馆前，法国汉学家伯希和（Paul Pelliot）检视此馆馆藏书目后，称其"藏书极为精良，已足供研究中国学术之用"[②]。冯平山图书馆亦成为当时香港的文化活动中心，先后举办了 1938 年 4 月的"汉代木简展览会"、1939 年 2 月的"古玉展览会"等，促进了研究乡邦文化、发扬民族精神。在香港沦陷期间，"冯平山图书馆担负起保存香港的公私文献的责任，整理庋藏本港各学校、政府机关以至个人藏书，均移存馆内，扮演了保存中国图书、本港文化的角色"[③]。据 2003 年出版的饶宗颐编著的《香港大学冯平山图书馆藏善本书录》，该馆藏善本古籍 704 种，共 11，427 册。以年代分，计有宋刊本 4 种 152 册、元刊本 19 种 406 册、明刊本 228 种 4，760 册、明抄本 20 种 167 册、清初刊本 305 种 5，039 册、清抄本及稿本 84 种 646 册、旧抄本 9 种 63 册、近代抄本 4 种 26 册、清嘉庆以后版本 1 种 2 册及日本刻本 30 种 157 册。

以上诸端，皆为传统藏书资源的重要组成部分，通过研究这些藏书资源的变迁当可见近代中国社会之巨变，虽有很多无奈，但亦是不得不接受的痛苦现实。

---

① 赵建民：《晴雨耕耘录：日本和东亚研究交流文集》，上海：上海人民出版社 2014 年版，第 384 页。

② 罗香林：《香港与中西文化交流》，香港：中国学社 1961 年版，第 243 页。

③ 赵建民：《晴雨耕耘录：日本和东亚研究交流文集》，上海：上海人民出版社 2014 年版，第 385 页。

二、当代民间藏书资源概况

19 世纪以来，随着中国社会转型及图书馆事业的发展，历代流传的典籍，渐次由私人收藏转为公共收藏。20 世纪中叶以后，绝大部分的存世中国古籍，已成为国家及各地公共图书馆、高校及科研机构等图书馆的馆藏。公藏固然成为典籍收藏之主流，但是私家收藏之规模与质量亦不能轻忽。

1. 当代私家藏书的特点

说起当代的民间藏书，有一个藏书家不能不提，即江西南昌新建人王咨臣（1914—2001）。他早年师从著名目录学家姚名达，好藏书，累积 3 万余册，颇多善本、珍本，所藏李鸿章、曾国藩及近代名人的信札、诗笺千余通，南昌乡邦文献、太平天国史料，皆归其藏书处"新风楼"。1959 年，王咨臣奉中央文化部副部长郑振铎之命前往婺源等地访书，共访得 1 万余册，购得洪钧所刻的《四子书》《汪双池文集》等版块 1000 余块①。其藏书大部解放后移交给江西省图书馆。

王咨臣在将近半个世纪的岁月里，为了古籍的抢救和整理，几乎耗尽了所有的心血以及积蓄。在其自撰《新风楼记》曾有这样的描述："节衣缩食，聚书于新风楼中。"1961 年创办面向公众免费借阅的新风楼图书馆，1975 年退休后，虽退休金只有几十元，但为了一部定价七百元的线装本《晚晴移诗汇》，他节衣缩食两年有余，可钱出手时毫不犹豫，得手后则开怀大笑，如获至宝。②与王咨臣相前后，民间图书馆及其藏书资源的开放已有学者进行专题研究，详见下表：

---

① 李玉安、黄正雨：《中国藏书家通典》，北京：中国国际文化出版社 2005 年版，第 991 页。

② 云从龙：《前世今生新风楼》，载宫晓卫主编《藏书家》（第 17 辑），济南：齐鲁书社 2013 年版，第 33 页。

发展停滞时期新生的私人公益图书馆

办馆年份	创办人姓名	图书馆名称	地址	备注
1958	高永兆	霞村图书馆	广东江门蓬江区荷塘镇霞村	已转为村委会办馆
1960	周延泉	秀峰个人文化图书室	浙江衢州江山市张村乡秀峰村	2010年停办
1961	王咨臣	新风楼	江西南昌系马桩街小桃花巷	仍在开放
1972	张连升	张连升自办书屋	山东临沂沂水县道托乡石岭官庄村	仍在开放
1972	周光俊	耕读书屋	贵州贵阳卫城镇大坡寨村	仍在开放
1974	刘石江	婚育文化图书馆	福建宁德寿宁县竹管垅乡竹管垅村	仍在开放
1974	唐雄飞	家庭文化图书室	山西省临汾浮山县天坛镇柏村	不详
1975	王兴宇	王兴宇农家书屋	四川乐山夹江县龙沱乡张山村二社	不详
1976	韩建相	委荣村图书室	广西河池东兰县东兰镇委荣村	仍在开放

资料来源：吴汉华《中国民间图书馆研究》，武汉大学出版社 2014 年版，第 96、97 页。

从馆藏来看，除了著名藏书家王咨臣的"新风楼"比较丰富外，其他民间图书馆均无太大特色。自 1978 年起到 2002 年，国内民间图书馆事业的建设处于继续成长阶段，这段时期的民间图书馆的建设方式比较特殊，一方面公益私人图书馆处在继续成长阶段。另一方面，具有官方背景的公益组织开始大规模援建各类学校或社区图书馆。[1] 解放后，民间藏书家及图书馆的发展境遇固然受当时政策的影响，民间藏书及图书馆作为一种非公有财产，在法律上是不允许的。因此，在公私合营浪潮中，很多民间图书馆大多停办，其藏书也多以各种形式归公。直到改革开放后，国家恢复政策后，民间图书馆才又恢复发展。

2001 年 5 月，王咨臣逝世，其经营大半生的新风楼藏书以及大量著作

---

[1] 吴汉华：《中国民间图书馆研究》，武汉：武汉大学出版社 2014 年版，第 97 页。

为其次子王令策接管，据王令策介绍，目前新风楼内仅古籍的藏量就达到两万卷（册），其中有不少都具有相当高的文化和历史价值：如全国唯一保存完整的清初原刻本《净明宗教录》、明弘治十一年慎独斋刻本《资治通鉴纲目》、崇祯间汲古阁抄本《九僧诗》、顺治间刻本《启祯两朝遗诗》等，另外还有大量地方史志以及包括李鸿章、曾国藩、张之洞、赵之谦、汪精卫、夏敬观、吴昌硕、范金铺等人在内的不下件名人信札和遗墨。[①] 新风楼虽然已经破败不堪，但王令策作为追随父亲将保存书香奉为终身志业的传薪者，细读典籍，深味书香古意，其精神是足可汲取的。

当代藏书家韦力芷兰斋古籍是较为著名的。韦力，20 世纪 60 年代生人，经过近 20 年的潜心收藏，拥有古籍珍藏总数达 11 万余册，22 万余卷。其中包括宋版书 70 多部，明版书 1200 余部，名家批校本及抄校本数百部，活字本 1000 余部，珍贵碑帖 1700 余种。韦力集收藏、研究、刊刻于一身，现已出版著作《批校本》（江苏古籍出版社 2003）、《古书收藏》（辽宁画报出版社 2004）、《书楼寻踪》（河北教育出版社 2004）、《古籍善本》（福建美术出版社 2007）、《中国古籍拍卖述评》（紫禁城出版社 2011）、《芷兰斋书跋初集》（国家图书馆出版社 2012）、《鲁迅藏古籍漫谈》（福建教育出版社 2013）、《芷兰斋书跋续集》（国家图书馆出版社 2013 单）、《古书之美》（新星出版社 2013）、《芷兰斋书跋三集》（国家图书馆出版社 2014）、《古书之媒：感知拍卖二十年樵谈》（广西师范大学出版社 2014 年）、《失书记得书记》（广西师范大学出版社 2015 年）。同时，韦力耗时 10 多年整理出版了一些极具历史价值而又不为今人重视的图书史料工具书。他参与主编线装书局版 24 卷本《中国近代古籍发行史料丛刊补编》。由韦力编撰、学苑出版社出版的《古书题跋丛刊》，全套 34 卷本，内容主要来自他自己的藏书。韦力还注重承继传

---

① 云从龙：《前世今生新风楼》，载宫晓卫主编《藏书家》（第 17 辑），济南：齐鲁书社 2013 年版，第 34 页。

统的雕版刻书工艺，现已雕刻出版有宋版《李压相集》等四种。芷兰斋书跋是韦力为己藏典籍所撰题跋，"图文并茂，记录名家题跋；考辨详细，订正前人讹误；别具慧眼，提供学术线索；博识多闻，多载掌故轶事"[1]。作为藏书家多年藏书读书的经验总结，也成为当代民间收藏发展历程的见证。

王咨臣、韦力等当代藏书家的境遇既相似又不同，但都可见民间藏书资源发展的多样化形态，这是社会文明发展的结果，以其藏书服务社会文化建设则更是我们所乐见的善举。

2. 当代书业与私家藏书

京西旧书肆，原琉璃厂书业一条街，诸如荣宝斋、来薰阁等百年老店虽然还在，但大多数书店充斥着良莠不齐的书画艺术品，而诸多承载着读书人文化记忆的民间藏书则不是那么显眼了。但也不能不承认，当前古旧书业的繁荣基因于民间藏书的大量上市，嘉德公司、孔夫子旧书网等公共交易平台的产生和发展即是其征。广州拍卖行是较早的艺术品拍卖公司，1986 年 9 月成立，但是并无古籍善本专场。真正的民间藏书拍卖会是中国书店于 1993 年 9 月 22 日的"北京首届稀见图书拍卖会"，而后就是 1994 年秋天的嘉德古籍拍卖专场。原北京图书馆善本部工作的拓晓堂从此开始成为古旧书业的发展符号。从此以后，无论公私收藏都开始更多关注拍卖市场。从 1995 年前后，拍卖主场逐渐成为民间古籍收藏者的获得藏书主要渠道。是时，北京图书馆的善本部也开始关注拍卖场，李致忠先生就曾去看展品参拍，拍卖场也成为图书馆补充馆藏的渠道之一。韦力在《古书之媒》中说，民间古籍进入市场彻底打破了中国千百来形成的书籍流通格局，对读书人来说省去很多访书劳顿之苦，但也带来了一些弊端，如使读书人失去了捡漏的乐趣，失去了意外所得的乐趣。对图书馆事业来说，古籍拍卖会的举办也为古书的回流作出了贡献，大量的古书汇入了公共图书馆，丰富了馆藏，也提高了公共图

---

[1] 马洪良：《论芷兰斋书跋的文化意蕴》，《河南科技学院学报》2016 第 3 期，第 28 页。

书馆在国际图书馆界的求地位。① 可以说，当代古旧书业的发展正未有穷期，随着多元化市场格局不断完善，民间藏书中更多精华会不断发掘，大大有利于书香社会之建设。

2015 年 7 月，由国家古籍保护中心、中国古籍保护协会举办的"册府千华——民间珍贵典籍收藏展"就从民间收藏角度展示了中国古籍保护的资源深度和视野广度。正如国家图书馆副馆长张志清先生所言，"民间藏书之业，几成时尚之举；考镜源流之学，追续百代传统。公私互补，相辅相成"②。这次展览收录了韦力等 28 位当代著名藏书家所藏的敦煌遗书、宋元珍籍、内府精刊、孤本写抄 130 余件，涉及经史子集各部，是民间古籍善本收藏的一次大规模的比较全面的集中展示。

"册府千华——民间珍贵典籍收藏展"收录敦煌遗书与佛经 29 件，其中以中华海峡两岸文化资产交流促进会名誉理事长、中华文物学会副理事长王永衷先生收藏为最多，计有 8 种，以《大般涅槃经》为最佳，单纸达 142.3 厘米，实属罕见；收录经部典籍 8 种，尤以美国艾思仁收藏的元建阳积德书堂刻本《晦庵先生校正周易系辞精义二卷》为传世罕见，《中国古籍善本书目》未见著录；史部 30 种，子部 23 种，集部 34 种。所展子部中大多属于稀见种类，如胡关妙收藏的明嘉靖六年司礼监刻本《大学衍义》是明内府藏书，上有崇祯帝朱由检跋，极为少见。在集部展区名品众多，诸如韦力之宋刻残卷《注东坡先生诗》，迭经翁方纲"宝苏斋"、袁思亮递藏。"兆兰堂"收藏的明刻《铁崖先生古乐府》有黄丕烈、孙鍫、姚晼真、张蓉镜等诸多名家题跋，非常宝贵。

可以想见，随着文化保护工作的开展，诸如"册府千华——民间珍贵典籍收藏展"这样体现民间收藏的成果会越来越多，更多文化典籍会浮出水面。

---

① 韦力，拓晓堂：《古书之媒感知拍卖二十年摭谈》，桂林：广西师范大学出版社 2014 年版，第 2、3 页。

② 国家古籍保护中心等编：《册府千华：民间珍贵典籍收藏展图录》，第 2 页。

从耕读传家到书香文化价值观

　　中国古代以至近现代的私家藏书相当发达，然至二十世纪下半叶，因为社会制度的变革，传统意义上的藏书家时代已结束，黄裳及其"来燕榭"则是为数不多的大家之一。余秋雨在《白发苏州》一文中说"无数的小巷中，无数的门庭里，藏匿着无数的灵魂。千百年来，以积聚久远的固执，使苏州保持了风韵的核心"。源于古典时代珍藏着很多线装书的私家藏书楼，就"曾构成了这种风韵的核心"。①

1. 从耕读传家到书香文化价值观的转向

　　近代社会的剧烈变化，原有耕读传家的社会基础和优良传统亦受到冲击。传统家庭重视教育的文化追求以儒家道德规范为基础，强调儒家的孝悌仁义道德观，让后代在尊师重教、崇文慕学、勤耕上进的人文环境中完成文化的熏陶渐然。清道光时浙江诸暨《暨阳开化刘氏同居诫言》云："为子弟者，既不能读书学儒，又不能支持官府，即遣耕于野，不可言'我何独耕垦哉'。""习读诗书，博学其间，皆立教之本、成材之方，孝悌忠信由是而生。"②清嘉庆甘肃兰州金城世孝堂颜氏族谱"劝专务实学"也规定："学本无异，以自诚伪分界，遂有君子小人之别。格致诚正，为入圣之功；孝悌忠

---

　　① 罗时进、唐忠明：《坚守与超越：高校图书馆发展研究》，苏州：苏州大学出版社2013年版，第316页。

　　② 上海图书馆编，周秋芳、王宏整理：《中国家谱资料选编·家规族约卷》，上海：上海古籍出版社2013年版，第12页。

信，为立身之本。"① 儒家经典所提出的格物、致知、诚心、正意乃修身为学之法，诗书继世以孝悌忠信为重，唯其如此，耕读传统及与其一脉相承的读书氛围，才会让辉煌的文化记忆与坚实的文化自信镂刻在传统社会的书香丰碑之上。

作为人生价值取向的重要指涉，明清很多家族都强调读书培养性情的重要性，明代丹阳荆氏家族《荆氏宗谱》指出："读书变化气质。人不读书，便有一种粗卤之气。"② 这里的气质是对人形象的塑造作用。而明嘉靖时《绩溪积庆坊葛氏家训》中亦说："人须变化气质……盖人之气质与国家气脉、造物气化恒相流通，如人任其气质之柔弱而不知变，则居乡为愿人，在朝为胡广、冯道……故吾家子弟必于自己气质深加涵养，各审其性气之缓急而矫以韦弦可也。"③ 此处气质则与气节相当，东汉胡广性格圆滑，保位持禄六朝，与宦官相与，气节有亏。冯道是五代十国时人，历仕四朝，欧阳修、司马光均对其气节不耻。因此绩溪葛氏教育后世子孙："富贵功名人所共羡，不可以不求，亦不可以必求。""世间功名富贵，花水类耳，此心静定之天，岂可与之俱动？吾人胸次间须以休休自适为贵。""世间物，可以益人神智者书，故凡子孙不可不使读书。惟知读书则识义理，凡事之来处置得宜，如游刃解牛自有余地。"所以"人当知进步，又当知退步"，不能效胡广、冯道之名。④当时松江华亭徐氏、毗陵恽氏、无锡秦氏、常州庄氏、吴江沈氏等诸多名门望族倡导读书、藏书、致用，营致了浓郁的社会文化风气。明末清初江苏昆山人朱伯庐在其《治家格言》中强调："读书志在圣贤，非徒科第。"⑤ 在科举之风盛行的年代能以读书涵养做人之德也成为更多基层民众的生活常态，而

---

① 上海图书馆编，周秋芳、工宏整理：《中国家谱资料选编·家规族约卷》，第39页。
② （清）荆福庆等：《荆氏祠堂记》，参见《丹阳皇塘荆氏宗谱》60卷首2卷外编10卷，宣统三年木活字印本。
③ 上海图书馆编，周秋芳、王宏整理：《中国家谱资料选编·家规族约卷》，第23页。
④ 上海图书馆编，周秋芳、王宏整理：《中国家谱资料选编·家规族约卷》，第24页。
⑤ （清）朱柏庐著，李牧华注解：《朱子家训》，兰州：甘肃人民出版社1990年版，第8页。

家谱起到了型塑行为惯习的作用。

从以上所论可以知晓，中国传统的乡土社会是注重读书的，而读书往往与构建藏书楼，广储藏书联系在一起，最根本的是在这些行为当中所体现的对藏书、读书、致用书香文化价值观的遵守和践行。我们从近代藏书文化的变化中能够深深体会到这种价值观的恒定不移。从大处说，藏书与社会文化体制的变迁有莫大关联，而从细微处着眼，书香文化价值观又与每个人息息相关。我们研究历史不是窝在书斋中单纯地讨论典籍的版本和价值，更为重要的是从中汲取能够改善自身的观念和精神资源，而观念和精神资源的核心就是我开篇中所提到的一个研究视角——价值观。

2. 近代以来典籍归公与传统文化之转型

在清代，中国传统学术出现了总结汇集的特质，就藏书学而言，"藏书学术的总结与研究逐渐活跃，学术大家辈出，学术成果斐然"①。如钱曾、洪亮吉等学术大师，就对历代藏书家进行梳理。孙从添的上善堂《藏书纪要》以实用为要旨，对历代藏书技术作了归纳与集成。伴随着社会剧烈转型，清末学术和文化也表现出与往昔不同的风貌，如叶昌炽《藏书纪事诗》、叶德辉《书林清话》等对我国古代藏书史进行"辨章学术，考镜源流"。同时，中国私家藏书文化的藏书价值观由藏书为私人所用，也一定程度上为民众所用，逐渐孕育并助长了私藏公用思想，私藏公用的价值观越来越顺应历史潮流，越来越多地影响和侵蚀其他价值观②。在很多藏书家中，具有开放思想者日渐增多，藏书就是要流通，从而嘉惠士林的意识氛围变得自觉、浓厚，且有见诸行动之苗头。周永年《儒藏说》、徐树兰的古越藏书楼就是藏书公益性理论与实践的两个典范。但是，"私家藏书楼的发展并未随封建王朝的终结

---

① 袁逸：《中国古代私家藏书的特征及社会贡献》，《浙江学刊》2000年第2期，第143页。
② 孟世恩、焦运立：《试论中国古代藏书价值观对藏书特色的影响——以官府藏书和私家藏书为例》，《图书馆工作与研究》，2008年第1期，第4页。

而戛然而止，巨大的历史惯性使私家藏书楼在进入民国时期后又滑行了一段路程，并出现回光返照式的短期繁荣"①。傅增湘的"藏园"、刘承幹的"嘉业堂"等藏书楼典籍，由于他们的开明见识，其藏书较之官府则具有更大的开放性和公益色彩，都成为图书捐公的重要来源。徐行可也和传统藏书家"子孙保之"迥然不同，他以"不为一家之蓄，俟诸三代之英"为藏书印，秉持"不以货财遗子孙，古人之修德，书非货财，自当化私为公，归之国家"的理念②。这都是传统藏书楼思想的顺势发展。

传统私家藏书楼就其基本性质来讲是私人财产，藏书是一种个人行为，因此，近代以来中国社会的变迁，使私家藏书难以为继，借助社会、国家的力量保全藏书造福于民，已成为必然趋势。从天一阁等当今有影响的藏书楼来看，都经历了从私藏到公藏的转轨，从而获得新生和新的发展机遇。宁波天一阁博物馆馆长徐良雄曾说，当代天一阁得到持续不断的发展，内容不断丰富，业务范围不断扩大，活力魅力不断增加，其重要的经验就是对于天一阁的功能与定位，当地政府和主管机构有着较明确的目标。③可以说，阅读行为贯穿人类生存和发展的整个过程，毕生阅读、终身学习更是现代人的一种健康生活方式，是一个国家和民族最美好的文化风景。所以，著名学者徐雁认为"天地阅览室，万物皆书卷"。④在历史上，"积财千万，无过读书"是中国传统家庭千百年来恪守的信条，"修身、齐家、治国、平天下"是中国读书人追求的人生理想，凿壁偷光、囊萤映雪、悬梁刺股和牛角挂书等也成为历代读书人的精神财富。正是这种读书传统才使中华文明传承至今并成

---

① 袁逸：《中国古代私家藏书的特征及社会贡献》，《浙江学刊》2000 年第 2 期，第 143 页。

② 彭斐章：《不为一家之蓄，俟诸三代之英—书于徐行可先生捐赠藏书五十周年之际》，《图书情报论坛》2010 年第 2 期，第 3 页。

③ 郑黎：《拯救中国藏书楼》，《瞭望》2004 年第 8 期，第 56 页。

④ 王坤宁，李婧璇：《让推动阅读集聚正能量》，《中国新闻出版报》，2012—12—28。

为世界文明中未曾间断且完整传承的文明。①

而且私家藏书嘉惠乡邦地方，也促使一时一地学风学派之形成。古代私家藏书活动形成了一种文化积淀，藏书家们自觉自愿地为中国历史文化产品积累、保藏、整序和再造，今人所看到的古籍大多是明清时期所刻抄，其中很多是明清以前产生的，就是藏书家尽力保护的结果。私家藏书保存典籍的方式是接力式的，而且依靠的是一股合力，比如我们今天所看到的宋本书往往要辗转数十位藏书家，有的流入公藏才能传承到今天②。故而私家藏书与公家藏书具有互补的多元文化价值③，私家藏书正是通过捐公行为，对国家藏书进行补充，从而传承文化典籍，使得原有典籍得以更高层次、更大范围地保存、整理、传播。"私家藏书作为公家藏书的补给库，尤其是在遭受战争破坏之后，政府往往向民间征书，依靠私家藏书来恢复或者重建公藏。……私家藏书不仅对文化典籍有保存传递之功，藏书家在保藏的过程中还对典籍进行整理和研究，编撰了大量藏书目录和题跋，记载了典籍的流传状况和各门学术的演变发展。"④可以说，近现代藏书家顺应历史潮流，化私为公，具有重要意义。相较之下，正如程焕文所言，随着市场经济的发展、社会制度的变革和社会价值观的迷失，不断地改变着我国公共图书馆事业的性质。当前公共图书馆价值观面临多重挑战，公共责任的迷失和有偿服务的盛行，使得公共图书馆保障民众基本文化权利的社会作用不断弱化，"致使公共图书馆陷入背离'公共'的整体非理性发展之中"。当下，"民众的图书馆权利

---

① 朱永新：《愿书香飘溢吾土——写在第十九个"4·23世界阅读日"之际》，《图书馆杂志》2013第4期，第5、6页。

② 逄丽东：《从文化视角发掘古代私家藏书深层的文化内涵》，《前沿》2012第14期，第146页。

③ 杨虎：《中国古代私家藏书活动文化特质初探》，《西南师范大学学报》（人文社会科学版），2001第5期，第101页。

④ 周少川：《中国古代私家藏书文化研究论纲》，《中国图书馆学报》2002第6期，第32页。

意识普遍觉醒，免费、开放、平等、自由等公共图书馆价值观再次在中国广泛传播，公共图书馆正在经历一场从实践层面到制度层面的价值观重建与复兴"①。很显然近乎失坠的传统藏书楼文化借助现代图书馆的存在实现了其华丽的转身，对之进行反思仍然有着现实意义。

3. 近代以来私家藏书与书香文化的融合

国运兴则书风盛，中国藏书文化追本溯源，已有2000多年的历史。秦汉以来，私藏与官藏并驾齐驱，成为中华文化保存和传播的两大重要渠道，特别是从唐代出现雕版印以后，书籍开始普及，私藏更盛，宋元以来风气日张，明清则达鼎盛。古代藏书楼，作为一种社会存在，与"耕读传家"的社会传统有密切联系。晚清以降，中国发生"三千年未有之大变局"，藏书楼生存的社会环境崩裂。民国年间，战事频仍，大的"书厄"不断发生，清末佖宋楼典籍流入日本静嘉堂的历史阴影，从反面警醒、激发了数代藏书家的民族情感和忧患意识，藏书理念的更新势在必行，"化私藏为公有，渐成部分藏书家处理个人收藏的方式"。②解放后，新生的人民共和国百废待兴，文博事业急需得到民间珍藏的支持。国家鼓励捐献，对捐献者实行奖励的政策，使民间的收藏品大批地进入了公库。解放初期，国家振臂一呼，全国上下一致响应，几乎形成了一个捐献运动，举国上下化私家藏书为公产。在图书捐公浪潮中，时任上海市长的陈毅正确决策，不仅颁发奖状，而且给予奖金，这使收藏家及其后代得到了很大的安慰，愿意捐献给上海市政府。③周叔弢在1981年天津市政府专门召开的表彰大会上说："回想自己在七十多年的藏书生涯中，常为搜求到一本好书而感到其乐无穷。如今，我为这些书来之于

① 程焕文，潘燕桃，张靖：《图书馆权利研究》，北京：学习出版社2011年版，第4页。
② 彭斐章：《不为一家之蓄，俟诸三代之英——书于徐行可先生捐赠藏书五十周年之际》，图书情报论坛，2010（2），第3页。
③ 宋路霞：《百年收藏——20世纪中国民间收藏风云》，上海：复旦大学出版社1999年版，第28页。

人民又归立于人民，得到最好的归属、有了最好的主人，感到无限欢决，非昔日之情可比拟。"[1] 当然，当公藏成为主流的时候，私藏就成了支流。尤其在那红红火火的群情激奋的年代，古籍私人收藏几乎成了守旧时代名词，这就加重了捐献者的心理代价[2]。

自清末迄民国，特别是新中国成立后，遍布各地的私家藏书纷纷以捐出或售购形式归聚各级各类公共图书馆，私家藏书楼的生命也因融入了现代图书馆而永续延绵，生机无限，私家藏书的作用和贡献更其巨大而无尽[3]。因此，作为私家藏书楼的"转世灵童"，现代图书馆担负了藏书楼不能承受的生命之轻，继续了文化传承、社会教育等多项功能。"从文化视角来研究私家藏书，不仅可以为古代私家藏书研究增添新的内容，把这项研究不断推向深入，而且可以切实地总结中华民族爱书、读书、治学的精神，继承和弘扬这种优秀的文化传统。"[4] 尽管"私家藏书楼的历史使命因现代图书馆的崛起而结束，私家藏书楼的生命却因融入了现代图书馆而永续延绵、生机无限，私家藏书的作用与贡献也因此无有穷尽"[5]。这对图书馆事业的发展有重要的支撑作用。

百川归海，当我们面对汪洋大海时，往往容易忘记那些汇入的溪流。当今各大图书馆藏书，均有私家藏书的汇集之功。以国家图书馆为例，梁启超、潘承弼等藏书巨擘所捐珍善之本，充实了馆藏古籍资源体系。在浙江，留存下来的藏书楼如天一阁、嘉业堂、玉海楼、五桂楼、寒柯堂、萱荫楼

---

① 叶介甫：《周叔弢——为国献宝倾其所有》，《四川统一战线》2007 年第 11 期，第 45 页。

② 宋路霞：《百年收藏—20 世纪中国民间收藏风云》，上海：复旦大学出版社 1999 年版，第 28 页。

③ 叶介甫：《周叔弢—为国献宝倾其所有》，《四川统一战线》2007 年第 11 期，第 145 页。

④ 周少川：《中国古代私家藏书文化研究论纲》，《中国图书馆学报》2002 年第 6 期，第 32 页。

⑤ 肖东发、袁逸：《略论中国古代官府藏书与私家藏书》，《图书情报知识》，1999 年第 1 期，第 7 页。

等，数以百计，在新中国成立后踊跃将各自的珍藏乃至自家藏书楼都纷纷捐献国家，私藏捐入成为浙江图书馆古籍资源的基础。以温州玉海楼为例，孙怡让的儿子孙孟晋，先后将约八九万卷藏书分批捐赠给北京图书馆、浙大图书馆、温州市图书馆、瑞安图书馆，使其成为这些图书馆藏书中重要的组成部分。徐行可所捐藏书，占据湖北省图书馆珍藏善本大宗。其他各地方公共图书馆无不充盈着藏书家们心血和汗水的结晶——历代古籍珍版。图书捐公从单个行为到群体趋势，丰富了图书馆典藏体系，为珍贵文化遗产传播提安全供庇护所。同时，也使私家藏书文化脱胎换骨，通过捐赠人的自愿行为，把藏书分离出私人领地，加入图书馆所代表的公共领地，向读者开放，成为社会生活的组成部分和独立的学术研究的对象，从而实现最优成本效应和管理功能，促进各级教育、学术研究和公众文化生活的繁荣，激活了私家藏书在公共话语语境中的生命力①。

　　传统的藏书文化就像封闭的古代藏书楼一样让我们徒增无可奈何之慨叹，近代的藏书文化亦让我们增添很多民族落后遭抢之义愤。作为书斋中的学者，我们爬梳文献的目的是为了让更多的人去了解一些道理，掌握一些传统文化知识，进而对其自身的文化人格、精神理念产生积极的形塑作用。从这个角度，我们研究近代藏书文化的嬗变就有了两个继续深入的方向，一个是回头看，探讨传统藏书文化与文化价值观的关系，如藏书与科举，藏书与思想，藏书与学术，藏书与社会阶层等。一个是往下走，继续研究新时代的藏书文化与书香社会构建的可操作性路径。

　　近代藏书文化的研究还有很大的空间，正如鲁迅先生所言，夜正长，路也正长。只要我们以不断的精力深入下去，藏书文化研究一定会呈现新的境界。

---

① 利求同:《私家藏书的"不散之散"》,《读书》2009 年第 11 期，第 106—109 页。

附件一　近代以来典籍递藏统计简表

序号	藏书者	籍贯	字号	藏书特点及钤印	藏书流向
1	杨以增 1787—1855	山东聊城	字益之，号至堂、东樵	"海源阁"藏书自杨以增以传子绍和、孙保彝，递有增益。杨绍和编《楹书隅录》及续录，凡著录二百六十九种，皆标刻《海源阁藏书目》，凡著录者三百六十种，皆非杨氏善本，山东提学使咨部备案底本，实得469种，皆是海内孤本	1929战乱，阁中遭火。后官兵又大肆劫夺，其书散之济南，保定各地。后其书之精者多归周叔弢等藏书家
2	瞿镛 1794—1846	江苏常熟	字子雍	承父绍基之志收藏宋元善本，积至十余万卷，名其藏书室为"铁琴铜剑楼"。拥书之富、藏书之精，当时无人超过。编撰有《续金石萃编》《铁琴铜剑楼藏书目录》	解放后，其藏书归于北京图书馆
3	陈澧 1810—1882	广东番禺	字兰甫，号东塾，学者称东塾先生	阅书至博，每书皆有校记。伦明曾见《学思录》百余册手迹，后归岭南大学。其孙陈公辅庆佑早殁，其所遗书尽售于打鼓贩，书数百册，皆有东塾手迹，及东塾未刊文稿	其所藏书散出后，多为徐信符所得，伦明亦收得手校《通典》四十册。其孙陈庆龢（1871—?）久寓北京。解放后，将劫余藏书、手稿，文物捐赠广州中山大学图书馆，多陈澧手校古籍
4	莫友芝 1811—1871	贵州独山	字子偲，号郘亭	曾入曾国藩幕府，遍游江、淮、吴越，搜访镇江文宗、扬州文汇两阁四库遗书，甚藏书之精富，著称于世。有《郘亭知见书目》《宋元旧本书经眼录》	辛亥之变后茅自去。临行时，多所遗失。其挟而去者，未几亦散之沪肆
5	丁日昌 1823—1882	广东丰顺	字禹生、别字雨生，室名持静斋	为官之余，广为搜求典籍文献，编刻有《持静斋书目》《百兰山馆藏书目录》，莫友芝、江标等整理书籍，建"持静斋"。延请著名版本学者著录图书三万卷。著录《持静斋藏书纪要》为善本书目	卒后，藏书散失

（续表）

序号	藏书者	籍贯	字号	藏书特点及钤印	藏书流向
6	李鸿章 1823—1901	安徽合肥	本名章铜，字渐甫 或子黻，号少荃 泉，晚 年自号仪叟，别号省心，谥 文忠	从政之余，喜欢收藏图书。在上海寓居丁香花园，有"望云草堂"藏书处。咸丰十年（1860）在上海镇压小刀会起义时，经常光顾著名藏书家郁松年的藏书楼"宜稼堂"，郁氏曾奉送多部珍籍给他	去世后，其藏书归于李经迈，余本于抗战经"汉文渊"书肆主人出售书少。1940年，其孙李国超捐其藏书18000册捐震旦大学图书馆。校方为之设有"合肥李氏望云草堂藏书"专室，又称"李氏文库"
7	李慈铭 1830—1895	浙江会稽	初名模，字式侯，更名慈铭，字爱伯，号纯客，晚署越缦老人	每书皆有校注，经史要书尤详	卒于光绪中叶岁乙未，其家以"越缦堂遗书"九千余册，归北平图书馆
8	耿文光 1830—1908	山西灵石	字星垣，一字斗垣，别号苏溪渔隐	先世藏书较多兼设书肆。同治四年（1870）时，家中藏书总量达八万余卷，筑"万卷精华楼"，藏经、史、子，集四部共16类，达8万余卷，宋元精本有40多种，明版书最多。遂编著为《万卷精华楼藏书丛书》146卷和《苏溪渔隐读书谱》4卷、书目类图书有《金石书目》4卷、《医学书目》8册、《目录学》20卷、《紫玉函书目》等	晚年以卖书度日，所藏星散
9	孔广陶 1832—1890	广东南海	字鸿昌，号少唐	嗜书，藏室有"岳雪楼"，与伍崇曜"粤雅堂"、潘仕成"海山仙馆"，康有为"万木草堂"，合称"粤省四家"	后家道中落，大部分藏书为康有为所购

（续表）

序号	藏书者	籍贯	字号	藏书特点及钤印	藏书流向
10	景廉 1832—1895	满洲正黄旗人	字秋坪，又字朴孙，号隅斋	收藏之富，可匹意园	卒后，藏书散失。末刊《张子湖集》《纂图互注周礼》《绝妙好词选》等归袁兄弟；宋抄《洪范政鉴》归博增湘；《翁覃霨诗文杂著》手稿三十余册归叶恭绰，转归李赞侯
11	丁丙 1832—1899	浙江钱塘	字嘉鱼，号松存	与兄丁申同为诸生，兄弟二人皆嗜书，建藏书楼"嘉惠堂"，收书八千种，二十余万卷。编有《八千卷楼书目》	其藏书于1907年售于江南图书馆，现存于南京图书馆
12	黄体芳 1832—1899	浙江瑞安	字漱兰，号蓬山	道咸年间，黄氏蓼绥阁为温州文献三家之一。其子黄绍箕、字仲韬，充京师大学堂总办，与其父共建蓼绥阁，收藏达一千多种。杨嘉为编《瑞安黄氏蓼绥阁旧本书目》著录善本103种。陈准为编《瑞安黄氏蓼绥阁藏书目录》著录1100余种	1919年缩园图书馆创建，捐赠其蓼绥阁藏书1142部
13	陆心源 1834—1894	浙江仁和	字刚甫，号存斋	咸丰九年举人，官至福建盐运使。喜藏书，积至十五万卷，建藏书楼"皕宋楼"	陆氏逝世后，藏书由其子售与日本人
14	张之洞 1837—1909	直隶南皮	字孝达，又字香涛，号香岩，谥文襄，壶公	在京师为官，每日晷暮，必驱车至琉璃厂，满载而返。一生注重教育，先后奏设尊经书院（成都），广雅书院（广州），两湖书院（武昌），培育人才	光绪末，创设学部图书馆
15	杨文莹 1838—1908	浙江钱塘	字粹伯，号雪渔	清末民初，"娱园"的藏书被全部搜罗，会稽鲁氏"贵渌楼"，黟山李氏，甚至丁氏"八千卷楼"的藏书也有少量流入他家。先后购进各类图书5700余种，48000余册，藏于"丰华堂""幸草亭"中	1929年，杨复将藏书出售，清华大学图书馆主任洪有丰奉校长罗家伦之命，洽谈购藏其全部藏书47546册

（续表）

序号	藏书者	籍贯	字号	藏书特点及钤印	藏书流向
16	凤山 ?—1911	汉军镶白旗人	字禹门，号茗昌，谥号勤节	世居北京，性好藏书，其中最佳者，为明毛晋影影宋抄本《石林奏议》	抄本《六艺之一录》得之南海孔氏，后归刘晦之，大部藏书售于北京各书局
17	柯逢时 ?—1912	湖北鄂城	字逊庵，一字巽庵，号懋修	设武昌柯氏医学馆，收徒校勘医籍。刻印《武昌医学馆丛书》。主修武昌县今有《武昌县志》。藏书中有《四库全书》未进呈抄本及元、明小集八百余种	卒后，被日本人购走，流于日本
18	杨守敬 1839—1915	湖北宜都	原名开科，榜名名惜，后更今名，字惺吾，字鹏云，号惺吾，晚号邻苏老人	访书日本，黎庶昌起草《日本访书缘起条例》，助刻《古逸丛书》。作《日本访书记》及《宋元本留真谱》。其藏书处一为黄州邻苏园，一为武昌观海堂，1903年，其藏书印为"杨印守敬"白大方，"邻苏老人印"白方，"邻苏老人"朱大方、"吾东瀛访古记"朱大方、书之记"朱大方。有《日本访书志》六册抄本、有《观海堂书目》六册抄本，著录约四五千种；《杨氏藏书目》初编三昀、《留真谱》初编四册十册。有《杨星吾日本访书目》，又一册、油印刻写本，著录杨氏身后归故宫之书约三千余种。《邻苏园藏书目》一册，有袁同礼序，有杨氏题记。又有《邻苏老人手书题跋》两册，《邻苏园书目残稿》一册	1919年，部分藏书包括宋元刊佛经拨归松坡图书馆，约十分之六。余储于故宫集灵圃，1926年拨归故宫博物院保存，藏于大高殿。1929年冬移于寿安宫，专室度藏，公开阅览。1939年7月，其中杨氏勉之做出六千余册藏书，中有杨氏撰述，纂辑稿本多种，经省政府教育厅干预。1949年大陆解放前夕，故宫之书被运至台北

（续表）

序号	藏书者	籍贯	字号	藏书特点及钤印	藏书流向
19	盛宣怀 1844—1916	江苏江阴（生于江苏常州）	字杏孙，又字幼勖，荇生，号次沂，又号朴楼，别署愚斋，晚年自号止叟	从政之余，搜集图书文物。大多数是购自江标"灵鹣阁"、巴陵方功惠"碧琳琅馆"等家旧藏，藏书极富。光绪三十四年1908又在日本购医书，经济等类图书千余种，万余卷。先后藏书10余万卷。有历代状元手迹，凡200余家。宣统二年1910建"愚斋图书馆"于上海住所内，聘请名家如缪荃孙，罗振玉为他编辑《愚斋图书馆藏书目录》，著录藏书6666种，169 900余卷；善本300余种，7300余卷。有《盛氏图书馆善本书目》4卷。由缪荃孙等主持刊校《常州先哲遗书》《卫生丛书》等	1933年，藏书先后拨给三所学校。1949年后，上海交大图书馆、安徽大学图书馆盛氏藏书调至安徽大学东师大学部分调至华东师大图书馆，其中有600余种方志，有7种为国内孤本；上海300余种医书在1958年调拨给上海图书馆归山西大谷铭贤学校的藏书归于山西农业大学。解放初，盛氏祠堂中发现现旧藏8100余册，其中善本45种和刊刻的图书18种2700余册，档案若干，现均藏于上图
20	缪荃孙 1844—1919	江苏江阴	字炎之，一字筱珊，号艺风，晚号艺风老人	先后主讲南菁书院，钟山书院，龙城书院，又任江南图书馆及京师图书馆监督。广搜江南藏书家流落的藏书。辛亥革命后，私人藏书极富，达十余万卷，名"艺风堂"。编纂有《清史稿》《江苏通志》《江阴县志》；著述有《艺风堂藏书记》等	1919年，子禄保，将藏书售之上海古书流通处。所余抄校本及刻本并家稿携之入都。十多年散佚略尽
21	吴昌绶 ？—1920	浙江仁和	字伯宛，号松邻、甘遯	所藏书甚富，收得汲古阁影抄宋元词集。一生好刻书，有《松邻丛书》《劳氏碎金》等	以宋本《东京梦华录》最佳，归袁克文
22	王颂蔚 1848—1895	江苏长洲	原名叔炳，字蒿隐，芾卿，室名写礼庼	擅版本目录与擅金石考证，证据精逸，有《古书经眼录》《读碑记》《明史考证》《隋礼古文旧疏合编》《周礼古籍志韵编》专精竺实	诸本统归上海图书馆

（续表）

序号	藏书者	籍贯	字号	藏书特点及钤印	藏书流向
23	孙诒让 1848—1908	浙江瑞安	字仲容，号籀廎，籀庼居士	其父孙衣言（1814—1894），字劭西，号琴西，室名逊学斋，建"玉海楼"，与"天一阁""嘉业堂"并称为江南三大藏书楼。辑有《永嘉丛书》《瓯海轶闻》。子延钊（1893—1983）字孟晋，作为"玉海楼"第三代传人，恪守家规，悉心整理所藏珍贵历史文献。1931年给有《玉海楼丛书细目》5册，著录丛书131种，6800余册。1935年编有《瑞安孙氏玉海楼藏温州乡贤遗书目》，著录图书462部，其中有明代刻本34种，抄本210种，稿本10多种	早在1915年，瑞安县图书馆成立时，捐书3600册；1947年捐书给浙江大学文学院465种，《永嘉丛书》版片2460片；新中国成立后，将其中一部分珍藏分批捐献给温州市图书馆、浙江省图书馆、北京图书馆、浙江大学图书馆等。其中的手稿和手校本现大部分由杭州大学图书馆收藏。1951年捐书给温州市图书馆22000余册，其中明版和名家批校本近200种；1974年，在杭州寓所所的先人遗著手稿10多种赠温州市图书馆
24	陈宝琛 1848—1935	福建闽县	字伯潜，号弢庵、陶庵，听水，又号桔隐，晚署桔隐、沧趣老人，听水老人，铁石道人、听水斋主人	自其父陈承裘字孝锡，号子良即好集古今金石书画，亦富藏书，后散落外间者极多，有"三山陈氏居敬堂藏书印"。其所藏旧钞本《西园闻见录》六十余册，属海内孤本。又《大清德宗景皇帝实录》第四园校稿本，约八百册，后归北图。以家有御赐楼书，乃筑"赐书楼"以为藏书处。著有《沧趣楼集》。辑有《激秋馆印存》。有藏书印"伯潜""我盒""沧趣老人""听水斋主""螺江陈氏赐书楼藏书"等	1933年，以所藏书之半赠乌山图书馆及福建协和大学。该校建陈氏书库，金云铭撰写《陈氏书库福建人集部著述解题》又有清代禁书，亦撰写了《陈氏书库所藏清代禁书提要》

（续表）

序号	藏书者	籍贯	字号	藏书特点及铃印	藏书流向
25	王存善 1849—1916	浙江仁和	字子展	家世藏书，碑版尤富，多未拓。辛亥革命后，又出巨资收购众多流散的图书，殿本、抄校本数百种，共校书达二十余万卷。辑刊有《寄青霞馆弈选》《续编》各八卷。子王克敏（1873—1945），字叔鲁，抗战后被捕自杀。藏书处名"知悔斋"	1928年，南京时将100箱典籍售于邓君翔，后散出；封存在杭州的藏书在北伐期间拨交浙江省立图书馆，1933年又索回，共计432箱、50615册；抗战后，藏书被没收
26	盛昱 1850—1900	满洲镶白旗人	字伯希，又字伯羲、别号伯蕴	藏书甚富，精鉴赏，考订经史及中外舆地，曾精核过人，以郁华阁名室	后多归藏书家景廉
27	瞿鸿禨 1850—1918	湖南善化	字子玖，号止庵、晚号西岩老人	光绪初年，大考名列第一，擢为侍讲学士。1897年光绪二十三年升为内阁学士。先后出任福建、广西乡试考官及河南、浙江、四川、江苏四省学政	1925年、1935年两次将藏书寄存北平图书馆
28	沈曾植 1850—1922	浙江嘉兴	字子培、号乙庵、晚号寐叟、别署乙公	藏宋椠元刊近百种，建"海日楼"，"海日楼"亦好藏书。编撰有《海日楼藏书目》。其弟沈曾桐（1853—1921）	遗书星散太凑凉
29	姚子梁 1852—1929	上海县	字子梁、子良，号梁兆、东木	家有昌明文社书库，藏十六万卷，以日本版本为最多，大多毁于1937年八一三事变	藏书劫余有秘笈三种，日本古书会编纂《经籍访古志》稿本存陆渊雷处；唐写本《周易单疏》存上海图书馆；皇侃《论语义疏》古抄本，现存南京图书馆
30	徐世昌 1855—1939	天津	字卜五，号菊人，又号东海	下台后迁居天津租界，成立编书处"晚晴簃诗社"等。其弟徐世章好收俰，颇有佳本，曾得纪韵手改《四库提要》原稿，刊印有《晚晴簃诗汇》	

（续表）

序号	藏书者	籍贯	字号	藏书特点及钤印	藏书流向
31	文廷式 1856—1904	江西萍乡	字道希，又作道糇或道溪，号云阁、芸阁、茶岩、罗霄山人，晚号纯常子	藏书甚富，校本、抄本极多，曾藏有《永乐大典》十数册，彭兆孙《全上古三代秦汉三国六朝文》手稿《范石湖诗集》《素同释文》《四库考典》等十数种罕见之册。藏书楼有"思简楼""知过轩""云起轩"等，编撰有《知过轩目录》，著录图书2654种	据叶德辉亲见，文氏家有《永乐大典》百余本，文故后，其家人出以求售
32	王同愈 1856—1941	江苏元和	字胜之，一字栩园，号栩缘，晚号栩缘老人	喜藏书，多钞本、稿本	抗战后，存其外孙顾氏辟园的遗书流于书肆
33	卢靖 1856—1948	湖北沔阳	字勉力，号木斋，晚号知业老人	所至以兴学、开办图书馆为己任。历任赞皇、南宫、定兴等县知县，保定大学堂监督、直隶提学使，奉天提学使，先后创办水津县、保定、奉天图书馆，南开大学图书馆木斋图书馆，并编印《北平私立木斋图书馆书刊》。有知止楼藏书达十余万卷。辑刊有《四库湖北先正遗书提要》《沔阳丛书》《慎始基斋丛书》等。其弟卢弼喜藏璃广搜购典籍（1876—1967）喜藏书，常至琉璃厂	其子书颇达观。在丰润知县任内，尝致信友人言及如何处置自藏之书："它无置念者，惟藏书数十麓，请代酬本立木斋图书馆，界以应赠本县学校，吾子孙率存者。"1927年，捐读之年数百卷足矣。南开大学图书馆并藏图书6万卷，敬命名为木斋图书馆
34	刘鹗 1857—1909	江苏丹徒	字铁云，又字公约，别署署鸿都百炼生、室名抱残守缺斋	精通算学、乐律、医学、治河等。著有《铁云藏龟》《铁云藏陶》等文著之一。喜金石碑版，为最早收藏甲骨文者	除书外，金石甲骨之属尽散
35	康有为 1858—1927	广东南海	原名祖诒，字广厦，号长素，又号更生	喜藏书，早年所藏贮于"云衢书屋"中。戊戌政变后，其家藏图书，其书移交广"雅书院，留亡日本期间，又搜集各类图书，并撰《日本书目志》。后又收购广东藏书家之旧藏	毁后图籍尽皆散出

（续表）

序号	藏书者	籍贯	字号	藏书特点及铃印	藏书流向
36	李盛铎 1858—1935	江西德化	字椒微，号木斋	家藏始于祖父李恕，建有"木犀轩"，藏书已数万卷。至盛铎时，书逾十万卷。其广收海内外诸家藏书，如宁波范氏、四明卢氏、长沙袁氏，购回不少国内久佚之书和日本、朝鲜古籍。使日期间，其藏书室有"古欣阁""凡将阁""木犀轩"等，有《木犀轩藏书目录》等十余种	卒后，藏书多为北京大学图书馆所购藏。另一部分放美国哈佛大学图书馆藏，一部分放美国哈佛燕国图书馆掠去。
37	梁鼎芬 1859—1919	广东番禺	谱名福承，一字星海，又字心海，别号节庵，号不回山民、孤庵、病翁、浪游词客、葵霜、藏山、藏叟	自其父即有王山草堂藏书，虽无宋元精版，而多丛书。梁氏慕阮元焦山书藏之议，所至以提倡藏书为己任。1885年，撰《丰湖书藏四约》即借书、守书、藏书约、捐书约，曾自编《丰湖书藏书目》。八卷。其藏书处有"有耻堂""栖凤楼""毋暇斋""食鱼斋""精卫庵""寒松馆""岁葵霜堂"，抗愤室。有藏书印：年二十七曰：朱方、"潜斋"小印等	在京自焚，劝捐书籍二万余卷，以供旅京学子之用。其家"藏书数百麓，三分之一赠焦山寺，一存广州梁祠。殁后，1919年，其子梁思孝捐赠其遗书600箱及原藏于光绪陵园中的20余箱图书于广东省立图书馆
38	汪康年 1860—1911	浙江钱塘县	小名初官，初名额年，年十九更今名，字穰卿，号毅伯	好抄古籍秘本，其后任来南北，随时搜购秘籍，又从交好中借抄。其所藏《韩诗外传》十卷、明刻本，今在北图，书衣题识云："此书得于沪上醉六堂书肆，索价甚昂，以此纸色古旧，初印，出重价购之。今春过沪，访旧佳本，一无所得，从此古书日少，书贾居奇，虽明刊之佳者亦不可多得矣。"	1918年，其弟汪诒年颂阁以其遗籍捐置上海工业学校之图书馆
39	严修 1860—1929	天津（原籍浙江慈溪）	字范孙，别号静远	一生矢志新学，与张伯苓创办南开系列学校，1919年又创办了南开大学，被称为"南开校父"。藏书处名为鲜香馆	1908年，河北省图书馆创建，捐赠图书五万多卷。1919年，捐赠购书款2千美元及中文图书共30余种数百册，1924年又捐图书典籍数十种。1929年，南开中学图书馆楼名为"范孙楼"

（续表）

序号	藏书者	籍贯	字号	藏书特点及钤印	藏书流向
40	熊罗宿 ？— 1930	江西丰城	字造基，号泽元	辛亥革命后南归，主持江西全省图书馆工作。性喜藏书，积书甚富，并设"丰记书庄"校刻古籍	殁后，遗稿并仅存之书，归南昌图书馆
41	端方 1861— 1911	满洲正白旗人	字午桥，号匋斋、午亭	精于金石学，收藏丰富。辑有《匋斋藏石记》《匋斋吉金录》等。在为官之地，创设中国最早的官办图书馆——江南图书馆，湖北省图书馆等	奏请政府出资收购散失的江南藏书家藏书
42	徐乃昌 1862— 1946	安徽南陵	字积余，号随庵	生平以藏书、著书、校书、刻书为事。家有藏书楼"积余斋"，后改名"积学斋"，多有清代稀本、抄本。辑刊有《积学斋丛书》20种，《许庼丛书》12种，《随庵丛书》数种，以及《宋元科举三录》《吴越春秋礼遗文》及金石善本书目等多种	身后藏书尽散，其佳者多归天津要肆者，藏书家黄裳及复旦大学图书馆亦有所得。金石碑刻拓本万余张于解放初转归华东师范大学图书馆
43	王勤生 1864— ？	河北深泽	字孝箴	祖王榕泉建有"洗心精舍"为藏书之馆。父王敔泉（？—1893）潜心于著述，搜罗购置图书不遗余力，日积月累，藏书达数万卷。近千种，内多经世实用之本。自称"购书为便读，并非只为收藏"，故不求未元求无元之珍本。至其继承，其藏书益多。编有《洗心精舍存书目》	鉴于战事多起，1933年，将其藏书870余种、数千册，委托河北蒋毓峰寄存于北平图书馆，由朱福荣、刘树楷等编目，王重民校刊有《博野蒋氏寄存书目》4卷。袁同礼为之序，其实大多是王氏藏书印有"深泽王氏洗心精舍所藏书画"
44	李希圣 1864— 1905	湖南湘乡	字亦元，一作亦园，别号卯公	有《雁影斋题跋》。凡未本二十六种，元本三十四种，明本旧抄本名人校本二十余种，其中《虚堂习习所录》为伦明所得	曾参预创建京师大学堂，并赠其藏书，无一种在题跋中。1900年后，大半散失
45	叶德辉 1864— 1927	湖南长沙	字焕彬，又字奂彬，号郎园，一号直山，别号朱亭山民	以著述、藏书为事，目录学，精于版本，所藏多达二十余万卷	其藏书在抗日战争时期，悉由其后人叶启勋卖与日本，现藏于日本

（续表）

序号	藏书者	籍贯	字号	藏书特点及铃印	藏书流向
46	王礼培 1864—1943	湖南湘乡	字佩初，晚号潜虚老人	家中富藏书，为叶德辉之后湘中最著名的藏书家。日本流亡归国后，任返京津沪宁书肆，搜书40年，共计10万卷。藏书处不下百余种，得宋051种以下。藏书处有扫叶生斋，小招隐馆，复壁及明本紫金精舍等。藏书印有"复壁藏书""礼培私印""扫生高王氏藏印""湘乡王氏孤籍秘本""紫金精舍藏书"等	藏书在民国初年分别藏于上海和长沙，先后毁于战火过半
47	曹元忠 1865—1923	江苏吴县	字揆一，号君直。别号夌波、夌波居士	光绪末年玉牒官校勘官，通阅宫内阁大库书籍，礼学馆纂修。藏书处名笺经室，共有元旧本。宋辽金元医书旧籍丰富，乡邦文献为多，得宋及明本，元椠及明本丰富，如《伤寒百证歌》《铜人图》等珍籍。藏书34大柜，每柜分4匲。藏书印有"笔敏行成曰直""唐天马镜室"等藏金石书画之印"君直手痕""唐文马镜室"等	藏书在1940年前后散出
48	宗舜年 1865—1932	江苏上元	字子戴，号耿吾	曾人端方幕，民国间退居常熟，曾任常熟图书馆馆长，与盛宣怀为姻亲。精于鉴别，藏书多著本和孤本，如所藏崇祯本《金瓶梅》、精抄本《红楼梦》系罕见珍本，宋椠本《湘山野录》等20余种，日大多都是经过说明清著名藏书家收藏利点校之本。父宗源瀚，字湘文，著《颐情馆》。叶菱曾到"颐情馆"看书，已有藏书数万卷，有藏书楼曰"怡园"，又因藏末刻《湘山野录》，遂又名"野录轩"。编撰有《怡园藏书目》（一名《宗氏怡园书残目》）。潘景郑作跋、著录元抄本170种，抄校本89种，辑刻有《怡园丛书》。著有《乐雅注》等。子惟恭、字礼白，任上海复旦大学、中国公学教授，民法专家；遵从父亲，刊刻图书数种	在1933—1939年，藏书被售出售给中央图书馆
49	章钰 1865—1937	江苏长洲	字式之，号茗移	晚年居天津，以收藏、校书、著书为业。家有藏书处为"四当斋"，储书万册	殁后书籍散出，有归安丽宋楼者

（续表）

序号	藏书者	籍贯	字号	藏书特点及钤印	藏书流向
50	罗振玉 1866—1940	浙江上虞	字叔蕴，又字叔言，号雪堂，又号贞松	生平搜集和整理甲骨、铜器、简牍、明器、佚书等古代文物，多有稽著。藏书丰富，述丰富，有《殷墟书契》《三代吉金文存》等。藏书丰富，世珍本，王国维为编《罗氏藏书目录》	藏书收归辽宁省图书馆
51	熊罗宿 1866—1930	江西丰城	字诘基，号译元	青少年时代，即潜心研究和收藏古籍版本，见善本书，便不惜借款买下。在南昌东湖建造了藏书室，命名为"补史堂"，堂中收藏有历代古籍图书两万多册，著名藏书家萧穆的藏书曾被他购得。先后收藏古今书籍达2万余册。在南昌东湖旁建造藏书楼为"丰记书庄"。是与明思敬、蔡敬襄齐名的藏书家。热心古籍整理事业，影印了《内抄旧五代史》还发明了"写真制版"，用于影印古书。影印了《王荆公诗集》《笠泽丛书》《五经》《音学辨微》《历代纪元编》《江氏音学十书》《元丰类稿》等。辛亥革命爆发后回到江西，被聘为江西图书馆董事	晚年因刊刻图书而经费亏空，藏书先后卖出，卖出之书达数万金，去世后，其遗稿和残剩的藏书归于南昌市图书馆。著《明堂说考误》《胡刻资治通鉴校字记》。其弟子新建人张元济亦热心乡邦文献
52	敖庆善 1867—1938	黑龙江齐齐哈尔达斡尔族	姓敖拉氏，字同甫	生平勤奋好学，精通蒙、满、汉三种文字和语言，他从10多岁即开始抄书和藏书，收藏有600余种、3 000余册图书，其中关于黑龙江等地方民族文献为多，蒙等少数民族线装古籍，颇为珍贵	民国二年，庆善捐献出了一些书，大多是满、现哈尔滨市馆就保存一部
53	潘宗周 1867—1939	广东南海	字明训，室名宝礼堂	广收黄氏百宋一廛，汪氏艺芸精舍，郁氏宜稼堂，杨氏海源阁之部分旧藏，终积宋多达百余种，千余册。张元济编撰《宝礼堂宋本书目》四卷行世，又有《宝礼堂书目》一种，亦为张元济手订	藏书于解放前夕运放香港，解放后由其后人全部捐献给国家，现藏于北京图书馆

（续表）

序号	藏书者	籍贯	字号	藏书特点及钤印	藏书流向
54	董康 1867—1947	江苏武进	字授经，自号诵芬室主人	家富藏书，其"诵芬室""课花庵"藏书，以多精本见称。搜书以宋元及明嘉靖以前的古本为主，以民国戏曲目稿本为其特色。著有《书舶庸谈》《嘉业堂书目稿本》《中国法制史讲演录》等，刻有《诵芬室丛书》，计三十多种，其中《盛明杂剧》《五代史评话》教普为清末民初板刻书之冠。藏书印有"董康""诵芬室藏书""课花庵鉴定本之本"等。一生曾7次东渡日本，有《书舶庸谭》为在日访书日记	1917年，因急需资金，将所藏部分典籍售予大仓文化财团创始人大仓喜八郎。2008年北大用重金18亿日元按当时汇率约1亿多人民币收回了大仓藏书。归国后，将其精华售于嘉业堂
55	邓邦述 1868—1939	江苏江宁	字孝先，号正闇	曾得黄丕烈所藏《群玉》《碧云》二集，因自名藏书所曰"群碧楼"。先编《群碧楼书目》九卷，重编《群碧楼善本书目》六卷，《寒瘦山房鬻存书目》七卷	曾入端方幕府，协助收购丁氏"八千卷楼"藏书，筹办江南图书馆，曾以书之一部归中央研究院，得值二万金
56	封文权 1868—1943	江苏松江	字衡甫，号庸盦，一作庸庵	其高祖隐居华亭时开始聚书，历经三世，累至数十万卷，所藏多旧抄本及名人批校本，以及松江、上海地方文献多"篑进斋"，并编《篑进斋书目》	解放后，藏书分别归上海图书馆和江苏省博物馆
57	章炳麟 1869—1936	浙江余杭	字枚叔，号太炎。初名学乘，更名绛	褴书百余篑，多古本尊宿语录，多扶桑旧精本古医书，经稿，多明季稗官野史	国学保存
58	胡思敬 1870—1922	江西新昌县	字漱唐，一字瘦唐，号退庐居士	官吏部主事居京师时，经常出入书肆，搜求经籍。宣统三年出都抵南昌，尽以携归，筑室湖滨，东游吴会，南度岭，不可以数纪。其藏书处为"退庐"。又"北至燕，筑问影楼于东湖之远藏之，遍访藏书故家，汗牛充栋，至晚岁居京师积书数万卷，尽纳其中"。因假为图书馆，退庐图书馆，冬青园。藏书印有"新昌胡氏问影楼所藏"。有1927年胡桐庵编《新昌胡氏问影楼藏书目录》初编上下册，著录60400卷。又续编35700余卷。两目近10万卷，多为寻常之本	1912年4月，自愿将藏书10余万卷，捐赠作江西全省图书馆，新造书楼一大所，捐赠作江西全省图书馆

（续表）

序号	藏书者	籍贯	字号	藏书特点及铃印	藏书流向
59	丁传靖 1870—1930	江苏丹徒	字秀甫、一字岱忠，号闇公，别号沧桑词客	常至京、津书肆收罗古书，积至数万册。治乙部书，尤好末明稗官野史，搜访甚备，多秘本	解放后由其子丁暖捐献给国家
60	陶湘 1870—1940	江苏武进	字兰泉、号涉园	喜好藏书、刻书，所收不重宋元古本，而以明本及清初精刻为主，尤嗜毛氏汲古阁刻本、武英殿本、开花纸类。喜印刻书，别出新意所印《天工开物》等书，写工画工艺绝精，殊胜原本。另有《涉园续刻书目录》《儒学警悟》《百川学海》《毛氏汲古阁刻丛书目》《明内府经厂书目》《殿版书年现存书目》《涉园鉴藏明版书目》等	其殿本类、开花纸类，即售与北平文友、直棣两书店。所藏书大半被日本帝国主义者所掠
61	孙毓修 1871—1922	江苏无锡	字星如、恂如，号留庵、别号绿天、绿天翁，室名小绿天	早年从缪荃孙习版本，后入商务印书馆，为涵芬楼别版本。主持出版善本古籍丛及《四部丛刊初编》。藏书甚富，以小绿天名藏。多明代安国和卢址的旧藏，且某、明刊本颇多，并编撰有《小绿天孙氏鉴藏善本书目》，著录图书482种	1909年译《图书馆》云："注重平民教育，进行图书普及工作，以启迪民智、唤起民众"，提出"保旧而启新"，"欲保古籍之散亡、与集新学之进境，则莫如设地方图书馆"。藏书尽为潘氏兄弟所得
62	张钧衡 1871—1927	浙江乌程	字石铭、别号适园	酷嗜典籍，广为搜求，家藏书达10余万卷，名为"九松精舍"适园"。并约请缪荃孙校订精本，所编《适园藏书志》为其家藏书目，由缪荃孙代笔，质量较高，计有宋版45种，元本57种，黄丕烈跋本26种	卒后，藏书由张乃熊能继承

（续表）

序号	藏书者	籍贯	字号	藏书特点及钤印	藏书流向
63	傅增湘 1872—1949	四川江安县	字沅叔，润叔，号薑庵、姜弇、藏园居士，别署书潜、清泉逸叟、长春室主人、西峰老农、书潜氏、双鉴楼主人	1912年3月，在京收书，时北方盛昱、端方、景廉、聊城杨氏，南方范氏、卢氏、丁氏、缪氏、方氏、叶氏、莫氏诸家之书流散于市，故收获至巨。数十年间藏书达20余万卷，所藏宋金刊本达150种，4600余卷，元刊本数十种，3700余卷。其藏书处有藏园、双鉴楼，又有长春室、食字斋、池北书堂、龙龛精舍、莱娱室、企麟轩等。藏书印有："傅印增湘"白方、"沅尗"朱方、"江安傅氏藏园审定书籍之记""江安傅氏藏园鉴定书籍之记""江安傅增湘字沅叔别号藏园""沅叔审定"朱方、"沅叔审定宋本""江安沅叔考藏善本""傅沅叔藏书记""江安傅增湘沅叔珍藏""傅增湘读书""江安傅沅叔收藏善本""藏园秘籍"朱方、"藏园秘籍孤本""藏园""藏园居士""藏园老人""双鉴楼主人"白方、"双鉴楼藏书记"朱长方、"双鉴楼珍藏印""双鉴楼""双鉴楼主人珍藏宋本""龙龛精舍""莱娱室印""企麟轩""长春室""书潜"朱方等。其子傅忠谟亦有："恕谟继鉴""江安傅忠谟晋生珍藏"等	1944年春，便将所藏的宋元刊本、名家抄本之精粹数百种，以及其手校书16000余卷，捐赠给北京图书馆。1948年，傅增湘重病时，又叮嘱长子傅晋生把最著名的"双鉴"捐赠国家，并嘱身后所遗善本精粹不能分散。1949年10月，傅增湘之子傅忠谟将"双鉴楼"所珍藏的善本图书捐献给北京图书馆。《北京图书馆善本书目》著录"傅捐"善本即有280种之多。1950年，其家人又将另一批明清以来的普通善本34000余卷，捐赠给家乡四川。一部分藏于重庆图书馆，大部分今存四川大学
64	张籁 1872—1959	山西平陆	字贯山	精版本目录学，嗜藏书。其藏书不大讲究版本，多收明清人文集，以及山西地方志，最多时达二十万册。藏室初名海藏庐，后改为贯三图书馆，系当时华北著名藏书家之一	解放后，将其藏书分批捐献给山西省图书馆和山西大学图书馆
65	朱启钤 1872—1964	贵州开州	字桂辛、桂莘，号蠖公、蠖园	解放后任中央文史馆馆员、全国政协委员等。极喜藏书，特留意地方文献，故储书颇多。有藏书楼曰"存素堂"。在经营营造学社期间，收藏河渠、建筑等类图书。编撰有《存素堂入藏图书河渠之部目录》1册，著录有400余种。《存素堂入藏黔籍之部目录》1册，著录黔人文献有400余种	朱启钤病故之前即将大部分藏书捐赠北京图书馆，并要求将"捐赠北京图书馆的图书中的黔人黔宦著作转交贵州"；将旧藏穆麟德遗书寄存北平图书馆2150种

（续表）

序号	藏书者	籍贯	字号	藏书特点及钤印	藏书流向
66	梁启超 1873—1929	广东新会县	字卓如，号任公、别署沧江、饮冰室主人、中国之新民	梁氏大量购书始自辛亥革命后归国期间，天津意大利租界西马路二十五号寓所为藏书地，所藏达四万余册，十万余卷。其藏书处为饮冰室、海棠书屋。藏书印有："任公长寿""新会梁氏""启超私印""饮冰室藏"。有《饮冰室藏书初编》十六册，梁廷灿、吴其昌合编，著录一万三千余种。1925年，中华图书馆协会成立，他被推举为董事长。是年底任北京图书馆馆长。为纪念蔡锷，1923年发起松坡图书馆，以北海快雪堂为第一馆，皮藏杨守敬观海堂遗藏之半，万余册中文书；以西城石虎胡同七号官房为第二馆，皮藏其外文书。著有《西学书目表》《西书提要》，在分类上突破传统的四部分类体系，目录学著作10余种	梁氏殁前，曾遗嘱子女仲策、思成、思永、思忠等，将全部藏书寄存于北京图书馆，以供众人阅览。1930年2月，经亲属会和北图商洽，将藏书全部藏北图，4万余册及金石墨本、梁氏未刊手稿、函札等，从天津移运北图。翌年北图新馆北海建成，特辟"梁启超纪念室"，陈列其遗物及金石书画等，并为编订书目
67	黄节 1873—1935	广东顺德	字晦闻，又字玉昆	1904年，与章炳麟、邓实等在上海创设国学保存会，刊行《国粹学报》，倡议在上海建成后，次年在上海建藏书楼"国学保存会藏书楼"，收藏明末清及清代史料，附有美术、译文、报刊，供会员及会外好学之士阅读。终因经费短缺而中断。自藏则以《毛诗》《楚辞》《文选》为主	有创设图书馆机构之议，保存中华旧籍之功
68	王绶珊 1873—1939	浙江绍兴	名体仁、绥珊，字其	性嗜典籍，筑九峰旧庐于杭州，部分珍籍储于上海寓所。抱经堂藏书大多归之。据杜国盛《九峰旧庐藏书记》有善本书计100余种，各省、府、县，地方志书达2千余种。又据未士嘉，所藏方志属孤本书达29种，其他不见于各大图书馆及藏书著者约400种。未逮期为之著录所藏浙江一省地方志目录，达236种，不见公私藏家目录者达20种	王氏故后，后裔未能确守藏书，大部分售与当时的中国科学院南京地质研究所。原瞿氏铁琴铜剑楼旧藏末版《资治通鉴》《司马温公集》等10余种珍籍，现分藏于北京图书馆与上海图书馆

（续表）

序号	藏书者	籍贯	字号	藏书特点及钤印	藏书流向
69	瞿启甲 1873—1940	江苏常熟	字良士，别号铁琴道人	虽坚守先世旧藏，而于友朋之借钞乞校者毫不吝惜。其未元善本，影钞精絮流在四方，如蒋汝藻、徐乃昌、刘承幹、缪荃孙刊刻丛书，多从其借印。商务印书馆涵芬楼刊印《四部丛刊》，启甲为发起人之一。初编十六种，又有待印再续书目录，因抗战而终止。又，三编有其家所藏二十五种；续编有四十种，亦有十余种，因各有收录。又尝自刻乡贤遗著多种，修朴印行姚东印刻《离骚》及唐人集等。且编印其苦荪愻祖《铁琴铜剑楼丛书》十一种，"瞿印启甲"白方，"良士珍藏"三种，藏书印：白方，"良士眼福"等	启甲坚守藏书数十年，临终乃遗命"书勿分散，不能守则归之公"。1950年，瞿旭初遵其遗志。先后捐其家藏末、元、明善本书籍72种，近2000册
70	高步瀛 1873—1940	河北霸县	字阆仙，一作朗仙	1906年，任学部待郎，后调任图书局主编，兼董理顺天府学务总处。于1915年8月，任教育部社会司司长。提倡设历史博物馆，创通俗图书馆，通俗讲演所等	
71	金天翮 1873—1947	江苏吴江	初名懋基，字松岑，后改天羽，一翻或天羽，号鹤望，自号天放楼主人	五四运动后，与章太炎、高燮等相率提倡"国学"，尊崇孔子"集千圣百王诸先哲之大成"，传万世一系之文化。1932年在苏州设国学会，编印《国学论衡》，提倡保存国故。家富藏书，有"天放楼"，多有关水利、治河、营造类图书	曾向清华大学图书馆赠书13566册，其中未元明善本和名家校勘之本2356种
72	高燮 1873—1958	江苏金山	字时君，号吹万，一号黄隐	生平富收藏，工诗，聚书至十五六万卷，善本颇多，多为杭州抱经堂所藏。抗战中，所藏书大部毁于战火	解放后，将所藏《诗经》数百种文献捐给国家，由复旦大学图书馆保存

（续表）

序号	藏书者	籍贯	字号	藏书特点及钤印	藏书流向
73	刘世珩 1874—1926	安徽贵池	字聚卿，号葱石，别号楚园	精鉴藏，因得两部宋刊《玉海》，遂命其藏书楼为"玉海堂"。刻书好仿宋，皆出武昌陶子麟子手。有《玉海堂景宋末丛书》《聚学轩丛书》《贵池先哲遗书》《宜春堂景宋巾箱本丛书》	卒后，藏书散落
74	叶景葵 1874—1949	浙江杭州	小名阿龄或阿麟，字楼初，号卷盦，别署存晦居士	叶氏先世即有藏书，所藏有 2800 余部，3 万余册，有唐写本两种，宋元本九种，钞校本六百余种，明刻善本四百余种。"尤笃志好宋元，破碎不能手持，尤以顾祖禹手稿《读史方舆纪要》底本为最珍贵。彭兆荪甘亭辑《全上古三代秦汉三国六朝文》，乃历时均所辑，彭氏手稿百十余册。彭氏底稿，乃历时数严可持，使之完整修补，经鉴定字迹，体例与严氏新。全唐馆外各两家辑成是书，真是无独有偶。是书浑没无同，均不同。全唐馆十年，终得重见天日。有《杭州叶氏卷盦藏书目录》一册，闻百数十年，终得上海众图书馆编印。1953 年上海众文献图书馆。自撰《卷盦书跋》349 篇，顾老廷龙跋曰："精义蕴蓄，禅益后学者甚曰。"又有《卷盦随笔》，亦为读书笔札	叶氏晚年，目睹"公私书籍，流转散佚，惨不忍言"，1939 年 5 月，与张元济、陈陶遗等发起创设合众图书馆，并将藏书楼房捐献之。响应者颇多，叶氏、张元济、叶恭绰、蒋抑盾、李拔可等均捐入大宗藏书。此馆在浦石路七百五十二号。1953 年捐入上海市历史文献图书馆，后归上图
75	丁福保 1874—1953	江苏无锡	字仲坊，号梅轩，又号畴隐居士，又署济阳破袖	性不喜美术，亦不营斗鸡，单视马吊，雀戏、博弈之徒，乃退而求之于书籍。初为衣食所因，无力多购，所购大抵皆白印本及寻常坊刻本，均藏无锡连元街宅内。移居上海后，乃购古籍从估客购取善本。凡购买一书，必儿费经营，始兑错货议价。与缪荃孙、袁克文、王秉恩、于右任、张仲昭等诸名家时有交流	1935 年捐入上海市立图书馆图书一万五千册，1938 年捐入震旦大学 2 万册，该校设"丁氏文库"。1939 年，创办丁氏图书馆。1950 年，捐古籍及石刻拓本千余册给北京图书馆，包括购自铁琴铜剑楼之宋元本十余种。捐书之后，靖同邑侯诸绘《捐书图》

（续表）

序号	藏书者	籍贯	字号	藏书特点及钤印	藏书流向
76	蒋鸿林 1875—1940	浙江杭州	谱名玉林，字一校，又作抑后	善读书，亦喜聚书，所藏约五万册。计二千五百余种，多为通行本，亦有明刻及抄本。其中有经籍献，许增、沈豪叔、张韵梅韵草堂人细校之《词律》，许增拟刊刻而未果。其藏书处为凡将草堂	1940年，上海众图书馆创办时，将氏为捐入藏书2584部50000册。顾廷龙为编《杭州蒋氏凡将草堂藏书目录》
77	罗振常 1875—1942	浙江上虞	字子经，又字子敬，号心井，邈园	设"蟫隐庐"以收藏，居书肆30年，又精于校勘，于版本源流，文字异同，收藏变迁等均加以收藏考。编有家藏善本书目为《善本书所见录》，分经、史、子，集4卷，每书下记卷数、版刻、题解、题解人等。由其婿同子美新订，刘承干作序	
78	伦明 1875—1944	广东东莞驻防旗籍人	字哲如，又字柘庵	生平嗜书成癖，1902—1911年，于琉璃厂，隆福寺搜购古籍珍本，在广东执教时曾购得南海孔氏"三十三万卷书堂"收购典籍，番禺周氏等旧家藏书。著有《四库全书总目》。斋室，志在续修《四库全书总目》。著有《续书楼读书记》《续书楼全书会议》，以《辛亥以来藏书纪事诗》最享盛名	抗战后，续书楼藏其遗志归北平图书馆，《北京图书馆》中约有15部载有伦明题跋
79	孙广庭 1875—1959	辽宁铁岭	字丹阶，号知侠，别署不署子	家有因是堂藏书楼，所藏达二十余万卷，间有宋元本。不求精美，不求藏棠。而在广罗众书，以博览群书	1947年，悉捐所藏古籍、文物、碑帖24万余卷于东北图
80	任凤苞 1876—1953	江苏宜兴	字振采	积30多年之功，搜集方志2591种，为"私家藏志巨擘"，"天春园"藏书楼，后因得到三种原抄残本《大清一统志》《皇舆全览》和《方舆路程考略》，又名为"三残书室"书斋，编撰有《任氏天春园方志目》，著录各种方志2536种	1952年将"天春园"藏志全部捐献给天津图书馆，计2591种

（续表）

序号	藏书者	籍贯	字号	藏书特点及钤印	藏书流向
81	徐甘棠 1876—1935	字号不详 广东花县	广东花县	好藏书，搜集古今书籍二万余册，颇多善本，明正德本《四川志》为海内孤本	卒后，其夫人罗秀云悉捐岭南大学图书馆，该馆辟专室以纪念。其夫人捐其图书2万余册
82	李宣龚 1876—1952	福建福州	字拔可，号墨巢	曾任桃源知县，商务印书馆总经理	1941年将藏书千余种及书画等捐上海合众图书馆
83	王植善 1876—1953	上海南翔	字培孫，一作培孙	1904年以其叔父所办之育材私塾，扩建改为南洋中学，后在校内创设图书馆，所储益富，连同先人所遗，共计10万余册图书。尔后南洋中学图书馆，方志独多。设利川书店时复购故家藏书；图书馆规模，并时沪校，并众阅览，供众阅览，亦称日晖楼书库，望尘莫及。存置南洋中学图书馆，凡大藏内外者悉有之。山经地志则与南海叶氏坪，可互相补益者甚多。培孙又笃于佛学，所藏语录甚多，其中方志有1470种，亦有未见著录之晚明史籍。所藏共四千余种，其中方志有1470种，1918年春，陈乃乾任职南洋中学，编《南洋中学藏书目》一册，著录图书4680种，丛书219部	1927年，南洋中学图书馆建成，将藏书10万册储于该馆；1952年，举所藏佛典、方志、史乘、词典等珍籍七万六千六百余册捐入上海合众图书馆
84	陈融 1876—1955	广州番禺	字协之，号颐庵，别署颐园	善藏书，曾收藏清代诗文集二千余种，广州沦陷后尽失	抗战胜利后，将部分藏书数百种归于中山大学图书馆

- 381 -

（续表）

序号	藏书者	籍贯	字号	藏书特点及钤印	藏书流向
85	秦祖泽 1877—1966	浙江慈溪	字润卿	其父在上海金融界，使其有实力肆意收购古籍。1930年，冯可铺后代出售"醉经阁"藏书，派专人收集，达3万余卷，恰其为奉养老母而建造的"抹云楼"落成时，遂将所收集的冯氏版"醉经阁"图书藏于"抹云楼"中，并继续征集珍本。所藏有浙江省各县方志和《普陀山志》《赵大谿公全集》《赵文华全集》手抄本等。总藏书42 226册，其中线装古籍32 996册	1947年，收藏古今中外图书近7万册的"抹云楼"对外开放，公开阅览。楼下为近代图书和报刊阅览室，楼上为古籍书库。1952年，把全部藏书和"抹云楼"财产捐献给浙江省人民政府。年底，全部藏书和财产由慈溪县文化局接收。1954年，部分图书归浙江省图书馆，现代书画，杂志近7000册和2500多件碑贴字画，移藏宁波市图书馆
86	蒋汝藻 1877—1954	浙江乌程	字元采，又字孟蘋，亦作孟平，号乐庵	先世有俪籝簃，茹古精舍，求是斋，其父子名所居"传书楼"，收藏富于先世，编有《传书楼书目》12卷，又建藏书楼名"密韵楼"，王国维尝为其编《密韵楼藏书志》	因事业失败，宋元本多归刘晦之，藏书大多为涵芬楼购藏，解放后归北京图书馆
87	王国维 1877—1927	浙江海宁	字静安，一字伯隅，号观堂，永观	曾任学部图书馆馆编译。辛亥革命后返上海，从事甲骨文及考古之研究。生平喜好藏书，著书，治学广博精深，翻译有《世界图书馆小史》	遍阅江南旧家藏书有《库书楼记》，校勘有《文渊阁书目》《千顷堂书目》《铁琴铜剑楼书目》等
88	栗培垒 1878—1950	湖南邵阳	字厚庵，号墨池、墨持，又自号双梧居士	1913年，在武昌租房屋建"双梧寄庐"，自称双梧寄庐主人，鄂诸寓公。收藏宋元明清各类古籍图书近十万卷，其中不乏珍品，如明版《潜确类书》，清名批注本《曝书亭集》等。明拓本《泰山金刚经》为海内珍本，清刊本《苏文忠公诗集五卷》为套色精本	1943年，在邵阳与岳森、雷飚纪念蔡锷反袁而创建松坡图书馆，捐十箱古籍和金石拓片等。1945年，毁于日军炙炸
89	莫伯骥 1878—1958	广东东莞	字天一	所藏多为宋刻，元椠，精钞及字传孤本等。有"福寿书堂"，后改名为"五十万卷楼"，为粤中藏书之冠。有《五十万卷楼藏书目录初编》《五十万卷楼群书跋文》行世	著述与藏书在抗日战争中毁于战火

（续表）

序号	藏书者	籍贯	字号	藏书特点及钤印	藏书流向
90	朱希祖 1879—1944	浙江海盐	字逿先，一作迤先	喜收藏古书，所藏尤以南宋稗官野史为多。其藏书楼名"郦亭"，全盛时达25万册，如明影抄本《水经注》、海内孤本康熙《海盐县志》等。据《郦亭藏书目录》统计，约有4000余种，分经、史、子、集和海盐地方史志五个部分，史部书籍最多，约2000余种，有"读书藏书家"之称，撰《明季史籍题跋》《汲冢书考》《新梁书乙文志》及《郦亭藏书题记》。藏书印："郦亭""朱希祖印""逿先读过"等	1943年，长子朱偰将其西北平藏书运出，仿天一阁例成立"郦亭图书馆"；1950年后，朱偰将部分南明史书籍及部分未刻本出次售给北京图书馆，其他大部分则捐给了南京图书馆
91	胡朴安 1879—1947	安徽泾县	原名韫玉，字仲民，一作颂民，号朴安，晚年号日半边翁	藏书达十余万卷，以经部、子部为多，史部甚少。经部尤以小学为最备，达四百五十种，其中不乏明清精刊本、清及清末民国初诗文集达千余种，经县胡氏历代著述百四十九种，其中未稿本21种。晚年发愤拟刊其生平所著书，为《经县胡氏朴学斋丛书》六卷，有《经县胡氏朴学斋藏书目录》	1947年朴安卒年后，哲嗣道彦等遵遗嘱将藏书10余万卷悉数捐给众图书馆，该馆为之编目，著录3000余种，又附其胞弟胡寄心著述及胡氏著述约160种，其中未稿本二十余种。其藏书捐度于上海图书馆
92	徐绍棨 1879—1948	广东番禺	字信符，又字舜符	喜爱藏书，曾建藏书楼"南州草堂"，后扩建为"南州书楼"，盛时藏书达六百余万卷，尤富广东地方志文献。后由沈玉清辑《南州书楼所藏广东书目》，徐系璈编有《南州书楼善本题识》	仿叶昌炽《藏书纪事诗》作《广东藏书纪事诗》
93	刘晦之 1879—1962	安徽庐江	名体智，晚号善斋老人	刘晦之龟甲骨甲片收藏，世间罕有其比。其甲骨文的收藏在战前就就达28000余片，1953年全部出让给国家。现存我国大陆的龟甲骨甲片，总共9万余片，而刘晦之收藏差不多建小校经阁，是私人收藏甲骨文最大的一宗。此外，1934年建小校古本。至解放时，尚有未版其藏书以明清精刻为主，亦不乏元末古本。至解放时，尚有未版书9部，各地方志1000余种，善本达1928册。刘氏藏书还有一个特点，就是收集《四库全书》中被当时删改前的旧本	解放后，刘氏所有的藏书在战前就分三批全部捐给上海市文管会，后又转入上海图书馆。共捐书460箱，历代碑刻拓本282种436册。1953年，刘氏甲骨出让给国家，由中央文化部文物局接收，中国科学院考古研究所所藏甲骨拓本题名《善斋所藏甲骨拓本》。收甲骨文拓片28000余片

序号	藏书者	籍贯	字号	藏书特点及钤印	藏书流向
94	丁祖荫 1871—1930	江苏常熟	字芝孙、又字之孙、号初我、又号初园	生平喜藏书，建藏书楼，名"湘素楼"，藏书达一万多卷，中不乏稀世珍本。尤以明末藏书家赵琦美精藏本《古今杂剧》为最	抗战期间，书尽散失
95	刘体智 1880—1963	安徽庐江	字惠之、后改晦之、号善斋	人民国后，曾任中国实业银行总经理。后闲居上海，专心于甲骨、金石、文物，古籍的收藏，为当地著名收藏家之一。所藏之甲骨，郭沫若收编并考释于《殷契萃编》。编撰有《远碧楼书目》《善斋吉金录》《小校经阁金文拓本》	解放后，其藏全部捐给上海图书馆
96	陈垣 1880—1971	广东新会	字援庵、又字圆庵	精研敦煌文书，有《敦煌劫余录》《火祅教入中国考》，还有《四库书名录》《四库书目考异》《四库全书纂修始末》等。藏书丰富，先后积书达四万余册	卒后，遵其遗嘱，将书籍、文物全部捐献给国家
97	邢之襄 1880—1972	河北南宫	字赞廷	嗜藏书而更喜刻书，专刻河北及与河北相关之学者、文人集及方志	1952年，邢之襄将历年所收善本437种3646册，全部捐入北京图书馆，是谓"邢捐"
98	鲁迅 1881—1936	浙江绍兴	幼名樟寿、字豫才、豫山、以笔名鲁迅行世、又有笔名迅行、飞、旅主等	常与许寿裳阅肆，亦喜抄书，在上海内山书屋时所购达750余种。在南京至龙蟠里江南图书馆借抄丁氏八千卷楼藏书。所藏达万余册，古籍有千余种。有法国木鲁集拓本尤多，俄亦难觅到。有浮士德土德成插图本，即有浮士德插图本，多为会稽乡邦文献。第一册辑录类有:《藏书目录》《古小说钩沉》底稿四册写定等百余种。又1915年至1919年间手录汉碑九十五种，魏吴蜀碑31种，晋至隋碑133种，墓志两百种	1950年，许广平将位于北京宫门口西三条21号的鲁迅故居及宅内所藏书籍5195册，拓本4030件和其他文献274件全部捐献

（续表）

序号	藏书者	籍贯	字号	藏书特点及钤印	藏书流向
99	刘承干 1881—1963	浙江吴兴	字贞一，号翰怡，室名嘉业楼	1910年，赴南京出席南洋劝业会。假赴书肆，遍览群书，由此开始嗜藏书。以其资力雄厚，先后收得户氏"抱经堂"、静斋"等家藏书，所积达60卷20万册。《四库全书提要》原稿本150册。因得到御赐"钦若嘉业"匾额，遂名其藏书楼为"嘉业堂"。刊刻古籍有《嘉业堂丛书》《求恕斋丛书》《留余草堂丛书》《吴兴丛书》《希古楼金石丛书》等	抗战时期，家道中落，藏书售与各公共图书馆，《永乐大典》112册，余存之书捐给浙江省图书馆
100	方树梅 1881—1968	云南晋宁	字臞仙，号师斋，又号梅居士、盘龙山人	嗜藏书，既藏古籍善本，又收中外近代书籍，尤留心云南地方文献。为广收博采，遍迹于昆明书肆，于1933年北游各省，又自筹资金，访书至12省。收获及很大。其藏书至多"学山楼"，共有3万余卷。1953年，任省文物保管员，抢救及收购图书	1953年，捐献数十年搜得云南文献图书，171册，计1000余卷于省立图书馆。图书馆编撰捐赠清册
101	叶恭绰 1881—1968	广东番禺	字裕甫，又字誉虎、玉虎，号玉甫、遐庵、遐翁，晚号矩园	宣统间识伯希和，观其所得敦煌文物，又与罗振玉、王仁俊等往还。1920年，上书大总统，建议设通儒馆，经营国立图书馆，保存公私藏书，释道藏版片，军机处档案，各省官书局板片及印刷物等。1939年主办"广东文物展览会"，以"研究乡邦文化，发扬民族精神"为宗旨，刊印《广东文物》。借以维系海疆人心。抗战期间，参加"文献保存同志会"，在香港负责典籍收购及转运工作，抢救刘氏"嘉业堂"与张氏"适园"两家藏书，并建书归国家。私人藏书，也极为丰富，中收有《永乐大典》《广东丛书》，编印《广东文献丛编》即《广东丛书》，"灵金馆"藏书楼贮之。后辗居香港，富藏书。有"叶遐翁"白方、"退庵长寿"白方，被日军软轮任参自其祖父所贮兰号南雪皆世间孤本，即博洽子学，"叶恭绰"白方	1943年，将其地理书900多种3200多册捐合众图书馆。晚年，将其私人之藏书、文物、字画分别捐献于北京、上海、广州等市

（续表）

序号	藏书者	籍贯	字号	藏书特点及铃印	藏书流向
102	欧阳祖经 1882—1972	江西南城	字仙贻，别号阳秋	1927年9月，任江西省图书馆馆长，为馆址百花洲的选定、馆舍的建设竭尽全力。新馆落成，又忙于搜集江西地方志及江西省人物著作，并将清嘉庆年间南昌学府所刻《十三经注疏》、退庐图书馆同影楼所刻《像章丛书》104种版片。1935年再任省图书馆馆长。在任期间，他取出馆藏《江西通志》《像章丛书》版片予以印行。还访求史料，撰写《谭襄敏谭纶公年谱》《南明赣事系年录》《王船山黄书注》	1938年将其藏书数万册捐浙江大学，又外文书七百七十五种捐江西省图书馆
103	沈知芳 1883—1939	浙江绍兴	字芝芳，又字芷芳，自号粹芬阁主	先世鸣野山房藏书早年在清嘉道间已流誉江南。生平唯好藏书，于孤本精刊尤为汲汲，访觅搜罗，不遗余力。至抗战前，先后收进秀水王氏信芳阁，会稽徐氏铢字斋诸藏，编有《粹芬阁珍藏善本书目》一册，著录自藏明元明清善本书计809种	卒后，藏书散出
104	刘师培 1884—1920	江苏仪征	原名光汉，字申叔，号左盦	记诵该博，手所校注纂录至多	有《论中国宜建藏书楼》文，号召国学保存，大倡典籍保护
105	吴梅 1884—1939	江苏长洲	字瞿安，号霜厓崖	性嗜藏书，名书屋为百嘉室，意欲集合百种明嘉靖本藏于此室	《北京图书馆善本书目》著录有170余种
106	马叙伦 1884—1970	浙江仁和	本字彝初，更为夷初，号石翁，别号寒香，署素朴天生	好藏书，所藏稿本、抄本、批校本、宋大字本、元椠本，同有宋元本，如北宋本《尔雅疏》《孟子》，元椠《说文》，清人词集《广韵》等。不善藏书处为天马山房。据书目，藏书达1800种，蔚为大观。有《天马山房藏书总目》二册，抄本、不分类。又《天马山房书目》一卷、油印本，分经史子集丛五部。又郑振铎《西谛书目》史部目录类有《天马山房书目》六卷、《读书小记》《续记》	解放前，1930年代，曾以所藏凡二万余册归辅仁大学。1950年将杭州全部藏书1944册捐赠浙江大学图书部，文物捐赠浙江博物馆

（续表）

序号	藏书者	籍贯	字号	藏书特点及钤印	藏书流向
107	杨树达 1885—1956	湖南长沙	字遇夫，号积微，晚号积微翁	早年入长沙岳麓书院，从叶德辉问学	
108	胡怀琛 1886—1938	安徽泾县	字季仁，后改寄尘	其藏书以诗文集和课本为特色，如《三字经》《百家姓》《千字文》《千家诗》等，收集齐全，收集称其为"三百千千"。刘鹗收集外文书籍和少数民族作者的汉文诗集1 000余种，自元至清末皆有。藏书至有"百瓶花斋""波罗奢馆"	1940年哲嗣胡道静将遗书将遗书捐入大震旦大学图书馆
109	黄侃 1886—1935	湖北蕲春	字季刚，本名乔馨，字梅君，又字季子，号季康，号运甓，别署病蝉、病禅、病刚翁、旷处士，自号量守居士	黄氏为民国同名教授，精小学、校雠，故亦富藏书。藏印有《黄季刚先生遗书目录》。朱方	1947年其媳黄菊英女士悉捐赠其遗书于鄂馆，计近4996册。其中有黄氏批抄类11种61册，圈点类33种355册，珍秘者数十册
110	项士元 1887—1959	浙江临海	原名元勋，号慈园，别号石楼	1918年始任临海图书馆馆长，1944年任浙江省史志馆浙东小事处主任。他一生求学不倦，博览群书，刻苦钻研，涉猎诸多学科，包括史学、文学、经学、金石、方志学、目录学、民俗学、语言学、佛学、医学、新闻学、教育学等	1918年发起创办临海县图书馆，首捐藏书万余卷。1950年7月返回临海，即访台州行署张子敬，与其谈保护文物，组织机构等。1951年3月台州文物管理筹备委员会成立，他被推为委员兼征集组组长。于是，他奔赴临海、黄岩、温岭、天台各地，征集各类古籍文物，并举办了台州专区第一次文物展览会。他将一生所收集购天的3万多卷书籍。4箱名人字画和15箱无偿地捐献给了县图书馆和博物馆

（续表）

序号	藏书者	籍贯	字号	藏书特点及钤印	藏书流向
111	邓之诚 1887—1961	江苏江宁	字文如，号文如居士、桑园、明斋	治学行事以顾炎武为宗。早年注意收集顾氏全部著作的不同版本。由此开始收藏图书。抗日战争前已收藏清初学者文人集七百余部，中多罕见之书。喜收藏清末民初人像、风俗照片。全部藏书室名"五石斋"	卒后家人将所藏书售与中国科学院图书馆及北京各大学图书馆
112	徐鸿宝 1881—1971	浙江金华	字森玉	早年任学部图书局编译员，辛亥革命后，历任北京大学图书馆长、京师图书馆馆长，故宫博物院古物馆主任。任职京师图书馆后，大力搜集流落古籍的孤本秘籍充实该馆。抗战期间，将北平图书馆一批善本书和唐人写经八千多卷，抢运到上海保存。上海沦陷后，又设法转移他处。新中国成立后，又运回北京珍藏	曾和蒋复璁、郑振铎成立"文献保存同志会"，两度去香港收购古籍善本。一生致力于古籍珍藏保护及文物考古事业。1962年受到中央文化部褒奖
113	袁克文 1890—1931	河南项城	字豹岑，一字抱存，号寒云	曾拜方尔谦、李盛铎为师习版本之学，先后得卢文弨、莫友芝、徐坊、吴昌绶、杨守敬、邓邦述等旧家的宋元明精椠数百种。仿"百宋一廛"、"后百宋一廛"，建书楼为"后百宋一廛"，又慕"皕宋书楼"，改为"皕宋书藏"，所藏末版本版书达200种，藏书中多为清廷内府藏本，价值最高的有29种116册。藏书印有"皇次子章""人间孤本""八经阁""虎豹""皇次子章""渊末书藏之记""寒云鉴赏之记""兑文与梅真夫人同赏""惟庚寅吾以降""三琴趣斋""后百宋一廛""壁瓯主人""与身俱存亡"以降"三琴趣斋"专门钤于最宝爱之书30余枚，其中"与身俱存亡"	项城败亡后，随即星散大半，部分被传增湘、丁福保、叶德辉、刘承干、赞侯、潘明训训所有

（续表）

序号	藏书者	籍贯	字号	藏书特点及钤印	藏书流向
114	陈群 1890—1945	福建闽侯	字人鹤	1938年3月，投身伪南京政府，任伪内政部长。陈群不但自己收购书籍，也把地方伪政权收缴的大批图书予以接收，在上海、南京、苏州建立了三个书库，合计60余万册。在南京的书库为"泽存书库"，库藏图书既有"部里"，也有陈公馆的，所有图书最终都在"泽存书库"。清点、编目、庋藏。南京图书馆现藏该库当年所编部分书目，如《泽存书库来书登记簿》《泽存书库目录》抄本25册，《泽存书库善本书目》抄本2册、《泽存书库善本复本书目》红格抄本1册、《泽存书库复本书目》稿本2册，还有《泽存书库书目次编》1册，《南京泽存书库善本目录》1册，《泽存书库善本书目》抄本87页（善本）《泽存》稿本2册，两编2册等	1946年泽存书库八十万册被没收，1949年有4352部41311册善本书运到了台湾，但该书库所收典籍仍有36000册保存在南京图书馆
115	徐恕 1890—1959	湖北武昌	字行可，号强恕	喜藏书，自名书斋为"笑志堂""藏棱斋""知论斋"	解放后，将其所藏图书近10万册全部捐献国家。其中有明清善本、抄本、批校本近万册，现藏于湖北省图书馆。另有书画、印章、铜镜、刀币等文物共七千余件，现藏于湖北省博物馆
116	严谷声 1890—1976	陕西渭南	字武海	喜藏书，筑"贲园书库"，蓄书至五十万卷。武海系父志、续积书，并为学者开放书库，一时川、陕学者如廖平、张森楷、林思进、于右任及画家张大千，均曾就读于此	解放后，严氏将藏书全部捐献国家，四川省政府专设贲本图书馆存之
117	姚光 1891—1945	江苏金山	字石子，号凤石、复庐	喜藏书，尤留意乡邦文献。藏书中秘本甚多，亦颇多金石、碑版、图录及稀世珍本和孤本，共计四万余册	卒后，由其子昆田、昆群捐献给上海市文物保管会

（续表）

序号	藏书者	籍贯	字号	藏书特点及钤印	藏书流向
118	戴传贤 1891—1949	浙江湖州（生四川广汉）	初名良弼，后名传贤，字季陶，笔名天仇	国民党理论家	1934年，捐书39箱9800册筹建青海图书馆
119	周退 1891—1984	安徽东至	字叔弢，以字行，晚号弢翁，署老弢	先后依《书目答问》《郘亭知见传本书目》搜书。海源阁书出售时购得大批宋元善本孤籍。所藏精品益多，宋本有《陶渊明集》《大德厂信书院本《稼轩长短句》等。元本有延祐拓南阜书堂本《东坡乐府》，靖节先生诗注》。以宋元明钞本，清代学者钞本校本校本稿本为特色。所搜珍泥。木活字本四百余种，影印、影刻本460余种，且收英国莎士比亚诗集等新书。其藏书处：自庄严堪、寒在堂、双南华馆、一卷零经堂、东稼草堂，又有师古堂、为族人刻本之所。其藏印有："曾在周叔我处""朱长方、"周退翁""周叔弢手校读书""叔我手校""叔弢""周叔子""建德周氏藏书""建德周暹章""我翁珍秘""自庄严堪""寒在堂""孝庐""孝慈草堂""同心盦""双南华馆""半雨楼""复庐教姻沪上所得"等	解放后先后将所藏宋、元、明刻本和抄、校本，清代善本和其他善本及中外图书五万六千余种。近三万七千册，捐献给国家，分藏于北京图书馆、南开大学图书馆，天津市图书馆；1959年《北京图书馆善本书目》出版时，标为"周捐"
120	王晋卿 1893—1966	河北任丘	号捃卿	1925年自设文录堂书肆，经营古籍旧刊。为访书、足迹遍大江南北，后辑录生平经眼珍本，辑为《文录堂访书记》，最精者又辑为《文录堂书影》	古籍流通
121	孙殿起 1894—1958	河北冀县	字耀卿，别字贸翁	1919年和伦明开设通学斋书店，收南下访书，善本万余种。经营古籍业务数十年。后又多编，解放后，整理出版有《丛书目录偶存》及《续书目录拾遗》；编成《贩书偶记》及《清代禁书知见录》；由其助手雷梦手整理出版有《琉璃厂小志》	古籍流通

（续表）

序号	藏书者	籍贯	字号	藏书特点及钤印	藏书流向
	陈清华 1894—1978	湖南祁阳	字澄中	藏末元刻本既精且富，与北方著名藏书家周叔弢齐名，有"南陈北周"之称。以万金从潘宗周末版本处为"郇斋"之本有数十种。解放前夕，移居香港，携藏书处为珍善之本有数十种。解放前有"陈印清华""祁阳陈澄中藏书记""陈澄中华收藏印"等	解放后，政务院文化部曾派徐伯郊（徐森玉之子）商购末版本。购回海内孤本书数种。1950年代中期，欲将藏书售出，郑振铎亲来目报请周恩来总理批出巨款80万元。收其22部精本。1964年经周总理批示从香港收藏古籍善本共102种，今藏北图
122	袁同礼 1895—1965	河北徐水	字守和	北京大学毕业，留学美国攻图书馆学。1924年回国，任岭南大学图书馆馆长。次年起改任北京大学教授兼图书馆馆长，又为北京图书馆协会会长，中华图书馆协会董事等职。1929年起任国立北平图书馆（即今北京图书馆）副馆长，馆长	抗日战争爆发后，他选择馆藏善本书二千八百余种，装箱运往美国国会图书馆寄存（后王重民撰成《国会图书馆藏中国善本书目》）。又南下长沙，合办后方大学图书馆，搜集西南后方文献
123	赵钫 1895—1974	蒙古族，鄂卓尔氏	字元方	赵元方与商王晋卿友厚，故常委之代为采集旧籍，并相互切磋版本之字，故其收藏颇得王晋卿襄助，无以以收藏明代铜活字印本为著	解放后，择其精本，捐献给北京图书馆，多是宋元善本书馆，多是宋元善本，"赵捐"
124	陈乃乾 1896—1971	浙江海宁	名乾，字乃乾	清代著名藏书家向山阁主人陈仲鱼后裔。曾馆于著名藏书家、古书商任氏昌的积学斋，遍览其藏书，又因此得与海内藏书家、"共读楼"和"共读楼"1934年编撰有《共读楼有藏书楼为"慎初堂"《慎初堂所藏书目》收书目类型藏年谱》著录年谱700余种；著录所藏书如《南洋中学书目》朱文长134种。其藏书印有"乃乾校勘"白文长方印、"慎初堂"、方印等。曾多次敕藏书家聘请整理藏书如《南洋中学书目》《测海楼藏本书目》等	抗战期间，多次协助郑振铎购藏古籍，先后达数十册。因被生活所迫，将珍藏多年的数十种古籍，《四部丛刊》、明初洪武刻本《明大祖集》《末元杂式》《盛明杂剧》、日本文楼堂《牛郎织女传》等抗让利他出售

（续表）

序号	藏书者	籍贯	字号	藏书特点及钤印	藏书流向
125	翁之憙 1896—1972	江苏常熟		翁氏家世书香，翁心存、翁同书、翁同龢父子皆博学多才，好藏书。翁同书藏书为其子翁曾源所承，名其藏书处曰"华严室"。翁曾源去世后，藏书归曾孙翁之憙	1950年夏，赵万里等人员任翁之憙家，历时半月，所选善本入藏北京图书馆。有《常熟翁氏捐献书目册》一部。后赵万里等编成《北京图书馆善本书目》，其中记载"翁捐"书总数就有2413册，其中有翁心存手迹、翁同龢批跋或校订，翁同龢批跋或校订及手抄本
126	周明泰 1896—1994	安徽建德	字志辅，别号文岚簃，几礼居主人	近代著名实业家周学熙的长子，周叔弢从弟。酷爱戏曲，因而钻研戏曲理论及有关史料，重金收购到大量的清代南府和平升署的抄本。广泛收集戏曲图书，如明刻汤显祖评《西厢记》，冯维敏海浮山堂原刻本《不伏老》，《僧尼共犯》来集之偶湖筑原刻本《两纱》附《挑灯》，张凤翼续齐高组评《红拂记》，陆来玉晋刻本《明珠记》，陈与郊师俭堂刻本《鹦鹉洲》等罕见刻本	1949年去香港前，把这批珍藏多年的戏曲图籍及其文献资料。新中国成立后，他来信把这批珍贵史料全部捐献给上海市人民政府，由上海市图书馆收藏
127	王献唐 1897—1960	山东日照	初名家驹，改名献唐，以字行，号凤笙	曾长期担任山东省立图书馆长。一生收藏图书达10万余卷，藏于"双行精舍"，每有所得，辄为之写题跋，后被收入《双行精舍书跋辑存》及《续编》中。藏书印有"双行精舍鉴藏""空自苦""疏经阁""三家邨人""献唐题记"等多枚。晚年又得顾千里批校，黄丕烈手跋古籍1部，又命名其藏书处为"顾黄书寮"	海源阁经过1930年被盗后，余经王献唐整理后归入济南市图书馆。后来，他的越王勾践剑，李自成闯王印等珍贵文物8000多件及5万册古籍都捐献给了国家
128	蒋镜寰 1897—1981	江苏苏州	原名瀚澄，号吟秋、秋庐	二十年代初起服务江苏省立苏州图书馆，后任馆长	抗战爆发后，转移馆中善本至他处密藏

（续表）

序号	藏书者	籍贯	字号	藏书特点及铃印	藏书流向
129	郑振铎 1898—1958	福建长乐	笔名西谛、自号幽芳阁主、玄览居士	抗战期间在上海抢救劫中古籍文献。藏书室名"玄览堂""幼秋山馆"，共计17000余种。自编有《西谛书目》及《西谛书话》予以介绍。另关于目录学著述有《佛曲叙录》《西谛所藏弹词目录》《善本戏曲目录》《中国小说提要》《散曲目录》等	卒后，藏书捐献北京图书馆
130	卫聚贤 1899—1989	山西万荣	字怀彬、号介山，又号卫大法师	卫氏是王国维生前最后弟子之一。1927年6月1日，王国维参加卫聚贤等毕业典礼和师生叙别会后，翌日草拟遗书，翌日遂投湖	1949年重庆解放，将其收藏的近千种、近万件古代文物和民俗文物以及尚未整理的古钱、货币，清代和民国文献等悉数捐赠给西南军政委员会，其余文物及书籍等后来也由其子女捐赠给了西南图书馆
131	谢国桢 1901—1982	江苏武进（生于河南安阳）	字刚主、别署瓜蒂庵主、罗室湾人、瓜蒂庵名	喜藏书，所藏多为明清史料、笔记及诗文集	晚年将其藏书捐献中国社会科学院
132	贺孔才 1903—1952	河北武强	名培新、字孔才、号天游、笔名贺泳	贺涛孙、贺葆良子，历任北平市政府秘书，北平市古物评鉴委员、会委员，中国大学国学系副教授、国史馆编纂。1931年在北平积水潭畔建藏书室	1949年4月，将家藏的自乾嘉年间收藏的图书12768册，文物5371件，内有元刻本《唐音》等8种内海内孤本，分别捐给北平图书馆和历史博物馆
133	赵万里 1905—1980	浙江海宁	字斐云，一作飞云，别署芸盦	1925年到京，拜王国维为师。后任清华国学研究院任助教。1928年到北海旧书馆工作，从事版本目录学研究。后任北京清华、辅仁等大学讲授版本、目录之学之学。新中国成立后任北图研究员兼善本特藏部主任	端访江南旧家藏书，曾经手翁同龢、周叔弢、蒋鹏等名家藏书北京图书馆
134	潘世兹 1906—1992	广东南海	宝礼堂	其父潘宗周1867—1939字明训，好藏书有"安求"之辨，所购未元旧版皆经藏书版本大家张元济、徐森玉鉴定	1951年潘世兹从香港致函郑振铎，主动提出将宝礼堂藏书全部捐献国家，是谓"潘捐"

（续表）

序号	藏书者	籍贯	字号	藏书特点及钤印	藏书流向
135	潘承弼 1907—2003	江苏吴县	字良甫，号景郑，别署寄沤	与兄潘承厚（1904—1943）继承了祖父潘祖同"竹山堂"四万卷的藏书，广收笺经室、小绿天室，积书增至三十万卷。蓄金石拓本万余种，石砚五十余方，后遂取各藏书楼为"著砚楼"。所藏图书以明季文献及藏家书目为特色	新中国成立后，"著砚楼"藏书捐与上海图书馆
136	王咨臣 1914—2001	江西南昌		早年师从姚名达，好藏书，累积3万余册，颇多善本，所藏李鸿章、曾国藩及近代名人的信札、诗笺千余通，南昌乡邦文献、太平天国史料，曾归其藏书处"新风楼"。1959年，王咨臣奉中央文化部部长郑振铎之命前往婺源等地访书，共访得1万余册，购得版块1000余块洪钧所刻的《四子书》《汪双池文集》等版块	其藏书大部解放后移交给江西省图书馆

参考文献：

[1]伦明等著、杨琥点校：《辛亥以来藏书纪事诗》《外二种》，北京：中国国际文化出版社，2005年版。[2]李玉安、黄正雨：《中国藏书家通典》，北京：北京燕山出版社，1999年版。[3]范凤书：《中国著名藏书家与藏书楼》，郑州：大象出版社，2013年版。[4]周退密、宋路霞：《上海近代藏书纪事诗》，上海：华东师范大学出版1993年版。[5]苏精：《近代藏书三十家》增订本），北京：中华书局，2009年版。[6]叶德辉著、紫石点校：《书林清话》，北京：北京燕山出版社，1999年版。[7]邹华享、施金炎：《中国近现代图书馆事业大事记》，长沙：湖南人民出版社，1988年版。[8]杨宝华、韩德昌：《中国省市图书馆概况》（1919—1949），北京：书目文献出版社，1985年版。[9]北京图书馆业务研究委员会编：《北京图书馆史资料汇编》（1909—1949），北京：书目文献出版社，1992年版。[10]上海市南洋中学编：《王培孙先生诞辰135周年纪念文集》，上海：复旦大学出版社，1999年版。[11]宋路霞：《百年收藏：20世纪中国民间收藏风云录》，上海：复旦大学出版社，1999年版。[12]马蹄疾辑录：《许广平忆鲁迅》，广州：广东人民出版社，1979年版。[13]马萌：《方树梅年谱》，云南师范大学硕士论文2015年。[14]王咨臣：《欧阳祖经与江西图书馆》，《赣图通信》1985年4期。[15]江庆柏：《近代江苏藏书研究》，合肥：安徽文艺出版社，2000年版。[16]李勇慧：《王献唐著述考》，济南：山东教育出版社，2013年版。[17]散木：《一位传奇的史学家卫聚贤》，《文史月刊》2004年第2期。

附件二　第三届图书馆史学术研讨会有感

风俗、人心、学术
第三届图书馆史学术研讨会有感

现在一意作学术工作是非常不易的，在图书馆或者专门从事图书馆学研究的也更不省心，为什么呢？无论是公共馆还是高校馆，图书馆人守着的是书，外界的诱惑和身边的烦心事却让你无法去读书。又为什么呢？当今社会的技术发展决定了文献资源占有的数量并不能与学科水平划等号，除非你拥有与主流平等对话的能力和水平，否则你永远不可能从狭小圈圈里冲杀出来，获得外界的认可，并由此获取职称、职务晋升的机会。在这种情况下，能够坚守本心，不忘初心，从事图书与图书馆史研究，而且有的十几年甚至数十年如一日而痴心不改的，那就是了不起的人。第三届图书馆史学术研讨会的召开让我看到了这样一批人，排除万难，不惧艰辛，从事图书馆史研究和编撰工作。千尺高台，起于垒土，凡有成者，必务于实。社会的发展，学术的进步，大概离不开我们这样做基础工作的人物吧。

第三届图书馆史学术研讨会于 2018 年 5 月 12—14 日在新乡召开，会议由中国图书馆学会学术研究委员会主办，中国图书馆学会学术研究委员会图书馆史研究专业委员会、河南师范大学图书馆承办，协办单位有中国图书馆学会阅读推广委员会图书评论与阅读推广专业委员会、中山大学图书馆、南京邮电大学图书馆、河南省图书馆学会等，可见会议规格之高、规模之大。出席会议的各省专家有 130 余人，年龄最大的是著名图书馆史研究专家、武汉大学信息管理学院谢灼华教授，已经 85 岁高龄。最远有来自黑龙江省、贵州省的专家学者。图书馆史领域的同人们事隔十多年后再一次聚首共商未来研究大计实属不易。

程焕文教授作为这次会议的总召集人、总策划人当然厥功至伟，河南师范大学图书馆苏全有教授团队，中山大学图书馆王蕾团队亦为此次会议的成功召开付出了重要的努力。

对我来讲，这次会议最大的收获就是在进行教育部人文社科项目《中国近代以来藏书文化嬗变研究》结项报告撰写的关键时候接收到了众多一流学者的观点、主张、思想、理论，这些重要的前沿性的学术信息将对我完善结撰体例、修正部分学术论点有很大的促进和冲击，很显然，这次会议对我正是时候。

作为整个会议行程的摄影记者、会务人员、参会学者，我从不同角度记录着、服务着、感受着。开幕式上，在主席台上就坐的专家和领导们不同的神态给我留下深刻的印象，两端的主持人苏全有教授、王蕾博士相得益彰hold住了全场。座位中间的专家们或端坐，或偶尔交流，我用镜头记录下了他们的神态，成为固定的影像和历史，他们或者说我们，正在书写着新的历史。也许是拍摄技术不过关，很多镜像是模糊的，跳动的，甚至是掠影，这也许与照相时的心情有关，总觉得有朝一日能够近距离地接触这些大家学者，这是多么珍贵的机会和机遇。如果要是用词汇来表达一下主席台上的专家们，我愿意用沉静中的期盼来指代程焕文教授，我想用气定神闲来指郑州大学的崔波教授，谢灼华教授是诗书气韵泰然自若，北京大学的王余光教授是严谨的学者风范，南京大学徐雁教授是究学气息显钟山虎踞，苏全有教授主持全场游刃有余，申晓娟研究馆员作为国家图书馆的代表显示出温文尔雅之气度，王蕾博士作为主持人之一自有一股大局在握之静气。

在第一天的主旨报告中，我们聆听了南京大学徐雁教授《回望评介前瞻——图书馆史志编纂与历史文化传承》、北京大学的王余光教授《从藏书精神到图书馆精神》两个学术报告。从徐雁教授的报告中我感受到是编史修志，使命担当，文化寻根，保存一切文化纸片的迫切性，以及学界为此而付出的卓绝努力。他的几个观点，如"饮水思源，莫忘追怀感恩""实事求是，贵在秉笔直书""睹物思人，倡导以人为本"引起与会学者的共鸣。而王余光教授作为历史文献研究、阅读史研究的学问大家，使我们看到在技术至上和历史虚无主义盛行的时代，如何从文化现象深入到其精神实质，藏书中有人们对生活美好的寄望，读书而优雅文明，致用而传承文化，构成一条"离仁更近"的宽阔大道，从而与程焕文教授的《图书馆精神》接轨。其后，获得修图书馆史一等奖的五个单位代表分别给我们介绍了经验与心得，他们分别来自常熟、宁夏、清华大学、上海交通大学、河南师范大学，分别代表了不同层面、不同区域的修史成果。

第二天的分组讨论中，两个分会场，图书馆史志编纂研究、近代图书馆史研究、图书馆事业史与图书馆史研究发展、图书馆人物研究、藏书史研究、书史和阅读史等六大学术专题，十二个主持人，三十六个学者的发言，让我看到了当代图书与图书馆史研究的厚重与底蕴、前路与希望。

在来来回回两个分会场的串场拍摄过程中，有几个专家的发言感人至深，现分述如下：

其一是清华大学图书馆韦庆媛研究馆员先后两次的发言。一次是在开幕式后的介绍修撰《清华大学图书馆百年图史》的经验，她以亲身经历将所思所得委委道来，思路清晰，表达流畅；一次是分会场发言，她对民国时期图书馆发展格局中的多元主体分析有理论、有视野、有层次、有观点，印象很深。

其二是赵长海研究馆员，作为程焕文教授的高足，他是当前国内有数的藏书家，学问亦优佳。关于他中国图书馆碑铭序记的言说，苏全有教授在点评时提出"赵长海之问"的升华观点，意在反思对图书馆发展主体的关注而感叹学界模糊散漫的史料意识。

其三为郑闯辉老师的《汪大铁与嘉业藏书楼》，亦钩沉起江南藏书家诸多前贤的陈年往事，不免令人扼腕叹息。这是一个私家藏书面对社会剧变的潮流怎样保全的故事，也是近现代藏书文化嬗变过程中由私有到公藏的猝不及防的突变过程，藏书家的文化精神与社会意愿产生冲突之时如何实现平衡的问题，让我们不能不深深的思考下去。这正是引起我注意的地方。

其四为姚伯岳教授的京师大学堂藏书楼，其考证精严，论述细密。他的观点在北京大学图书馆史编纂中得到体现，即从1898年开始图书馆的历史。这是学术研究的一大贡献。

尤其令我感动的是在分组研讨前夕，学界的泰山北斗谢灼华先生来到分会场找我，对我所撰写的《叶昌炽藏书史撰述中的宋代记忆与叙述》给予指导。我记得，在会场一隅，谢老表达出对写作叶昌炽学术思想的深厚兴味。作为青年学者，能够得到学界名宿的亲自指导我自然感到激动莫名。我、郑爽、姚玲杰一起坐在谢老身边聆听大家教诲，深有所思深有所悟。在短暂的授学时光中，谢老谈到三点：

一是叶昌炽《藏书纪事诗》中据引史料的文献学专题分析。叶昌炽是近代藏书史写作中绝不能轻忽的开山大家，他的著作也是研治书史的必读经典，这也许是我的选题能够引起谢老关注的原由吧。谢老指出，要用历史文献学的方法，对书中史料进行类型学统计和研究。我深受启发。

二是关于记忆与叙述研究的可持续性推进。谢老指出，不仅有宋代的记忆，还有元代的、明代的、清代前期的，而且在研究与写作过程中要注意用社会史的方法，将读书人的读书生活、读书气象叙述清楚，彰显一种大文化气度，使藏书与文化思潮、藏书与社会环境的关系清晰地呈现在读者面前。对这种兼综学术史、社会史的综合视角，我深以为然。

三是要重视近代以来西学传播与传统藏书文化嬗变的关系，这一点正是

著名藏书史、图书馆史专家谢灼华先生（左一）与河南师范大学图书馆青年学者交流

我《中国近代以来藏书文化嬗变研究》课题所努力追求的一种创新和境界。

谢老还不无欣慰地谈到我的硕士生导师顾志华教授当年硕士答辩的一些场景。顾师 1981 年毕业于南京大学历史系，指导老师是中国近现代图书馆界的老前辈施廷庸先生，当时施先生已经不能行走，坐在轮椅上参加的答辩。而谢先生作为答辩专家从武汉到南京是乘船东下，别有一番历史沧桑之感。韩愈《师说》中说过："师者，所以传道授业解惑也。"古者之师道，有传道之师，有授业之师，谢老就是我解惑之师。

在最后的闭幕会上，主持人王蕾女士让大家一起收看了程焕文教授主持的《韦棣华》专题片片花，尤其是当看到程教授充满敬意地跪到韦棣华墓前时，大家唏嘘一片。王蕾女士说，每次看到这个场景都是泪盈双目，说话的时候她的眼睛再次湿润了。结合短短的片子，程焕文教授的发言令人感慨颇多。他说，进行图书馆史研究和编撰是时代对我们的要求，应该在仔细做好史料搜集分析的基础上，加强规范性指导。同样地，他对会议的成功举办表示了由衷的感谢。本次会议的成功在于其鲜明的亮点、创新性典型性的学术课题，很多研究深具示范意义。

会议结束了，有一种想法在心间盘桓良久，图书与图书馆史编撰和研究是大有可为的。正如焕文教授北上途中高铁中发的微信所感慨的那样：遥想1983年谢师在全国第一个开设图书馆史研究方向时，第一届就招收了我一人，何等寂寞！如今队伍竟然如此庞大，真是令人欣慰啊！

的确，第三次图书馆史学术研讨会是一个开始，是一次图书馆史研究的集结号和再出发的宣言！我们有了这么多的同道，前行之路不会孤独。有理由相信，更多的学者、更多的成果会奉献给未来的学术界。

用一句话来结束这篇小文：欲厚风俗者必先正人心，欲正人心者必先明学术。

（河南师范大学图书馆　王安功书于 2018 年 5 月 22 日）

参考文献

一、古籍文献

1.（宋）郑樵撰，王树民点校：《通志二十略》，中华书局 1995 年版。

2.（宋）马端临：《文献通考》，中华书局 2011 年版。

3.（清）富察敦崇：《燕京岁时记》，北京古籍出版社 1981 年版。

4.（清）顾嗣立撰：《元诗选》初集，文渊阁四库全书影印本。1983 年版。

5.（清）厉鹗：《宋诗纪事》，上海古籍出版社 1983 年版。

6.（清）陈衍辑撰，李梦生点校：《元诗纪事》，上海古籍出版社 1987 年版。

7.（清）刘大鹏：《退想斋日记》，山西人民出版社 1990 年版。

8.（清）朱柏庐著，李牧华注解：《朱子家训》，甘肃人民出版社 1990 年版。

9.（清）庞鸿文等纂：《光绪常昭合志稿》，江苏古籍出版社 1991 年版。

10.（清）冯桂芬：《校邠庐抗议》，中州古籍出版社 1998 年版。

11.（清）魏源：《海国图志》，岳麓书社 1998 年版。

12.（清）耿文光：《苏溪渔隐读书谱》，北京图书馆出版社 1999 年版。

13.（清）严可均辑：《全上古三代秦汉三国六朝文》，中华书局 1999 年版。

14.（清）叶昌炽：《藏书纪事诗（附补正）》，上海古籍出版社 1999 年版。

15.（清）杨守敬：《留真谱》，北京图书馆出版社 2004 年版。

16.（清）王鸣盛：《十七史商榷》，上海书店出版社 2005 年版。

17.（清）（宋）计有功撰，王仲镛校笺：《唐诗纪事》，中华书局 2007 年版。

18.（清）叶昌炽著，王季烈编：《缘督庐日记钞》，北京图书馆出版社 2007 年版。

19.（清）陆心源著，冯惠民整理：《仪顾堂书目题跋汇编》，中华书局 2009 年版。

20.（清）耿文光：《目录学》，国家图书馆出版社 2010 年版。

21.（清）耿文光：《日课书目》，国家图书馆出版社 2010 年版。

22.（清）张之洞著，陈居渊编，朱维铮校：《书目答问二种》，中西书局 2012 年版。

23.（清）章学诚撰，叶瑛校注：《文史通义校注》，中华书局 2014 年版。

24.（清）耿文光：《万卷精华楼藏书记》，上海古籍出版社 2016 年版。

25. 孙毓修：《涵芬楼秘笈》第 1 集，北京图书馆出版社 2000 年版。

二、汇编文献

1. 张静庐：《中国现代出版史料》丁编，中华书局 1959 年版。

2.（清）沈桐生辑：《光绪政要》，文海出版社 1969 年版。

3. 李希泌、张椒华：《中国古代藏书与近代图书馆史料：春秋至五四前后》，中华书局 1982 年版。

4. 上海图书馆编：《汪康年师友书札》，上海古籍出版社 1988 年版。

5. 黄仕忠、金文京、乔秀岩编纂：《日本所藏稀见中国戏曲文献丛刊》，广西师范大学出版社 2006 年版。

6. 陈元晖主编：《中国近代教育史资料汇编·留学教育》，上海教育出版社 2007 年版。

7.（清）文庆等编：《筹办夷务始末》上海古籍出版社 2008 年版。

8. 李万健，邓咏秋编：《清代私家藏书目录题跋丛刊》，国家图书馆出版社 2010 年版。

9.《清代诗文集汇编》编纂委会：《清代诗文集汇编》，上海古籍出版社 2010 年版。

10. 冯乾编校：《清词序跋汇编》（第四册），凤凰出版社 2013 年版。

11. 上海图书馆编，周秋芳、王宏整理：《中国家谱资料选编·家规族约卷》，上海古籍出版社 2013 年版。

三、专题著作

（一）国内

1. 孙德谦：《刘向校雠学纂微》，癸亥（1923）四益宦本。

2. 舒新城：《近代中国留学史》，中华书局 1928 年版。

3. 董康：《曲海总目提要》，上海大东书局 1930 年版。

4. 姚名达：《目录学》，见王云五主编《万有文库》第一集，商务印书馆 1933 年版。

5. 王文进：《文禄堂访书记》，北京琉璃厂二三九号文禄堂书籍铺印行，1942 年。

6. 王韬：《韬园文录外编》，北京：中华书局 1959 年版。

7. 张舜徽：《广校雠略》，中华书局 1963 年版。

8. 张舜徽：《清人文集别录》，中华书局 1963 年版。

9. 张舜徽：《中国古代史籍校读法》，上海古籍出版社 1980 年版。

10. 缪荃孙：《艺风堂友朋书札》，上海古籍出版社 1980 年版。

11. 张舜徽：《中国文献学》，中州书画社 1982 年版。

12. 刘乃和：《励耘书屋问学记》，生活·读书·新知三联书店 1982 年版。

13. 中华书局编辑部编：《学林漫录》五集，中华书局 1982 年版。

14. 刘节：《中国史学史稿》，中州书画社 1982 年版。

15. 王重民：《中国目录学史论丛》，中华书局 1984 年版。

16. 中国人民政治协商会议河北省冀县文史资料研究委员会：《冀县文史》第 1 辑，1986 年 11 月。

17. 王栻主编：《严复集》（第 3 册），中华书局 1986 年版。

18. 郑伟章、李兀健：《中国著名藏书家传略》，书目文献出版社 1986 年版。

19. 缪荃孙：《艺风老人日记》，北京大学出版社 1986 年影印本。

20. 谢承仁主编：《杨守敬集》，湖北人民出版社 1988 版。

21. 郑观应：《郑观应集》，上海人民出版社 1988 年版。

22. 傅增湘：《藏园群书题记》，上海古籍出版社 1989 年版。

23. 伦明：《辛亥以来藏书纪事诗》，北京燕山出版社 1990 年版。

24. 中国敦煌吐鲁番学会编：《敦煌吐鲁番学研究论文集》，汉语大词典出版社 1990 年版。

25. 张树年主编：《张元济年谱》，商务印书馆 1991 年。

26. 王西梅：《中国图书馆发展史》，吉林教育出版社 1991 年版。

27. 吴仲强：《中国图书馆学史》，湖南出版社 1991 年版。

28. 李春光：《古籍丛书述论》，辽沈书社 1991 年版。

29. 张舜徽：《訒庵学术讲论集》，岳麓书社 1992 年版。

30. 中华书局编：《中华书局收藏现代名人书信手迹》，中华书局 1992 年版。

31. 严佐之：《近三百年古籍目录举要》，华东师范大学出版社 1994 年版。

32. 政协扬州市广陵区委员会《广陵春秋》编辑委员会：《广陵文史资料·广陵春秋》第 3 辑。1995 年

33. 鲁迅：《鲁迅全集》，人民文学出版社 1995 年版。

34. 张广智、张广勇：《现代西方史学》，复旦大学出版社 1996 年版。

35. 吴晞：《从藏书楼到图书馆》，书目文献出版社 1996 年版。

36. 徐桢基：《潜园遗事——藏书家陆心源生平及其他》，上海三联书店1996年版。

37. 吴晞：《从藏书楼到图书馆》，书目文献出版社1996年版。

38. 王燕玉：《中国文献学综说》，贵州人民出版社1997年版。

39. 周越然等：《蠹鱼篇》，辽宁教育出版社1998年版。

40. 李雪梅：《中国近代藏书文化》，现代出版社1998年版。

41. 钱穆：《钱宾四先生全集》，联经出版社1998年版。

42. 容闳著，沈潜、杨增麒评注：《西学东渐记》，中州古籍出版社1998年版。

43. 董康：《书舶庸谈》，辽宁教育出版社1998年版。

44. 叶德辉著，紫石点校：《书林清话》（外二种），北京燕山出版社1999版。

45. 梁启超：《梁启超全集》，北京出版社1999年版。

46. 周少川：《藏书与文化：古代私家藏书研究》，北京师范大学出版社1999年版。

47. 宋路霞：《百年收藏——20世纪中国民间收藏风云录》，复旦大学出版社1999年版。

48. 李雪梅：《中国近代藏书文化》，现代出版社1999年版。

49. 黄建国、高跃新：《中国古代藏书楼研究》，中华书局1999年版。

50. 周国林主编：《历史文献研究》（总第19辑），华中师范大学出版社2000年版。

51. 程千帆：《程千帆全集》，河北教育出版社2000年版。

52. 潘树广、黄镇伟、涂小马：《文献学纲要》，广西师范大学出版社2000年版。

53. 江庆柏：《近代江苏藏书研究》，安徽文艺出版社2000年版。

54. 董康：《董康东游日记》，河北教育出版社 2000 年版。

55. 余秋雨：《文化苦旅》，东方出版社 2001 年版。

56. 胡的清：《北大遗事》，青岛出版社 2001 年版。

57. 荣新江：《郭煌学新论》，甘肃教育出版社 2002 年版。

58. 龚天力主编：《从古越藏书楼到绍兴图书馆》，浙江人民出版社 2002 年版。

59. 管锡华：《汉语古籍校勘学》，巴蜀书社 2003 年版。

60. 阿英：《阿英全集》，安徽教育出版社 2003 年版。

61. 徐良雄主编：《天一阁文丛》第 1 辑，宁波出版社 2004 版。

62. 程焕文：《晚清图书馆学术思想史》，北京图书馆出版社 2004 年版。

63. 范并思：《20 世纪西方与中国图书馆学——基于德尔斐法测评的理论史纲》，北京图书馆出版社 2004 年版。

64. 吴根友：《中国现代价值观的初生历程：从李贽到戴震》，武汉大学出版社 2004 年版。

65. 徐茂明：《江南士绅与江南社会：1368—1911 年》，商务印书馆 2004 年版。

66. 宋原放主编：《中国出版史料·近代部分》，湖北教育出版社 2004 年版。

67. 季羡林、饶宗颐主编：《敦煌吐鲁番研究》第 7 卷，中华书局 2004 年版。

68. 贺照田主编：《颠踬的行走：二十世纪中国知识与知识分子》，吉林人民出版社 2004 年版。

69. 恽毓鼎著，史晓风整理：《恽毓鼎澄斋日记》，浙江古籍出版社 2004 年版。

70. 齐鲁书社编：《藏书家》第十辑，齐鲁书社 2005 版。

71. 骆兆平编纂：《天一阁藏书史志》，上海古籍出版社 2005 年版。

72. 严绍璗《日本汉籍珍本追踪纪实》，上海古籍出版社 2005 年版。

73. 李玉安、黄正雨编著：《中国藏书家通典》，中国国际文化出版社 2005 年版。

74. 范凤书：《私家藏书风景》，河北教育出版社 2006 年版。

75. 胡金兆：《百年琉璃厂》，当代中国出版社 2006 年版。

76. 王绍仁：《从皕宋楼到静嘉堂——访书日记》，中国文史出版社 2007 年版。

77. 张元济：《张元济全集》，商务印书馆 2007 年版。

78. 严绍璗：《日藏汉籍善本书录》，中华书局 2007 年版。

80. 左玉河：《中国近代学术体制之创建》，四川人民出版社 2008 年版。

81. 左玉河：《移植与转化：中国现代学术机构的建立》，大象出版社 2008 年版。

82. 傅璇琮：《学林清话》，大象出版社 2008 年版。

83. 郑大华、彭平一：《社会结构变迁与近代文化转型》，四川人民出版社 2008 年版。

84. 宋惠昌：《人的发现与人的解放——中国近代价值观的嬗变》，四川人民出版社 2008 年版。

85. 苏渊雷：《苏渊雷全集》（五卷），华东师范大学出版社 2008 年版。

86. 秦燕春：《清末民初的晚明想象》，北京大学出版社 2008 年版。

87. 张晶萍：《叶德辉生平及学术思想研究》，湖南师范大学出版社 2008 年版。

88. 徐雁：《江淮雁斋读书志》，岳麓书社 2009 年版。

89. 王国维：《王国维全集》，浙江教育出版社 2009 年版。

90. 陈乃乾著，虞坤林整理：《陈乃乾文集》，国家图书馆出版社 2009 年版。

91. 苏精:《近代藏书三十家》(增订本),中华书局 2009 年版。

92. 张尔田:《史微》,上海书店出版社 2010 年版。

93. 熊月之:《西学东渐与晚清社会》,中国人民大学出版社 2010 年版。

94. 来新夏:《来新夏谈书》,南开大学出版社 2010 年版。

95. 叶德辉:《叶德辉文集》,华东师范大学出版社 2010 年版。

96. 叶德辉:《叶德辉诗集》,华东师范大学出版社 2010 年版。

97. 王重民:《敦煌古籍叙录》,中华书局 2010 年版。

98. 华友根:《中国近代立法大家董康的法制活动与思想》,上海书店出版社 2011 年版。

99. 胡道静:《胡道静文集》,上海人民出版社 2011 年版。

100. 孙殿起:《琉璃厂小记》,上海书店出版社 2011 年版。

101. 王余光、李东来主编:《伦明全集》,广东人民出版社 2012 年版。

102. 王蕾:《清代藏书思想研究》,广西师范大学出版社 2013 年版。

103. 暨爱民:《民族国家的建构:20 世纪上半期中国民族主义思潮研究》,社会科学文献出版社 2013 年版。

104. 刁美林、邵岩:《故宫博物院藏清代珍本方志解题》,故宫出版社 2013 年版。

105. 杭州国际城市学研究中心等编:《文化遗产保护和利用研究:第四届"钱学森城市学金奖"征集评选活动获奖作品汇编》,浙江人民出版社 2014 年版。

106. 中国科学技术协会:《中国图书馆学学科史》,中国科学技术出版社 2014 年版。

107. 杨国强:《衰世与西法:晚清中国的旧邦新命和社会脱榫》,中华书局 2014 年版。

108. 谢灼华:《谢灼华文集》,中山大学出版社 2014 年版。

109. 桑兵：《清末新知识界的社团与活动》，北京师范大学出版社 2014 年版。

110. 王国维：《王国维手定观堂集林》，浙江教育出版社 2014 年版。

111. 济南市历下区政协编，魏敬群著：《历下人文历下人凤》，济南出版社 2014 年版。

112. 王本兴：《甲骨趣闻》，北京工艺美术出版社 2014 年版。

113. 王伯祥：《庋榢偶识》，华艺出版社 2014 年版。

114. 姚一鸣：《中国旧书局》，金城出版社 2014 年版。

115. 龚笃清主编：《八股文汇编》，岳麓书社 2014 年版。

116. 陈寅恪：《陈寅恪集》，生活·读书·新知三联书店 2015 年版。

117. 罗振玉著，罗福颐类次：《殷虚书契五种》，中华书局 2015 年版。

118. 刘烜：《王国维评传》，百花洲文艺出版社 2015 年版。

119. 赵园：《想象与叙述》，北京师范大学出版社 2015 年版。

120. 李云：《海源阁史》，中华书局 2015 年版。

121. 吴晞：《清话书林图书馆的故事》，社会科学文献出版社 2015 年版。

122. 傅荣贤：《中国古代图书馆学术思想史》，黄山书社 2016 年版。

123. 汪林茂：《晚清文化史》（修订本），安徽文艺出版社 2016 年版。

124. 唐兰：《天壤阁甲骨文存并考释》，上海古籍出版社 2016 年版。

125. 雒青之：《百年敦煌》，敦煌文艺出版社 2016 年版。

126. 傅云龙著，傅训成整理：《傅云龙游历各国图经余记》，商务印书馆 2016 年版。

127. 罗振玉：《扶桑两月记》，岳麓书社 2016 年版。

128. 缪荃孙：《缪荃孙日游汇编》，"走向世界丛书"，岳麓书社 2016 年版。

129. 王余光、徐雁主编：《中国阅读大辞典》，南京大学出版社 2016 年版。

130. 何兆武：《可能与现实：对历史学的若干反思》，北京大学出版社

2017 年版。

131.陈力:《中国古代藏书史:以图书为中心的中国古代文化史》,社科文献出版社 2017 年版。

132.李喜所等:《中国近代史》,中信出版社 2017 年版。

133.何兆武:《可能与现实:对历史学的若干反思》,北京大学出版社 2017 年版。

134.韦力:《书楼觅踪》,中信出版社 2017 年版。

(二)译著

1.[日]静嘉堂文库:《静嘉堂文库汉籍分类目録·静嘉堂文库略史》,东京静嘉堂文库 1930 年版。

2.[日]松崎鹤雄:《柔父随笔》,座右宝刊行会 1943 年版。

3.[日]岛田翰:《皕宋楼藏书源流考》,古典文学出版社 1957 年版。

4.汪一驹著,梅寅生译:《中国知识分子与西方:留学生与近代中国(1872–1949)》,新竹枫城出版社 1978 年版。

5.谭卓垣撰,徐雁、谭华军译补:《清代藏书楼发展史》,辽宁人民出版社 1988 年版。

6.[英]斯坦因著,巫新华、伏霄汉译:《斯坦因中国探险手记》(共 4 卷),春风文艺出版社 2004 年版。

7.[美]海登·怀特著,陈新译:《元史学:十九世纪欧洲的历史想象》,译林出版社 2004 年版。

8.[日]内藤湖南等著,钱婉约、宋炎译:《日本学人中国访书记》,中华书局 2006 年版。

9.[日]内藤湖南著,马彪译:《中国史学史》,上海:上海古籍出版社 2008 年。

10.[日]森立之、涩江全善著,杜泽逊、班龙门校:《经籍访古志》,上海古籍出版社 2014 年版。

四、研究论文

（一）期刊

1. 张承宗：《〈书林清话〉与书史研究》，《史学史研究》1984 年第 4 期。

2. 胡厚宣：《八十五年来甲骨文材料之再统计》，《史学月刊》1984 年第 5 期。

3. 徐秋禾：《谭卓垣先生及其〈清代图书馆发展史〉》，《广东图书馆学刊》1985 年第 3 期。

4.[法] 布罗代尔：《历史和社会科学：长时段》，载《史学理论》1987 年第 3 期。

5. 胡道静：《谈〈藏书纪事诗〉体》，《读书》1988 年第 1 期。

6. 陈鸣：《近代上海城市的文化娱乐消费》，《上海大学学报》(杜科版)1991 年第 4 期。

7. 丁贤勇：《中国近代历史事变与社会思潮的兴替》，《江汉论坛》1991 年第 9 期。

8. 顾志兴：《湖州皕宋楼藏书流入日本静嘉堂文库之考索与建议》，《浙江学刊》1996 年第 3 期。

9. 徐雁：《书话源流与义体风范》，《出版广角》1998 年第 1 期。

10. 郑伟章：《善读书者必通书目——目录学家、藏书家耿文光考述》，《北京社会科学》1999 年第 3 期。

11. 袁逸：《中国古代私家藏书的特征及社会贡献》，《浙江学刊》2000 年第 2 期。

12. 徐雁：《"化私秘为公开"——李雪梅〈中国近代藏书文化〉评介》，《图书馆》2000 年第 5 期。

13. 贾卫民：《说"佞宋"》，《图书馆杂志》2001 年第 11 期。

14. 傅璇琮、徐吉军：《关于中国藏书史研究的几个问题》，《浙江学刊》2001 年第 2 期。

15. 崔建利：《宋版书及佞宋之风》，《聊城大学学报》(哲学社会科学版)2002 年第 3 期。

16. 袁庆述：《叶德辉和他的〈书林清话〉》，《中国文学研究》2003 年第 1 期。

17. 周少川：《藏书与文化——中国古代私家藏书文化研究刍议》，《安徽大学学报》(哲学社会科学版)，2003 年第 2 期。

18. 张广达：《内藤湖南的唐宋变革说及其影响》，《唐研究》第十一辑，北京大学出版社 2005 年版。

19. 孙亚冰：《百年来甲骨文材料统计》，《故宫博物院院刊》2006 年第 1 期。

20. 叶中强：《近代上海市民文化消费空间的形成及其社会功能》，《上海财经大学学报》2006 年第 4 期。

21. 张晶萍：《叶德辉与日本学者的交往及其日本想像》，《厦门大学学报》(哲学社会科学版)2006 年第 4 期。

22. 刘岳兵：《叶德辉的两个日本弟子》，《读书》2007 年第 5 期。

23. 巴兆祥：《陆心源所藏方志流失日本考》，《安徽大学学报》(哲学社会科学版)2007 年第 6 期。

24. 孟世恩、焦运立：《试论中国古代藏书价值观对藏书特色的影响——以官府藏书和私家藏书为例》，《图书馆工作与研究》2008 年第 1 期。

25. [美] 胡文辉：《关于近代中国文献之东流》，《中国文化》2008 年第 2 期。

26. 李天紫：《文化隐喻——隐喻研究的新发展》，《宁夏师范学院学报》(社会科学版)，2008 年第 5 期。

27. [美] 菲利普·J. 埃辛顿著，杨莉译：《安置过去：历史空间理论的基础》,《江西社会科学》2008 年第 9 期。

28. 龙迪勇:《历史叙事的空间基础》,《思想战线》2009 年第 5 期。

29. 彭斐章:《不为一家之蓄,俟诸三代之英——书于徐行可先生捐赠藏书五十周年之际》,《图书情报论坛》2010 年第 2 期。

30. 魏敬群:《明义士甲骨收藏始末》,《春秋》2010 年第 2 期。

31. 付中学、李俊德:《< 经籍访古志 > 初探》,《世界中西医结合杂志》2010 年第 7 期。

32. 陶东风:《文化创伤与见证文学》,《当代文坛》2011 年第 5 期。

33. 钱婉约:《董康与内藤湖南的书缘情谊》,《中华读书报》2012-04-18（19 版）。

34. 陈平原:《图书馆的学术使命》,《中华读书报》2012-11-23。

35. 包筠雅撰,叶蕾蕾等译:《中国书籍社会史:四堡书业与清代书籍文化》,《古典文献研究》(第十五辑),凤凰出版社 2012 年版。

36. 白洁:《耿文光和他的万卷精华楼》,《太原晚报》2014-10-24（16 版）。

37. 宋庆森:《杨守敬等学者东瀛访书记事》,《新华每日电讯》2014 年 1 月 17 日。

38. 李艳平:《晚清文化消费下的潜在启蒙》,《探索与争鸣》2014 年第 11 期。

39. 周生杰:《孟晋超群:叶昌炽藏书研究成就与影响》,《中国矿业大学学报》(社会科学版)2014 年第 1 期。

40. 王会豪:《傅云龙 < 游历日本图经余记 > 所见汉籍考》,《贵州文史丛刊》2014 年第 4 期。

41. 丁雄飞:《从中西到古今,从古今到中西》,上海《东方早报》2015-03-29。

44. 杜羽：《将藏书史纳入图书馆史》，《光明日报》2017-10-13（11版）。

45. 刘慧梅、姚源源：《书写、场域与认同：我国近二十年文化记忆研究综述》，《浙江大学学报》(人文社会科学版网络版)2017年第10期。

46. 蒋永福、高晶：《历史记忆的重构：校雠学的宗旨》，《图书馆理论与实践》2017年第11期。

（二）学位论文

1. 胡一女：《叶昌炽与〈藏书纪事诗〉》，武汉大学硕士学位论文2004年。

2. 吴芹芳：《张元济图书事业研究》，华中师范大学硕士学位论文2004年。

3. 李琦：《晚清藏书家耿文光研究》，苏州大学硕士学位论文2006年。

4. 任莉莉：《叶德辉〈书林清话〉笺证》，华东师范大学博士学位论文2008年。

5. 王会豪：《近代中国学人日本访书研究》，华东师范大学博士论文2016年。

五、网络文献

1. 徐雁：《京师旧书业札记：琉璃厂书肆街》，

http://htzl.china.cn/txt/2002-12/31/content_5254934.htm[2018年6月6日]。

2. 陈登丰：《陈登颐老师祖父陈庆年（善余）先生年谱》，

http://blog.sina.com.cn/s/blog_4e5465350100hjof.html[2018-11-9]。

3.《张凤举日记～～东瀛追宝～～国家图书馆文物善本古籍书日本回归记要》，华夏收藏网（2019-02-20）。